中日甲午战争论著图录
（1894—2023）

刘震 张军勇 主编

北京出版集团
文津出版社

图书在版编目（CIP）数据

中日甲午战争论著图录：1894—2023 / 刘震、张军勇主编. — 北京：文津出版社，2024.10
ISBN 978-7-80554-906-4

Ⅰ.①中… Ⅱ.①刘… ②张… Ⅲ.①中日甲午战争—图书目录—1894-2023 Ⅳ.① Z88：K256.3

中国国家版本馆 CIP 数据核字 (2024) 第057744 号

中日甲午战争论著图录（1894—2023）
ZHONG-RI JIAWU ZHANZHENG LUNZHU TULU（1894—2023）

刘　震　张军勇　主编

出　　版	北京出版集团 文津出版社
地　　址	北京北三环中路6号
邮　　编	100120
网　　址	www.bph.com.cn
总 发 行	北京伦洋图书出版有限公司
印　　刷	河北鑫玉鸿程印刷有限公司
经　　销	新华书店
开　　本	787毫米×1092毫米　1/16
印　　张	35
彩　　插	6幅
字　　数	538千字
版　　次	2024年10月第1版
印　　次	2024年10月第1次印刷
书　　号	ISBN 978-7-80554-906-4
定　　价	398.00元

如有印装质量问题，由本社负责调换
质量监督电话　010-58572393

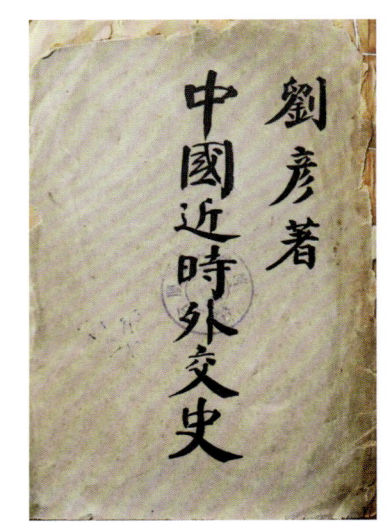

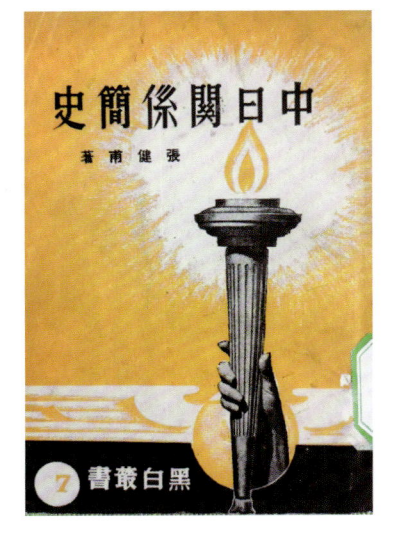

学生丛书之一
二十年来中日之关系

东北乃朋丧
安贞终有庆
地无之吉疆

上海中华书局印行

刘彦著
中国近时外交史

醴陵刘彦著
帝国主义压迫中国史
（原名中国近时外交史）
上海太平洋书店印行

中国近代史讲义

海军政治部宣传部编印

万有文库
第一集一千种
王云五主编
帝国主义侵略中国史
黄孝先著
高一涵校
商务印书馆发行

日本侵略中国史
少年中国

万有文库
第一集一千种
王云五主编
中日战争
王芸生著
商务印书馆发行

甲午中日战争纪要

中日关系简史
张健南著

黑白丛书 7

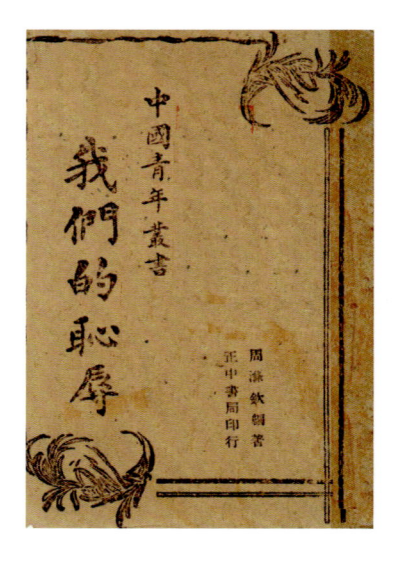

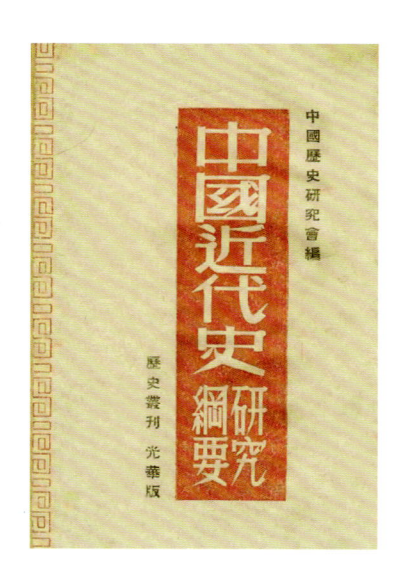

日本侵華簡史 大時代叢書之十 曹伯韓 著 海上雜誌公司發行	左舜生選輯 中國近百年史資料續編 中華書局印行	戰時問題叢刊 中央政治學校研究部主編 錢亦石編著 甲午戰爭的教訓 正中書局印行
中國青年叢書 我們的恥辱 周漲鈇創著 正中書局印行	張健甫著 文化供應社印行 中國近百年史教程	中華民國三十五年 甲午中日戰爭簡史 陸軍大學印
曹伯韓 著 中國近百年史講話 民用書店印行	中國歷史研究會編 中國近代史研究綱要 歷史叢刊 光華版	中日甲午戰爭論集 五十年代出版社

甲午戰役六十週年紀念特刊 梁扇仁	甲午中日战争 周穀仁編著 通俗讀物出版社	甲午中日战争 賈逸君著 新知識出版社
中国近代史叢書 中日甲午战争 郑昌淦著 中国青年出版社	学文化补充读物 甲午战争 純西編寫 上海人民出版社	中國近代史資料叢刊 中日戰爭 中國史學會主編 4 新知識出版社
甲午战争 黎园编写	中日甲午戰爭 上册 文迪武著 中國近代內亂外禍歷史故事叢書 廣文書局印行	中国近代史丛书 甲午中日战争 上海人民出版社

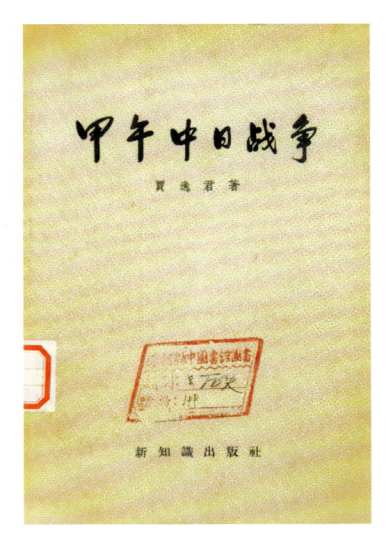

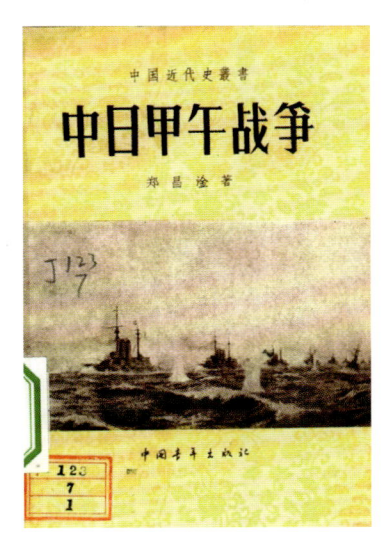

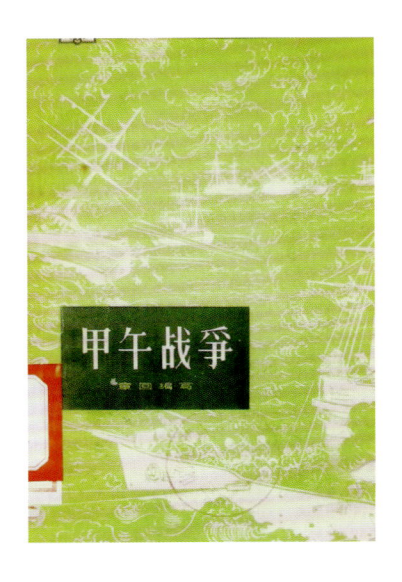

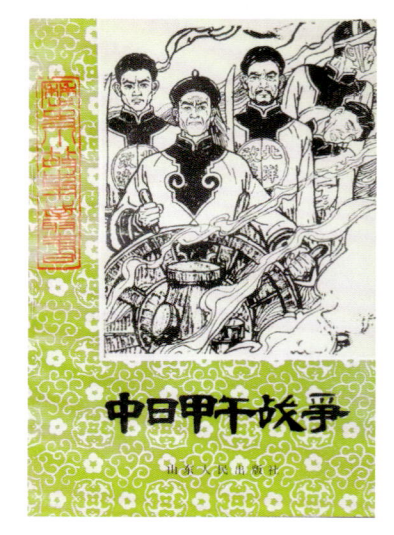

中国近代史丛书 甲午中日战争 吉林人民出版社	甲午战争的故事 上海人民出版社	小学生文库 中日甲午战争
中日甲午战争 辽宁少年儿童出版社	中日甲午战争 山东人民出版社	中日甲午战争史论丛 戚其章 著 山东教育出版社
甲午中日战争史论著目录 关捷 编 东北地区中日关系研究会 一九八四年七月·沈阳	甲午战争与近代社会	甲午戰爭一百週年紀念學術研討會論文集 國立臺灣師範大學歷史研究所 歷史學系 編印 中華民國八十四年三月出版

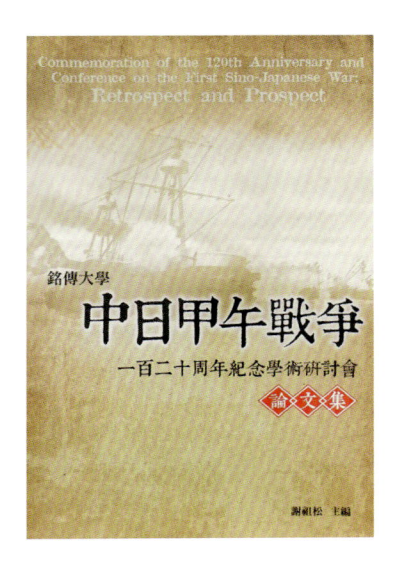

銘傳大學 中日甲午戰爭 一百二十周年紀念學術研討會 論文集 謝祖松 主編	中日甲午戰爭之外交背景 王信忠 著 國立清華大學出版	中日甲午戰爭之外交背景 文海出版社印行
林子候 著 甲午戰爭前之中日韓關係 (一八八二年—一八九四年) 玉山書局出版	朝鮮問題與甲午戰爭 陈伟芳 著 生活·讀書·新知三聯書店	日本侵華之間諜史 中華圖書公司印行 1938
北洋海軍 BEI YANG HAI JUN 戚其章 寫 中華書局	北洋艦隊 戚其章 山東人民出版社	甲午海战 与中国近代海军 海军军事学术研究所编 JIAWUHAIZHAN YUZHONGGUOJINDAI HAIJUN 中国社会科学出版社

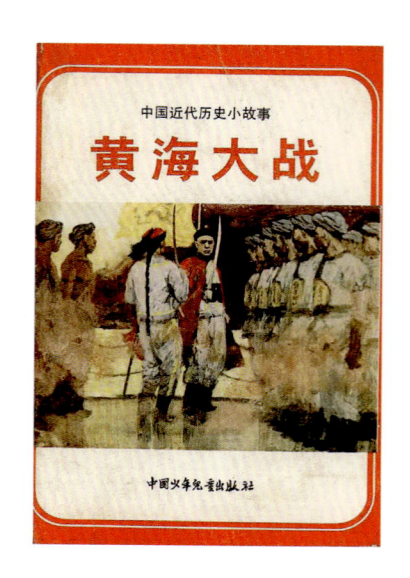

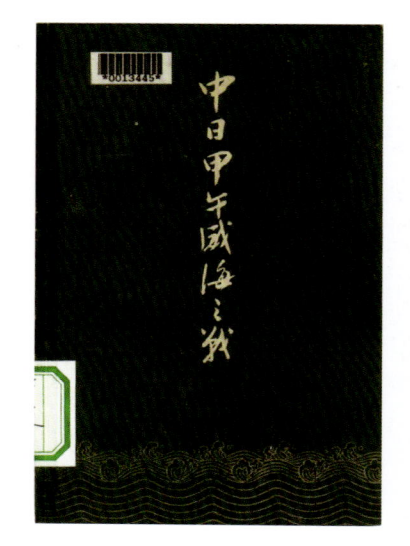

中国近代历史小故事 **黄海大战** 中国少年儿童出版社	**热血染黄海**	中日甲午威海之战
亡國鑑 附國恥錄 上海泰東圖書局印行	甲午以來中日軍事外交大事紀要 楊家駱 著 商務印書館發行	大欲方同叢書 李鴻章賣國史 梁思光 著 永祥書店印行
鄭天杰 趙梅卿 合著 中日甲午海戰與李鴻章 徐培根題	民眾通俗說本之二 中日關係史 福建省政府教育廳	甲午中日戰爭文學集

本书编委会人员
（以姓氏笔画为序）

马骏杰

孙　丽

李翠翠

张笑妍

徐淑钰

龚晶晶

说　明

　　本书汇集了自1894年中日甲午战争爆发至2023年期间研究、重现这场战争的学术成果、文学作品、教学设计等著述和文章的书名、文章名、内容简介和封面等，是一部较全面反映130年来研究、展示甲午战争状况的工具类图书。为方便读者查阅，特做以下说明：

　　1. 本书重点收录学术著作和论文的书名和文章名，兼顾少量文学作品的书名和文章名。论文以发表于期刊的文章为主，兼顾少量发表于报纸的重要文章。为了真实呈现本书所收录的著作和论文的原貌，本书不对所收录的著作和论文中使用的字词、语句进行修改。

　　2. 对于通史类著作和教材中的中日甲午战争内容，视情况进行辑录，明确标出编、篇、章、节等，对于部分经典通史类著作和教材，如《中国近代史》，由于版本众多，故选择有影响力的早期版本，而近期版本由于内容与早期版本无太大差别，仅辑录有代表性的版本。

　　3. 著作大多配有封面图片。

　　4. 本书包括九部分，每部分又分为若干项。前八部分包含"著作"和"论文"，第九部分只有"论文"。著作按照出版时间先后顺序排列，出版时间相同者则按照书名首字的汉语拼音音序排列，书名亦相同者则按照作者姓名首字的汉语拼音音序排列。论文和文学作品另列项按照发表于期刊的先后期数顺序排列，期数相同者则按照文章名首字的汉语拼音音序排列。增刊、专辑、年刊、专刊等排在当年期刊末尾。报纸文章按照发表于报纸的时间先后顺序排列，时间相同者则按照报纸名称首字的汉语拼音音序排列，报纸名称亦相同者则按照文章名首字的汉语拼音音序排列。如果首字相同，则按照第二字的汉语拼音音序排列，依此类推。时间不详者则按照大致出版时间放在文中相应位置。

　　5. 本书关于博物馆的论文没有单独列项，故放在本书第九部分中。

目 录

第一部分　总论 ·· **1**

第二部分　战争背景 ·· **125**
　一、国际环境·· 127
　二、朝鲜问题·· 134
　三、日本发动战争的原因及战争准备·············· 140
　四、晚清社会状况及清政府应对战争·············· 159

第三部分　北洋海军 ·· **177**
　一、总论·· 179
　二、武器装备·· 200
　三、编制体制·· 208
　四、规章制度·· 209
　五、教育训练·· 210
　六、战略战术·· 213
　七、基地建设·· 215
　八、后勤保障·· 217
　九、战前活动·· 218
　十、战后情况·· 219

第四部分　战争过程 ·· **221**
　一、陆战·· 223
　二、海战·· 238

中日甲午战争论著图录（1894—2023）

第五部分　《马关条约》的签订 ·············· **257**

第六部分　战争影响 ·············· **273**
　一、反割台斗争 ·············· 275
　二、战后中国 ·············· 288
　三、战后日本 ·············· 319
　四、战后朝鲜 ·············· 324
　五、战后世界 ·············· 325

第七部分　人物研究 ·············· **333**
　一、中国 ·············· 335
　二、日本 ·············· 495
　三、朝鲜 ·············· 507
　四、其他国家 ·············· 509

第八部分　文艺作品 ·············· **517**
　一、文学作品 ·············· 519
　二、戏剧、影视评论等 ·············· 531

第九部分　甲午战争史教育 ·············· **539**

附录　马骏杰绘甲午战争肖像画 ·············· 549

后记 ·············· 554

第一部分
总论

著作

绘图扫荡倭寇纪要初集

1894 年 8 月

论文集。收录甲午战争前夕报章上与中日甲午战争相关的论文 12 篇。

时事新编

陈耀卿编　1895 年

论文集。收录报章上有关甲午战争的论文 12 篇。

东方兵事纪略（图 1-1）

姚锡光著　1897 年

包括衅始篇、援朝篇、奉东篇、金旅篇、辽东篇、山东篇、海军篇、议款篇、台湾篇，以及表、图等。

图 1-1

中国国债指掌（第二章　中日之役）（图 1-2）

神州编译社编辑部编辑　1914 年 4 月　神州编译社

论述了甲午战争前清政府的财政状况、甲午战争中军事公债情况、甲午战争后善后公债情况，以及甲午战争对中国财政之影响。

图 1-2

清史拾遗（甲编）（甲午兵事本末）（图 1-3）

不才选辑　1917 年 3 月

记述甲午战争中陆海兵事。

图 1-3

图 1-4

（学生丛书之一）二十年来中日之关系（第一章　中日之战）（图1-4）

陆费达编辑　1917年4月　上海中华书局

叙述了中日甲午战争的过程，认为"中日战争之结果为列强分割中国之开端"。

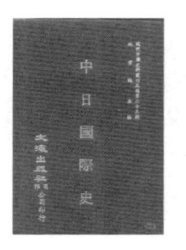

图 1-5

（近代中国史料丛刊三编第二十三辑）中日国际史（第三章　清朝中日国际史）（图1-5）

史俊明编　1919年1月　文海出版社有限公司

论述了甲午战争前后的中日关系。

图 1-6

国耻小史（图1-6）

沈文濬编纂　1919年7月　上海中国图书公司和记

辑有中日战争记、朝鲜独立记、《马关条约》记等，简述甲午战争的前因后果。

图 1-7

中国近时外交史（第八章　中日战争）（图1-7）

刘彦著　1921年6月　商务印书馆　中华书局　上海泰东图书局

对韩国与中日两国之关系、日韩冲突与《天津条约》、中日开战之原因与开战前之形势、中日交战、中日媾和、三国干涉与辽东返还等问题进行了详述。

图 1-8

（国民外交小丛书）近代中日关系略史（图1-8）

国民外交丛书社编辑　1924年12月　上海中华书局

叙述了从中日"修好"到二十一条签订间50余年的中日关系。

中国近百年史资料（上、下册）（图1-9）

左舜生选辑　1926年7月　上海中华书局

辑录了中日兵事本末、光绪帝与慈禧等与甲午战争有关的资料。

图1-9

日本侵略满蒙史（第一章　中日之战与满洲之影响）（图1-10）

支恒贵著　1927年8月　世界书局

论述战争中日本侵略满洲之一斑、日本在撤兵期间于满洲侵略之一斑、日俄战争日军驻满洲对我国罪状总述、中日会议东三省事宜条约及附约满洲所受之丧失。

图1-10

帝国主义侵略中国痛史（第六章　帝国主义侵略第二期——自中日战争至庚子联军之役）（图1-11）

唐守常著　1927年10月　大东书局

简述中日战争。

图1-11

（新时代史地丛书）中日外交史（第二章　清代之中日外交）（图1-12）

陈博文撰述　1928年5月　商务印书馆

论述了自中日立约至甲午战败中日关系的演变。

图1-12

帝国主义侵略中国史与中国革命运动（第二章　由鸦片战争以至中日战争即帝国主义侵略中国之第一时期；第三章　由中日战争以至日俄战争即帝国主义侵略中国之第二时期）（图1-13）

温良儒编述　1928年7月　陕西省政府印刷局

图1-13

从中日甲午战争前国民革命萌芽期到中日甲午战争及《马关条约》的签订，作者对日本的侵略与中国的抵抗进行了系统分析。

帝国主义压迫中国史（第八章　中日战争）（图1-14）

刘彦著　1928年7月　上海太平洋书店

论述了朝鲜与中日两国之关系、日朝冲突与《天津条约》、中日开战之原因与开战前之形势、中日交战、中日媾和、三国干涉与辽东返还等诸问题。

图1-14

日本压逼中国史（第四章　中日战争）（图1-15）

蓝渭滨主编　1928年9月　广州特别市党务指导委员会宣传部

简述中日甲午战争及其后果。

图1-15

帝国主义对华之侵略（第二章　帝国主义侵略中国之方法　第二节　中日战争）（图1-16）

文公直编　1929年4月　上海新光书店

记述了日本发动甲午战争的原因、战时状况和战争结果。

图1-16

（中央陆军军官学校政训处政治丛书第十三种）帝国主义侵略中国史（第二讲　英法联军至中日战争：国权束缚加重与边围侵削时期）（图1-17）

吴寿彭　徐达行　吴祺合编　1929年4月　中央陆军军官学校政治训练处

概述中日甲午战争。

图1-17

列强如何对待中国（图1-18）

唐守常著　1929年4月　上海大东书局

讨论了列强对华侵略之经过、列强的侵略政策，以及由此带来的领事裁判权、关税、租界等三大问题。

满洲忧患史（卷二）（第三编　满洲之外交史　第二章　中日战争满洲之形势）（图1-19）

予觉氏著　1929年4月　天津益世报馆

从甲午战争之酝酿、战争之促成、战争之概况、马关之国耻条约等四个方面介绍甲午战争中日本对我国东北之侵略。

近百年外交失败史（图1-20）

徐国桢编著　1929年5月　世界书局

从战争的起因、近因、经过、损失、影响等方面介绍甲午战争。

（万有文库第一集一千种）帝国主义侵略中国史（第十章　日本割占台湾及侵吞朝鲜之始末）（图1-21）

黄孝先著　1930年10月　商务印书馆

叙述了朝鲜与中国之关系及日本侵略之步骤、中日甲午战争、《马关条约》及《中日通商行船章程》、俄法德干涉割让辽东及《中俄密约》、日本并吞朝鲜等问题。

（新时代史地丛书）中日战争（图1-22）

王钟麒撰述　1930年10月　商务印书馆

全书分为15个专题，论述了甲午战争的前因后果。

图1-18

图1-19

图1-20

图1-21

图1-22

（政治丛书第廿四种）近世外交史（第七讲 自鸦片战争至中日战争）（图1-23）

柳克述编　1931年2月　中央陆军军官学校政治训练处

论述了甲午战争的发生及其结果。

图1-23

指日危言（第三章　中日甲午战争与朝鲜之丧失）（图1-24）

庄烨光著　1931年2月　文新印刷公司

论述了朝鲜与中国之关系及日本侵略朝鲜之历史、中日开战之原因与交战之状况、中日媾和与《马关条约》、俄德法三国干涉与辽东返还等问题。

图1-24

中国近百年史纲要（上册）（第一编　自鸦片战争讫戊戌变法　第十章　中日战争）（图1-25）

高博彦编　1931年3月　北平文化学社

论述了中日战争前两国在朝鲜的角逐、中日战争的过程、中日媾和及其影响等问题。

图1-25

国耻史要（第八章　中日战争记）（图1-26）

梁心编　1931年7月　广东佛山撄宁书室

记述了江华条约、济物浦条约、日朝条约、天津条约、马关条约、中日通商行船条约、交还辽东条约。

图1-26

日本帝国主义侵略中国史（中篇　六十年来侵略中国经过的事实　第六章　自中日战争至日俄战争）（图1-27）

蒋坚忍著　1931年10月　汉口奋斗报社

图1-27

记述了甲午中日之战及《马关条约》、台湾之丧失、中国通商条约之订立等。

近代中国外交史资料辑要（中卷）（第十三章　甲午之战）（图1-28）

蒋廷黻编　1931年11月　商务印书馆

辑录的资料内容包括金玉均之被刺及东学党之乱、中日之出兵及朝鲜内政之改革、战时之外交、马关议和等。

图1-28

日本侵略中国痛史（图1-29）

刘文辉编　1931年11月　学友互助总社

叙述了自中日交通至中日战争、自中日战争至日俄战争的过程。

图1-29

甲午中日战事摄影集（图1-30）

良友图书印刷公司编辑部编　1931年12月　良友图书印刷有限公司

辑录了多幅甲午战争的照片和图画。

图1-30

（新时代史地丛书）日本现代史（第八章中日战争）（图1-31）

陈铎撰述　1931年12月　商务印书馆

记述了中日甲午战争开战之远因、开战之近因、平壤之战、黄海之战、奉天东南部之战、威海卫之战、和约之缔结、辽东归还与台湾接收等内容。

图1-31

日本侵略中国史（少年本）（上部　侵略史六、中日战争·割台湾）（图1-32）

李白英著　1932年1月　上海大同书局

图1-32

简要介绍了甲午战争和日本割让台湾的历史。

新著中国近百年史（第三册）（第一编　自道光至辛亥革命　第四篇　光绪时代　第六章　朝鲜内乱及中日战争）（图1-33）

李泰棻编　1932年1月　商务印书馆

简述中日甲午战争。

六十年来中国与日本（第二卷）（第十二章　甲午之战）（图1-34）

王芸生辑　1932年6月　天津大公报社

介绍了甲午战争的历史过程。

最近三十年中国军事史（下册）（第三编　战史　第一章　中日战争）（图1-35）

文公直著　1932年7月　上海太平洋书店

论述了甲午战争的原因、中日陆军的比较、战争的经过、战争的结束等问题。

日本侵略中国史纲（中编　日本侵略中国之事实经过　第九章　日本吞并琉球；第十章　日本诈诱中国共管朝鲜；第十一章　中日战争；第十二章　中日议和；第十三章　马关条约影响）（图1-36）

李温民编著　1932年8月　国民外交研究会

述明甲午战争过程。

中日的旧恨与新仇（第三章　中日战争）（图1-37）

许宅仁编述　1932年8月　中华印书局

图1-33

图1-34

图1-35

图1-36

图1-37

讲述了中日甲午战争之始末、中日甲午战争与东省之影响、中日甲午战争之日本非法行动等内容。

中国近百年史（上册）（第一编　积弱时期　第十六章　中日俄朝鲜之角逐）（图1-38）

孟世杰编　1932年9月　百城书局

简述中日俄三国围绕朝鲜问题的角逐，以及甲午战争的过程和影响。

近世中国外交史（第一编　帝国主义在华取得权利时期——自鸦片战争起至中日战争止；第二编　帝国主义在华竞争权利时期——自中日战争起至八国联军止）（图1-39）

吴君如著　1932年12月　神州国光社

叙述甲午战争前后中国的对外关系史。

（社会科学基础丛书之一）近代中国民族革命运动史（第四章　九十年来帝国主义者侵略中国之回顾　第三节　中日战争）（图1-40）

杨朝杰著　1933年4月　上海大东书局

简述中日甲午战争经过。

日本铁蹄下之中国（图1-41）

赵闳著　1933年5月　武进县国耻馆

论述了两次中日战争日本侵略中国的情况，其中包括甲午战争中中日之间的陆战、海战，以及战争的后果。

（初中师范教本）中国史（下册）（第四篇

图1-38

图1-39

图1-40

图1-41

图1-42

近世史　起明末至民国今日　第七章　东方藩属的丧失与中日战争之影响）(图1-42)

孟世杰编辑　1933年8月　百城书局

记述了甲午战争前后琉球的丧失、朝鲜的丧失、列强对中国的压迫与港湾之租借等经过。

国耻纪念史（五　中日战争）(图1-43)

郭侣桐编辑　1933年9月　新中国书局

讲述了甲午战争的起因和后果。

（复兴初级中学教科书）本国史（第三册）（第十章　中日战争与外力之压迫）(图1-44)

傅纬平编著　1933年10月　商务印书馆

从战前之日本、战争及和约和外力之压迫等三个方面，讲述甲午战争及其影响。

（国民外交小丛书）近代中日关系略史(图1-45)

国民外交丛书社编辑　1933年　上海中华书局

叙述了从中日"修好"到二十一条签订间50余年的中日关系。

（万有文库第一集一千种）中日战争(图1-46)

王钟麒著　1934年7月　商务印书馆

全书分为15个专题，论述了甲午战争的前因后果。

中国最近三十年史（第一章　中日战争及中国门户之大开放）(图1-47)

陈功甫编　1934年11月　商务印书馆

图1-43

图1-44

图1-45

图1-46

图1-47

记述了中日战争之起因、中日战况、中日媾和、中日战后之外交概况等内容。

中国近代史（第八章　中日战争）（图1-48）

李鼎声编　1935年3月　光明书局

论述了中日战争的前景、中日交战与《马关条约》的签订。

图1-48

远东史（上、下册）（第五编　东方民族主义之勃兴及其对于西方帝国主义之抵抗　第三十一章　日本之成为世界强国及其吞并高丽）
（图1-49）

奚尔恩　张立志编著　1935年4月　商务印书馆

简述甲午战争及其后果。

图1-49

（中华百科丛书）近代中日关系史纲要（图1-50）

左舜生编　1935年5月　中华书局

从日本侵略中国的发端开始，介绍了中日两国在朝鲜的角逐，以及中日甲午战争与《马关条约》签订后的中国国势。

图1-50

（大学丛书）中国近代史（第八篇　中日交涉；第九篇　战后中国之危机）（图1-51）

陈恭禄著　1935年5月　商务印书馆

论述了清初中日之关系、日本出兵台湾、日本兼并琉球、日韩之争、中日军备之比较、两国出兵朝鲜、海上战争、奉天境内之战、北洋舰队之消失、李鸿章之渡日议和、和约之成立、三国

图1-51

13

干涉、割台之始末，以及外债、西方列强瓜分中国等。

列强侵华史教程（第三章　列强侵华的中期第一节　中日甲午的战争）（图1-52）

文圣举编　1935年8月　中央陆军军官学校洛阳分校

叙述了中日甲午战争的原因、经过、结果和影响。

图1-52

中国历史纪要（第二编　清季外侮史纪要第六章　甲午中日战争）

黎光明编著　1935年8月　中央军校特别训练班教务组

论述了清政府应对朝鲜问题的失策、甲午战争前的形势、海陆战争的情形、中日和议、履行和约之波折、中日战后所受之影响等。

甲午中日战争纪要（图1-53）

参谋本部第二厅第六处编　1935年

甲午战争的概述。

图1-53

列强侵略中国概况（图1-54）

俞爽迷编　1936年4月　上海文萃书局

论述了列强在世界上的势力、侵略中国的方式及经过，以及列强对中国的政治、经济和文化的侵略。

图1-54

本国史表解（第四编　近世史　第九章　中日战争）（图1-55）

图1-55

谢苇丰著　1936年10月　九州书局

以图表形式简述甲午战争。

（大学丛书）中国近代史（第八篇　中日交涉；第九篇　战后中国之危机）（图1-56）

陈恭禄著　1937年4月　商务印书馆

论述了清初中日之关系、日本出兵台湾、日本兼并琉球、日韩之争、中日军备之比较、两国出兵朝鲜、海上战争、奉天境内之战、北洋舰队之消失、李鸿章之渡日议和、和约之成立、三国干涉、割台之始末，以及外债、西方列强瓜分中国等。

图1-56

（高中复习丛书）本国史（改订本）（第四编　近代史　第十五章　中日战争）（图1-57）

吕思勉编　1937年11月　商务印书馆

概述甲午战争及其结果。

图1-57

（黑白丛书7）中日关系简史（第二节　从甲午战争到日俄战争时期的中日关系）（图1-58）

张健甫著　1937年11月　黑白丛书社

叙述了甲午战争前的中日关系，以及甲午战争的起因、过程及其对中华民族命运的影响。

图1-58

近代中国启蒙运动史（第三章　戊戌维新运动　一、甲午战争与洋务）（图1-59）

何干之著　1937年12月　生活书店

简要论述了甲午战争与洋务运动的关系。

图1-59

（大时代丛书之十五）日本侵华简史（第四

图1-60

图 1-61

图 1-62

图 1-63

图 1-64

图 1-65

节　甲午年的中日战争）（图1-60）

　　曹伯韩著　1938年2月　上海杂志公司

　　简述甲午战争起因及各战役。

（艺文丛书之七）中国近代史（第三章　自强及其失败）（图1-61）

　　蒋廷黻著　1938年7月　出版者不详

　　中国在中日之间初次决战中失败，是求自强的洋务运动的失败。

中国民族战史（第六章　帝国主义的侵略）（图1-62）

　　陶希圣著　1938年9月　国民政府军事委员会政治部

　　简述了中日甲午战争及列强对中国的瓜分。

中国近百年史资料初编（上、下册）（图1-63）

　　左舜生选辑　1938年10月　上海中华书局

　　辑录了中日兵事本末、光绪帝与慈禧等与甲午战争有关的资料。

中国近百年史资料续编（上、下册）（图1-64）

　　左舜生选辑　1938年10月　中华书局

　　辑录了东方兵事纪略、马关议和中之伊李问答、台湾八日记、海军大事记等与甲午战争和北洋海军有关的资料，这些资料反映了战后不久时人对甲午战争和北洋海军的看法。

中国近代史资料（下册）（七　中日兵事本末）（图1-65）

左舜生选辑　1938 年 10 月　出版者不详
收录了罗惇曧的《中日兵事本末》。

中日战争之始末与教训（图 1-66）
陈诚著　1938 年 12 月　青年书店
论述了朝鲜与中国地理历史及人种关系、中日战争的爆发及其经过概况、中日议和及三国干涉归还远东的情形、中日战争给予我们的教训等问题。

图 1-66

甲午战争的教训（图 1-67）
钱安毅编著　1939 年 2 月　正中书局
回顾了甲午战争的过程，总结了历史教训。

图 1-67

中国现代史常识（第七课　甲午年的中日战争）（图 1-68）
曹伯韩编著　1939 年 10 月　新知书店
简述甲午战争的起因、过程和结果。

图 1-68

日本对华的宣传政策（第一章　对华宣传的动因和计划）（图 1-69）
任白涛著　1940 年 1 月　商务印书馆
介绍了甲午战争时期的日本从军记者。

图 1-69

中国近百年史教程（第四讲　中日战争的前因后果）（图 1-70）
张健甫著　1940 年 5 月　文化供应社
记述了甲午战争的前因后果。

图 1-70

日本帝国主义侵略中国史（第三章　日本侵

华奠基时期）（图1-71）

张觉人著　1940年7月　青年书店

记述了中日甲午战争日本割据台湾，以及中日通商行船条约缔结后日本在政治经济上进一步侵略中国的事实。

（民族复兴丛书）国耻史讲话（第七讲　东方魔王张口）（图1-72）

沈鉴　王棫合著　1940年8月　独立出版社

分析了甲午战争爆发的原因和经过。

（广西建设研究会丛书之五）中国外交之史的分析（中编　护边外交　第六章　甲午战争）（图1-73）

万仲文著　1940年11月　广西建设研究会

包括《天津条约》后之朝鲜、国际情势对日不利、日本的外交战略、战前中国外交之失当、中国应战的微妙动机、战中清廷和议不绝、英国外交的三部曲、李鸿章媾和外交之悲剧、三国干涉与中日外交、均势破坏后的中国外交等。

（中山文化教育馆抗战特刊）近世中日国际大事年表（图1-74）

杨家骆著　1941年4月　中山文化教育馆

包括1894—1895年中日甲午战争期间的大事述略。

中国近代史（第八章　中日战争）（图1-75）

李鼎声著　1941年10月　光明书局

论述了中日战争的前景、中日交战与《马关

条约》的签订。

甲午中日战争简史（图1-76）

钱安毅编著　1941年11月　出版者不详

记述了甲午战争的过程，总结了得失。

（中国青年丛书）我们的耻辱（第七章　中日战争的因果）（图1-77）

周涤钦编著　1942年9月　正中书局

记述了朝鲜过去的史迹、日本以武力干涉朝鲜内政、中日之战及媾和情形、中日战后的外交概况及朝鲜的灭亡等内容。

中国民族文学史（第四编　由对外战争到最后的国内种族战争间之民族文学　第四章　中日战争时代的民族文学）（图1-78）

梁乙真著　1943年5月　三友书店

分析了反映中日甲午战争的诗歌、散文、纪实等文学作品。

（敌情研究会丛书之一）崩溃中的日本（第六章　中日之近代关系　第四节　甲午中日战争）（图1-79）

邓梅羮编著　1943年6月　敌情研究会

着重记述了明治维新后的日本政治、经济、军事状况，其中包括甲午战争前后的中日关系。

中国近百年史教程（第四讲　中日战争的前因后果）（图1-80）

张健甫著　1943年9月　文化供应社

记述了甲午战争的前因后果。

图1-76

图1-77

图1-78

图1-79

图1-80

游击战争的政略与战术（一　此次抗战与甲午中日战争的比较）（图1-81）

潘怡如编著　时间不详　出版者不详

从正规军队与民众游击队、抗日武装部队的组织和改造、游击队根据地的建立与政府组织等三个方面做了论述。

图1-81

（复兴丛书）清代史（第九章　东方帝国主义之压迫）（图1-82）

萧一山著　1944年5月　商务印书馆

内容包括修好与侵略、朝鲜之交涉、中日甲午之战、战败之影响。

图1-82

（"中国之命运"研究丛书）中国近代外交史（第一篇　清末的外交　第二章　边藩的丧失与均势的造成）（图1-83）

苏乾英著　1944年5月　国民出版社

其中讲述了日本侵略朝鲜与中日甲午之战。

图1-83

中国军事史略

张其昀著　1944年5月　正中书局

有对中日甲午战争的简述。

中日交涉年表（图1-84）

汪向荣著　1945年2月　中国公论社

涉及甲午战争前后的中日交涉。

图1-84

中国近代史（第八章　中日战争）（图1-85）

李鼎声著　1946年2月　东北中苏友好协会

论述了中日战争的前景和中日交战与《马关

图1-85

条约》的签订。

中国民族解放运动史（第一卷）（第四章 中法战争与甲午战争）（图1-86）

华岗编著　1946年6月　大连大众书店

简要叙述朝鲜独立问题与甲午战争，以及甲午战争的教训。

图1-86

（青年文库）近百年来中外关系（第六章 中日战争瓜分运动与门户开放）（图1-87）

胡秋原编著　1946年7月　中国文化服务社

论述了日本之勃兴、并吞琉球侵犯台湾、朝鲜问题是中日战争之导火线、中日战争之经过、《马关条约》之签订、三国干涉还辽与瓜分中国运动等问题。

图1-87

中国近百年史概述（第四讲　中日甲午战争）（图1-88）

李天随编　1946年8月　台湾新生报社

论述了日本发动侵略战争的原因、中日战争的过程及结局和甲午战后列强势力范围的划分。

图1-88

中国近代史研究纲要（上册）（第六讲　第一次中日战争）（图1-89）

历史研究社编著　1946年10月　新知书店

论述了甲午战争前中日两国的国内状况与国际环境、第一次中日战争的性质、第一次中日战争的发展过程，以及第一次中日战争的影响等问题。

图1-89

高中本国史（第三册）（第四编　近世史　第十五章　中日战争）（图1-90）

罗元鲲编　1946年11月　开明书店

从日本大陆政策之发端、东学党之乱及中日开战、我国海陆军之失败及《马关条约》、《马关条约》之余波及影响等四方面介绍甲午战争。

图1-90

甲午以后流入日本之文物目录（卷一）（图1-91）

1946年　油印

抗战胜利后为向日本追讨自甲午（1894年）以来被劫夺的珍稀文物和要求战争赔偿，由国民政府教育部清理战时文物损失委员会京沪区办事处于1946年组织编制的文物目录。

图1-91

甲午中日战争简史（图1-92）

1946年　陆军大学

简要叙述了甲午战争的过程，并分析了中国在甲午战争中失败的军事原因。

图1-92

简明近百年本国史（第四章　藩属与领土的损失）（图1-93）

施瑛编著　1947年2月　上海日新出版社

简要叙述日本吞并琉球至门户开放的过程，其中对甲午之战有所介绍。

图1-93

中国近代史（上编第一分册）（第五章　洋务派的"自强"与第一次割地狂潮；第六章　甲午战争及第二次割地狂潮）（图1-94）

范文澜著　1947年2月　人民出版社

论述了中日朝鲜交涉、战无不败的海陆军、

图1-94

和战两派的争权及主和派得胜、《马关条约》的缔结、台湾的两种抵抗——官绅的虚声抵抗与台湾人民的英勇抵抗、三国干涉下满清赎还辽东半岛及大借外债、大买办李鸿章游历欧美的卖国活动，以及割地狂潮。

（青年基本知识丛书）中国史（第五章　欧风美雨话世变　第五节　甲午之战）（图1-95）

金毓黻编著　1947年3月　正中书局

简要叙述了中日甲午战争的前因后果。

图1-95

中国民族解放运动史（第一卷·增订本）（第四章　中法战争与甲午战争）（图1-96）

华岗著　1947年4月　鸡鸣书店

简要叙述朝鲜独立问题与甲午战争，以及甲午战争的教训。

图1-96

初中本国史复习指导（第三编　近世史　第七章　外患的激增　甲午中日之役及其前后）（图1-97）

胡嘉编　1947年5月　现代教育研究社

简述朝鲜问题与中日冲突、中日战争与《马关条约》、外力的压迫和沿海港湾的租借。

图1-97

（中国通史第四编）中国近代史（第七章　中日战争）（图1-98）

徐进编著　1947年5月　国民书局

概述朝鲜与中国之关系、日本侵略朝鲜始末、日朝《江华条约》、日朝《济物浦条约》、《中日天津条约》、战争爆发前之中日冲突、中日战

图1-98

争情形、中日媾和等问题。

中国现代史读本（第七课 甲午年的中日战争）（图1-99）

曹伯韩著　1947年6月　香港文化供应社

简述日本发动甲午战争的原因和中国在甲午战争中失败的原因。

图1-99

中国近代史参考资料（第一集）（第五辑 第一次中日战争）（图1-100）

杨邓编　1947年8月　读书出版社

收录了中日兵事本末、甲午战事等文章。

图1-100

中国近代史（上编一分册）（第五章 洋务派的"自强"与第一次割地狂潮；第六章 甲午战争及第二次割地狂潮）（图1-101）

范文澜著　1947年12月　东北书店

论述了中日朝鲜交涉、战无不败的海陆军、和战两派的争权及主和派得胜、《马关条约》的缔结、台湾的两种抵抗——官绅的虚声抵抗与台湾人民的英勇抵抗、三国干涉下满清赎还辽东半岛及大借外债、大买办李鸿章游历欧美的卖国活动，以及割地狂潮。

图1-101

（大学丛书）中国近代史（第八篇 中日交涉；第九篇 战后中国之危机）（图1-102）

陈恭禄著　1948年1月　商务印书馆

论述了清初中日之关系、日本出兵台湾、日本兼并琉球、日韩之争、中日军备之比较、两国出兵朝鲜、海上战争、奉天境内之战、北洋舰队

图1-102

之消失、李鸿章之渡日议和、和约之成立、三国干涉、割台之始末，以及外债、西方列强瓜分中国等。

中国近百年史讲话（第三讲 中日甲午之战）
（图1-103）

曹伯韩著　1948年7月　致用书店

记述了甲午战争的发生、战争胜败的检讨、中日《马关条约》、甲午战败与远东时局等。

中国近百年史（第三章 中日甲午战争）（图1-104）

宋云彬著　1948年10月　新知书店

叙述了甲午战败的过程，总结了甲午战争失败的教训。

中国近代史（上编第一分册）（第五章 洋务派的"自强"与第一次割地狂潮；第六章 甲午战争及第二次割地狂潮）（图1-105）

范文澜著　1948年11月　东北书店

论述了中日朝鲜交涉、战无不败的海陆军、和战两派的争权及主和派得胜、《马关条约》的缔结、台湾的两种抵抗——官绅的虚声抵抗与台湾人民的英勇抵抗、三国干涉下满清赎还辽东半岛及大借外债、大买办李鸿章游历欧美的卖国活动，以及割地狂潮。

（历史丛刊）中国近代史研究纲要（第六讲 第一次中日战争）（图1-106）

中国历史研究会编　1948年11月　光华书店

图1-103

图1-104

图1-105

图1-106

论述了甲午战争前中日两国的国内状况与国际环境、第一次中日战争的性质、第一次中日战争的发展过程，以及第一次中日战争的影响等问题。

甲午中日战争简史（图1-107）

1948年　陆军大学

简要叙述了甲午战争的过程，并分析了中国在甲午战争中失败的军事原因。

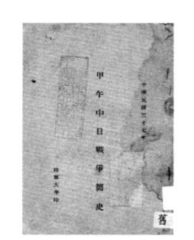

图1-107

（高中二年暂用课本　专科学校适用）中国近代史（第四章　中法战争与甲午战争）（图1-108）

华岗著　1949年1月　东北书店

简要叙述朝鲜独立问题与甲午战争，以及甲午战争的教训。

图1-108

（初级中学第二年级上学期暂用课本）中国近代史（上编　鸦片战争至五四运动）（第六章　甲午战争）（图1-109）

华北大学历史研究室编　1949年2月　华北新华书店

简述日本侵略朝鲜、战无不败的满清军队、中国半殖民地地位的加深。

图1-109

（高级中学第二学年上学期暂用课本）中国近代史（第四章　中法战争与甲午战争）（图1-110）

华岗编著　1949年3月　华东新华书店

简要叙述朝鲜独立问题与中日甲午战争，以及甲午战争的教训。

图1-110

中国近百年史教程（第四讲　中日战争的前因后果）（图1-111）

张健甫著　1949年4月　文化供应社

记述了甲午战争的前因后果。

图1-111

（初级中学适用）中国近代史（上编）（第六章　甲午战争）（图1-112）

华北大学历史研究室编　1949年4月　中原新华书店

简述日本侵略朝鲜、战无不败的满清军队、中国半殖民地地位的加深。

图1-112

（高中第二学年上学期暂用课本）中国近代史（上册）（第四章　中法战争与甲午战争）（图1-113）

华岗编著　1949年4月　新华书店

简要叙述朝鲜独立问题与中日甲午战争，以及甲午战争的教训。

图1-113

中国近代史参考材料（第五辑　第一次中日战争）（图1-114）

杨松　邓力群编　1949年4月　东北书店

收录了罗惇曧、池仲祐对甲午战事的记述。

图1-114

中国近代史（第五章　洋务派的"自强"与第一次割地狂潮；第六章　甲午战争及第二次割地狂潮）（图1-115）

范文澜编著　1949年5月　新中国书局

论述了中日朝鲜交涉、战无不败的海陆军、和战两派的争权及主和派得胜、《马关条约》的

图1-115

27

缔结、台湾的两种抵抗——官绅的虚声抵抗与台湾人民的英勇抵抗、三国干涉下满清赎还辽东半岛及大借外债、大买办李鸿章游历欧美的卖国活动，以及割地狂潮。

中国近代史（第一分册）（第五章　洋务派的"自强"与第一次割地狂潮；第六章　甲午战争及第二次割地狂潮）（图1-116）

范文澜著　1949年5月　生活·读书·新知上海联合发行所

论述了中日朝鲜交涉、战无不败的海陆军、和战两派的争权及主和派得胜、《马关条约》的缔结、台湾的两种抵抗——官绅的虚声抵抗与台湾人民的英勇抵抗、三国干涉下满清赎还辽东半岛及大借外债、大买办李鸿章游历欧美的卖国活动，以及割地狂潮。

图1-116

（初级中学第二年级上学期暂用课本）中国近代史（上编　鸦片战争至五四运动）（第六章　甲午战争）（图1-117）

华北大学历史研究室编　1949年6月　山东新华书店

简述日本侵略朝鲜、战无不败的满清军队、中国半殖民地地位的加深。

图1-117

中国近代史（上编第一分册）（下册）（第五章　洋务派的"自强"与第一次割地狂潮；第六章　甲午战争及第二次割地狂潮）（图1-118）

范文澜著　1949年7月　新华书店

论述了中日朝鲜交涉、战无不败的海陆军、

图1-118

和战两派的争权及主和派得胜、《马关条约》的缔结、台湾的两种抵抗——官绅的虚声抵抗与台湾人民的英勇抵抗、三国干涉下满清赎还辽东半岛及大借外债、大买办李鸿章游历欧美的卖国活动，以及割地狂潮。

中国近代史（第八章　中日战争）（图 1-119）

李鼎声著　1949 年 7 月　光明书局

论述了中日战争的前景和中日交战与《马关条约》的签订。

中国近代史讲话［第六讲　肆　侵略暴日并台鲜（第一次中日战争）］（图 1-120）

韩启农著　1949 年 7 月　新中国书局

简述甲午战争过程。

中国近代史（上编　鸦片战争至五四运动）（第六章　甲午战争）（图 1-121）

华北大学历史研究室编　1949 年 8 月　苏北新华书店

简述日本侵略朝鲜、战无不胜的满清军队、中国半殖民地地位的加深。

中国近代史（上册）（第四章　中法战争与甲午战争）（图 1-122）

华岗编著　1949 年 8 月　苏南新华书店

简要叙述朝鲜独立问题与中日甲午战争，以及甲午战争的教训。

（高中第二学年上学期暂用课本）中国近代

图 1-119

图 1-120

图 1-121

图 1-122

史（上册）（第四章　中法战争与甲午战争）（图1-123）

华岗编著　1949年8月　新华书店

简要叙述朝鲜独立问题与中日甲午战争，以及甲午战争的教训。

图 1-123

（初级中学第二年级上学期暂用课本）中国近代史（鸦片战争至五四运动）（第六章　甲午战争）（图1-124）

华北大学历史研究室编　1949年8月　新华书店

简述日本侵略朝鲜、战无不败的满清军队、中国半殖民地地位的加深。

图 1-124

中国近代史（上编）（第六章　甲午战争）（图1-125）

华北大学历史研究室编　1949年9月　苏南新华书店

简述日本侵略朝鲜、战无不败的满清军队、中国半殖民地地位的加深。

图 1-125

中国近代史（上编第一分册）（第五章　洋务派的"自强"与第一次割地狂潮；第六章　甲午战争及第二次割地狂潮）（图1-126）

范文澜著　1949年9月　华北大学

论述了中日朝鲜交涉、战无不败的海陆军、和战两派的争权及主和派得胜、《马关条约》的缔结、台湾的两种抵抗——官绅的虚声抵抗与台湾人民的英勇抵抗、三国干涉下满清赎还辽东半岛及大借外债、大买办李鸿章游历欧美的卖国活

图 1-126

动，以及割地狂潮。

近代中国政治史（上编）（第四章 西法模仿时代）

作者不详　时间不详　国立武汉大学

其中论述了西法模仿时代的对外关系——中日甲午战争。

民国以前关税担保之外债（第四时期　中日战争借款时期）（图1-127）

汤象龙　时间不详　出版者不详

介绍了甲午战争前后清政府以关税担保举借外债情况。

图1-127

（中国天文学会丛书之一）普通军用天文学（第七章　潮汐）（图1-128）

陈遵妫编　时间不详　国立编译馆

虽然论述的是中日两国近海潮汐对抗日战争的影响，但也适用于对甲午战争的研究。

图1-128

日本侵华解剖（第二章　自初期侵略至甲午中日战争；第三章　自甲午战争至日俄战役）（图1-129）

作者不详　时间不详　出版者不详

叙述了日本发动甲午战争的经过及其影响。

图1-129

中国近代史（第一分册）（第六章　甲午战争及第二次割地狂潮）（图1-130）

武波编著　时间不详　读书出版社

叙述了甲午战争及其之后的列强瓜分中国的

图1-130

狂潮。

（中国文化史丛书第二辑）中国日本交通史（第十三章 清代与日本之交通）（图1-131）

王辑五著　时间不详　商务印书馆

对晚清之中日交通往来进行了简述。

中国近代军事变迁史略（第一章 甲午战争时期）（图1-132）

徐培根著　1949年10月　陆军大学

从军事角度叙述甲午战争背景、经过及影响。

（高级中学第二学年上学期暂用课本）中国近代史（第四章 中法战争与甲午战争）（图1-133）

华岗编著　1950年1月　新华书店

简要叙述朝鲜独立问题与中日甲午战争，以及甲午战争的教训。

（初级中学）中国近代史课本（上册）（第六章 甲午战争）（图1-134）

华北大学历史研究室编　1950年1月　新华书店

叙述了日本侵略朝鲜、战无不败的满清军队、中国半殖民地地位的加深等内容。

中国近代史（上编 第一分册）（第五章 洋务派的"自强"与第一次割地狂潮；第六章 甲午战争及第二次割地狂潮）（图1-135）

范文澜著　1950年5月　新华书店

论述了中日朝鲜交涉、战无不败的海陆军、

图1-131

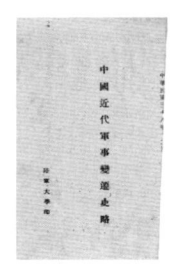

图1-132

图1-133

图1-134

图1-135

和战两派的争权及主和派得胜、《马关条约》的缔结、台湾的两种抵抗——官绅的虚声抵抗与台湾人民的英勇抵抗、三国干涉下满清赎还辽东半岛及大借外债、大买办李鸿章游历欧美的卖国活动，以及割地狂潮。

中国近代史（上编第一分册）（第五章　洋务派的"自强"与第一次割地狂潮；第六章　甲午战争及第二次割地狂潮）（图1-136）

范文澜著　1951年7月　人民出版社

论述了中日朝鲜交涉、战无不败的海陆军、和战两派的争权及主和派得胜、《马关条约》的缔结、台湾的两种抵抗——官绅的虚声抵抗与台湾人民的英勇抵抗、三国干涉下满清赎还辽东半岛及大借外债、大买办李鸿章游历欧美的卖国活动，以及割地狂潮。

图 1-136

中国近代史（上编第一分册）（第五章　洋务派的"自强"与第一次割地狂潮；第六章　甲午战争及第二次割地狂潮）（图1-137）

范文澜著　1951年10月　人民出版社

论述了中日朝鲜交涉、战无不败的海陆军、和战两派的争权及主和派得胜、《马关条约》的缔结、台湾的两种抵抗——官绅的虚声抵抗与台湾人民的英勇抵抗、三国干涉下满清赎还辽东半岛及大借外债、大买办李鸿章游历欧美的卖国活动，以及割地狂潮。

图 1-137

图 1-138

图 1-139

图 1-140

图 1-141

图 1-142

中国战史论集（二）

张其昀等著　1954年6月　中华文化出版事业委员会

收录了《中日战役》一文。

甲午战役六十周年纪念特刊（图 1-138）

1954年9月　中国海军月刊社

论文集。收录有关甲午战争的文章35篇。

中日甲午战争论集（图 1-139）

历史教学月刊社编　1954年9月　五十年代出版社

论文集。收录研究甲午战争的论文7篇。

（中国近代史丛书）中日甲午战争（图 1-140）

郑昌淦著　1955年3月　中国青年出版社

研究中日甲午战争的早期著作。

中国近代史讲座（图 1-141）

范文澜　荣孟源　王崇武　邵循正　刘桂五　胡华主讲　1955年6月　中国文学艺术界联合会学习处

论文集。收录近代史研究论文7篇，其中有邵循正的《中日战争》1篇。

甲午中日战争（图 1-142）

周继仁编著　1955年9月　通俗读物出版社

介绍了中日甲午战争的起因、经过和结果。

中国近代史（上册）（第五章　洋务派的"自

强"与第一次割地狂潮；第六章　甲午战争及第二次割地狂潮）（图1-143）

范文澜著　1955年9月　人民出版社

论述了中日朝鲜交涉、战无不败的海陆军、和战两派的争权及主和派得胜、《马关条约》的缔结、台湾的两种抵抗——官绅的虚声抵抗与台湾人民的英勇抵抗、三国干涉下满清赎还辽东半岛及大借外债、大买办李鸿章游历欧美的卖国活动，以及割地狂潮。

图1-143

甲午中日战争（图1-144）

贾逸君著　1955年12月　新知识出版社

论述了甲午战争的历史过程及影响。

（学文化补充读物）甲午战争（图1-145）

纯西编写　1956年8月　上海人民出版社

介绍甲午战争的通俗读物，从洋务运动写到战后中国社会。

图1-144

（中国近代史资料丛刊）中日战争（4）（全七册）（图1-146）

中国史学会主编　1956年10月　新知识出版社

中日甲午战争各种资料的选编，分为三编和三项附录。

图1-145

中国近代史论丛

包遵彭　李定一　吴相湘编　1956—1970年　正中书局

共两辑18册。第一辑共10册，第6册为《第一次中日战争》专辑，收录资料7篇。

图1-146

（中国近代史资料丛刊）中日战争（一）（全七册）（图1-147）

中国史学会主编 1957年9月 上海人民出版社

中日甲午战争各种资料的选编，分为三编和三项附录。

图1-147

十九世纪末叶帝国主义争夺中国权益史（第一章 甲午战争前的中国和世界；第二章 中日甲午战争）（图1-148）

胡滨著 1957年10月 生活·读书·新知三联书店

论述了甲午战争前的中国社会及国际形势、日本发动侵略战争和马关议和，以及俄、德、法三国干涉日本退出辽东半岛等。

图1-148

中国近代史（上册）（第二编 第八章 中日甲午战争）（图1-149）

林增平编 1958年4月 湖南人民出版社

论述了战前的国际环境和清统治集团、帝国主义加紧侵略朝鲜和日本侵略者挑拨战争、中日甲午战争的过程，以及全国人民反抗《马关条约》的斗争。

图1-149

帝国主义侵华史（第一卷）（第二编 中国半殖民地半封建社会形态形成和边疆危机普遍发生时期；第三章 沿边侵略的继续和甲午中日战争）（图1-150）

丁名楠 余绳武 张振鹍 沈自敏 贾维诚 康右铭 李明仁著 1958年5月 科学出版社

论述了列强在中国沿边继续扩大侵略、甲午

图1-150

中日战争的酝酿、中日战争的过程、《马关条约》的签订及其反响等内容。

中国近代史稿（上册）（图1-151）
1960年10月　河北北京师范学院
简述了中日甲午战争。

图1-151

（合肥师范学院教材）中国近代史（上、下册）（第七章　甲午中日战争）（图1-152）
吴宣易编　1960年　合肥师范学院
论述了日本政府的对外侵略扩张野心、清政府的妥协和中国人民的抵抗，以及《马关条约》的签订与中国人民的反割台斗争。

图1-152

（中国近代史资料丛刊）洋务运动（一）（全八册）（图1-153）
中国史学会编　1961年4月　上海人民出版社
为包括北洋海军资料在内的洋务运动资料汇编。

图1-153

帝国主义侵华史（第一卷）（第二编　中国半殖民地半封建社会形态形成和边疆危机普遍发生时期；第三章　沿边侵略的继续和甲午中日战争）（图1-154）
丁名楠　余绳武　张振鹍　沈自敏　贾维诚　康右铭　李明仁著　1961年8月　科学出版社
论述了列强在中国沿边继续扩大侵略、甲午中日战争的酝酿、中日战争的过程、《马关条约》的签订及其反响等内容。

图1-154

图 1-155

（中国近代史资料丛刊）中日战争（二）（全七册）（图 1-155）

中国史学会主编　1961 年 11 月　上海人民出版社　上海书店出版社

中日甲午战争各种资料的选编，分为三编和三项附录。

图 1-156

帝国主义侵华史（第一卷）（第二编　中国半殖民地半封建社会形态形成和边疆危机普遍发生时期；第三章　沿边侵略的继续和甲午中日战争）（图 1-156）

丁名楠　余绳武　张振鹍　沈自敏　贾维诚　康右铭　李明仁著　1962 年 8 月　人民出版社

论述了列强在中国沿边继续扩大侵略、甲午中日战争的酝酿、中日战争的过程、《马关条约》的签订及其反响等内容。

图 1-157

（工农通俗文库）甲午战争（图 1-157）

章回编写　1962 年 8 月　上海人民出版社

简要介绍了日本发动侵华战争的原因、战争过程及造成的民族危机。

图 1-158

中国近代史四讲（第一讲　中日战争）（图 1-158）

左舜生编著　1962 年 9 月　友联出版社

从中日缔结修好通商条约讲起，论述了日本侵台事件、日本吞并琉球事件、中日两国在朝鲜的角逐、中日实战经过、《马关条约》与三国干涉、

台湾人民反割台运动等内容。

近代史资料（1962年第3辑）

中国科学院近代史研究所近代史资料编辑组编　1962年11月　中华书局

收录辽阳防守日记、台湾战争记等资料。

近代中国史事日志

郭廷以编著　1963年3月　正中书局

记录了中日甲午战争的全过程。

中国近百年史资料初编（上、下册）（图1-159）

左舜生选辑　1966年6月　台湾中华书局

辑录了东方兵事纪略、马关议和中之伊李问答、台湾八日记、海军大事记等与甲午战争和北洋海军有关资料，这些资料反映了战后不久时人对甲午战争和北洋海军的看法。

图1-159

（近代中国史料丛刊第一辑）甲午中日战辑（图1-160）

王炳耀辑　1966年10月　文海出版社

分为三卷，辑录了甲午战争时期各类人物的奏疏、遗文、丛谈、口述、论文等。

图1-160

中日甲午战争（上册）（图1-161）

文廷式等著　1967年10月　广文书局

辑录了文廷式、安维峻、张之洞等人的奏疏等件，反映了他们作为甲午战争当事人对战争的看法。还收录了《梦平倭虏记》等反映甲午战争的小说。

图1-161

（大陆杂志史学丛书第3辑第4册）近代史研究论集

大陆杂志社编辑　1967年

论文集。收录《甲午战役前旅顺威海卫大连等地之经营》《三国干涉还辽之交涉》等。

（近代中国史料丛刊第四辑）中日战争资料（图1-162）

佚名辑　1967年　文海出版社

有关甲午战争的史料汇编，分为奏疏、谕著、诗词、杂文和小说5部分内容。

图1-162

中国近代史论集

蒋廷黻著　1970年4月　大西洋图书公司

论文集。共收录作者论文14篇，其中有论文论述朝鲜问题和中日甲午战争的起因与经过。

（中国近代史丛书）甲午中日战争（图1-163）

吉林师范大学历史系编　1973年1月　吉林人民出版社

简要介绍了中日甲午战争的起因、过程及结局。

图1-163

（中国近代史丛书）甲午中日战争（图1-164）

《中国近代史丛书》编写组　1973年1月　上海人民出版社

简要介绍了中日甲午战争的历史过程。

图1-164

近代中国人民反帝斗争史（第四章　反抗日本侵略的甲午战争）（图1-165）

北京大学历史系编　1973年1月　北京人民出版社

记录了中国人民反抗日本侵略的甲午战争。

帝国主义侵华史（第一卷）（第二编　中国半殖民地半封建社会形态形成和边疆危机普遍发生时期　第三章　沿边侵略的继续和甲午中日战争）（图1-166）

丁名楠　余绳武　张振鹍　沈自敏　贾维诚　康右铭　李明仁著　1973年12月　人民出版社

论述了列强在中国沿边继续扩大侵略、甲午中日战争的酝酿、中日战争的过程、《马关条约》的签订及其反响等内容。

中国近代史参考资料（第五辑　甲午中日战争）（图1-167）

佚名辑　1974年　文海出版社有限公司

辑录了王云生的《东学党之乱》，罗惇曧的《中日兵事本末》，姚锡光的《议款篇》《台湾篇》，张罗澄的《致李鸿章书》，余栋臣的《余栋臣告示》，以及《中日讲和条约十一款》。

（安徽省初级中学试用课本）中国近代史话（十一、"宁作中华断头鬼，不为倭寇屈膝人"——甲午战争中人民的抗日斗争；十二、大甲溪日军遭惨败，嘉义城敌酋受重伤——台湾人民的反割台斗争）（图1-168）

安徽省教育局教材编写组编　1975年8月　安徽人民出版社

讲述了中日甲午战争的故事。

图1-165

图1-166

图1-167

图1-168

简明中国近代史（第四章　中国半殖民地半封建社会的基本确立　一、中日甲午战争）（图1-169）

哈尔滨师范学院历史系中国近现代史教研室编　1975年11月　黑龙江人民出版社

记述了日本侵华战争的准备、甲午战争的爆发、平壤陷落与黄海大战、日本扩大侵略战争，以及《马关条约》及其危害、公车上书与反割台斗争。

图1-169

（江苏省中学课本）中国近代史话（日寇逞凶进犯朝中　甲午抗战英勇悲壮）（图1-170）

江苏省中小学教材编写组编　1976年12月　江苏人民出版社

讲述甲午战争的故事。

图1-170

中国近代史（第三章　半殖民地的逐步加深和中国人民反对外国侵略的斗争　第五节　中日战争）（图1-171）

《中国近代史》编写小组　1977年7月　中华书局

论述了日本发动侵华战争和中国人民的抗日斗争、清政府卖国投降和《马关条约》的签订，以及台湾人民的浴血抗战。

图1-171

甲午战争的故事（图1-172）

吕登来编写　1977年9月　上海人民出版社

讲述了中日甲午战争的历史过程。

（安徽省中学试用课本）中国近代史话（十、"宁作中华断头鬼，不为倭寇屈膝人"——甲午

图1-172

战争中人民的抗日斗争；十一、大甲溪日军遭惨败，嘉义城敌酋受重伤——台湾人民的反割台斗争）（图1-173）

安徽省教育局教材编审室编　1977年9月　安徽人民出版社

讲述了中日甲午战争的故事。

图1-173

中国近代史论丛（第一辑第六册）——第一次中日战争（图1-174）

包遵彭　李定一　吴相湘编纂　1977年10月　正中书局

收录《甲午战争》《甲午中国海军战绩考》《中日马关条约》《甲午战后之中俄关系》《评〈六十年来中国与日本〉》5篇论文。

图1-174

中国近代史讲座（第六讲　中日甲午战争）（图1-175）

王栻　茅家琦　方之光编著　时间不详　南京大学学报编辑部　南京大学历史系

论述了日本阴谋发动侵华战争、甲午战争的过程、清政府兵败求降，以及人民反对《马关条约》等问题。

图1-175

中国近代史（第三章　半殖民地的逐步加深和中国人民反对外国侵略的斗争　第五节　中日战争）（图1-176）

《中国近代史》编写组　1979年5月　中华书局

简述了日本发动侵华战争和中国人民的抗日斗争、清政府卖国投降和《马关条约》的签订，

图1-176

以及台湾人民的浴血抗战。

中国近代史（第二编　第八章　中日甲午战争）（图1-177）

林增平著　1979年7月　湖南人民出版社

论述了战前的国际环境和清统治集团、帝国主义加紧侵略朝鲜和日本侵略者挑动战争、中日甲午战争的过程，以及全国人民反抗《马关条约》的斗争。

图1-177

近代中国史纲（第八章　甲午惨败与中国分割）

郭廷以著　1979年9月　中文大学出版社

论述了中日甲午战争发生、《马关条约》的签订，以及台湾的割让。

六十年来中国与日本（第二卷）（第十二章　甲午之战）（图1-178）

王芸生编著　1981年1月　生活·读书·新知三联书店

介绍了甲午战争的历史过程。

图1-178

从鸦片战争到五四运动（第二编　半殖民地半封建统治秩序的形成　第十三章　中法战争和中日战争）（图1-179）

胡绳著　1981年6月　人民出版社

论述的内容包括被迫应战、议和与反对议和的舆论、保卫台湾的斗争，以及中日甲午战争后帝国主义列强对中国的掠夺。

图1-179

中国近代史讲义（试用本）（第三章　半殖民地的逐步加深和中国人民反抗外国侵略的斗争　第五节　中日甲午战争）（图 1-180）

1981 年 8 月　海军政治部宣传部

简述了中日海军三场海战和旅大战役，以及《马关条约》的签订和台湾保卫战。

图 1-180

中国近代史通俗讲话（第八讲　甲午中日战争）（图 1-181）

1982 年 2 月　海军政治部宣传部

讲述了甲午战争发生的原因、经过，以及《马关条约》的签订与中国人民反对割让台湾的斗争。

图 1-181

从鸦片战争到五四运动（上）（第二编　半殖民地半封建统治秩序的形成　第十三章　中法战争和中日战争）（图 1-182）

胡绳著　1982 年 3 月　上海人民出版社

论述的内容包括被迫应战、议和与反对议和的舆论、保卫台湾的斗争，以及中日甲午战争后帝国主义列强对中国的掠夺。

图 1-182

中国近代史（第三次修订本）（第三章　半殖民地的逐步加深和中国人民反对外国侵略的斗争　第五节　中日战争）（图 1-183）

《中国近代史》编写组　1982 年 3 月　中华书局

简述了日本发动侵华战争和中国人民的抗日斗争、清政府卖国投降和《马关条约》的签订，以及台湾人民的浴血抗战。

图 1-183

中国近代史讲义（第三章　半殖民地的逐步加深和中国人民反抗外国侵略的斗争　第五节中日战争）（图1-184）

时间不详　海军政治部宣传部

讲述了丰岛海战、黄海海战、辽东半岛之战、威海卫保卫战，以及《马关条约》签订和台湾保卫战。

图1-184

（大学历史系自学丛书）中国近代史（第八章　甲午中日战争）（图1-185）

徐凤晨　赵矢元主编　1982年5月　辽宁人民出版社

论述了日本军国主义蓄意发动战争、清政府"避战求和"的投降主义路线、平壤战役和黄海海战、辽东人民的抵抗和北洋海军覆灭，以及《马关条约》的签订和三国干涉还辽、《马关条约》引起全国各阶级的强烈反抗。

图1-185

（小学生文库）中日甲午战争（图1-186）

潘兴富　赵元真　李树权编著　1982年6月　辽宁人民出版社

讲述甲午战争的故事。

图1-186

中日甲午战争（图1-187）

潘兴富　赵元真　李树权编著　1982年6月　辽宁少年儿童出版社

讲述甲午战争的故事。

图1-187

近代中国简史（第四章　甲午中日战争）（图1-188）

陈庆华主编　1982年7月　北京出版社

论述了日本军国主义加紧对外扩张、清政府屈辱投降和爱国军民英勇抵抗、丧权辱国的《马关条约》和中国人民保卫神圣领土台湾的斗争等内容。

中国近代经济史（第一编　中国半殖民地半封建社会经济的初步形成时期　第四章　帝国主义对中国的掠夺和对中国财政经济命脉的控制　第一节　中日甲午战争与帝国主义分割中国的斗争）（图1-189）

凌耀伦　熊甫　裴倜著　1982年9月　重庆出版社

分析论述了中日甲午战争与《马关条约》、帝国主义在中国瓜分"势力范围"的斗争和对路矿权的掠夺等问题。

从鸦片战争到五四运动（简本）（第二编　半殖民地半封建统治秩序的形成　第十三章　中法战争和中日战争）（图1-190）

胡绳著　1982年11月　红旗出版社

论述的内容包括被迫应战、议和与反对议和的舆论、保卫台湾的斗争，以及中日甲午战争后帝国主义列强对中国的掠夺。

中国近代史纲（上册）（第十章　甲午中日战争；第十一章　甲午战后中国民族危机的加深和孙中山的早期活动）（图1-191）

吴雁南主编　1982年12月　福建人民出版社

论述了甲午战争的过程及甲午战败后中国的

图1-188

图1-189

图1-190

图1-191

民族危机。

中国近代军事史（第十章 甲午中日战争）（图1-192）

张玉田 陈崇桥 王献中 王占国编著 1983年3月 辽宁人民出版社

论述了日本军国主义的战争阴谋和清政府消极备战、日本丰岛突然袭击和清军退出朝鲜战场、黄海海战和北洋海军丧失制海权、日军登陆花园口和金旅保卫战、日军进犯山东半岛、清军攻打海城与牛庄、营口、田庄台战斗等。

图1-192

中国近代史（第三章 半殖民地的逐步加深和中国人民反对外国侵略的斗争 第五节 中日战争）

《中国近代史》编写组 1983年4月 中华书局

简述了日本发动侵华战争和中国人民的抗日斗争、清政府卖国投降和《马关条约》的签订，以及台湾人民的浴血抗战。

中日甲午战争（图1-193）

杨峰编 1983年5月 山东人民出版社

讲述甲午战争的故事。

图1-193

简明中国近代史（第四章 中国半殖民地半封建社会的基本确立 一、中日甲午战争）（图1-194）

陈振江著 1983年7月 天津人民出版社

简述日本侵华战争的准备、甲午战争的爆发、

图1-194

平壤陷落与黄海大战、日本扩大侵略战争，以及《马关条约》及其危害、公车上书与反割台斗争。

（职工共产主义思想教育丛书）简明中国近代史（第六课　中日甲午战争）（图1-195）

　　武汉市社会科学研究所主编　1983年7月　湖北人民出版社

　　简述中日战争的爆发、《马关条约》和全国人民反割台斗争，以及列强掀起瓜分中国的狂潮。

图1-195

（职工共产主义思想教育丛书）简明中国近代史（第六课　中日甲午战争）（图1-196）

　　武汉市社会科学研究所主编　时间不详

　　简述中日战争的爆发、《马关条约》和全国人民反割台斗争，以及列强掀起瓜分中国的狂潮。

图1-196

中国近代史述丛（图1-197）

　　来新夏著　1983年9月　齐鲁书社

　　收录了《中日马关订约之际的反割台运动》《中日甲午战争后台湾人民抗日始末》等论文。

图1-197

（近代中国史料丛刊续编第九十九辑）中国近时外交史（第八章　中日战争）（图1-198）

　　刘彦著　1983年9月　文海出版社有限公司

　　对韩国与中日两国之关系、日韩冲突与天津条约、中日开战之原因与开战前之形势、中日交战、中日媾和、三国干涉与辽东返还等问题进行了详述。

图1-198

49

（学习丛书）近代中国八十年（十七、中日甲午战争）（图1-199）

陈旭麓主编　1983年10月　上海人民出版社

论述了列强角逐东北亚、日本的大陆政策、战争始末、《马关条约》、台岛擂战鼓、"三国干涉还辽"等问题。

图1-199

中国历代战争史（第十七册）（第二十七章中日甲午战争）

三军大学编　1983年10月　军事译文出版社

论述了甲午战前一般形势、战争准备、战争之导因、作战经过、议和、战后之政局等内容。

中日甲午战争史论丛（图1-200）

戚其章著　1983年12月　山东教育出版社

论文集。收录作者研究甲午战争的论文27篇。

图1-200

中国近代史专题讲座（图1-201）

浙江省中共党史学会编　1983年

论文集。其中收录陈烈炯的《中日甲午战争和〈马关条约〉》一文。

图1-201

（党政干部基础理论专修科讲义）中国近代史（第七章　甲午中日战争）（图1-202）

李荣华　关捷　孙克复　张玉田　陈崇桥编写　1984年2月　辽宁人民出版社

论述了日本政府的对外侵略扩张野心、清政府的妥协和中国人民的抵抗，以及《马关条约》的签订与中国人民的反割台斗争。

图1-202

中国近代史通俗讲座（第十八讲 甲午海战）

（图1-203）

广东省社会科学院近代史研究室编　1984年2月　广东人民出版社

讲述了中日甲午海战的故事。

图1-203

中国近代史话（图1-204）

徐继涛著　1984年4月　云南人民出版社

叙述了中日甲午战争、丧权辱国的《马关条约》、"门户开放"等内容。

图1-204

中国近代史稿（第二册）（第二编　半殖民地半封建制度的形成　中国人民为反对列强的统治和瓜分中国而斗争　第六章　甲午中日战争　帝国主义瓜分中国的活动）（图1-205）

中国社会科学院近代史研究所　1984年6月　人民出版社

主要内容是甲午中日战争、《马关条约》、反对割让台湾的斗争、帝国主义瓜分中国的局势等。

图1-205

甲午战争史学术讨论会论文（图1-206）

孙克复著　1984年7月　辽宁大学历史系

论文集。收录作者论述甲午战争的论文5篇。

图1-206

甲午中日战争史论著目录（图1-207）

关捷编　1984年7月　东北地区中日关系研究会

为纪念甲午中日战争90周年，配合中日关系史的研究与教学，编辑了自甲午战争后至1984

图1-207

年间研究甲午战争的成果目录。

日本帝国主义侵华史略（图1-208）

刘惠吾　刘学照主编　1984年7月　华东师范大学出版社

揭露了日本帝国主义侵略中国的历史过程，强调日本帝国主义以甲午侵华战争起家，对我国的台湾进行殖民统治。

图1-208

（工人培训教材）中国近代史（第三章　日益深重的民族危机）（图1-209）

石光荣主编　1984年8月　机械工业出版社
简述中日甲午战争。

图1-209

中国近代史（第三章　日益深重的民族危机）（图1-210）

石光荣主编　1984年8月　机械工业出版社
简述中日甲午战争。

图1-210

中国近代史（第四章　中法战争　中日甲午战争）（图1-211）

《中国近代史》编写组　1984年8月　工人出版社

简要介绍了中日甲午战争的原因、过程和结果。

图1-211

（辽宁大学学术论文选集1965—1984）甲午中日战争史论集（图1-212）

孙克复著　1984年10月　辽宁大学科研处论文集。收录甲午战争论文34篇。

图1-212

（党政干部基础科自学辅导教材）中国近代史（第七章 中日甲午战争）（图1-213）

张革非 王汝丰编著 1984年11月 红旗出版社

主要内容包括日本发动侵朝侵华战争、战争的经过及中国的失败、清政府卖国求和与中日《马关条约》的签订，以及中国人民保卫台湾的斗争、甲午战争后的严重民族危机等。

图1-213

中国近代战争史（第二册）（第十章 中日甲午战争）（图1-214）

军事科学院《中国近代战争史》编写组 1985年2月 军事科学出版社

论述了战前形势、日本侵华军事准备与中国的军事概况、战争爆发和双方战略方针、平壤之战、黄海海战、辽东半岛之战、山东半岛之战、辽东清军的溃败、东北和山东人民的英勇抗战、《马关条约》的签订、台湾军民的艰苦抗日、中国战败的原因等。

图1-214

（党政干部基础理论专修科讲义）中国近代史（第七章 甲午中日战争）（图1-215）

李荣华 关捷 孙克复 张玉田 陈崇桥编写 1985年4月 辽宁人民出版社

论述了日本政府的对外侵略扩张野心、清政府的妥协和中国人民的抵抗，以及《马关条约》的签订与中国人民的反割台斗争。

图1-215

（《近代史研究》专刊）近代中国对外关系（图1-216）

图1-216

夏良才主编　1985年9月　四川人民出版社

论文集。收录了《英国政府与"阿思本舰队"》《宗方小太郎与中日甲午战争》《甲午战争与俄日关系》《三国干涉还辽与国际外交》《日俄分割东三省的朴次茅斯和约》等关系北洋海军和甲午战争的论文。

（干部学习丛书之十三）中国近代史简明教程（第六章　中日甲午战争）

中共吉林省党校文史教研室编　1985年12月　吉林人民出版社

论述了战前东亚的政治局势、中日战争的全面爆发、中国本土抗战、《马关条约》与台湾人民反割台斗争，以及甲午战后的中国社会等内容。

中国近代现代史论集（第11辑）（第十一编　中日甲午战争）（图1-217）

中华文化复兴运动推行委员会主编　1986年1月　台湾商务印书馆

收录《朝鲜甲申政变时的中日交涉》《李鸿章外交与中日间朝鲜交涉》《李鸿章与甲午战争》《中日马关议和》等论文。

图1-217

中国近代现代史论集（第15辑）（第十五编　清季对外交涉）

中华文化复兴运动推行委员会主编　1986年1月　台湾商务印书馆

收录《中日交涉的历史教训》《朝鲜壬午军乱时中日交涉》《甲午战前中日天津条约背景探原》《光绪初期中韩边务交涉》等论文。

中日关系史（卷一）（第二篇　近代时期的中日关系）（图1-218）

张声振著　1986年4月　吉林文史出版社

分析了中日甲午战争时期日本对中国的侵略外交、甲午中日战争经过、中日马关条约与三国干涉等问题。

图1-218

中国近代史（上、下册）（第八章　甲午中日战争；第九章　甲午战争后民族危机的加深）（图1-219）

李荣华　关捷主编　1986年7月　辽宁大学出版社

论述了中日甲午战争的起因和历史进程，阐述了《马关条约》签订后中国社会发生的深刻变化。

图1-219

清代通史（三）

萧一山著　1986年9月　中华书局

论述了甲午中日战争。

中国近代现代史论集（第34辑）（第二十九编　近代历史上的台湾）

中华文化复兴运动推行委员会主编　1986年9月　台湾商务印书馆

收录《日本并吞台湾的酝酿及其动机》《乙未割台前后朝野的诤谏与台湾官民奋斗的经过》《日本侵华与台胞抗日的历史评价》等论文。

甲午战争九十周年纪念论文集（图1-220）

山东省史学会编　1986年10月　齐鲁书社

论文集。收录甲午战争论文31篇。

图1-220

前赴后继八十年（二）

何威编著　1986年11月　少年儿童出版社

讲述了黄海海战、左宝贵战死平壤、丰岛海战、李鸿章赴日谈判等故事。

中国近代外交史略（第四章　中法战争后至甲午战争时期的中国对外关系　第二节　甲午战争时期的中国外交）（图1-221）

顾明义编著　1987年3月　吉林文史出版社

概述甲午战争期间中国的外交情况。

图1-221

近代中国史事日志（下）（图1-222）

郭廷以编著　1987年5月　中华书局

记录了中日甲午战争全过程。

图1-222

中国近代经济史（第一编　中国半殖民地半封建社会经济的初步形成时期　第四章　帝国主义对中国的掠夺和对中国财政经济命脉的控制　第一节　中日甲午战争与帝国主义分割中国的斗争）（图1-223）

凌耀伦　熊甫　裴倜著　1987年8月　重庆出版社

分析论述了中日甲午战争与《马关条约》、帝国主义在中国瓜分"势力范围"的斗争和对路矿权的掠夺等问题。

图1-223

中国近代史教程

《中国近代史教程》编写组　1987年8月　陕西人民教育出版社

有专门章节论述洋务运动、北洋海军和中日甲午战争。

近代中日启示录（图1-224）

王晓秋著　1987年10月　北京出版社

论文集。收录作者《以强敌为师——甲午战争与维新派的日本观》和《众说纷纭——甲午战争前中国人的明治维新观》。

图1-224

中国近代史（第五章　边疆危机　中法战争　中日甲午战争　第三节　中日甲午战争）（图1-225）

陈旭麓主编　1987年12月　高等教育出版社

主要讲述了日本蓄意发动战争、清政府海陆军战败、《马关条约》的签订和三国干涉还辽、台湾人民的反割台斗争等内容。

图1-225

中国近代史（第六章　中日甲午战争和战后的民族危机）（图1-226）

韩学儒　吴永涛主编　1988年3月　西北大学出版社

论述了战前的国际形势和清政府的内部矛盾、甲午战争的经过、《马关条约》的签订和反割台斗争、甲午战后的民族危机等问题。

图1-226

中国近代史（第五章　边疆危机　中法战争　中日甲午战争　第三节　中日甲午战争）（图1-227）

陈旭麓主编　1988年5月　高等教育出版社

主要讲述了日本蓄意发动战争、清政府海陆军战败、《马关条约》的签订和三国干涉还辽、台湾人民的反割台斗争等内容。

图1-227

图 1-228

中国旧民主主义革命八十年大事简介（中国社会阶级结构的新变化　中法战争和中日甲午战争）（图 1-228）

国防大学党史党建政工教研室编写　1988 年 6 月　解放军出版社

解释了丰岛海战、成欢之战、平壤之战、黄海海战、辽东之战、旅顺惨案、威海卫之战、山海关外之战、中日《马关条约》、三国干涉还辽、台湾军民抗击日本占领的斗争。

日本近代外交史（图 1-229）

米庆余著　1988 年 7 月　南开大学出版社

论述了从十九世纪中期到第一次世界大战期间的日本外交，其中有相当篇幅论述甲午战争前后日本的外交情形。

图 1-229

中国革命史（一八四〇—一九八七）（第一章　半殖民地半封建社会的形成　第三节　中日甲午战争和变法维新运动）（图 1-230）

丁晓春主编　1988 年 7 月　中共党史资料出版社

简述甲午战争。

图 1-230

［中南五省（区）师专教材］中国近代史教程

梁小克　侯明儒主编　1988 年 8 月　广西师范大学出版社

有专门章节论述洋务运动、北洋海军和中日甲午战争。

大连文史资料（第四辑）（甲午战争在大连专辑）（图1-231）

中国人民政治协商会议辽宁省大连市委员会文史资料委员会编　1988年9月

文集。收录与大连有关的甲午战争文章21篇。

图1-231

（中国近代史资料丛刊续编）中日战争（全十二册）（图1-232）

戚其章主编　1989年3月—1993年5月　中华书局

中日甲午战争各种资料的汇编。

图1-232

中国近代史基本问题（图1-233）

韩学儒　吴永涛主编　1989年5月　西北大学出版社

解答了甲午战争中国失败的原因是什么、《马关条约》的主要内容和对中国社会的影响、甲午战争后帝国主义在中国争夺"势力范围"的概况和结局、综评刘永福等问题，以及做了北洋海军、邓世昌、三国迫日还辽、反割台斗争等名词解释。

图1-233

中国近代工业史（第三章第二节　甲午战争前外资在华经营的近代工业；第四章　甲午战争后帝国主义在华的工业投资与经营；第五章　甲午战争后的官僚资本工业与政府工业政策；第六章第一节　甲午战争后民族资本主义工业的初步发展）（图1-234）

祝慈寿著　1989年7月　重庆出版社

从多角度分析甲午战争前后的中国近代工业情况。

图1-234

甲午中日战争外交史（图1-235）

孙克复著　1989年10月　辽宁大学出版社

全面论述了甲午战争的战前交涉、国际调停、广岛议和、马关谈判、缔结和约、三国干涉等问题。

图1-235

日本侵略中国东北史（第一章　发动甲午战争，侵入中国东北）（图1-236）

陈本善主编　1989年12月　吉林大学出版社

论述了日本发动甲午战争、日军侵入中国东北、割占辽东半岛、被迫归还辽东半岛、准备卷土重来等内容。

图1-236

（山东老年大学教材）中国近代史教程

宋青蓝编著　1989年12月　山东教育出版社

有专门章节论述洋务运动、北洋海军和中日甲午战争。

（少年文库）近代八十年（二）

何威编著　1990年1月　少年儿童出版社

讲述了黄海海战、左宝贵战死平壤、丰岛海战、李鸿章赴日谈判等故事。

甲午战争与近代社会（图1-237）

戚其章著　1990年4月　山东教育出版社

论文集。收录作者有关甲午战争与中国近代社会的论文31篇。

图1-237

甲午战争史（图1-238）

戚其章著　1990年9月　人民出版社

图1-238

深刻论述了甲午战争的起因、过程及影响。

帝国主义侵华史（第一卷）（第二编　中国半殖民地半封建社会形态形成和边疆危机普遍发生时期　第三章　沿边侵略的继续和甲午中日战争）（图1-239）

丁名楠　余绳武　张振鹍　沈自敏　贾维诚　康右铭　李明仁著　1990年12月　人民出版社

论述了列强在中国沿边继续扩大侵略、甲午中日战争的酝酿、中日战争的过程、《马关条约》的签订及其反响等内容。

图1-239

日本侵略山东史（第一章　甲午战争中日本对山东的侵略）（图1-240）

刘大可　马福震　沈国良著　1991年2月　山东人民出版社

论述了日本的战争准备、日军侵入山东半岛，以及甲午战争的后果及其影响。

图1-240

中国近代史简明教程（图1-241）

薄恒秀　李汝明　刘永义　景枫编著　1991年4月　团结出版社

有章节论述洋务运动、北洋海军和中日甲午战争。

图1-241

中国近代史（第六章　中日甲午战争和战后的民族危机）（图1-242）

韩学儒　吴永涛主编　1991年5月　西北大学出版社

图1-242

论述了战前的国际形势和清政府的内部矛盾、甲午战争的经过、《马关条约》的签订和反割台斗争、甲午战后的民族危机等问题。

简明中国近代史教程

王建学　赵本乾主编　1991年6月　辽宁教育出版社

有专门章节论述洋务运动、北洋海军和中日甲午战争。

新编中国近代史话（十一、新的民族灾难）（图1-243）

王凡编著　1991年6月　华龄出版社

讲述了由来已久的帝后党争、中日甲午战争、李鸿章赴日议和等。

列强的罪恶（图1-244）

巴丹著　1991年7月　中国劳动出版社

记述的与甲午战争有关的内容有丰岛不宣而战日本海军初试锋芒、黄海决一雌雄北洋舰队力挽狂澜、水师覆没投降政策终致败局、陆军崩溃马关条约敲骨吸髓等。

[转变中的近代中国（1840—1949）丛书]
沉沦与抗争——甲午中日战争（图1-245）

关捷　刘志超著　1991年8月　文物出版社

简要叙述了甲午战争前的中国情况，以及甲午战争的过程、结局和对日本社会的影响。

简明中国近代史（增订本）（第四章　中国

图1-243

图1-244

图1-245

半殖民地半封建社会的基本确立　一、中日甲午战争）（图1-246）

陈振江著　1991年9月　天津人民出版社

简述日本侵华战争的准备、甲午战争的爆发、平壤陷落与黄海大战、日本扩大侵略战争，以及《马关条约》及其危害、公车上书与反割台斗争。

图1-246

（学术研究指南丛书）近代中外关系史研究概览（第四章　国别关系史研究与问题讨论　第三节　中日关系史）（图1-247）

夏良才著　1991年10月　天津教育出版社

对甲午战争与中日关系进行了论述。

图1-247

中国近代史简明教程（图1-248）

李正中主编　1991年12月　天津人民出版社

有专门章节论述洋务运动、北洋海军和中日甲午战争。

图1-248

国耻——中国人民不该忘记（图1-249）

车吉心主编　1992年3月　山东友谊书社

讲述了甲午战争期间"高升号"事件、万忠墓的诉说、北洋水师的悲剧、春帆楼上定耻辱、痛失台湾、三国干涉还辽的阴谋等故事。

图1-249

中国军事史略（下册）

高锐主编　1992年3月　军事科学出版社

有对中日甲午战争的简述。

近代东北亚国际关系史研究（二、日本向朝鲜、中国东北的进逼与中日、日俄关系的逆转）（图

图 1-250

1-250）

　　崔丕著　1992年5月　东北师范大学出版社

　　论述了日本"北进战略"的酝酿与"朝鲜问题"的发难、60年代日本的对朝政策与清政府对朝政策的转变、日本蓄意挑起中日甲午战争、中日《马关条约》形成过程中的"朝鲜问题"，以及俄、德、法三国干涉还辽等问题。

国耻事典（1840—1949）（中日甲午战争）
（图 1-251）

　　庄建平主编　1992年9月　成都出版社

　　简述中日甲午战争的过程以及《马关条约》的签订。

图 1-251

简明中国近代史教程（第六章　中日甲午战争）

　　孔玲主编　1992年9月　贵州教育出版社

　　论述了甲午战争爆发的原因、甲午战争的爆发和经过、《马关条约》的签订及其对中国的影响等内容。

日本侵华七十年史（第一编　奠定侵华基础　第二章　大规模的侵华战争）（图 1-252）

　　中国社会科学院近代史研究所　1992年10月　中国社会科学出版社

　　论述了日本踏上中国大陆、发动甲午战争、签订《马关条约》、索赔还辽、侵占台湾等问题。

图 1-252

（军旅知识文库）中国近代战争实录（第六章　甲午战争）（图 1-253）

图 1-253

刘留生　张治荣著　1992年12月　解放军文艺出版社

简述日本的对外扩张、血染黄海和台湾抗战等内容。

中国近代史教程（图1-254）

郭豫明主编　1993年8月　华东师范大学出版社

有专门章节论述洋务运动、北洋海军和中日甲午战争。

图1-254

甲午战争国际关系史（图1-255）

戚其章著　1994年1月　人民出版社

全面论述了甲午战争中的国际关系。

图1-255

威海文化——纪念甲午战争一百周年专号（图1-256）

邵恒堂主编　1994年2月　《威海文化》编辑部

收录甲午战争的相关文章17篇。

图1-256

中国近代史教程（1840—1919）

贾福容主编　1994年3月　中共中央党校出版社

有专门章节论述洋务运动、北洋海军和中日甲午战争。

威海文艺——纪念甲午战争一百周年专号（图1-257）

田峰泉主编　1994年4月　《威海文艺》杂

图1-257

志社

收录甲午战争的相关文章10篇。

中国近代史（第四版）（第四章 中法战争和中日战争 第三节 中日战争）（图1-258）

李侃 李时岳 李德征 杨策 龚书铎著 1994年4月 中华书局

论述了战前的朝鲜问题和清政府内部的矛盾、日本不宣而战和清政府的外交活动、辽东失陷和北洋海军的覆灭、《马关条约》的签订，以及台湾人民的浴血抗战。

图1-258

甲午战争百年祭（图1-259）

丛笑难著 1994年6月 华夏出版社

从中国的衰落、日本的崛起讲起，叙述了甲午战争的历史过程，以及对后世的影响。

图1-259

中国近代社会思潮史（图1-260）

戚其章著 1994年6月 山东教育出版社

论述了海防思潮、洋务思潮的勃兴与发展等内容。

图1-260

中日甲午战争研究论著索引（1894—1993）（图1-261）

中国甲午战争博物馆 北京图书馆阅览部编

1994年7月 齐鲁书社

梳理了100年来有关甲午战争的论述目录。

图1-261

甲午战争一百周年国际学术讨论会论文（图1-262）

图1-262

山东社会科学院甲午战争研究中心　1994年9月

论文集。收录有关甲午战争的论文24篇。

甲午战争图志（图1-263）

林声主编　1994年12月　辽宁人民出版社

以翔实的史料和图片，客观地记叙了甲午战争前前后后的历史。

图1-263

甲午战争一百周年纪念学术研讨会论文集（图1-264）

"国立"台湾师范大学历史研究所历史学系编　1995年3月

论文集。收录研究甲午战争的文章33篇。

图1-264

中国甲午战争博物馆（图1-265）

戚俊杰主编　1995年3月　山东大学出版社

记录中国甲午战争博物馆建馆之初的文物保护、学术研究及宣传普及等内容。

图1-265

新编中国近代史教程

孙玮主编　1995年4月　青岛海洋大学出版社

有章节论述洋务运动、北洋海军和中日甲午战争。

甲午百年祭——多元视野下的中日战争（图1-266）

杨念群主编　1995年5月　知识出版社

论文集。收录研究甲午战争的文章15篇。

图1-266

甲午战争与近代中国和世界——甲午战争100周年国际学术讨论会文集（图1-267）

戚其章　王如绘主编　1995年12月　人民出版社

论文集。收录研究甲午战争的文章86篇。

图1-267

从甲午战争到天皇访华——近代以来的中日关系（图1-268）

朱宗玉著　1996年9月　福建人民出版社

简要叙述了日本从发动甲午战争到天皇访华的历史转变过程。

图1-268

晚清兵志（第一卷　淮军志）（图1-269）

罗尔纲著　1997年1月　中华书局

涉及李鸿章、淮军等。

图1-269

（甲午国耻丛书）国殇——甲午战争至甲辰战争（图1-270）

杨惠萍　穆景元　郑学元编著　1997年2月　中央民族大学出版社

从日俄争夺远东利益，特别是争夺在华利益的角度，分析甲午和甲辰两场战争对中国的影响。

图1-270

（甲午国耻丛书）觉醒——甲午风云与近代中国（图1-271）

关捷著　1997年2月　中央民族大学出版社

研究文集。从不同角度论述了甲午战争的相关问题。

图1-271

**（甲午国耻丛书）史鉴——甲午战争研究备

要（图1-272）

韩俊英　王若　辛欣编著　1997年2月　中央民族大学出版社

一部研究甲午战争的词典类工具书。

（甲午国耻丛书）忠魂——甲午战争的故事（图1-273）

李晓菲　邵龙宝编著　1997年2月　中央民族大学出版社

以讲故事的方式讲述了甲午战争的过程。

从鸦片战争到五四运动（第二编　半殖民地半封建统治秩序的形成　第十三章　中法战争和中日战争）（图1-274）

胡绳著　1997年5月　人民出版社

论述的内容包括被迫应战、议和与反对议和的舆论、保卫台湾的斗争，以及中日甲午战争后帝国主义列强对中国的掠夺。

中国近代史教程（增订本）

郭豫明主编　1997年9月　华东师范大学出版社

有专门章节论述洋务运动、北洋海军和中日甲午战争。

甲午战争前后之晚清政局（图1-275）

石泉著　1997年11月　生活·读书·新知三联书店

把甲午战争前后清政府内部政治情势的演变放在远东国际局势演变的背景下进行考察，得出甲午战争是中国近代史上的重要转折的结论。

图1-272

图1-273

图1-274

图1-275

图 1-276

图 1-277

图 1-278

图 1-279

图 1-280

甲申甲午风云（图 1-276）

郑彭年著　1997 年 12 月　复旦大学出版社

论述了中法、中日两场战争的历史过程。

晚清兵志（第二卷　海军志；第三卷　甲癸练兵志；第四卷　陆军志）（图 1-277）

罗尔纲著　1997 年 12 月　中华书局

涉及北洋海军的创建、制度和覆亡。

(《新编中国近代史》丛书）甲午悲歌——中日战争（图 1-278）

双传学　李信著　1998 年 2 月　江苏人民出版社

叙述了甲午战争的历史过程。

从鸦片战争到甲午战争——1839 年至 1895 年间的中国对外关系史（图 1-279）

季平子著　1998 年 3 月　华东师范大学出版社

论述了从鸦片战争到中日甲午战争期间的中国对外关系史。

从鸦片战争到五四运动（简本）（第二编　半殖民地半封建统治秩序的形成　第十三章　中法战争和中日战争）（图 1-280）

胡绳著　1998 年 3 月　人民出版社

论述的内容包括被迫应战、议和与反对议和的舆论、保卫台湾的斗争，以及中日甲午战争后帝国主义列强对中国的掠夺。

近代中国史纲（第八章　甲午惨败与中国分

割）（图1-281）

郭廷以著　1999年5月　中国社会科学出版社

论述了中日甲午战争发生、《马关条约》的签订，以及台湾的割让。

晚清兵志（第五卷　军事教育志；第六卷兵工厂志）（图1-282）

罗尔纲著　1999年9月　中华书局

涉及水师学堂等。

晚清七十年（甲午与戊戌变法）（图1-283）

唐德刚著　1999年9月　岳麓书社

把甲午战争放在世界战争的视野下，通过北洋海军实力对比、海军发展历程等进行分析论述。

中国近代史教程（1840—1949）

马尚斌　胡玉海　邢安臣　王海晨编著　2000年1月　中国社会科学出版社

有专门章节论述洋务运动、北洋海军和中日甲午战争。

（百年中国史话）甲午战争史话（图1-284）

寇伟著　2000年9月　社会科学文献出版社

讲述甲午战争的通俗读物。

（中国抗日战争史丛书）甲午悲歌（图1-285）

王家森著　2001年1月　中国友谊出版公司

用通俗语言简要叙述了甲午战争的过程。

图1-281

图1-282

图1-283

图1-284

图1-285

晚清史探微（图1-286）

孔祥吉著　2001年1月　巴蜀书社

通过罗丰禄信函，分析北洋海军战败原因。

中国近代史（第四章　中法战争及中日甲午战争　第三节　中日甲午战争）（图1-287）

张深溪　范朝敬主编　2001年4月　九州出版社

简述日本发动侵略战争、中国军民的英勇抗击，以及《中日马关条约》的签订和中国人民反割台斗争。

中国近代史（第四章　中法战争及中日甲午战争　第三节　中日甲午战争）（图1-288）

张深溪　魏喜龙主编　2001年4月　九州出版社

简述日本发动侵略战争、中国军民的英勇抗击，以及《中日马关条约》的签订和中国人民反割台斗争。

中国近代史教程

吴晓敏　吴方宁主编　2001年8月　江西人民出版社

有专门章节论述洋务运动、北洋海军和中日甲午战争。

国际法视角下的甲午战争（图1-289）

戚其章著　2001年9月　人民出版社

从国际法角度对甲午战争背景、战前交涉、战争责任、战争影响等问题进行了全面论述。

（义和团运动100周年纪念）近代列强侵华战争述论（甲午战争　战迹述论）（图1-290）

施玉森著　2001年　（日本）雏忠会馆

论述了甲午战争前的形势和朝鲜问题、中国的军事概况和日本侵华的军备扩张、甲午战争的爆发和中日双方的战略方针、平壤之战、黄海海域大海战、辽东半岛之战、辽东战场的失利、山东半岛之战、签订《马关条约》、台湾军民的抗日战争、甲午战争失败的原因等。

图1-290

（百个爱国主义教育示范基地丛书）甲午风云（图1-291）

刘玉明　戚俊杰著　2002年6月　中国大百科全书出版社

讲述了甲午战争的故事。

图1-291

甲午战争始末（图1-292）

威海市政协编　2004年1月　中国文史出版社

记述了甲午战争的历史背景、直接原因、丰岛海战、成欢驿之战、平壤之战、黄海之战、辽东之战、辽南之战、海城之战、辽河下游之战、威海卫之战、刘公岛之战、帝后党争、悲惨结局，以及甲午战争后的台湾保卫战、甲午战争的历史影响等。

图1-292

中国近代史（第四版）（第四章　中法战争和中日战争　第三节　中日战争）（图1-293）

李侃等著　2004年3月　中华书局

论述了战前的朝鲜问题和清政府内部的矛盾、日本不宣而战和清政府的外交活动、辽东失

图1-293

陷和北洋海军的覆灭、《马关条约》的签订，以及台湾人民的浴血抗战。

（国家清史编纂委员会·研究丛刊）罕为人知的中日结盟及其他——晚清中日关系史新探（图1-294）

孔祥吉　［日］村田雄二郎著　2004年4月　巴蜀书社

着重从国际政治学、军事学、战略学、历史学等角度讨论中日甲午战争。

简明中国近代史（图1-295）

张深溪　魏喜龙主编　2004年4月　华文出版社

简述日本发动侵略战争、中国军民的英勇抗击，以及《中日马关条约》的签订和中国人民反割台斗争。

简明中国近代史（图1-296）

张深溪　魏喜龙　王永恒主编　2004年4月　华文出版社

简述日本发动侵略战争、中国军民的英勇抗击，以及《中日马关条约》的签订和中国人民反割台斗争。

盛世之毁——甲午战争110年祭（图1-297）

弘治　张鑫典　孙大超编著　2004年8月　华文出版社

从"同光兴盛"写到甲午战败，文中用点评所引文献的方式，表达个人观点。

（勿忘甲午）甲午战争的和战之争（图1-298）

孙占元　张登德　翟红芬　王凤青著　2004年9月　天津古籍出版社

论述了甲午战争期间帝后两党的战和之争及对战争的影响。

图1-298

（中国文库）从鸦片战争到五四运动（简本）（第二编　半殖民地半封建统治秩序的形成　第十三章　中法战争和中日战争）（图1-299）

胡绳著　2005年1月　人民出版社

论述的内容包括被迫应战、议和与反对议和的舆论、保卫台湾的斗争，以及中日甲午战争后帝国主义列强对中国的掠夺。

图1-299

甲午战争史（图1-300）

戚其章著　2005年7月　上海人民出版社

深刻论述了甲午战争的起因、过程及影响。

图1-300

六十年来中国与日本（第二卷）（第十二章　甲午之战）（图1-301）

王芸生编著　2005年7月　生活·读书·新知三联书店

介绍了甲午战争的历史过程。

图1-301

（历史深处的真相丛书）中日第一战——甲午战争全景纪实（图1-302）

程栋主编　崔光弼编撰　2005年7月　天津教育出版社

图文并茂地简述甲午战争，章节之后附有部分史料。

图1-302

中日甲午战争全史（第一至六卷）（图1-303）

关捷　唐功春　郭富纯　刘恩格总主编　2005年8月　吉林人民出版社

全面论述了中日甲午战争的历史进程及其影响。

图1-303

中国近代史（第四章　中法战争和中日战争 第三节　中日战争）（图1-304）

李侃　李时岳　李德征　杨策　龚书铎著　2005年10月　中华书局

论述了战前的朝鲜问题和清政府内部的矛盾、日本不宣而战和清政府的外交活动、辽东失陷和北洋海军的覆灭、《马关条约》的签订，以及台湾人民的浴血抗战。

图1-304

（中国甲午战争博物馆学术丛书）辩证看"甲午"（图1-305）

刘玉明　戚俊杰著　2005年12月　海洋出版社

对北洋海军的创建、日本发动侵华战争的原因及后果，以及如何反思战争等都进行了专章论述。

图1-305

走近甲午（图1-306）

戚其章著　2006年1月　天津古籍出版社

对学术界争论的热点问题、研究甲午战争的焦点问题等，依据新史料进行了重新认识。

图1-306

甲午纵横（第一辑上、下编）（图1-307）

戚俊杰　郭阳主编　2006年8月　华文出版社

图1-307

文集。收录有关甲午战争、文博工作以及其他文章 204 篇。

吕著中国近代史（第一篇　中国近代史讲义　第二十四章　中日之战与《马关条约》）（图 1-308）

吕思勉著　2007 年 8 月　华东师范大学出版社

论述了甲午战争的起因、过程与结果。

图 1-308

中国近代史稿（第二册）（第十章　中日甲午战争）（图 1-309）

戴逸编著　2008 年 1 月　中国人民大学出版社

论述了东亚的国际形势和列强对朝鲜的侵略、日本发动对朝鲜和中国的侵略战争、中日甲午战争、中日议和与《马关条约》的签订。

图 1-309

甲午纵横（第二辑）（图 1-310）

戚俊杰　郭阳主编　2008 年 9 月　华文出版社

文集。收录有关甲午战争、文博工作以及其他文章 87 篇。

图 1-310

醒来：110 年的中国变革——从甲午战争到镀金时代（图 1-311）

许知远著　2009 年 3 月　湖北人民出版社

描述了甲午战争之后中国 110 年的变革历程。

图 1-311

甲午战争新讲（图 1-312）

戚其章著　2009 年 7 月　中华书局

讲述了战争缘起、丰岛疑云、平壤之役、黄海鏖兵、辽东烽火、舰队覆没、马关议和、台海风云等内容。

图 1-312

图1-313

中国近代史事论丛（图1-313）

沈寂著　2009年9月　安徽大学出版社

论文集。收录作者论述李鸿章、刘铭传、严复等人的论文。

图1-314

绝版甲午——从海外史料揭秘中日战争（图1-314）

[澳大利亚]雪珥著　2009年10月　文汇出版社

依据国外史料，从不同角度揭秘甲午战争。

图1-315

沉没的甲午（图1-315）

陈悦著　2010年1月　凤凰出版社

着重从北洋海军兴衰角度论述了中日甲午战争。

图1-316

甲午纵横（第三辑）（图1-316）

戚俊杰　郭阳主编　2010年11月　华文出版社

文集。收录有关甲午战争、文博工作以及其他文章67篇。

图1-317

中国近代史（第五章　边疆危机　中法战争　中日甲午战争　第三节　中日甲午战争）（图1-317）

陈旭麓主编　2010年12月　高等教育出版社

主要讲述了日本蓄意发动战争、清政府海陆军战败、《马关条约》的签订和三国干涉还辽、台湾人民的反割台斗争等内容。

沉没的甲午

陈悦著　2011年1月　凤凰出版社

着重从北洋海军兴衰角度论述了中日甲午战争。

辛亥革命研究（第二部分　辛亥革命研究三、甲午战争和中华民族的觉醒）（图1-318）

金冲及著　2011年4月　上海辞书出版社

论述了甲午战争带给中国人的强烈刺激和中华民族新觉醒的特征。

东北亚历史与文化研究［第二章　战争篇（一）——甲午中日战争］（图1-319）

关捷著　2011年7月　辽宁民族出版社

论述了沈寿昌民族精神的弘扬、甲午战争中的魏光焘与牛庄防御战、奕䜣在甲午战争期间外交活动的考察、北洋海军从筹建到覆灭的几点思考、北洋海军将士的民族精神、甲午大平山争夺战述略等问题。

（民国学术文化名著）中国近代史（第一篇中国近代史讲义　第二十四章　中日之战与《马关条约》）（图1-320）

吕思勉著　2011年12月　岳麓书社

论述了甲午战争的起因、过程与结果。

（民国学术文化名著）中日战争（图1-321）

王钟麒著　2011年12月　岳麓书社

全书分为15个专题，论述了甲午战争的前因后果。

图1-318

图1-319

图1-320

图1-321

从鸦片战争到五四运动（下册）（第二编　半殖民地半封建统治秩序的形成　第十三章　中法战争和中日战争）（图1-322）

胡绳著　2012年1月　湖南文艺出版社

论述的内容包括被迫应战、议和与反对议和的舆论、保卫台湾的斗争，以及中日甲午战争后帝国主义列强对中国的掠夺。

图1-322

近代中国史纲（第三版）（第八章　甲午惨败与中国分割）（图1-323）

郭廷以著　2012年1月　格致出版社　上海人民出版社

论述了中日甲午战争发生、《马关条约》的签订，以及台湾的割让。

图1-323

中国近代史（第八篇　中日交涉；第九篇　战后中国之危机）（图1-324）

陈恭禄著　2012年1月　中国工人出版社

论述了清初中日之关系、日本出兵台湾、日本兼并琉球、日韩之争、中日军备之比较、两国出兵朝鲜、海上战争、奉天境内之战、北洋舰队之消失、李鸿章之渡日议和、和约之成立、三国干涉、割台之始末，以及外债、西方列强瓜分中国等。

图1-324

中国近代史1840—1949（第一篇　中国近代史讲义　第二十四章　中日之战与《马关条约》）（图1-325）

吕思勉著　2012年1月　华东师范大学出版社

论述了甲午战争的起因、过程与结果。

图1-325

沉没的甲午

陈悦著　2012年4月　凤凰出版社

着重从北洋海军兴衰角度论述了中日甲午战争。

（中国史话·近代政治史系列）甲午战争史话（图1-326）

寇伟著　2012年5月　社会科学文献出版社

讲述甲午战争的通俗读物。

近代中国社会的新陈代谢（插图本）（第九章　日本冲来了）（图1-327）

陈旭麓著　2012年6月　中国人民大学出版社

论述了日本发动甲午战争给中国近代社会带来的影响。

（百个爱国主义教育示范基地丛书）甲午风云（图1-328）

刘玉明　戚俊杰著　2012年7月　中国大百科全书出版社

讲述了甲午战争的故事。

清日战争（1894—1895）（图1-329）

宗泽亚著　2012年9月　世界图书出版公司

叙述了甲午战争的过程、对甲午战争的看法，以及梳理了甲午战争大事记、图记、表记等。

（马克思主义理论研究和建设工程重点教材）中国近代史（第四章　边疆危机与中法、中日战争）（图1-330）

图1-326

图1-327

图1-328

图1-329

图1-330

《中国近代史》编写组编　2012年11月　高等教育出版社　人民出版社

简述甲午战争。

甲午纵横（第四辑）（图1-331）

戚俊杰　郭阳主编　2013年5月　华文出版社

收录甲午战争、文博工作以及其他文章73篇。

简明中国近代史（第四章　中国半殖民地半封建社会的基本确立　一、中日甲午战争）（图1-332）

陈振江　2013年7月　中华书局

简述日本侵华战争的准备、甲午战争的爆发、平壤陷落与黄海大战、日本扩大侵略战争，以及《马关条约》及其危害、公车上书与反割台斗争。

（中国近代史丛书）致命的倔强——从洋务运动到甲午战争（图1-333）

邢超著　2013年7月　中国青年出版社

晚清时代和生活在那个时代的人们都具有倔强这种鲜明的特性，而这种倔强一方面表现为保守、顽固的态度，另一方面表现为把儒家学说视为信仰，对中华文明守望、坚持，有一种不服输的精神。这两个方面，都改变着中国近代历史的进程。

习史思辨录（图1-334）

戚其章著　2013年10月　中华书局

对近代史进行专题式讨论，包括理论与方法的思考、近代史研究中的热点问题考辨、近代中

图1-331

图1-332

图1-333

图1-334

日关系若干问题辨正、重读近代历史人物等。

（"军国日本"系列丛书）野望——围堵中国的甲午一战（图1-335）

陈悦著　2013年11月　江苏人民出版社

从揭露日本军国主义的角度讲述甲午战争。

图1-335

（中国文化丛书）中国近代史（第一篇　中国近代史讲义　第二十四章　中日之战与《马关条约》）（图1-336）

吕思勉著　2014年1月　中华书局

论述了甲午战争的起因、过程与结果。

图1-336

决战甲午——尘封120年的细节与真相（1894—1895）（图1-337）

月映长河著　2014年2月　中国青年出版社

讲述了从北洋海军创建到甲午战争结束的若干细节。

图1-337

甲午殇思（图1-338）

刘声东　张铁柱主编　2014年4月　上海远东出版社

论文集。收录反思甲午战争的论文30篇。

图1-338

甲午战争史（图1-339）

戚其章著　2014年4月　上海人民出版社

全面、深刻论述了甲午战争的起因、过程及其影响。

图1-339

重读甲午——中日国运大对决（图1-340）

金满楼著　2014年6月　人民日报出版社

较完整地叙述了中日甲午战争的全过程，尤其对中日两国的对比研究和阐述较有见地。

觉醒的国殇——甲午战争120年祭（图1-341）

袁村平著　2014年7月　江西人民出版社

以通俗的语言再现了甲午战争的历史。

铭传大学中日甲午战争一百二十周年纪念学术研讨会论文集（图1-342）

谢祖松主编　2014年7月

论文集。收录研究甲午战争的文章20篇。

甲午——120年前的西方媒体观察（图1-343）

万国报馆编著　2014年8月　生活·读书·新知三联书店

根据当年西方出版的数十种画报编辑而成，超越东亚，重新审视、观察甲午，为甲午战争研究提供了一些基础性的资料。

甲午镜鉴（图1-344）

张铁柱　刘声东主编　2014年8月　上海远东出版社

论文集。收录反思甲午战争的论文35篇。

甲午战争（上、下）（图1-345）

丁一平主编　2014年8月　海潮出版社

用通俗的语言描述了甲午战争的历史，以及北洋海军从酝酿、成军、运用、作战到覆没的全过程及其对甲午战争的影响。

图1-340

图1-341

图1-342

图1-343

图1-344

甲午战争的百年回顾——甲午战争120周年学术论文选编（图1-346）

张海鹏　崔志海　高士华　李细珠编　2014年8月　中国社会科学出版社

论文集。选录有关甲午战争的论文59篇。

甲午战争的千条细节（图1-347）

蒋丰著　2014年8月　东方出版社

整理和辑录了围绕甲午战争历史而展开的"千条微博"。

甲午战争十二讲——温情敬意看历史（图1-348）

马勇著　2014年8月　华文出版社

从全新角度审视甲午战争。

中日竞逐——从西力东渐到甲午战争（图1-349）

张凌昱　孙兆利著　2014年8月　军事科学出版社

重新审视从西力东渐至甲午战争那段导致中日两国迥乎命运的竞逐，可以发现它所造成的创伤时至今日而未愈，它所产生的影响直至今天而未止。

甲午遗证——赴日寻访甲午战争清军遗物纪实（图1-350）

法制晚报社编著　2014年9月　现代出版社

讲述了赴日寻访甲午战争清军遗物的历程。

图1-345

图1-346

图1-347

图1-348

图1-349

图 1-350

图 1-351

图 1-352

图 1-353

图 1-354

甲午战争简史（图 1-351）

马勇　寇伟编著　2014 年 9 月　中国社会科学出版社

一本简明介绍甲午战争的通俗读物。

甲午沉思录——以此纪念甲午战争 120 周年（图 1-352）

曾跃林著　2014 年 10 月　宁波出版社

从两场运动、两个国度、两支海军、两组人物，以及 120 年后的沉思为视角，解读甲午战争。

甲午两甲子：忆与思（图 1-353）

姜鸣主编　2014 年 10 月　社会科学文献出版社

论文集。收录论述甲午战争的文章 22 篇。

（祝勇作品系列　重述历史系列）隔岸的甲午——日本遗迹里的甲午战争（图 1-354）

祝勇著　2014 年 11 月　东方出版社

透过日本遗迹观察甲午战争，从一个侧面呈现了不同的甲午战争史实。

甲午沉思（图 1-355）

肖天亮主编　2014 年 12 月　华艺出版社

论文集。收录研究甲午战争的论文 41 篇。

甲午怒潮——《国防大学学报》"甲午战争研究征文"精选（图 1-356）

秦天主编　2014 年 12 月　国防大学出版社

论文集。收录有关甲午战争的论文 50 篇。

复盘甲午——重走近代中日对抗十五局（修订版）（图 1-357）

王鼎杰著　2015 年 4 月　上海人民出版社

着重从国际政治学、军事学、战略学、历史学等角度讨论中日甲午战争。

（西洋镜第一辑）海外史料看甲午（图 1-358）

赵省伟主编　2015 年 5 月　中国画报出版社

致力挖掘记录中日甲午战争的西方文献资料，包括老照片、版画、采访报道等，并进行适当解读。

甲午国殇（1894—1895）（图 1-359）

张明金著　2015 年 5 月　安徽文艺出版社

记述了甲午战争的历史过程。

（名家读史笔记）从甲午到辛亥——清王朝的最后时刻（图 1-360）

雷颐著　2015 年 6 月　东方出版社

读史笔记集。共收录读史笔记 34 篇。

甲午！甲午！（图 1-361）

马骏杰著　2015 年 6 月　中华书局

论述了中日甲午战争和北洋海军诸问题。

（中国学术名著丛书）中国近代史（第一篇 中国近代史讲义　第二十四章　中日之战与《马关条约》）（图 1-362）

吕思勉著　2015 年 11 月　吉林出版集团股份有限公司

图 1-355

图 1-356

图 1-357

图 1-358

图 1-359

图 1-360

图 1-361

图 1-362

图 1-363

图 1-364

论述了甲午战争的起因、过程与结果。

晚清最后十八年 2——从甲午战争到辛亥革命（图 1-363）

黄治军著　2016 年 3 月　花城出版社

论述了晚清政府统治下的中国最后十八年中各个阶级和阶层的利益选择和权力博弈。

（博雅经典阅读文丛）中国近代史（第四编 中法战争和中日战争　第三章　甲午战争）（图 1-364）

刘春福著　2016 年 10 月　煤炭工业出版社

论述了日本侵略朝鲜、甲午战争、《马关条约》和外交关系、台湾人民的"反割台"运动等问题。

甲午影像志（图 1-365）

中国人民抗日战争纪念馆编　2016 年 11 月　华文出版社

以珍贵影像反映甲午战争全过程。

甲午纵横（第五辑）（上编）（图 1-366）

戚俊杰　郭阳主编　2016 年 11 月　华龄出版社

文集。收录有关甲午战争、文博工作以及其他文章 35 篇。

甲午纵横（第五辑）（下编）（图 1-367）

戚俊杰　郭阳主编　2016 年 11 月　华龄出版社

文集。收录有关甲午战争、文博工作以及其

他文章70篇。

中国近代史（第三章　自强及其失败）（图1-368）

蒋廷黻著　2017年2月　海燕出版社

中国在中日之间初次决战中失败，是求自强的洋务运动的失败。

中国近代史（第三讲　中日甲午之战）（图1-369）

曹伯韩著　2017年3月　国际文化出版公司

叙述中日甲午战争的起因、过程和结果。

（中国海军稀见史料）甲午中日战争纪要（图1-370）

（民国）参谋本部第二厅第六处编　陈悦校注　2017年7月　山东画报出版社

甲午战争过程的概述。

天鼓——从甲午战争到戊戌变法（图1-371）

侯德云著　2017年8月　上海社会科学院出版社

以随笔方式讲述从甲午战争到戊戌变法的历史。分为事件、人物和思絮三部分。

近代中国社会的新陈代谢（第九章　日本冲来了）（图1-372）

陈旭麓著　2017年11月　生活·读书·新知三联书店

论述了日本发动甲午战争给中国近代社会带

图1-365

图1-366

图1-367

图1-368

图1-369

来的影响。

（近现代名家讲义丛刊）中国近代史（第八篇　中日交涉；第九篇　战后中国之危机）（图1-373）

陈恭禄著　2017年11月　上海古籍出版社

论述了清初中日之关系、日本出兵台湾、日本兼并琉球、日韩之争、中日军备之比较、两国出兵朝鲜、海上战争、奉天境内之战、北洋舰队之消失、李鸿章之渡日议和、和约之成立、三国干涉、割台之始末，以及外债、西方列强瓜分中国等。

近代中国史纲（第八章　甲午惨败与中国分割）（图1-374）

郭廷以著　2018年1月　中华书局

论述了中日甲午战争发生、《马关条约》的签订，以及台湾的割让。

从甲午到戊戌——康有为《我史》鉴注

茅海建著　2018年5月　生活·读书·新知三联书店

深度整理和研究康有为《我史》的一部专著。

戴旭讲甲午战争（图1-375）

戴旭著　2018年12月　人民日报出版社

从多个角度讲述了作者对甲午战争的看法。

（刘公岛文库）甲午战争与东亚近代历史进程——甲午战争120周年国际学术研讨会文集（上、中、下卷）（图1-376）

图1-370

图1-371

图1-372

图1-373

图1-374

郭阳　王记华主编　2018年12月　社会科学文献出版社

论文集。收录论文87篇，分为战争反思、思潮、外交、地缘政治、人物研究、甲午战事、战争影响、海权战略、史料发掘等内容。

近代中国八十年（十七、中日甲午战争）（图1-377）

陈旭麓主编　2019年4月　上海人民出版社

论述了列强角逐东北亚、日本的大陆政策、战争始末、《马关条约》、台岛擂战鼓、"三国干涉还辽"等问题。

甲午纵横（第六辑）（图1-378）

戚俊杰　郭阳主编　2019年5月　华龄出版社

文集。收录有关甲午战争、文博工作以及其他文章47篇。

甲午纵横（第七辑）（图1-379）

戚俊杰　郭阳主编　2019年5月　华龄出版社

文集。收录有关甲午战争、文博工作以及其他文章45篇。

从鸦片战争到五四运动（第二编　半殖民地半封建统治秩序的形成　第十三章　中法战争和中日战争）（图1-380）

胡绳著　2019年8月　长江文艺出版社

论述的内容包括被迫应战、议和与反对议和

图1-375

图1-376

图1-377

图1-378

图1-379

的舆论、保卫台湾的斗争，以及中日甲午战争后帝国主义列强对中国的掠夺。

晚清最后十八年1——从甲午战争到辛亥革命（图1-381）

黄治军著　2019年11月　华文出版社

论述了晚清政府统治下的中国最后十八年中各个阶级和阶层的利益选择和权力博弈。

（吕思勉历史作品系列）中国近代史（第一篇　中国近代史讲义　第二十四章　中日之战与《马关条约》）（图1-382）

吕思勉著　2020年3月　中华书局

论述了甲午战争的起因、过程与结果。

（新编历史小丛书）中日战争（图1-383）

邵循正著　2020年10月　北京人民出版社

本书源自作者于1954年6月在中国文联举办的中国近代史讲座的讲稿，简要论述了甲午中日战争发生的背景及过程，揭示了这一重要历史事件的历史教训及其影响。

甲午纵横（第八辑）（图1-384）

戚俊杰　王建松主编　2020年11月　山东大学出版社

文集。收录有关甲午战争、文博工作以及其他文章44篇。

甲午纵横（第九辑）

戚俊杰　王建松主编　2020年11月　山东

图1-380

图1-381

图1-382

图1-383

图1-384

大学出版社

文集。收录有关甲午战争、文博工作以及其他文章41篇。

从鸦片战争到五四运动（全本）（第二编 半殖民地半封建统治秩序的形成 第十三章 中法战争和中日战争）（图 1-385）

胡绳著 2021年12月 华东师范大学出版社

论述的内容包括被迫应战、议和与反对议和的舆论、保卫台湾的斗争，以及中日甲午战争后帝国主义列强对中国的掠夺。

图 1-385

甲午之鉴（图 1-386）

徐丽卿著 2021年12月 中共中央党校出版社

包括甲午战争概述、甲午战争的后果及其影响、甲午战败的原因解析和甲午战争对民族复兴的借鉴与启示等四部分内容。

图 1-386

明治时代——甲午之路

樱雪丸著 2022年1月 重庆出版社

叙述了日本自明治维新走上侵略扩张之路到发动甲午战争的历史过程。

帝国的崩塌——从甲午海战到辛亥革命（图 1-387）

徐飞著 2022年6月 浙江人民出版社

梳理和剖析了晚清时期"洋务派"对现代化的种种误解，以及这些误解与清王朝走向最终灭亡的相互关系。

图 1-387

甲午战争前后之晚清政局（图1-388）

石泉著　2023年1月　生活·读书·新知三联书店

把甲午战争前后清政府内部政治情势的演变放在远东国际局势演变的大背景下进行考察，得出了甲午战争是中国近代史上的重要转折的结论。

图1-388

中国近代史（第三章　自强及其失败）（图1-389）

蒋廷黻著　2023年3月　民主与建设出版社

中国在中日之间初次决战中失败，是求自强的洋务运动的失败。

图1-389

论文

论中日分合之关系　别士　《东方杂志》1904年第1卷第1号

甲午中日战役书后　开甲　《陆军学会军事学报》1912年第2期

中日兵事本末　罗惇曧　《庸言》1913年第1卷第5期

鸦片之战与甲午之战　张久　《语丝》1926年第18期

甲午中日战役经过之概要　梦贤　《军事杂志》1930年第20期

晨园漫录　晨园　《海事》1932年第5卷第7、8期合刊

甲午战役之回顾　刘奇甫　《外交》1933年第2卷第2期（图1-390）

图1-390

甲午战役之回顾（续）　刘奇甫　《外交》1933年第2卷第3期（图1-391）

图1-391

甲午战争及其所予今日东北事件之教训　周天放　《新亚细亚》1933年第6卷第4期

王钟麟著《中日战争》　《图书评论》1934年第2卷第6期

甲午中日战争的原因　黎光明　《明耻》1935年第1卷第9期

（酉令）风杂缀——王伯恭记甲午战事　黄秋岳　《中华月报》1935年第3卷第5期

论甲午之役（上篇）　东尊　《申报》1936年第1卷第28期

论甲午之役（下篇）　东尊　《申报》1936年第1卷第29期

甲午中日战争的回忆　刘世仁　《众力》1936年第2卷第5期

蒋廷黻先生讲甲午战争在中国近代史上之重要性　王企澄　《国立四川大学周刊》1936年第4卷第38期

从"甲午"到"八·一三"　伯韩　《战时联合旬刊》1937年第1期

甲午战史（国难史话）　黄芝冈　《读书半月刊》1937年第1卷第1期

甲午战史（国难史话）　黄芝冈　《生活学校》1937年第1卷第1期

甲午战史（一、胜败的必然性）　黄芝冈　《读书半月刊》1937年第1卷第1期

甲午战史（二、北洋海军与日本海军；三、宣战与调停）　黄芝冈　《读书半月刊》1937年第1卷第2期

甲午战史（国难史话）　黄芝冈　《读书半月刊》1937年第1卷第2期

甲午之耻辱　林立耕　《军事月刊》1937年第2卷第1期

从百年来的对外战争论证中国抗战的必然胜利　鹰隼　《文献》1938年卷之二

从百年来的对外战争论证中国抗战的必然胜利　鹰隼　《文献》1938年卷之三

中日甲午战争和目前对日抗战的比较观　陶元珍　《国论》（重庆版）1938年第3号

甲午战争日本挑战的铁证　霞子　《黎明》1938年第14期

甲午战争与今天的中日战争　于炳然　《新华南》1939年创刊号

论第一次中日战争　杨松　《群众》1940年第4卷第18期

（国立武汉大学第十二届毕业论文）甲午战争中我国之外交政策　苏

介　1943年（图1-392）

（国立武汉大学第十三届毕业论文）甲午战争与列强　张文光　1944年（图1-393）

论中日甲午之战　翦伯赞　《群众》1945年第10卷第2期

论中日甲午战争　翦伯赞　《新华南》1945年第10卷第2期

从甲午之役说到八年抗战的胜利　邵子敬　《大众》1945年第14期

甲午之役　非久　《新台湾》1946年创刊号

吴恪斋甲午之役电稿跋　袁希洛　《新纪元》1946年第3期（图1-394）

由日本惨败回想到甲午中日战争　童翼　《现代军事》1946年第1卷第10、11、12期

甲午之战　海垒社资料室　《军事与政治》1946年第8卷第10期

鉴往察今伤甲午　施瑛　《茶话》1947年第13期

谈甲午之战　柏园　《中学生》1948年4月号

从甲午中日战争说起　宋云彬　《新建设》1950年第3期

第一次中日战争(1894—1895)——中国近代史讲课记录　司绥延　《历史教学》　1951年第12期

第一次中日战争（1894—1895）（续）——中国近代史讲课记录　司绥延　《历史教学》　1952年第1期

中日关系考（一）　修城　《畅流》1952年第4卷第11期

中日关系考（二）　修城　《畅流》1952年第4卷第12期

中日关系考（三）　修城　《畅流》1952年第5卷第1期

中日关系考（四）　修城　《畅流》1952年第5卷第2期

百年来中日关系的演变　张九如　《大陆杂志》1952年第5卷第5期

甲午战争中日寇对华暴行　魏建猷　《解放日报》1953年3月16日

图1-392

图1-393

图1-394

甲午年的回顾与展望　吴相湘　《中兴评论》1954 年第 1 卷第 1 期

六十年前中日的战与和（上）　郭廷以　《幼狮》1954 年第 2 卷第 7 期

六十年前中日的战与和（下）　郭廷以　《幼狮》1954 年第 2 卷第 8 期

甲午述往　吴伟士　《畅流》1954 年第 8 卷第 10 期

评介贾逸君著《甲午中日战争》　陈东　《光明日报》1956 年 2 月 2 日

关于"甲午中日战争"的几个问题（并答陈东同志）　贾逸君　《光明日报》1956 年 3 月 15 日

《第一次中日战争》导论　《中国近代史论丛》（第 1 辑第 6 册）　正中书局 1956 年

甲午战争　徐培根　《中国近代史论丛》（第 1 辑第 6 册）　正中书局 1956 年

中日战役　萧一山　《中国战史论集》（第 2 册）　中华文化出版事业委员会 1956 年

甲午战役　钱公来　《中国一周》1957 年第 9 期

甲午战争志略　赵泮磐　《山东省志资料》1958 年创刊号

试论中日甲午战争的性质　苑书义　《河北天津师范学院学报》1958 年第 1 期

对郑昌淦著《中日甲午战争》的几点意见　张世永　《史学月刊》1958 年第 3 期

论中日甲午战争的本质　井上清　华山　《文史哲》1958 年第 8 期

中日关系之过去现在及将来（上）　张希为　《民主潮》1959 年第 9 卷第 21 期

中日关系之过去现在及将来（中）　张希为　《民主潮》1959 年第 9 卷第 22 期

中日关系之过去现在及将来（下）　张希为　《民主潮》1959 年第 9 卷第 23 期

什么是甲午战争　知非　《人民日报》1960 年 10 月 27 日

从《张謇日记》看中日战争时的帝后党争　祁龙威　《江海学刊》1962 年第 9 期

甲午之战　海垒社资料室　《军事与政治》　1964 年第 8 卷第 10 期

反抗日本侵略的甲午战争　《近代中国人民反帝斗争史》　北京人民出版社 1973 年 1 月

甲午痛史读后　何博元　《中外杂志》1973 年第 14 卷第 5 期

中日甲午战争 80 周年感言　沈云龙　《东方杂志》（复）1974 年第 8 卷第 2 期

甲午之役　《中国近代史资料选编》（上册）　中华书局 1977 年 10 月

从甲午战争到辛亥革命的回忆　吴玉章　《吴玉章回忆录》　中国青年出版社 1978 年 11 月（图 1-395）

甲午战争中清政府的密电码是怎样被破译的　吕万和　《历史教学》1979 年第 6 期

中国近代史上的爱国与卖国问题　陈旭麓　《光明日报》1980 年 1 月 8 日

从甲午战争史研究谈史学方法的几个问题　戚其章　《山东省历史学会会刊》1980 年第 2 期

图 1-395

试论甲午中日战争时期的帝党　任茂棠　《晋阳学刊》1980 年第 2 期

甲午中日战争的一则史料——介绍《大清敕建锦州毅军昭忠祠碑记》　孙穆　《辽宁大学学报（哲学社会科学版）》1980 年第 6 期

试论甲午战争中的帝后党争　孔祥吉　《光明日报》1980 年 7 月 8 日

试论甲午战争中和战之争的性质　吴廷桢　何玉畴　《西北师范大学学报（社会科学版）》1981 年第 4 期

甲午战争的史实不容歪曲　卢骅　《江淮论坛》1981 年第 5 期

关于中日甲午战争的起因问题　金基凤　《世界历史》1981 年第 6 期

甲午中日战争　禹冬　《人民日报》1981 年 9 月 7 日

十九世纪六十至九十年代清朝统治集团最高层内部斗争概述　丁名楠　《近代史研究》1982 年第 1 期

三十年来甲午战争史研究概况及争论问题　戚其章　《南京大学学报（哲学·人文科学·社会科学）》1982 年第 3 期

甲午战争的几个问题　关捷　《电大语文》　1983 年第 3 期

甲午中日战争　张玉田等　《中国近代军事史》　辽宁人民出版社 1983 年 3 月

中日甲午战争　陈旭麓　《近代中国八十年》　上海人民出版社 1983 年 10 月

中日甲午战争研究评述　戚其章　《中国历史学年鉴》　人民出版社 1983 年 10 月

日本大规模侵华的甲午战争　任泽全　《外国史知识》1983 年第 12 期

甲午战争时期的爱国主义　戚其章　《东岳论丛》1984 年第 1 期

甲午之战　马景祥　《文物天地》1984 年第 2 期

建国以来中日甲午战争研究述评　戚其章　《近代史研究》1984 年第 4 期

中日甲午战争中清政府上层不存在战和两派吗？——与夏冬同志商榷　郭墨兰　《东岳论丛》1984 年第 4 期

《中日甲午战争史论丛》评介　文川　《东岳论丛》1984 年第 5 期

论甲午战争中的"以夷制夷"　赵颂尧　《理论学习》1984 年第 6 期

"帝党主战，后党主和"质疑　吴民贵　《学术月刊》1984 年第 8 期

甲午九十年　戚其章　《烟台日报》1984 年 9 月 18 日

清政府在中日甲午战争中实行奖惩办法初探　关捷　金长奇　《中日关系史论文集》（中日关系史第四次学术讨论会）　辽宁省中日关系史研究会 1984 年 9 月

一些日本学者对甲午战争的若干看法　张忠林　《国外社会科学情报》1984 年第 9 期

甲午战争研究的新信息　丛越　《解放日报》1984 年 10 月 17 日

甲午战争史学术讨论会综述　陆方閩　《文汇报》1984 年 10 月 22 日

甲午战争史学术讨论会　马庚存　《人民日报》1984 年 11 月 2 日

甲午战争九十周年学术讨论会综述　沫兰　《光明日报》1984 年 11 月 21 日

甲午战争和中国近代民族工业　庄鸿铸　《新疆大学学报（哲学社会科学版）》1985 年第 1 期

甲午战争九十周年学术讨论会简述　沫兰　《东岳论丛》1985 年第 1 期

中日甲午战争九十周年学术讨论会综述　吴士英　《历史教学》1985 年第 1 期

关于甲午战争中吉林的资料简述　宋抵等　《吉林史志》1985年第2期

甲午战争与中国农业　沈雨梧　《中国农史》1985年第2期

关于甲午战争若干问题讨论综述　群言　《中学历史教学参考》1985年第5期

甲午战争　阎中恒　詹开逊　《近代中国不平等条约概述（1840—1949）》　江西人民出版社1985年12月

"甲午"轶事一则　高英　《蓬莱文史资料》1986年第2辑

日英修约谈判与中日甲午战争　夏良才　《历史教学》1986年第2期

两次中日战争的比较分析　梁宗其　梁楷麒　《广西民族学院学报（哲学社会科学版）》1986年第4期

试评姚锡光《东方兵事纪略》　廖宗麟　《文献》1986年第4期

中日甲午战争史研究述评　戚其章　《中国近代史专题研究述评》（《近代史研究》编辑部）　人民出版社1986年4月

甲午战争研究的发展趋势　戚其章　《史学情报》1987年第2期

论甲午战争初期的帝后党争　戚其章　《山东社会科学》1987年第2期

甲午战争时期的"清议"　何若钧　《历史教学》1987年第6期

甲午战争中一件重要史实订正　孔祥吉　《光明日报》1988年1月20日

研究中日甲午战争史的体会　戚其章　《习史启示录——专家谈如何学习中国近代史》　天津教育出版社1988年3月

两次中日战争中国对日政策比较　徐梁伯　《社会科学战线》1988年第4期

近代中日关系研究的新史料——《中国近代史资料丛刊续编·中日战争》出版　曾明　《日本研究》1989年第1期

论甲午战争与海峡两岸的爱国思潮　刘毅政　《内蒙古师范大学学报（哲学社会科学版）》1990年第1期

海军召开纪念甲午海战95周年学术座谈会　张炜　《军事历史》1990年第3期

论甲午战争后期的帝后党争　戚其章　《山东社会科学》1990年第6期

戚其章与甲午战争史研究　郭墨兰　《山东社会科学》1990年第6期

中日甲午战争　曾文缓　《日本学报》1990年第10期

帝党主战辨　王开玺　《历史档案》1991 年第 1 期

甲午战争学术讨论会暨山东省甲午战争史研究会成立大会综述　刘晓焕　《东岳论丛》1991 年第 1 期

关于中日甲午战争性质的学术论争　漠帆　《现代日本经济》1991 年第 2 期

中日甲午战争研究四十年　戚其章　《历史教学》1991 年第 2 期

甲午战争史学术讨论会暨山东省甲午战争史研究会成立大会概述　郭沫兰　《历史教学》1991 年第 3 期

戚其章新著《甲午战争史》已经出版　景林　《历史教学》1991 年第 3 期

十年来中日甲午战争史研究的回顾与展望　孙占元　《社会科学研究》1991 年第 3 期

中日甲午战争研究的重要成果——戚其章《甲午战争与近代社会》评介　陆炎　《山东社会科学》1991 年第 6 期

甲午风云——中日战争　吕涛　《近代风云八十年》　知识出版社 1991 年 7 月

论甲午战争期间的中外关系　戚其章　《烟台大学学报（哲学社会科学版）》1992 年第 2 期

评《甲午战争史》——兼论开展"百年祭"活动的意义　姜铎　《东岳论丛》1992 年第 2 期

甲午战争史研究的开拓之作　刘光永　《中国社会科学》1992 年第 3 期

提炼与升华——《甲午战争史》读后　乔还田　《近代史研究》1992 年第 3 期

科学的爱国主义的信史——戚其章与《甲午战争史》　郭毅生　《文史哲》1992 年第 4 期

落后挨打的外交总结　辛勤耕耘的丰硕成果——评孙克复《甲午中日战争外交史》　刘远图　《社会科学辑刊》1992 年第 6 期

满族在甲午战争中的抗日活动　关捷　《中南民族学院学报（哲学社会科学版）》1992 年第 6 期

甲午百年话"甲午"　戚其章　《发展论坛》1994 年第 1 期

甲午百年祭　杨荫东　《统一论坛》1994年第2期

甲午战争百年祭谈　张旭日　《莱阳农学院学报（社会科学版）》1994年第2期

勿忘国耻　强我中华——中日甲午战争百年祭　李志英　《北京航空航天大学社会科学学报》1994年第2期

抚今追昔　放眼未来——纪念甲午战争一百周年　于晓静　佟吉仑　《大连党校学报》1994年第3期

甲午百年祭　郭墨兰　《春秋》1994年第3期

甲午中日战争史百年论著目录（海战、陆战及有关军事人物部分）　傅德华　《军事历史研究》1994年第3期

北京市中日甲午战争100周年学术研讨会综述　董建中　黎烈军　《清史研究》1994年第4期

大连军民的抗日斗争·大连　杨惠萍　郑学成　关捷　《抗日战争研究》1994年第4期

回首百年说甲午　李侃　《清史研究》1994年第4期

甲午百年祭　吴廷嘉　《清史研究》1994年第4期

甲午海战与中国海防·北京　张炜　方坤　《抗日战争研究》1994年第4期

甲午一百年祭　俸春华　《创造》1994年第4期

甲午战争百年祭　饶智刚　《贵州民族学院学报（社会科学版）》1994年第4期

甲午战争的历史地位　胡绳武　《清史研究》1994年第4期

甲午战争的历史影响·北京　董建中　黎烈军　《抗日战争研究》1994年第4期

甲午战争清廷筹款考析　刘志坚　《福建论坛（文史哲版）》1994年第4期

甲午战争时期主战舆论三题　黄兴涛　《清史研究》1994年第4期

甲午战争研究·台北　林庆元　《抗日战争研究》1994年第4期

甲午战争一百周年国际学术讨论会综述　戚俊杰　王记华　《清史研究》1994年第4期

甲午战争与近代中国和世界·威海　玉明　沫兰　《抗日战争研究》1994年第4期

近代爱国主义思潮的升华——甲午战争前后爱国主义思潮演变的轨迹　谢本书　《云南学术探索》1994年第4期

浪淘沙——为纪念中日甲午战争一百周年而作　沈宗佑　《军事历史》1994年第4期

略论甲午战争中的主战与主和　杨东梁　《清史研究》1994年第4期

论甲午战争时期帝党和言官的"倒李"斗争　董蔡时　王建华　《清史研究》1994年第4期

浅谈甲午战争与港台问题　彭明　《清史研究》1994年第4期

洋务运动的军事自强和中日甲午战争　史滇生　《史学月刊》1994年第4期

一幅绚丽的爱国主义画卷——甲午百年悼英魂　孙克复　《社会科学战线》1994年第4期

中日甲午战争一百周年　《抗日战争研究》1994年第4期

甲午战争百年志　李家振　《日本学刊》1994年第5期

甲午战争时期主战官僚心理探析　彭南生　《华中师范大学学报（哲学社会科学版）》1994年第5期

甲午战争中清廷战略决策评议　张一文　《军事历史》1994年第5期

让百年耻辱唤起民族精神——纪念甲午海战一百周年　《疏导》1994年第5期

爱国情结，科学态度——记甲午战争史专家戚其章　郭墨兰　《走向世界》1994年第6期

纪念甲午战争100周年学术研讨会述略　陈宇　《军事历史》1994年第6期

甲午战争百年祭　孙占元　《走向世界》1994年第6期

甲午战争一百周年国际学术讨论会述要　刘玉明　《山东社会科学》1994年第6期

甲午战争100周年国际学术讨论会综述　孙占元　《历史研究》1994年第6期

甲午战争一百周年学术座谈会综述　子规　《文史杂志》1994年第6期

甲午战争与灾荒　李文海　《历史研究》1994年第6期

论中日甲午战争的时代特点　杜耀云　《山东师范大学学报（社会科学版）》1994年第6期

前事不忘　后事之师——"甲午战争一百周年学术座谈会"述要　《江淮论坛》1994年第6期

甲午一百年祭　徐通顺　《探索与求是》1994年第7期

甲午战争研究一百年的回顾　戚其章　《历史教学》1994年第7期

不忘血泪史　弘扬爱国情——为甲午战争爆发100周年而作　安德喜　《辽宁档案》1994年第8期

甲午百年祭　郑昌淦　《群言》1994年第8期

冰心老人话甲午　唐宏　翁军　《海洋世界》1994年第9期

揭开甲午历史的黑匣子　邓家荣　《炎黄春秋》1994年第9期

铭记甲午屈辱史　激发爱国报国志　马立志　《人民论坛》1994年第9期

百年之后祭甲午　黎巩之　《真理的追求》1994年第10期

甲午战争与吏治腐败　常宗虎　《群言》1994年第10期

甲午战争中的爱国主义精神永放光芒　韩志峰　《辽宁档案》1994年第11期

中国人，你还记得"甲午"吗？　张剑　《炎黄春秋》1994年第11期

甲午战争一百周年国际学术讨论会综述　刘光永　《历史教学》1994年第12期

甲午战争大事记　肖忠生　《福州文史资料选辑》1994年第13辑

百年沧桑溯甲午　千般风云连淮系——甲午战争一百周年国际学术讨论会侧记　董丛林　《安徽史学》1995年第1期

从国情国力军力的比较中看中日甲午战争　迟云飞　《湖南师范大学社会科学学报》1995年第1期

从甲午战争的开始时间看日本侵朝侵华的战争责任问题　戚其章　《抗日战争研究》1995年第1期

甲午战争百年祭　刘欣华　《内蒙古电大学刊》1995年第1期

甲午百年祭　刘宗尧　《四川教育学院学报》1995 年第 2 期

甲午、乙未百年祭——重读《普天忠愤集》　张海珊　《天津师范大学学报（社会科学版）》1995 年第 2 期

《甲午战争百年祭》评介　邹鲁民　《军事历史》1995 年第 2 期

"甲午战争与近代中国和世界"国际学术讨论会综述　刘学照　《学术月刊》1995 年第 3 期

海防之议与甲午战争　孙占元　《社会科学辑刊》1995 年第 4 期

勿忘甲午，兴我中华　万峰　《吉林师范学院学报》1995 年第 7 期

评《甲午战争国际关系史》　姜铎　《学术月刊》1995 年第 8 期

甲午铁血铸　华夏记艰危——《甲午战争图志》评介　宇之　《中国出版》1995 年第 9 期

我看《甲午战争图志》的成功之笔　陈崇桥　《中国图书评论》1995 年第 9 期

甲午战争与近代海防学术研讨会综述　刘玉明　《历史教学》1997 年第 1 期

甲午战争时期报刊舆论与社会变迁　李坚　《华东师范大学学报（哲学社会科学版）》1997 年第 2 期

甲午战争史研究的丰厚收获——评介《甲午战争与近代中国和世界》　陆炎　《东岳论丛》1997 年第 2 期

评关捷先生主编的《甲午国耻丛书》　刘恩格　《齐齐哈尔师范学院学报（哲学社会科学版）》1997 年第 5 期

甲午战争与中华爱国青年　马庚存　《青岛大学师范学院学报》1998 年第 3 期

从经济史的角度考察中日甲午战争　穆良平　《天府新论》1998 年第 4 期

甲午战争时期的新闻舆论　李坚　《河北学刊》1999 年第 1 期

试论甲午战争中的西太后集团和抗日战争中的蒋介石集团　黄敏　《惠州大学学报（社会科学版）》1999 年第 1 期

甲午前后上海东洋庄（本庄）与日本办庄经营火柴窥探及其断想　秧子　《火柴工业》1999 年第 2 期

透视近代中外关系的一部力作——评季平子《从鸦片战争到甲午战争》　黄玮　《史林》1999 年第 3 期

甲午百年海祭　黄艾榕　《北京市计划劳动管理干部学院学报》1999 年第 4 期

中日甲午战争一段伪造史实的复原　易惠莉　《近代中国》（第九辑）上海社会科学院出版社 1999 年 6 月

弘扬主旋律　面向青少年——《甲午风云》一书出版　景和　《历史教学》1999 年第 9 期

"甲午战争研究资料中心"成立　苏爱荣　《国家图书馆学刊》2000 年第 1 期

中日甲午战争史研究的世纪回顾　戚其章　《历史研究》2000 年第 1 期

甲午战争前后的会党问题　邵雍　《历史档案》2000 年第 2 期

读《甲午战争前后之晚清政局》　余杰　《博览群书》2001 年第 2 期

甲午御敌谋略——以攻为守的"直捣日本"之计　苏小东　《军事历史研究》2001 年第 4 期

甲午战后的《镜海丛报》　汤志钧　《近代史研究》2001 年第 4 期

甲午战争与西学东渐　王心建　《宿州师专学报》2001 年第 4 期

交通运输与中日甲午战争　何家伟　龚松柏　《安徽大学学报》2001 年第 4 期

近代中日比较研究综述　李少军　《近代史研究》2001 年第 4 期

《万国公报》与中日甲午战争　郑师渠　《近代史研究》2001 年第 4 期

甲午战争时期延边"越垦韩民"团练及其反对日本奸细的斗争　李洪锡　《延边大学学报（社会科学版）》2002 年第 1 期

甲午战争史研究的创新之作——读戚其章先生新著《国际法视角下的甲午战争》　王如绘　《历史教学》2002 年第 3 期

开拓研究视角，提高学术水平——《国际法视角下的甲午战争》的启示　茅家琦　《东岳论丛》2002 年第 3 期

甲午战争前后东北亚铁路形成述论　张劲松　《日本研究》2002 年第 4 期

站在国际法的历史平台上——读《国际法视角下的甲午战争》　马洪林　《探索与争鸣》2002 年第 6 期

新的视角　新的成果——读《国际法视角下的甲午战争》　苏双碧　《学术研究》2002 年第 7 期

甲午英魂　浩气长虹——参观刘公岛甲午战争博物馆　鉴明　《海洋世界》2002 年第 12 期

甲午战争琐议——以高中课本"甲午中日战争"为例　戚其章　《历史教学》2003 年第 1 期

近代史史料价值比较点滴——根据有关甲午战争记载比较几种史料之价值　张金兰　《集宁师专学报》2003 年第 1 期

清流派与甲午战争　张登德　《苏州科技学院学报（社会科学版）》2003 年第 1 期

《翁同龢文献》与中日甲午战争研究　戚其章　《广东社会科学》2003 年第 1 期

试论甲午战争期间的都城问题　王明德　《郧阳师范高等专科学校学报》2003 年第 2 期

勿忘历史　卫我海疆——读郑观应《大东沟战争感作》　回俊才　《政工学刊》2003 年第 3 期

从《翁同骅文献》看晚清外交　戚其章　《历史教学》2003 年第 9 期

两岸与日本初中历史教科书有关中日战争之比较分析　杨景尧　《历史月刊》（台湾）2003 年第 11 期

日本"董狐"笔下的甲午战争真相　戚其章　《河北学刊》2004 年第 2 期

《申报》对研究中日甲午战争的史料价值　韩小林　《天府新论》2004 年第 2 期

甲午战争时期的天津《直报》及其对战后的舆论导向　徐建平　《历史档案》2004 年第 3 期

战舰、X 射线与强国梦——甲午战争 110 周年祭　刘钝　《科学》2004 年第 5 期

从内陆走向海洋——晚清国人经济观念的转型　苏全有　《天府新论》

2004年第6期

兼容并包　突破创新——喜读大型丛书《勿忘甲午》　时公　《学术界》2004年第6期

浅议甲午战争中的"禁米出洋"政策　孙洪军　王国平　《福建论坛（人文社会科学版）》2004年第8期

勿忘甲午　鉴古知今——纪念甲午战争110周年学术研讨会综述　戚俊杰　刘玉明　《探索与争鸣》2004年第11期

中日海权争夺的三大焦点　《江淮》2004年第11期

甲午战争与抗日战争之比较　赵淑萍　《太原经济管理干部学院学报》2004年增刊第1期

近十年来甲午战败原因研究综述　周雪莉　《南京政治学院学报》2004年增刊第1期

甲午战争110年祭　邓立勋　《招商周刊》2004年增刊第3期

甲午战争110周年学术研讨会综述　苏小东　陈美慧　《学术界》2005年第1期

勿忘甲午　鉴古知今——甲午战争110周年学术讨论会综述　刘玉明　《东岳论丛》2005年第1期

中日百年——从甲午战争到五四运动　林木　《党史博览》2005年第1期

甲午战争起止时间小议　苏醒　刘恩格　《江桥抗战及近代中日关系研究》（下）　吉林人民出版社2005年8月

论甲午之战的"战和之争"　邢丽雅　翟金玲　《江桥抗战及近代中日关系研究》（下）　吉林人民出版社2005年8月

勿忘甲午　马洪林　《博览群书》2005年第8期

中日关系五十年——从甲午战争到抗日战争　杨东梁　《江桥抗战及近代中日关系研究》（下）　吉林人民出版社2005年8月

警惕日本军国主义复活——读戚俊杰、刘玉明主编的《勿忘甲午》丛书　马洪林　《探索与争鸣》2005年第9期

勿忘泣血的民族悲壮史——读戚其章近著《甲午战争史》　刘玉明　《探索与争鸣》2005年第12期

论甲午战争时期的红十字会医院　靳永震　《湖南第一师范学院学报》2006年第2期

110年前发生的中国军事变革——读《甲午海祭》一书的几点思考　钱晓虎　《军事记者》2006年第2期

甲午战争与近代日本的亚太政策　臧运祜　《社会科学研究》2006年第3期

两次中日战争之比较浅析　张岩岩　《辽宁教育行政学院学报》2006年第3期

论甲午爱国思潮　邢丽雅　苏醒　《大连近代史研究》2006年第3卷

甲午战争前后捐纳舆论的宏观情势　肖守库　《河北师范大学学报（哲学社会科学版）》2006年第4期

前事不忘　后事之师——读《中日甲午战争全史》　李鸿　《大连民族学院学报》2006年第4期

研究甲午战争史50年的心得之作——读戚其章教授新著《走近甲午》　王家俭　《抗日战争研究》2006年第4期

甲午战争话寿山　付杰　徐静　《黑龙江档案》2006年第5期

你所不知道的甲午战争——读《辩证看甲午》一书　孙凤玲　《全国新书目》2006年第5期

《中日甲午战争全史》评介　李宏生　张登德　《东方论坛》（青岛大学学报）2006年第5期

对甲午战争进行全方位研究的最新成果——评《中日甲午战争全史》　王晓秋　《历史教学》2006年第8期

中日甲午战争与远东政治风云　戴逸　《皓首学术随笔·戴逸卷》中华书局2006年10月

甲午战争史研究的创新成果——戚其章新著《走近甲午》出版　李吉奎　《广东社会科学》2007年第1期

历史著作也可以这样撰写——刘玉明、戚俊杰新著《辩证看甲午》读后　马洪林　《广东社会科学》2007年第1期

走近大家——戚其章《走近甲午》读后　郭毅生　《历史教学》（上半月刊）2007年第1期

从中日甲午战争看中日关系　张力　《沧桑》2007年第2期

隐性中央银行：甲午战争前后的外商银行　戴建兵　《安徽师范大学学报（人文社会科学版）》2007年第3期

甲午战争前后的社会文化语境与小说翻译　方开瑞　《山东外语教学》2007年第4期

论日俄战争与甲午战争两者间的关联　徐凤江　庞晶　《大连近代史研究》2007年第4卷

甲午战争时期中国电报局的作用　冯超　《安徽教育学院学报》2007年第5期

甲午中日战争前后清政府工商政策的选择　王茜　王婧　《湘潮》（下半月）（理论）2007年第7期

中日甲午战争　《历史教学》（上半月刊）2008年第1期

浅议甲午战争中的汉奸　孙洪军　《广西师范大学学报（哲学社会科学版）》2008年第2期

试论甲午战争时期中国电报局的作用　冯超　高峻　《重庆邮电大学学报（社会科学版）》2008年第2期

再论甲午战争的真正开端之日　刘恩格　《大连近代史研究》2008年第5卷

国际关系演变视角下的甲午战争与中国对西方世界之认知　翁有为　《史学月刊》2008年第11期

日本的中日甲午战争研究　王铁军　《日本研究》2009年第1期

《中东战纪本末》与甲午中日战争　王林　《福建论坛（人文社会科学版）》2009年第4期

略论《中东战纪本末》　赵少峰　《淮北煤炭师范学院学报（哲学社会科学版）》2009年第6期

捡起历史的脚印——读陈舜臣《甲午战争》　石磊　《全国新书目》2009年第9期

试析甲午战争期间中日对欧美新闻舆论的态度　何扬鸣　吴静　《国际新闻界》2009年第9期

近20年日本的甲午战争研究　吉辰　《大连近代史研究》2009年第10期

戚其章——客观认识甲午战争　冯威　张荣国　《中国新闻出版报》2009年10月9日

评茅海建《从甲午到戊戌——康有为〈我史〉鉴注》　张纹华　《中国图书评论》2010年第1期

解读日方版本的"甲午战争"　林伟功　余光仁　曹旭峰　《东方收藏》2010年第4期

读史札记——读石泉教授《甲午战争前后之晚清政局》有感　郝嘉敏　《科教导刊》（中旬刊）2010年第6期

学术本应关乎生命之大体——读《甲午战争前后之晚清政局》　余纪　《电影艺术》2010年第6期

从甲午前后中日电信争端看两国政治关系变迁　史斌　《兰州学刊》2010年第7期

甲午战争的发生绝非偶然　戚俊杰　《大连近代史研究》2010年第7卷

小议清末帝后党争性质——以甲午中日战争中帝后党争为例　黄敬聪　《网络财富》2010年第12期

清朝一次流产的袭击日本本土计划　《兵团建设》2010年第16期

十九世纪的"文明"与"野蛮"——从国际法视角重新看待甲午战争　赖骏楠　《北大法律评论》2011年第1辑

自强维新的时代呼声——《普天忠愤集》论析　夏勇　《河北科技师范学院学报（社会科学版）》2011年第1期

宏富新著论中日——试评《近代中日关系史研究丛书》　周力　《齐齐哈尔大学学报》2011年第2期

关乎中日甲午战争性质定位的两个话题——正义与仁爱　周颂伦　《抗日战争研究》2011年第3期

现代化的国际比较——从甲午战争看国家发展与国际竞争　王威海　单惠　《人文杂志》2011年第4期

从"白村江海战"和"甲午战争"看中日不同的对外政策　贾莉　《黑河学刊》2011年第10期

从甲午战争中"禁米出洋"政策的实行看清政府的国际法意识　孙洪军　《绥化学院学报》2012年第3期

《晚清驻日使团与甲午战争前的中日关系（1876—1894）》出版　马晓娟　《抗日战争研究》2013 年第 2 期

中国、日本军事近代化改革比较研究　贺新城　《军事历史》2013 年第 2 期

论甲午年战和分野中的人际对抗　郑翠斌　逯慧娟　《兰台世界》2013 年第 4 期

《说倭传》史料来源及作者考辨　许军　《文献》2013 年第 4 期

重读甲午中日战争　涂生学　《黑龙江史志》2013 年第 9 期

论第一次中日战争　杨松　《杨松文集》　人民出版社 2013 年 12 月

论《申报》在中日甲午战争的政治倾向　韩小林　《嘉应学院学报》2013 年第 12 期

甲午战役中烟台的英国医生　史闻　《走向世界》2013 年第 13 期

甲午的殇思　刘新如　《解放军报》2014 年 1 月 6 日

甲午一百二十年祭　张飙　《科技日报》2014 年 1 月 28 日

甲午战争与中国海防近代化　王永锋　《文学教育》（中）2014 年第 1 期

浅谈甲午更张与戊戌变法的殊途同归　唐烈　《黑龙江史志》2014 年第 1 期

晚清社会的清流派　贾熟村　《云梦学刊》2014 年第 1 期

以改革化解甲午心结——甲午战争追思之一　易向农　《福建党史月刊》2014 年第 1 期

迟到的觉醒——甲午战败一百二十周年祭——兼及马关签约前后的李鸿章　何晓明　《人文论丛》2014 年第 2 期

回顾甲午——从分裂时代的中国意识谈中华民族发展　黄丽生　《人文论丛》2014 年第 2 期

甲午一百二十年祭　王忠伟　商卓　宋香谒　《辽宁科技大学学报》2014 年第 2 期

甲午战争与近代东亚国际关系体系　王铁军　《东北亚外语研究》2014 年第 2 期

历史不应忘记——写在中日甲午战争 120 周年之际　曾龙　《统一论坛》

2014 年第 2 期

  晚明与晚清中国对日战争之比较——纪念中日甲午战争 120 周年 元朋 《河南工业大学学报（社会科学版）》2014 年第 2 期

  我们凭什么小看日本——甲午战争 120 周年回眸 张鸿福 《文史天地》2014 年第 2 期

  中日甲午战争近三十年国内研究综述 王禹浪 许盈 《大连大学学报》2014 年第 2 期

  甲午战争历史决不会重演 钱利华 《人民日报（海外版）》2014 年 3 月 5 日

  甲午殇思——勿忘国耻，勿忘军耻 李宣良 《新华每日电讯》2014 年 3 月 13 日

  大国博弈与甲午战争论析 白纯 《南京政治学院学报》2014 年第 3 期

  当代日本学者眼中的"甲午战争" 段廷志 方刚营 《军事历史》2014 年第 3 期

  甲午殇思与南京大屠杀死难者国家公祭 朱成山 《日本侵华史研究》2014 年第 3 期

  甲午战争时期的上海反应 邵雍 《历史教学问题》2014 年第 3 期

  甲午战争相关学术研究的文献分析——基于 CNKI 文献数据库 严明 《军事历史研究》2014 年第 3 期

  解放军艺术学院学报编辑部召开"甲午战争与强军文化"专家座谈会 刘国利 《解放军艺术学院学报》2014 年第 3 期

  近十年来中国大陆甲午战争研究述评 白纯 吴俊希 《军事历史》2014 年第 3 期

  又逢甲午忆当年 何志毅 《北大商业评论》2014 年第 3 期

  纵论甲午 以史为镜 振兴中华——评大型历史政论报告《军事名家的甲午殇思》 尹均生 《广播电视大学学报（哲学社会科学版）》2014 年第 3 期

  从鸦片战争到甲午惨败 张弘 《博览群书》2014 年第 4 期

  韩国的甲午战争研究——日本侵略主义、甲午改革及亚洲民众的视角 王贤钟 权赫秀 《抗日战争研究》2014 年第 4 期

纪念甲午战争一百二十周年国际学术研讨会剪影　《清史研究》2014年第4期

甲午战争与近代诗风之创变　左鹏军　《文学遗产》2014年第4期

甲午战争中《申报》对清军的态度转变　易耕　《新闻春秋》2014年第4期

甲午之战——中日近代化进程的折射镜　江沛　姬丽萍　《南京政治学院学报》2014年第4期

牢记历史，复兴中华——"甲午战争与现代中国"报告会在京举办　王亮　《两岸关系》2014年第4期

清宫档案"再现"甲午战争　赵增越　《历史档案》2014年第4期

清宫甲午战争档案的系列开发和深度挖掘　李国荣　《历史档案》2014年第4期

日本的甲午战争研究与"二元外交论"问题　张经纬　《史学理论研究》2014年第4期

痛定思痛，沉思再思考——甲午战争120年祭　李治亭　《文化学刊》2014年第4期

《中日修好条规》与甲午战争——以修约交涉为中心　廖敏淑　《抗日战争研究》2014年第4期

中塚明教授的中日甲午战争史研究　戴东阳　《史学理论研究》2014年第4期

"甲午战争以来的中日关系"学术研讨会会议述评——"甲午战争的背景、过程与性质"分会场侧记　张琦伟　沈岑　《大连大学学报》2014年第5期

"甲午战争以来的中日关系"学术研讨会在大连召开　林昶　《日本学刊》2014年第5期

海权视角下的甲午战争及启示　田沐禾　刘洪涛　《军事历史》2014年第5期

甲午年话中日关系　冯昭奎　《同舟共济》2014年第5期

甲午战争对当代中日关系的影响——"甲午战争以来的中日关系"学术研讨会侧记　张晓刚　沈岑　《日本问题研究》2014年第5期

甲午战争对建设现代海军的历史启示　李岳安　《政工学刊》2014年第5期

甲午战争120周年研讨会在威海召开　李永　本刊编辑部　《军事历史》2014年第5期

甲午战争120周年研讨会综述　本刊编辑部　《军事历史》2014年第5期

勿忘甲午　《四川党的建设》（城市版）2014年第5期

以史为镜　可知兴衰——读《清日战争1894—1895》　张晓芳　吴志忠　《四川档案》2014年第5期

1894，一段痛彻心扉的历史悲歌　刘全　《四川党的建设》（城市版）2014年第5期

从西方镜像中发掘出版资源——《甲午——120年前的西方媒体观察》编辑手记　唐明星　《现代出版》2014年第6期

甲午前后晚清经世思想与西学的接榫——以孙宝瑄《忘山庐日记》为中心　秦国伟　《北方论丛》2014年第6期

甲午战争时期（1894—1895）香港的反应　李金强　《南开学报（哲学社会科学版）》2014年第6期

甲午战争研究　张晓刚　《深圳大学学报（人文社会科学版）》2014年第6期

近代日本西化的路径选择与中日甲午战争　郑毅　《深圳大学学报（人文社会科学版）》2014年第6期

用大思路开辟军事报道新天地——"军事名家的甲午殇思"系列报道回顾　刘声东　曹智　王经国　《军事记者》2014年第6期

追忆甲午战争　叶利宗　《统一论坛》2014年第6期

回望甲午，要超越东亚，更要超越历史　马勇　《晶报》2014年7月20日

寻找西洋老报纸上的"甲午战争"　路艳霞　徐颢哲　《北京日报》2014年7月24日

铭记甲午　强我中华　本报评论员　《湖北日报》2014年7月25日

甲午之祭——中国开启现代化的120年　肖畅　《长江日报》2014年

7月26日

甲午战争日本赢在实现民权　田春玲　《东方早报》2014年7月26日

光绪皇帝洒泪挥笔写朱谕——120年前的中日甲午战争　高换婷　《中国档案》2014年第7期

甲午战争需警醒的八个字　王厚明　《大连干部学刊》2014年第7期

甲午战争与中日关系　张海鹏　《天津政协》2014年第7期

历史不会倒退——关于甲午战争120周年的思考　王岗　《前线》2014年第7期

忧患之思——忘了甲午，每一年都可能是甲午　魏兵　梁蓬飞　《解放军报》2014年8月5日

甲午战争与中国梦的觉醒——"纪念甲午战争120周年"学术研讨会简讯　华学亭　《探索与争鸣》2014年第8期

铭记甲午国耻　献身强军实践　王俊清　《政工学刊》2014年第8期

殇思甲午　吾辈自强　赵辉　《台声》2014年第8期

勿忘甲午史，知耻而后勇——全国纪念甲午战争120周年活动综述　郭翰鹏　《太平洋学报》2014年第8期

关于甲午战争的大历史总结　张文木　《经济导刊》2014年第9期

甲午之思　双石　《经济导刊》2014年第9期

历史是一面雪亮的镜子　品读《甲午殇思》　祁石　《人民公仆》2014年第9期

殇思甲午　吾辈自强——全国台联台胞青年千人夏令营侧记　赵辉　《两岸关系》2014年第9期

文化建军是立军之本——甲午战争双甲子的思考　华强　《探索与争鸣》2014年第9期

中国军事名家的《甲午殇思》　许荻晔　《唯实》（现代管理）2014年第9期

海祭归来话甲午——中国人民海军"甲午战争120周年海上祭奠仪式"侧记　翁飞　《大连干部学刊》2014年第10期

甲午战争中的舆论较量及影响　阚延华　付津　《新闻与传播研究》2014年第10期

甲午之战祭　葛洪泽　《红旗文稿》2014年第10期

金韵梅与甲午中日战争红十字会救援辨——兼谈近代中国人名的英文回译问题　崔军锋　《社会科学》2014年第10期

民国时期中学国史教科书中的甲午战争　林辉锋　付婷婷　《理论界》2014年第10期

日本的甲午战争研究与"二元外交论"问题　张经纬　《史学理论研究》2014年第10期

国富兵强为固国安疆之本——纪念中日甲午战争120周年　关捷　《大连近代史研究》2014年第11卷

海外尘氛犹未息，诸君莫作等闲看——读《军事名家的甲午殇思》有感　傅奕群　《福建党史月刊》2014年第11期

甲午祭——战争，不只是军事实力的比拼　高荣伟　《档案时空》2014年第11期

甲午战争期间的"清流党"　赵伟　《档案时空》2014年第11期

甲午战争120周年感奋　常志刚　《资源导刊》2014年第11期

甲午战争中西方人士目睹的日军暴行　周溯源　《红旗文稿》2014年第11期

纪念甲午战争120周年国际学术研讨会简记　郭墨兰　《东岳论丛》2014年第12期

军事后勤保障视野中的甲午战争殇思　霍炬　《中国军转民》2014年第12期

刘公岛——120年的甲午沉思　轩遄　《新湘评论》2014年第12期

甲午战争"历史宿命"观三大谬误　阚延华　《人民论坛》2014年第13期

关于甲午战争的22个谬误　黄金生　《国家人文历史》2014年第14期

甲午战争与民族国家构建　马勇　《国家人文历史》2014年第14期

洋务运动、甲午战争与中国早期现代化的顿挫　左玉河　《红旗文稿》2014年第14期

甲午，打在了中国自强运动的腰眼上　萨苏　《世界知识》2014年第15期

甲午120年之思·系列文章之一　刘波　《世界知识》2014年第15期

在知耻奋进中肩负起强军兴军的历史责任——写在甲午战争120周年之际　范长龙　《求是》2014年第19期

让历史照亮未来——甲午战争120周年祭　鱼宏亮　《红旗文稿》2014年第23期

中日之战的第三方记录　吴琪　《三联生活周刊》2014年第27期

国耻激生的思想丕变——甲午战争120年再思　杨国强　《上海学术报告》2014年

卓南生教授谈甲午年纪念甲午战争的意义与误区　毛章清　张肇祺　《新闻与传播评论》2014年辑刊

《东方兵事纪略》考补　舒习龙　《北京体育学院学报》2015年第1期

携手维护民族利益　共同创造两岸繁荣——"两岸纪念甲午战争120周年学术研讨会"述要　曹永孚　《孙子研究》2015年第1期

中日甲午战争——大国的自负与宿命　刘德林　《大庆师范学院学报》2015年第1期

中日甲午战争中的国际法运用比较分析　范永强　《西安政治学院学报》2015年第1期

《字林沪报》对甲午战争的报道　吕朋　周怡　《青年记者》2015年第1期

从甲午战争得到的启迪　关捷　蔡明德　《大连民族学院学报》2015年第2期

国民意识与甲午战争　刘锋　《法制博览》2015年第2期

甲午战争败于晚清领导集团的发展战略观——贾根良教授访谈录　贾根良　《管理学刊》2015年第2期

甲午战争与中国近代报刊的初兴　孔祥吉　《广东社会科学》2015年第2期

近代中日教育不同路径对甲午战争的影响　王献玲　《郑州大学学报（哲学社会科学版）》2015年第2期

中国近30年来甲午战争研究综述　张晓刚　邹圣婴　《深圳大学学报（人文社会科学版）》2015年第2期

朱舜水"拜官不就"与"明征军"称号——兼涉"甲午战争"前后的"复明"舆论　韩东育　《中国史研究》2015 年第 2 期

从甲午战争看腐败与战败的必然联系　郭墨兰　《孙子研究》2015 年第 3 期

从两场中日战争看双方对"速胜"与"持久"战略的运用　雨兵　《孙子研究》2015 年第 3 期

甲午战争前后的西学翻译之对比　蔡雅蕾　《长春教育学院学报》2015 年第 3 期

两次中日战争以及战争遗留问题　包树芳　《历史教学问题》2015 年第 3 期

实现中国梦必须大力加强海防建设——对甲午战争以来海防建设的几点思考　刘善义　《孙子研究》2015 年第 3 期

1930—40 年代中国学界的甲午战争史研究　臧运祜　赵秀宁　《民国档案》2015 年第 3 期

甲午战争背后的中日舆论较量　蒋丰　赵新利　《青年记者》2015 年第 4 期

甲午战争烙印与当前日本的历史修正主义现象　李若愚　《亚太安全与海洋研究》2015 年第 4 期

甲午战争期间中国人民的抗日斗争——纪念中日甲午战争 120 周年　关伟　关捷　《东北史地》2015 年第 4 期

近代大运河的军事国防价值——大运河衰败对两次鸦片战争、甲午战争的影响　王健　《中原文化研究》2015 年第 4 期

从国际法视角看日本发动甲午战争的违法性　黄丹　《法制博览》2015 年第 5 期

从容甲午祭，共筑中国梦——从大历史角度看甲午战争的启示　马良玉　《文教资料》2015 年第 5 期

甲午战争的历史定位及中国的路径选择　张经纬　《东北亚学刊》2015 年第 5 期

框架选择中的民族记忆——基于"甲午战争 120 周年"媒介议题分析　徐星星　《青年记者》2015 年第 5 期

论甲午战争中清军的军纪问题　刘锋　《赤峰学院学报（汉文哲学社会科学版）》2015年第5期

认清甲午才能不再见甲午——简评《再见甲午》　马长虹　《寻根》2015年第5期

近五年来中国大陆甲午战争研究综述　王鹏辉　《内蒙古农业大学学报（社会科学版）》2015年第6期

倾心于"甲午"研究的戚其章先生　戚俊杰　《春秋》2015年第6期

21世纪日本学界有关日中战争史研究　田中仁　邹灿　《史学月刊》2015年第9期

甲午战争期间《申报》对日本的报道综述　韩小林　冯君　《嘉应学院学报》2015年第9期

历史在诉说——读《甲午战争简史》有感　孙萍　《民主》2015年第10期

日本的甲午战争研究与"二元外交论"问题　张经纬　《历史教学》（上半月刊）2015年第10期

1949年以来中国大陆晚清中外关系史研究综述　张志勇　《兰州学刊》2015年第10期

对甲午战争的几点再认识　周彦　《大连近代史研究》2015年第12卷

甲午战争——一场帝国与衙门的战争　张子宇　《知识文库》2015年第16期

战争遗产处理——甲午战争与两次世界大战　雷颐　《世界知识》2015年第17期

2014年甲午战争研究焦点透视　孟凡明　《学理论》2015年第18期

甲午战争与近代中国民族资本主义的发展　汪美良　《中学历史教学参考》2015年第20期

甲午殇思——从船政学堂看外籍教师对外语教育的影响　容轶愚　《教科文汇》（下旬刊）2015年第24期

从中日铁路力量看甲午战争中国的战败　夏雪　《考试周刊》2015年第81期

东亚视角下的中日战争研究　裴京汉　《抗日战争研究》2016年第1期

晚清政治斗争与甲午战争的失败　陈偲聪　周彦　《理论观察》2016年第1期

大清王朝覆没的警示——读《晚清最后十八年——从甲午战争到辛亥革命2》有感　慧言　《山东农机化》2016年第2期

甲午战争与日本再次侵华的内在联系探析　古帅　李玉敏　《广西社会科学》2016年第2期

"九一八事变"后学人对甲午战争的探究热潮（1931—1945）——基于学术心态的考察　陈兆肆　《安徽史学》2016年第2期

甲午战争与晚清知识分子价值观的异动　张绪忠　《广西社会科学》2016年第3期

甲午战争与中国海权　刘亚南　谭笑　《湖南行政学院学报》2016年第4期

辽宁省甲午战争研究会辽宁大学甲午战争研究中心成立　石岩　《侨园》2016年第5期

甲午战争中的中国基督教　王兴　《基督教思想评论》（总第二十一辑）宗教文化出版社2016年8月

细节中的甲午战争　游宇明　《共产党员》（河北）2016年第11期

民族复兴道路正义的历史诠释——评《冷眼甲午——看日本军事帝国的构建和暴发》　杨伯江　《当代贵州》2016年第22期

甲午战争与日本军用汉语热探究——以日本军用汉语教科书出版为中心　寇振锋　《抗日战争研究》2017年第1期

日本学术界的甲午战争研究　郭海燕　《聊城大学学报（社会科学版）》2017年第1期

甲午战争中的督办军务处　王刚　《军事历史研究》2017年第2期

甲午中日战事摄影集——未经修饰的原始影像　周承良　《四川档案》2017年第4期

把甲午战争研究提高到新水平　关捷　《大连近代史研究》2017年第14卷

基于史料探究甲午中日战争的几个问题　张传洁　《中学历史教学参考》2017年第14期

中国传统思想的形成及其对甲午战争的影响　曹扬　《农家参谋》2018年第3期

舆论在国际冲突中的作用——以甲午战争为例　刘瑞彬　贺怀远　《高考》2018年第6期

甲午中日战争中的宣传战探究　邓德花　《新闻研究导刊》2018年第9期

甲午风云中的晚清外交——基于甲午战争前后清政府外交实践的考察　杨玉荣　龚耘　《黑龙江史志》2018年第11期

甲午前后的报刊地理、新闻呈现与读者阅读的回想　蒋建国　《学术月刊》2018年第12期

"文明"话语与甲午战争　刘文明　《历史研究》2019年第3期

论甲午战争中有线电报的困境及其对策　孙洪军　《江苏科技大学学报（社会科学版）》2019年第4期

叙事心理学视角下的历史纪录片生产研究——以《甲午》为例　李肇　《今传媒》2019年第4期

戴旭讲甲午战争——从晚清解体透视历代王朝的政治败因　戴旭　《博览群书》2019年第5期

澳门同胞参加甲午战争爆发120周年纪念活动　《侨园》2019年第12期

从《论法的精神》看甲午中日战争　刘洁丽　《法制与社会》2019年第34期

甲午战争期间浙江京官上书恭亲王考　吉辰　《西部史学》2020年第2期

"美国与甲午战争"研究中的若干史料辨正——"美国驻华公使田贝"还是"参赞署理全权事务大臣田夏礼"？　冯高峰　师嘉林　《历史教学问题》2020年第2期

中国新闻史学的计量方法——以甲午年间的《申报》为例　易耕　《新闻爱好者》2020年第3期

甲午至戊戌期间的铨选议改与保举定位　林浩彬　《安徽史学》2020年第5期

甲午战争前后皖籍留日学生述论　代先祥　《安徽理工大学学报（社会科学版）》2020年第6期

"文明"话语与甲午战争——以美日报刊舆论为中心的考察　刘文明　《日本学刊》2020年第6期

"后见之明"看甲午　刘欢　《政工学刊》2020年第7期

以礼密臣为代表的"文明观"视域下的甲午战争　王宝华　《西部学刊》2020年第8期

中国近代民族主义与世界主义的对抗与共存　陈廷湘　《社会科学战线》2021年第1期

中国近代边疆研究的发展脉络与路径　段金生　蒋正虎　《云南师范大学学报（哲学社会科学版）》2021年第2期

从朝贡到条约——甲午战争前后中日对朝贸易比较　石光日　《东北财经大学学报》2021年第4期

甲午战争前后中日文化力对比　姜森　《检察风云》2021年第5期

"痛史当年待补删"——重读《甲午战争前后之晚清政局》　戴海斌　《读书》2021年第10期

美国媒体对甲午战争的多样化报道　许翔云　《世界历史评论》2022年第1期

《新学伪经考》甲午参奏案新探　吴仰湘　《近代史研究》2022年第2期

中日甲午战争史鉴　《中国图书评论》2022年第8期

文化遗产旅游角度下中国甲午战争博物院研究相关思考　车淑霞　《收藏》2023年第4期

第二部分
战争背景

一、国际环境

著作

（万有文库第一集一千种）中美外交史（第四章 中日战争与美国）（图2-1）

唐庆增著　1928年10月　商务印书馆

简述美国对甲午战争的影响。

图2-1

（新时代史地丛书）中俄外交史（第二章 甲午战争前之中俄外交；第三章 甲午战争后之中俄外交）（图2-2）

陈博文撰述　1928年11月　商务印书馆

论述了甲午战争前后中俄之间的外交博弈及其对甲午战争的影响。

图2-2

中俄外交史（第六章 中日战争以后之中俄交涉）（图2-3）

何汉文编著　1935年4月　中华书局

论述了中日甲午战争中之俄国态度、辽东问题、中俄密约等问题。

图2-3

（国立清华大学研究院毕业论文丛刊之二）中日甲午战争之外交背景（图2-4）

王信忠著　1937年4月　国立清华大学

研究甲午战争前东亚外交关系的早期著作，论述了中日韩三国之间在甲午战争前后的外交纠葛。

图2-4

（日本知识丛刊）日苏关系论（图2-5）

图2-5

周伊武著　1938年7月　商务印书馆

开篇讨论了甲午战争与俄国、帝俄之远东侵略与日本等问题。

（国立云南大学文法学院丛书乙类第一种）有清一代之中俄关系（第五章　中日甲午之战至日俄战争期间帝俄对华侵略之急进）（图2-6）

陈复光著　1947年8月　云南崇文印书馆

主要论述了帝俄对华急进侵略之国际背景、西伯利亚铁路之建筑及其对远东政治之影响、英占巨文岛引起之中俄交涉、李鸿章之联俄干涉韩事政策、甲午之役前夕帝俄对朝鲜问题之外交活动、甲午之役期间帝俄对中日之外交活动、俄德法干涉还辽之前因后果、俄法合作计划下帝俄对华之"和平侵略"、列强在华争取势力范围期间帝俄之活跃等问题。

图2-6

图2-7

（近代中国史料丛刊三编第二十一辑）中日甲午战争之外交背景（图2-7）

王信忠著　1964年1月　文海出版社

论述了中日韩三国之间在甲午战争前后的外交纠葛。

（近代中国史料丛刊续编第九十九辑）俄帝侵略中国简史（第三章　瓜分中国的野心与李鸿章的对俄外交）（图2-8）

郭廷以著　1983年9月　文海出版社有限公司

论述了俄国窥伺朝鲜、播弄甲午战争和干涉还辽的居心。

图2-8

图2-9

甲午战争前之中日韩关系（一八八二年——一八九四年）（图2-9）

林子候著　1990年6月　玉山书局

论述甲午战争前中日韩三国之间的关系及其走向战争的必然性。

近代中日关系与朝鲜问题（图2-10）

王如绘著　1999年2月　人民出版社

系统论述了甲午战争前后中日关系与朝鲜问题及其与甲午战争之间的关系。

甲午战争前夕中日韩三国之动向（图2-11）

林子候著　2001年11月　大人物书店

分析了中日韩三国局势与甲午战争之间的关系。

近代中日关系与朝鲜问题（图2-12）

王如绘著　2016年1月　中国社会科学出版社

系统论述了甲午战争前后中日关系与朝鲜问题及其与甲午战争之间的关系。

图2-10

图2-11

图2-12

论文

中日交涉及中俄关系　和森　《向导》1923年第21期

甲午战争与远东国际关系之变化　张忠黼　《国立武汉大学社会科学季刊》1931年第2卷第3期

甲午战争中之俄国外交（一）　蒋廷黻　《国闻周报》1934年第11卷第29期

甲午战争中之俄国外交（二）　蒋廷黻　《国闻周报》1934年第11卷第31期

甲午战争中之俄国外交（三）　蒋廷黻　《国闻周报》1934 年第 11 卷第 33 期

甲午战争中之俄国外交（四）　蒋廷黻　《国闻周报》1934 年第 11 卷第 35 期

甲午战争中之俄国外交（五）　蒋廷黻　《国闻周报》1934 年第 11 卷第 37 期

甲午战争中之俄国外交（六）　蒋廷黻　《国闻周报》1934 年第 11 卷第 39 期

甲午战争中美帝帮助日本侵略中朝的检讨和教训　尚钺　《光明日报》1950 年 11 月 18 日

"天津条约"订立前后美国对中国的侵略行动　丁则良　《历史教学》1951 年第 8 期

美国驻华公使田贝利用甲午战争迫使满清卖国政权把台湾割让给日本的罪行　《近代史资料》1954 年第 3 期

甲午战争期间美国的侵华政策　卿汝楫　《世界知识》1954 年第 15 期

一八六四年到一八九四年间国际资本主义对中国侵略和中国满清政府的反动统治　毛健予　《新史学通讯》1955 年第 5 期

俄寇在甲午战争前后对我狡狰面目之一斑　周念行　《海风》1955 年第 12 期

中日甲午战争中国际资本主义在中国的干涉活动和矛盾斗争　陈诗启　《厦门大学学报（社会科学版）》1959 年第 2 期

略论中日甲午战争中的美帝国主义　谷南　《学术研究》1963 年第 4 期

美国在中日战争中玩弄的和平骗局　孙克复　《史学月刊》1965 年第 9 期

中日外交史上最大骗局　姚大中　《自由谈》1967 年第 18 卷第 6 期

沙俄在甲午战争中充当了什么角色　米庆余　《历史研究》1979 年第 8 期

沙俄与中日甲午战争　王少普　《社会科学》1981 年第 3 期

中日甲午战争与俄国的远东政策　　王魁喜　　《东北师范大学学报》1985年第2期

日英修约谈判与中日甲午战争　　夏良才　　《历史教学》1986年第2期

试论1894—1905年的日俄关系　　张历历　　《历史教学》1986年第5期

1870年至1895年在华洋行势力的扩张　　聂宝璋　　《历史研究》1987年第1期

试论甲午战争期间沙俄对日本的基本态度　　刘恩格　　《近代史研究》1988年第3期

中国航权的丧失与甲午战争前外国轮运势力侵入长江及镇江述论　　郭孝义　　《镇江师专学报（社会科学版）》1988年第4期

英国在中日甲午战争中的立场　　洪邮生　　《历史教学》1988年第9期

甲午战争前列强之调停与动向　　林子候　　《国立编译馆馆刊》1989年第18卷第1期

德国与晚清军事变革　　皮明勇　　《军事历史》1990年第3期

德国与甲午中日战争　　梁景和　　《辽宁师范大学学报》1990年第5期

略论甲午战争期间的英日关系　　赵树好　　《聊城师范学院学报（哲学社会科学版）》1992年第2期

甲午战争前后英国远东政策的变化　　王银春　　《宁夏大学学报（社会科学版）》1993年第1期

甲午中日战争国际背景初探——为甲午中日战争100周年而作　　林其昌　　《广西教育学院学报》1994年第1期

甲午战争的背景及其对中日关系的影响　　张志宇　　《日本问题研究》1994年第3期

英国与中日甲午战争　　高鸿志　　《安徽大学学报》1994年第4期

甲午战前远东的国际背景及清政府的外交政策　　王珊　　《辽宁大学学报（哲学社会科学版）》1994年第6期

甲午战争时期的欧洲列强和日本　　李明翰　　陈月清　　《湖南师范大学社会科学学报》1995年第1期

再论沙俄与甲午战争的关系　　米庆余　　《南开学报》1995年第2期

甲午战争的国际背景　臧世俊　《学术研究》1995年第6期

甲午战争期间的列国调停　刘薇　张振民　《齐齐哈尔师范学院学报（哲学社会科学版）》1996年第4期

英国与甲午战争　赵树好　《学海》1997年第1期

论甲午战争前后东北亚国际关系格局的形成　张林　黄湛　《北华大学学报（社会科学版）》2001年第1期

甲午战争前西文中译与西学传播问题探讨　孙建国　《史学月刊》2001年第3期

甲午战争时期英日地位的变换　叶文郁　《扬州大学学报（人文社会科学版）》2001年第5期

试论甲午战争前夕英俄的远东外交　林敏　《四川大学学报（哲学社会科学版）》2002年第3期

试论甲午战争前夜中、日、朝三国关系　高强　《宝鸡文理学院学报（社会科学版）》2003年第1期

论甲午战争与英俄远东政策　彭平一　夏明涛　《株洲师范高等专科学校学报》2005年第4期

浅析甲午中日战争的国际背景　邱若宏　《天府新论》2005年第6期

中日甲午战争期间美国对华外交政策之探析　张颖　《西南农业大学学报（社会科学版）》2006年第4期

甲午战争前后中国的外债与财政　王贺雨　《合作经济与科技》2008年第18期

甲午战争爆发前美国对中朝英请求调停的态度　叶春芳　《沧桑》2010年第4期

甲午中日战争的外部因素浅析　耿茂华　李万涛　《中国近代史及史料研究》　社会科学文献出版社2010年12月

美国政府与中日甲午战争　崔志海　《历史研究》2011年第2期

"中立"中的偏袒——中日甲午战争中的美国政府　崔志海　《历史教学》（下半月刊）2012年第2期

法国与中日甲午战争　葛夫平　《中国社会科学》2013年第3期

法国与中日甲午战争　葛夫平　《历史教学》（上半月刊）2013年第

8 期

甲午中日战争期间的中英及远东国际关系初探——以巴山船案为例　李艳芬　《佳木斯教育学院学报》2013 年第 9 期

东亚历史上围绕朝鲜半岛问题的大国较量　陈奉林　《朝鲜·韩国历史研究》2013 年第 14 辑

近代中日交涉——时机、教训及弥补　马勇　《中国历史的侧面》光明日报出版社 2014 年 1 月

世界体系视域下的甲午战争再反思　周峰　《东南学术》2014 年第 4 期

围绕朝鲜半岛的日清、日俄矛盾与甲午战争　张晓刚　国宇　《武汉大学学报（人文科学版）》2014 年第 6 期

甲午战争中的西方列强　马勇　《红旗文稿》2014 年第 12 期

世界史视域下的中日甲午战争　刘彦伯　《大连干部学刊》2014 年第 12 期

"以夷制夷"与全球殖民，不对称的外交　吴琪　《三联生活周刊》2014 年第 27 期

德国与中日甲午战争　欧阳红　《安徽史学》2015 年第 4 期

甲午战争前后东亚海权与海防的较量及其影响　苏小东　《安徽史学》2015 年第 4 期

甲午战争——中日交手背后的大国阴谋　《知识文库》2015 年第 12 期

美国在甲午战争中偏袒日本的经济原因　王小玲　《现代经济信息》2016 年第 5 期

背离与回归——甲午战争爆发前的美国对朝政策　李晓丹　《北华大学学报（社会科学版）》2017 年第 2 期

试论英国对日本发动甲午战争的作用　郑诗瑶　《山西青年》2017 年第 15 期

甲午之前传教士中文报刊的传播、阅读及其影响　蒋建国　《新闻与传播研究》2019 年第 8 期

"他们有点怕英国提督"——皇家海军中国区舰队与甲午战争 1894—1895　邝智文　《国家航海》2019 年第 22 辑

论近代东亚变局与中日"球案"交涉　殷昭鲁　于立泉　《无锡文博》2020 年

"甲午"溯源——近代东亚格局下的牡丹社事件及其历史意涵　卞梁　连晨曦　《齐齐哈尔大学学报（哲学社会科学版）》2021 年第 1 期

二、朝鲜问题

著作

朝鲜问题与甲午战争（图 2-13）

陈伟芳著　1959 年 4 月　生活·读书·新知三联书店

深刻论述了甲午战争前中、日、美、俄等国家围绕朝鲜问题的博弈，以及上述国家的外交斗争对甲午战争的影响。

图 2-13

（勿忘甲午）甲午战争与朝鲜（图 2-14）

王如绘著　2004 年 9 月　天津古籍出版社

论述了甲午战前中日在朝鲜的博弈，以及战争爆发后中日在朝鲜的各次战役。

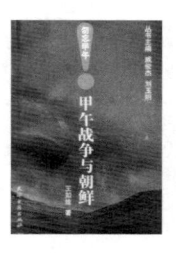

图 2-14

论文

韩国与中日间之关系及史略　陈澄之　《新中华》1932 年复刊第 2 卷第 10 期

朝鲜问题与甲午战争——甲午战争史稿第三章　魏建猷　《国专月刊》1937 年第 5 卷第 4 号

甲申事变始末　王信忠　《清华学报》1937 年第 12 卷第 1 期

甲午战前中国处理朝鲜"壬午事变"之经过　王德昭　《真理杂志》

1944年第1卷第3期（图2-15）

  东学党——朝鲜的反封建反帝斗争 周一良 《历史教学》1951年第1期

  东学党——朝鲜的反封建反帝斗争（续上期） 周一良 《历史教学》1951年第2期

  朝鲜东学党斗争的性质如何 胡思庸 《新史学通讯》1952年第8期

图2-15

  甲午战争前夕朝鲜政府乞请中国出兵代为平乱 《新史学通讯》1953年第8期

  美帝国主义侵略朝鲜史上的重要一页——1882年的朝美条约 李鸿举 《历史教学》1953年第8期

  日韩济物浦条约和中日天津条约的内容 《新史学通讯》1953年第8期

  甲午援韩原由辨 王德昭 《中兴评论》1954年第1卷第2期

  中国与朝鲜的历史关系 周一良 《新建设》1955年第10期

  中日甲午战争爆发后朝鲜农民军的抗日斗争 柳树人 《中学历史教学》1958年第11期

  朝鲜东学乱研究——兼论中日甲午战争之近因 孙启瑞 《幼狮》1967年第5期

  朝鲜壬午军乱时的中日交涉 孙启瑞 《明代清代史研究论集》 大陆杂志社1970年

  日本侵略朝鲜与壬午兵变 南昌龙 《外国问题研究》1983年第1期

  甲午战争前的朝鲜问题与中日关系 南昌龙 《外国问题研究》1984年第4期

  朝鲜甲申政变时的中日交涉 孙启瑞 《中国近代现代史论集》（第11辑） 台湾商务印书馆1986年1月

  论甲午援韩 王德昭 《中国近代现代史论集》（第11辑） 台湾商务印书馆1986年1月

  论一八八五年中日朝鲜外交措施的调整 林子候 《思与言》1986年第24卷第3期

  甲午日韩战争与中国在朝鲜宗主权的结束 林子候 《国立编译馆馆

刊》1987 年第 18 卷第 2 期

论日本大陆政策与朝鲜"七·二三"事件　戚其章　《山东社会科学》1988 年第 4 期

甲午中日朝鲜出兵之检讨　林子候　《国立编译馆馆刊》1988 年第 17 卷第 2 期

甲午朝鲜东学农民军起义之探讨（上）　林子候　《大陆杂志》1988 年第 77 卷第 1 期

甲午朝鲜东学农民军起义之探讨（下）　林子候　《大陆杂志》1988 年第 77 卷第 2 期

朝鲜东学道和东学党起义　戚其章　《历史教学》1989 年第 3 期

甲午战争与朝鲜问题　南昌龙　《社会科学战线》1989 年第 4 辑

甲午战争期间日本坚持"改革"朝鲜内政的实质　刘恩格　《中日关系史论集》（第 6 辑）　《社会科学战线》1989 年增刊

论清日甲午朝鲜撤兵交涉　陈志奇　《政治科学论丛》1990 年第 1 期

朝鲜开化思想的产生及其主要内容——兼论甲申政变的思想基础　金成镐　《朝鲜近代史研究》　延边大学出版社 1992 年 12 月

从农民军的策略看朝鲜甲午农民战争的性质　金基凤　《朝鲜近代史研究》　延边大学出版社 1992 年 12 月

"激进开化派"和"稳健开化派"的实质区别　鲁学海　《朝鲜近代史研究》　延边大学出版社 1992 年 12 月

论近代初期朝日关系——江华岛事件的真相　金龟春　《朝鲜近代史研究》　延边大学出版社 1992 年 12 月

浅谈中日关于江华岛事件交涉的两个问题　高伟浓　《朝鲜近代史研究》　延边大学出版社 1992 年 12 月

论东学道的基本思想及其性质　金京振　《黑龙江民族丛刊》1995 年第 2 期

论甲午援朝　丘权政　《荆门大学学报（哲学社会科学版）》1995 年第 3 期

论巨文岛事件与甲午战前的远东国际局势　张礼恒　《东岳论丛》1995 年增刊

朝鲜"壬午兵变"与中韩关系述论（上）　沈渭滨　《韩国研究论丛》1996年第2辑

甲午战争以前中朝宗藩关系和中朝日对朝鲜藩属问题的争论　金在善　《四川师范大学学报（社会科学版）》1997年第1期

《江华条约》与清政府　王如绘　《历史研究》1997年第1期

巨文岛事件与朝鲜的国际环境　戴鞍钢　《韩国研究论丛》1997年第3辑

朝鲜"壬午兵变"与中韩关系述论（下）　沈渭滨　《韩国研究论丛》1998年第4辑

朝鲜政府的"决意外交"与《朝美条约》——兼论《朝美条约》谈判中李鸿章的角色错位　王明星　《韩国研究论丛》1998年第4辑

甲午驻朝清军与朝鲜政府关系考实　徐万民　王生怀　《韩国学论文集》1998年第7辑

东学党反洋教原因初探　邵雍　《上海师范大学学报（哲学社会科学版）》1999年第3期

甲午战前清韩宗藩关系的强化及其后果　高强　《宝鸡文理学院学报（社会科学版）》2001年第2期

韩国东学农民战争及东学与太平天国对儒家思想态度的比较　卢在轼　《学术研究》2003年第2期

甲午战争后韩末改革的外力介入与韩国君臣的对应——以光武改革为中心　宋成有　《韩国学论文集》2004年第12辑

巨文岛事件与中朝宗藩关系　张瑞　《吉林教育》2005年第10期

东学运动是不是革命——以韩国学者的研究资料为中心　李长恩　《社会科学家》2005年增刊

略论清朝与《朝美通商条约》　张君法　李健　《井冈山学院学报》2006年第1期

清朝与《朝美通商条约》的签订　张君法　李健　《南通大学学报（社会科学版）》2006年第1期

朝鲜巨文岛事件与清政府的对策　吕萍　《长春师范学院学报》2006年第5期

闵氏戚族时期朝鲜对外政策的演变　邹冠秀　《龙岩学院学报》2006年第5期

试论中朝在壬午兵变时期的关系　杨洋　《首都博物馆丛刊》2007年第21期

晚清外交的另一种困境——以1887年朝鲜遣使事件为中心的研究　陈红民　《历史研究（高校版）》2008年第2期

甲午前夕朝鲜海上对外贸易初探（1884—1893）　毛立坤　张金苹　《安徽史学》2008年第4期

19世纪晚期中俄英在朝鲜半岛的战略角逐——以"巨文岛事件"为中心的分析　马维英　《黑龙江史志》2010年第19期

晚清中朝朝贡关系详考　孙艳姝　《史学月刊》2011年第1期

略论巨文岛事件对东北亚局势的影响　马维英　《学理论》2011年第27期

巨文岛事件对朝鲜半岛地缘战略地位的影响　王志伟　《东北师范大学学报（哲学社会科学版）》2013年第4期

巨文岛事件与甲午战争前中日关系之变化　郭海燕　《文史哲》2013年第4期

朝贡与条约的紧张关系——以欧美列强与日本对中韩朝贡关系的态度变化为中心　权赫秀　《聊城大学学报（社会科学版）》2013年第6期

浅析甲午战争时期朝鲜政府的第一次对清乞兵论议　李俊　《黑龙江史志》2013年第19期

19世纪80年代中后期的朝鲜外交政策　郭海燕　《社会科学辑刊》2014年第1期

有关《李鸿章全集》中朝鲜巨文岛占领事件的史料考订及其意义　郭海燕　《韩国研究论丛》2014年第1期

巨文岛事件中的英国外交活动　索冰　《外国问题研究》2014年第3期

甲午战争前朝鲜人眼中的日本陆军——以1881年"朝士视察团"的记录为中心　张礼恒　《山东社会科学》2014年第5期

1884至1895年朝鲜驻津公馆考论　孙成旭　《历史教学》（下半月刊）2014年第11期

战争的导火索，为什么是朝鲜？　　李菁　《三联生活周刊》2014年第27期

巨文岛事件与东北亚国际格局的演变　　赵欣　《外国问题研究》2015年第2期

"朝鲜内政改革"——甲午战争的起点　马勇　《历史教学》（下半月刊）2015年第4期

简析甲午战争前日本在朝鲜的经济渗透　　马维英　《学理论》2015年第5期

清光绪年间朝鲜平壤开港问题研究（1882—1894）　周国瑞　《历史教学》（下半月刊）2015年第10期

甲午战前日本的朝鲜经略　马维英　《世界知识》2015年第16期

浅议英国强占巨文岛事件与甲午战争和日俄战争　　魏晨光　《大连近代史研究》2016年第13卷

甲午战前中朝关系与朝鲜电报线的建设　　王东　《史学月刊》2016年第26期

"巨文岛事件"与英国东北亚政策　郭海燕　《安徽史学》2018年第1期

一件珍稀档案——朝鲜国王李熙奏折考析　　李关勇　《山东档案》2019年第4期

朝鲜近代军队"别技军"的诞生、消亡与再生　　郭海燕　《聊城大学学报（社会科学版）》2020年第4期

他者与自我——高丽亡国演义《朝鲜遗恨》考论　　柴琳　《齐齐哈尔大学学报（哲学社会科学版）》2020年第6期

甲午前清政府对朝鲜贷款问题浅析　屈广燕　《中国经济史研究》2021年第3期

韩国科举制度废止——原因、过程及影响　　张振宇　《教育与考试》2022年第3期

甲午战争前朝鲜华商同顺泰的经营形态　　冯国林　《八桂侨刊》2023年第2期

1897年李熙称帝运动与朝鲜民族主义的形塑　　尤淑君　《浙江地区

韩国学论文集》（浙江大学韩国研究所）之一　2023年2月

中国太平天国运动与朝鲜甲午农民战争之政治思想影响比较　千勇　《浙江地区韩国学论文集》（浙江大学韩国研究所）之一　2023年2月

1875—1882年朝鲜开国的决策形成及其影响　尤淑君　《外国问题研究》2023年第4期

三、日本发动战争的原因及战争准备

著作

日本侵华之间谍史（第二章　日本在华特务工作发展的经过）（图2-16）

钟鹤鸣著　1938年3月　华中图书公司

简要叙述了甲午战争期间日本在华间谍情况。

图2-16

日本欺诈外交（图2-17）

东北问题研究会　时间不详　出版者不详

提出1894年中日战争前日本骗中国向朝鲜出兵、中日各出兵后日本骗中国增兵、日本盗阅中国秘密电报、英日同盟交涉进行中日本派伊藤赴俄以联俄吓英国促英日同盟速成等观点。

图2-17

（祖国丛书）敌人大陆政策之原形（日本侵华简史）（图2-18）

敬幼如编　时间不详　中国编译出版社

论述了日本大陆政策形成的历史时期，认为由征韩论至甲午战争，是日本大陆政策之序幕；

图2-18

从甲午战争至二十一条,是日本大陆政策之第一期;自二十一条至九一八之变,是日本大陆政策之第二期;自九一八至七七事变,是日本大陆政策之第三期;自七七事变至抗战中期,是日本大陆政策与三民主义决战时期。

(中日文化研究文库)晚清传媒视野中的日本(图2-19)

郑翔贵著　2003年8月　上海古籍出版社

通过对《上海新报》《申报》《西国近事汇编》《万国公报》等媒体报道日本的研究,再现其所反映的近代日本的变化发展状况,以及读者由此获知的可能的对日认识。

图2-19

(勿忘甲午)甲午日谍秘史(图2-20)

戚其章著　2004年9月　天津古籍出版社

论述了甲午战争前后日本对华派遣间谍的历史及其对甲午战争的影响。

图2-20

(中国社会科学院文库·历史考古研究系列)晚清驻日使团与甲午战前的中日关系(1876~1894)(图2-21)

戴东阳著　2012年8月　社会科学文献出版社

对甲午战前的中日外交关系做了深入的分析、思考和判断,提出许多新的独到见解。

图2-21

冷眼甲午——看日本军事帝国的构建和暴发

杨达著　2015年12月　社会科学文献出版社

论述了日本自明治维新后为发动侵略中国的甲午战争和日俄战争进行的战争能力塑造,以及军事战略的演进。

（镜鉴文丛）隐秘的敌人（图2-22）

杨华　马骏杰著　2023年9月　山东画报出版社

论述了甲午战前日本建立情报体系、派遣赴华间谍情况。

图2-22

论文

中日交涉记略　程海峰　《现代学术》1931年第1卷第3、4期合订本

日本帝国主义积极侵略中国之原因　李尔重　《现代月刊》1931年第1卷第5期

甲午战前日本挑战史　问渔　《人文》1932年第3卷第9期

（国立武汉大学第三届毕业论文）日本向外发展之分析　宋延庠　1933年

甲午以前的中日邦交　陈烈甫　《新亚细亚》1934年第7卷第3期

甲午以前的中日邦交　陈烈甫　《新亚细亚》1934年第7卷第4期

甲午战争中日欧美之外交　许松龄　《史地社会论文摘要月刊》1935年第1卷第11期

甲午战争中日欧美之外交　许松龄　《民族》1935年第3卷第8期

记甲午战争以前中日交涉的经过　舜生　《国论》1936年第2卷第4期

甲午战前日本对华外交政策之演变　刘伯谦　《日本评论》1936年第9卷第3期

甲午前日本在华的间谍　沈寒流　《大风》1939年第40期

日本侵华史的回忆　王芸生　《大公报》1951年2月24日

甲午战争的前因后果（一）　修城　《畅流》1956年第13卷第7期

甲午战争的前因后果（二）　修城　《畅流》1956年第13卷第8期

甲午战争的前因后果（三）　修城　《畅流》1956年第13卷第9期

甲午战争的前因后果（四）　修城　《畅流》1956 年第 13 卷第 10 期
甲午战争的前因后果（五）　修城　《畅流》1956 年第 13 卷第 11 期
甲午战争的前因后果（六）　修城　《畅流》1956 年第 13 卷第 12 期
甲午战争的前因后果（七）　修城　《畅流》1956 年第 14 卷第 1 期
甲午战争的前因后果（八）　修城　《畅流》1956 年第 14 卷第 2 期
甲午战争的前因后果（九）　修城　《畅流》1956 年第 14 卷第 3 期
甲午战争的前因后果（十）　修城　《畅流》1956 年第 14 卷第 4 期
甲午战争的前因后果（十一）　修城　《畅流》1956 年第 14 卷第 5 期
甲午战争的前因后果（十二）　修城　《畅流》1956 年第 14 卷第 6 期
甲午战争的前因后果（十三）　修城　《畅流》1956 年第 14 卷第 7 期
甲午战争的前因后果（十四）　修城　《畅流》1956 年第 14 卷第 8 期
甲午战争的前因后果（十五）　修城　《畅流》1956 年第 14 卷第 9 期
甲午战争的前因后果（十六）　修城　《畅流》1957 年第 14 卷第 10 期
甲午战争的前因后果（十七）　修城　《畅流》1957 年第 14 卷第 11 期
甲午战争的前因后果（十八）　修城　《畅流》1957 年第 14 卷第 12 期
甲午战争的前因后果（十九）　修城　《畅流》1957 年第 15 卷第 1 期
甲午战争的前因后果（二十）　修城　《畅流》1957 年第 15 卷第 2 期
甲午战争的前因后果（二十一）　修城　《畅流》1957 年第 15 卷第 3 期
甲午战争的前因后果（二十二）　修城　《畅流》1957 年第 15 卷第 4 期
甲午战争的前因后果（二十三）　修城　《畅流》1957 年第 15 卷第 5 期
甲午战争的前因后果（二十四）　修城　《畅流》1957 年第 15 卷第 6 期
甲午战争的前因后果（二十五）　修城　《畅流》1957 年第 15 卷第 7 期
甲午战争的前因后果（二十六）　修城　《畅流》1957 年第 15 卷第 8 期
甲午战争的前因后果（二十七）　修城　《畅流》1957 年第 15 卷第 9 期
甲午战争的前因后果（二十八）　修城　《畅流》1957 年第 15 卷第 10 期
甲午战争的前因后果（二十九）　修城　《畅流》1957 年第 15 卷第 11 期
甲午战争的前因后果（三十）　修城　《畅流》1957 年第 15 卷第 12 期
甲午战争的前因后果（三十一）　修城　《畅流》1957 年第 16 卷第 1 期
甲午战争的前因后果（三十二）　修城　《畅流》1957 年第 16 卷第 2 期
甲午战争的前因后果（三十三）　修城　《畅流》1957 年第 16 卷第 3 期

甲午战争的前因后果（三十四）　修城　《畅流》1957 年第 16 卷第 4 期

甲午战争的前因后果（三十五）　修城　《畅流》1957 年第 16 卷第 5 期

甲午战争的前因后果（三十六）　修城　《畅流》1957 年第 16 卷第 6 期

甲午战争的前因后果（三十七）　修城　《畅流》1957 年第 16 卷第 7 期

甲午战争的前因后果（三十八）　修城　《畅流》1957 年第 16 卷第 8 期

甲午战争的前因后果（三十九）　修城　《畅流》1957 年第 16 卷第 9 期

甲午战争的前因后果（四十）　修城　《畅流》1958 年第 16 卷第 10 期

甲午战争的前因后果（四十一）　修城　《畅流》1958 年第 16 卷第 11 期

甲午战争的前因后果（四十二）　修城　《畅流》1958 年第 16 卷第 12 期

甲午战争的前因后果（四十三）　修城　《畅流》1958 年第 17 卷第 1 期

甲午战争的前因后果（四十四）　修城　《畅流》1958 年第 17 卷第 2 期

甲午战争的前因后果（四十五）　修城　《畅流》1958 年第 17 卷第 3 期

甲午战争的前因后果（四十六）　修城　《畅流》1958 年第 17 卷第 4 期

甲午战争的前因后果（四十七）　修城　《畅流》1958 年第 17 卷第 5 期

甲午战争的前因后果（四十八）　修城　《畅流》1958 年第 17 卷第 6 期

甲午战争的前因后果（四十九）　修城　《畅流》1958 年第 17 卷第 7 期

甲午战争的前因后果（五十）　修城　《畅流》1958 年第 17 卷第 8 期

甲午战争的前因后果（五十一）　修城　《畅流》1958 年第 17 卷第 9 期

甲午战争的前因后果（五十二）　修城　《畅流》1958 年第 17 卷第 10 期

甲午战争的前因后果（五十三）　修城　《畅流》1958 年第 17 卷第 11 期

甲午战争的前因后果（五十四）　修城　《畅流》1958 年第 16 卷第 12 期

甲午战争的前因后果（五十五）　修城　《畅流》1958 年第 18 卷第 1 期

甲午战争的前因后果（五十六）　修城　《畅流》1958 年第 18 卷第 2 期

甲午战争的前因后果（五十七）　修城　《畅流》1958 年第 18 卷第 3 期

甲午战争的前因后果（续完）　修城　《畅流》1958 年第 18 卷第 4 期

中日甲午战争前中日在朝鲜的矛盾和斗争（1884—1894）　严启祥　《史学集刊》1957 年第 1 期

日本明治维新以来一条错误的外交路线　王芸生　《历史研究》1965 年第 2 期

甲午战争前中日天津条约背景探原　梁中英　《复兴岗学报》1969 年

第 6 期

  甲午战前日本大陆政策之研究　陈朝阳　《嘉义师专学报》1976 年第 7 期

  甲午战争前中日海军试析　关捷　《中日关系史研究》1981 年第 1 辑

  关于中日甲午战争的起因问题　金基凤　《世界历史》1981 年第 6 期

  一八七一年中日立约分析　米庆余　薛敬文　《历史档案》1982 年第 4 期

  试论一八四〇、一八九四年中日贸易及其特征　方宪堂　《学术月刊》1982 年第 12 期

  日本大陆政策初探　段国卿　《东岳论丛》1983 年第 1 期

  明治维新与日本海军的发展　曲传林　《中日关系史论集》1984 年第 2 辑

  甲午战争前后日本与大陆市场的关系　米庆余　《中日关系史论文集》（三）　黑龙江人民出版社 1984 年 4 月

  甲午战争与日本间谍　孙克复　《历史知识》1984 年第 4 期

  中日甲午战争与日本资本主义的发展　朱守仁　《中日关系史论文集》（辽宁大学科研处编）1984 年 8 月

  甲午战争初期日本的阴谋活动　南昌龙　《外国问题研究》1985 年第 2 期

  略论日本发动甲午战争的背景、过程及其影响　丁名楠　《中国社会科学院研究生院学报》1985 年第 2 期

  日本在发动甲午战争中的阴谋活动　南昌龙　《东北师范大学学报》1985 年第 3 期

  关于"大陆政策"研究的几个问题　周颂伦　《外国问题研究》1985 年第 4 期

  略论中日甲午战争中日本对朝鲜实行的保护国政策　南昌龙　《外国问题研究》1985 年第 4 期

  试论中日甲午战争爆发的原因　郭惠青　《云南师范大学学报（哲学社会科学版）》1985 年第 4 期

  甲午中日战争原因浅析　刘亚夫　赫崇旺　《学习与探索》1985 年第 5 期

  甲午战争前日谍在华活动述论　戚其章　《晋阳学刊》1987 年第 4 期

论甲午战前日本军国主义体制之形成　林子候　《幼狮学志》1987年第19卷第3期

论日本大陆政策与朝鲜"七·二三"事件　戚其章　《山东社会科学》1988年第4期

试析九十年代日本加速发动甲午战争的几个因素　冯培兰　《天津教育学院学报》1988年第4期

论日本明治初期的"文明开化"——以十九世纪七八十年代为中心　申健　《史学月刊》1988年第6期

日本大陆政策简析　黄玉兰　《史学月刊》1988年第6期

明治时代日本对华不平等贸易　周启乾　《史学月刊》1990年第1期

甲午战争前日本开战军略之探讨（上）　林子候　《大陆杂志》1990年第80卷第2期

甲午战争前日本开战军略之探讨（下）　林子候　《大陆杂志》1990年第80卷第3期

试论日本大陆政策的形成　张志杰　孙克复　《辽宁大学学报》1991年第3期

论日本近代外交中的"脱亚入欧"意识　贾宝波　《历史教学》1991年第12期

论日本近代民族意识的形成和畸变　徐绍清　陈景彦　《社会科学战线》1992年第1期

甲午中日开战之探讨　林子候　《大陆杂志》1992年第84卷第3期

日本海军的近代化　宋德玲　《世界历史》1993年第2期

论日本发动甲午侵华战争的外交策略　戚其章　《烟台大学学报（哲学社会科学版）》1993年第4期

甲午战争日军作战序列　《军事历史》1993年第6期

侵华战争中的日本浪人　王俊彦　《军事历史》1993年第6期

100年前的间谍战和反间谍战　王明良　《水兵》1994年第1期

"征韩论"与中日甲午战争　杨秀祖　侯雪峰　《通化师范学院学报》1994年第1期

论甲午战争前后日本对华经济扩张——以棉纺织业为例　张振国　《日本问题研究》1994年第3期

甲午战争与日本间谍　李文海　康沛竹　《清史研究》1994年第4期

146

中日甲午战争的前因与后果　戴逸　《历史教学》1994 年第 7 期

论甲午战争前日本对华政策的演变　傅玉能　《近代史研究》1995 年第 1 期

日中两国的传统文化与早期现代化的成败　罗福惠　《史学月刊》1995 年第 2 期

甲午战争中的日本间谍　张浩　《军事历史》1995 年第 3 期

日本的"脱亚入欧"与甲午中日战争　刘学照　侯颖方　《华东师范大学学报（哲学社会科学版）》1995 年第 6 期

甲午战争前后日本在天津的贸易　郭蕴静　《第二届近百年中日关系史国际研讨会论文集》（张海鹏主编）　中华书局 1995 年 7 月

甲午战争前夕日本社会的精神状态　周颂伦　《吉林师范学院学报》1995 年第 7 期

近代日本分裂中国的谋略活动初探　曾景忠　《第二届近百年中日关系史国际研讨会论文集》（张海鹏主编）　中华书局 1995 年 7 月

略论明治时期日本对中国市场的调查　周启乾　《第二届近百年中日关系史国际研讨会论文集》（张海鹏主编）　中华书局 1995 年 7 月

论日本发动甲午侵华战争的外交策略　戚其章　《第二届近百年中日关系史国际研讨会论文集》（张海鹏主编）　中华书局 1995 年 7 月

甲午战争时期日本的外交策略　林双成　《天水师专学报》1996 年第 1 期

论元老政治的形成及其职能　王志　《外国问题研究》1996 年第 2 期

"球案"与近代中日关系　赖正维　《福建师范大学学报（哲学社会科学版）》1996 年第 3 期

日本预谋发动甲午战争的一组史料　吕永和　《抗日战争研究》1997 年第 2 期

从日本文坛看日本军国主义思想及侵华"国策"的形成　王向远　《抗日战争研究》1998 年第 4 期

日清战争外交史论　米庆余　《日本百年外交论》　中国社会科学出版社 1998 年 8 月

中日甲午战争前后日本佛教教团的动态　肖平　《中山大学学报（社

会科学版）》1999 年第 1 期

甲午战争是日本推行"大陆政策"的重要步骤　商鸣臣　《山东大学学报（哲学社会科学版）》1999 年第 2 期

论日本大陆政策的形成　周彦　《中日关系史研究》（中国中日关系史学会　北京市中日关系史学会合编）1999 年第 2 期

日本吞并琉球始末　司德坤　刘文龙　《太原师范专科学校学报》1999 年第 2 期

《江华条约》与日本大陆政策的实施　王如绘　《抗日战争研究》1999 年第 4 期

中日浦安臣使团与岩仓使团欧美之行的比较研究　刘国军　《黑龙江社会科学》1999 年第 4 期

近代日本修改不平等条约述论　牛淑萍　《史学月刊》1999 年第 5 期

试论甲午战争前日本对华的间谍活动　郭剑波　《温州师范学院学报（哲学社会科学版）》2000 年第 2 期

日本吞并琉球与中日关于琉案的交涉　戚其章　《济南教育学院学报》2000 年第 5 期

甲午战前日本备战活动述评　张传杰　《以史为鉴　开创未来——1997 年中日关系史大连学术研讨会文集》（上）　大连出版社 2000 年 10 月

军国主义政治恶性膨胀的真实写照——试析甲午战争时期日本标榜"文明"的实质　杨振姣　《以史为鉴　开创未来——"近百年中日关系与 21 世纪之展望"国际学术研讨会文集》（下）　大连出版社 2000 年 10 月

甲午开战与"陆奥外交"——以日本"六·二出兵"为中心　戚其章　《山东社会科学》2001 年第 1 期

甲午战争前日本近代东亚国际体系观的演变　杨光　《济南大学学报》2001 年第 1 期

日本"征清"方策的陆续发现是对甲午战争偶发说的否定　戚其章　《历史教学》2001 年第 1 期

如何理解"大陆政策"　王海明　《中学历史教学研究》2001 年第 3 期

从历史的深层看日本——试析日本军国主义的社会基础与历史根源　武寅　《炎黄春秋》2001 年第 10 期

日语中"支那"一词蔑视中国之意的历史成因　刘家鑫　《天津外国语学院学报》2002 年第 2 期

论日本"北进"战略实施中的大国外交　喜富裕　《甘肃高师学报》2002 年第 4 期

近代日本的海权意识　杜小军　《日本研究论集》（2002）（南开大学日本研究中心编）　天津人民出版社 2002 年 5 月

日本明治初期的东亚战略　藏佩红　《日本研究论集》（2002）（南开大学日本研究中心编）　天津人民出版社 2002 年 5 月

明治天皇与甲午战争　黄尊严　陈德金　《文史哲》2002 年第 6 期

甲午战前日本对华谍报活动述略　胡予琪　尹金欣　《开封教育学院学报》2003 年第 4 期

甲午战争期间日本财界的"对外志向论"　吴丽华　邢丽雅　周彦　《学术交流》2003 年第 4 期

甲午战争前后日本在上海创办的学校述论　周德喜　《广东社会科学》2003 年第 6 期

近代日本侵略中国的深层原因　陈树涵　《史学月刊》2003 年第 8 期

福建船政与 1874 年日本侵台事件　陈双燕　《船政文化研究》　中国社会出版社 2003 年 9 月

中日敌对与和解的根源　梁玉国《历史月刊》（台湾）2003 年第 11 期

日本大亚细亚主义探析——兼与盛邦和先生商榷　戚其章　《历史研究》2004 年第 3 期

甲午战争时期日本军制改革与战时大本营　张淑香　《辽宁大学学报（哲学社会科学版）》2004 年第 4 期

近代日本侵华军事地图的测绘　曹大臣　《日本研究论集》（2004）（南开大学日本研究院编）　天津人民出版社 2004 年 9 月

甲午开战与"陆奥外交"——以日本"六·二出兵"为中心　戚其章　《近代中国与世界——第二届近代中国与世界学术讨论会论文集》（第一卷）社会科学文献出版社 2005 年 1 月

甲午战争前及战争期间中日侦察活动比较　李晓春　张卫东　《苏州科技学院学报（社会科学版）》2005 年第 2 期

日本军国主义对外扩张野心的形成与膨胀　赵阶琦　《日本学刊》2005 年第 4 期

日本大陆政策、俄国远东政策与中国东北　宋建设　《鞍山师范学院学报》2005 年第 6 期

甲午战争与日本战时大本营　韩俊英　张淑香　《江桥抗战及近代中日关系研究》（下）　吉林人民出版社 2005 年 8 月

论日本近代外扩思潮的形成和发展　吴丽华　范晓峰　《江桥抗战及近代中日关系研究》（下）　吉林人民出版社 2005 年 8 月

浅谈甲午战争时期日本当局对新闻的控制　周彦　赵丽娟　《江桥抗战及近代中日关系研究》（下）　吉林人民出版社 2005 年 8 月

日本——幕末至甲午战前的中国观　罗怡明　《成都纺织高等专科学校学报》2006 年第 1 期

试析日本早期在华情报工作　唐奇芳　《承德民族师专学报》2006 年第 2 期

日本发动甲午战争的经济原因　于春梅　《大连近代史研究》2006 年第 3 卷

中日甲午战争期间日本的外扩思潮　吴丽华　《大连近代史研究》2006 年第 3 卷

日本 1884—1893 年间书籍国际贸易的考察　周建高　《日本研究论集》（2006）（南开大学日本研究院编）　天津人民出版社 2006 年 11 月

甲午战争至日俄战争时期日本的同盟外交　邢丽雅　《大连近代史研究》2007 年第 4 卷

简析近代日本对外侵略的文化因素　黄志强　《大连近代史研究》2007 年第 4 卷

《江华条约》与清政府关系问题新论——兼与王如绘先生商榷　权赫秀　《史学集刊》2007 年第 4 期

近代日本利用宗教侵华及其对中国宗教文化的破坏　吴丽华　《大连近代史研究》2007 年第 4 卷

论甲午战争前后日本的"思想战"　周彦　《大连近代史研究》2007 年第 4 卷

150

论日本发动甲午战争的政治原因　于春梅　《大连近代史研究》2007年第4卷

论日本近代的"皇国史观"　刘淑梅　李箭　《大连近代史研究》2007年第4卷

近年学术界关于日本"大陆政策"研究综述　李东华　《齐齐哈尔师范高等专科学校学报》2007年第5期

日本早期侵华活动的巢穴——汉口乐善堂内幕揭秘　刘亦实　《湖北档案》2007年增刊第1期

试探甲午中日战争前后日本间谍情况　盛海生　《乐山师范学院学报》2008年第1期

近代日本的兴亚主义思潮与兴亚会　戚其章　《抗日战争研究》2008年第2期

近代日本中国观的变迁及其东亚强国地位的确立　安善花　《日本学论坛》2008年第3期

从朝鲜电信线问题看甲午战争前的中日关系　郭海燕　《历史教学》（高校版）2008年第10期

近代以来日本外交战略的转变及其原因　曲静　《日本研究论集》（2008）（南开大学日本研究院编）　天津人民出版社2008年12月

甲午海战前日本民众对华态度变化原因探析　鄢家会　张海霞　赵冬梅　李超　《内江师范学院学报》2008年增刊第1期

甲午战争中近代日本文人的战争观　张秀强　《东北师范大学学报（哲学社会科学版）》2009年第2期

东北地区日本侵华史学术研究特点及成果简述　黄志强　《历史档案》2009年第4期

日本近代军国主义与甲午战争　王庆海　《牡丹江教育学院学报》2009年第4期

日本"大陆政策"研究综述　张议学　《世纪桥》2009年第8期

日本近代"征韩外交"再探　王明星　《朝鲜·韩国历史研究》2009年第10辑

甲午战争之前日本对华军事侦察之研究　唐振威　高飞　《科技信息》

151

2009 年第 12 期

钓鱼岛主权归属之争及相关问题——日本明治政府的南扩战略与战后处置　戚其章　《学术月刊》2010 年第 1 期

19 世纪末日本的中国认识探析——以《世界之日本》杂志为中心　张智慧　《上海大学学报（社会科学版）》2010 年第 2 期

论甲午战前日本南进战略的构想及实施　喜富裕　《齐齐哈尔师范高等专科学校学报》2010 年第 5 期

甲午中日可有一战？——一个经济学视野的解读　刘念　《史林》2011 年第 1 期

论日本与东亚封贡体系的关系演变　于宁宁　《湖北社会科学》2011 年第 2 期

甲午上海日本间谍案　丁希宇　《兰台世界》2011 年第 3 期

日本早期的对华策略——甲午战争前后日本对东北地区的调查状况　曹雯　《江海学刊》2011 年第 4 期

台湾档案所载甲午日谍案　陈文添　《档案春秋》2011 年第 5 期

近代日本的对华谍报活动述论　戚海莹　《理论学刊》2012 年第 1 期

近代日本国际秩序观及对中朝外交政策研究综述　安善花　《大连大学学报》2012 年第 1 期

近代日本"大陆政策"的形成与演变述评　程文明　《兰台世界》2012 年第 3 期

试探明治前期日本对中国的地理测绘活动　唐振威　《赤峰学院学报（自然科学版）》2012 年第 7 期

论近代日本侵略性战略文化形成的历史渊源　张金龙　《军事历史》2013 年第 4 期

以孙子情报观看甲午战争中日本对华情报工作　邹进平　《滨州学院学报》2013 年第 4 期

甲午战争中的日本战地记者　李康民　《青年记者》2013 年第 29 期

关于日本海军 1874 年在上海非法购地问题　李少军　《晋阳学刊》2014 年第 2 期

"密电码"被窃与国运相搏　巴丁　《中国军转民》2014 年第 2 期

甲午战争中日本收买国际媒体　阚延华　《兰台内外》2014 年第 3 期

略论日本的甲午战争准备及启示　张炜　《军事历史》2014 年第 3 期

1894—1905 年战争与日本文学　邱雅芬　《学术研究》2014 年第 3 期

从征兵制到甲午战争——媒体视野下的近代日本民众国家意识的变迁　田雪梅　《日本侵华史研究》2014 年第 4 期

甲午烽火中的日谍　姚华飞　《档案春秋》2014 年第 4 期

甲午战争前后日本构筑朝鲜电信网的军事行动与对外交涉　郭海燕　《抗日战争研究》2014 年第 4 期

甲午战争前日本海军军备过程述论　陈巍　《南京政治学院学报》2014 年第 4 期

甲午战争前日本强军过程述论　陈巍　《大连大学学报》2014 年第 4 期

甲午战争前日本人看中国社会　李长莉　《社会科学战线》2014 年第 4 期

甲午冷瞥——警惕日本右翼势力的危险倾向　王少普　《军事历史》2014 年第 5 期

舆论战帮日本人打赢甲午战争？　雪珥　《文史博览》2014 年第 5 期

甲午战争前日本的战备及其战略计划——兼驳"甲午战争突发论"　关捷　《山东社会科学》2014 年第 6 期

甲午战争成因浅析　孙军　《大连干部学刊》2014 年第 8 期

日本蓄谋已久挑起甲午战争——驳日本发动甲午战争是"非计划的、非预谋的事件"　关捷　《社会科学战线》2014 年第 8 期

焚风炽吹 60 年——日本海军"赤城"号炮舰　爱澜　《舰船知识》2014 年第 10 月号

日本"皇国史观"思想的演进与甲午战争　周新国　周隽　《学术界》2014 年第 10 期

有关甲午战争宣战前日本报刊对中国报道的研究——以《朝日新闻》报道李鸿章及清军动向为中心　郭海燕　《社会科学战线》2014 年第 10 期

甲午战争日本收买国际媒体　阚延华　《当代广西》2014 年第 13 期

"选择漏斗"与甲午战争前后日本的战略决策　初晓波　《世界知识》2014 年第 21 期

甲午谍战——一个寂静的战场　张炜　《世界知识》2014年第22期

一个日本村庄的甲午战争——以新潟县粟生津村长善馆资料为中心　吉辰　《珞珈史苑》2014年卷

甲午战争时期日本舆论对中日两国和战争的认识　徐静波　《日本侵华史研究》2015年第1期

甲午战争期间日本的军费筹支　崔金柱　《世界历史》2015年第2期

日本军国主义形成的诸要素研讨　陈荣晶　《昆明冶金高等专科学校学报》2015年第2期

1871—1945：日本侵华战略方针的历史演变——从第一次进犯台湾到日本投降　刘庭华　《日本侵华史研究》2015年第2期

从"甲午"到"侵华"日本政府操控下的新闻传媒　张博　《新闻传播》2015年第3期

人种意识与日本的甲午开战逻辑　许赛锋　《日本侵华史研究》2015年第3期

近代日本侵华战争中的舆论宣传　王群岭　《文史天地》2015年第4期

明治日本人的台湾论　吴素兰　《台湾研究集刊》2015年第4期

甲午战争期间的三起日本间谍案　蓝小雨　《档案时空》2015年第5期

甲午战争时期日本对华谍报活动述评　李新伟　《长江论坛》2015年第5期

日本近代的文化解析——内藤湖南所谓"日本天职"的文化内涵　杨永亮　《东北史地》2015年第5期

以孙子情报思想分析甲午战争中日本情报工作　李籽涵　《南方论刊》2015年第8期

津门甲午日谍第一案始末　李世钊　《黑龙江史志》2015年第13期

甲午战争时期日本对国际法运用的历史考察　秦海侠　张传江　《兰台世界》2015年第15期

读《田所广海勤务日志》　洪砾漠　《上海鲁迅研究》2016年第1期

关于《田所广海勤务日志》　章骞　《上海鲁迅研究》2016年第1期

甲午战争期间日本的摄影报道活动——以中国国家博物馆馆藏《日清战争写真帖》为中心的考察　罗永明　《中国国家博物馆馆刊》2016年第

1 期

　　甲午战争前后日本在华间谍活动方式探究　《理论观察》2016 年第 1 期

　　甲午战争前后日本知识阶层的"天职论"　李炜　《社会科学研究》2016 年第 1 期

　　论日本的粮食安全与甲午战争　孙洪军　高廷爱　《江苏科技大学学报（社会科学版）》2016 年第 1 期

　　日本为何在崛起后走向军国主义道路　李文　《黄海学术论坛》2016 年第 1 期

　　近代日本首批官派留华学生考略　谭皓　《抗日战争研究》2016 年第 2 期

　　明治中期日本对中国的探察和认知——以《禹域通纂》和《清国通商综览》为例　徐静波　《日本侵华史研究》2016 年第 3 期

　　文明视角下幕末维新期日本列岛的空间整合与海军建设　陈秀武　《安徽史学》2016 年第 4 期

　　甲午战争时期日本战时军费体系初探　孙涛　庞宝庆　《赤峰学院学报（汉文哲学社会科学版）》2016 年第 8 期

　　论近代日本的甲午狂热　黄志强　邢丽雅　《大连近代史研究》2016 年第 13 卷

　　战争与媒体——以日本右翼记者德富苏峰的思想历程为对象　赖雅琼　《人文论丛》2017 年第 1 期

　　日本发动甲午战争的历史远因考察　董灏智　《外国问题研究》2017 年第 2 期

　　试论近代日本外务省对华派遣留学生制度（1871—1931）　谭皓　《抗日战争研究》2017 年第 2 期

　　德富苏峰"言论报国"思想及批判　张丹　孙继强　《档案与建设》2017 年第 3 期

　　甲午战争期间日本对张之洞的情报活动概述　陶祺谌　《理论月刊》2017 年第 3 期

　　1874—1931 年侵华日军部队述略　黄历民　《日本侵华史研究》2017 年第 3 期

从《蹇蹇录》看日本侵华的诡秘逻辑　孙立祥　《华中师范大学学报（人文社会科学版）》2018 年第 1 期

甲午战争前日本海军对中国军事情报的搜集——以 1889、1894 年两次中国海军会操为中心　李洋　《海洋史研究》2018 年第 1 期

近代日本海军与侵华战争　徐志民　《军事历史研究》2018 年第 1 期

日本海军的军备扩张与军费筹措（1868—1921）　庞宝庆　《军事历史研究》2018 年第 1 期

日本军队歌曲《元寇》与甲午战争日军精神动员　谷惠萍　张雨轩　《抗日战争研究》2018 年第 1 期

甲午战前日本外扩思想的演变轨迹探析　石晏州　代晓丽　《哈尔滨学院学报》2018 年第 2 期

甲午战争日本宣传战的舆论研究　王茹仪　王茹月　吴昊　《中国报业》2018 年第 2 期

甲午战争时期日军《兵要支那语》探究　寇振锋　《日本侵华南京大屠杀研究》2018 年第 3 期

明治时代日本"脱亚论"的思想意识与国策选择　高兰　《日本侵华南京大屠杀研究》2018 年第 3 期

明治维新后日本走向对外扩张道路的原因分析　龚娜　《东北亚学刊》2018 年第 4 期

近代日本海军史研究——来自中国学界的认知　徐志民　《福建论坛（人文社会科学版）》2018 年第 9 期

甲午战争前后日本海军侵华战略的演变　李洋　《日本侵华南京大屠杀研究》2019 年第 1 期

地图与战争——甲午战争前日本对中国的侦察与盗绘　陈祥　《军事历史》2019 年第 3 期

甲午战争前及战时日军汉语翻译的培养　寇振锋　《日本侵华南京大屠杀研究》2019 年第 3 期

民族扩张理论与明治时期日本思想界　许晓光　《历史研究》2019 年第 3 期

日本陆地测量部盗绘中国兵要地图研究　武向平　《军事历史》2019

年第 3 期

日本军用汉语教材《兵事要语日清会话》及其语言特点　王莹　《长春师范大学学报》2019 年第 11 期

甲午战争时期日本的战俘政策研究　王铁军　《军事历史》2020 年第 1 期

甲午战争时期日军参谋本部编《日清会话》探究　寇振锋　《云南师范大学学报（对外汉语教学与研究版）》2020 年第 1 期

"三线论"与日本的"大陆开拓"　乔禾　《东北亚外语研究》2020 年第 1 期

东亚学术体系的构建与发展——脱亚入欧与近现代日本知识转型　刘峰　翟新　徐静波等　《都市文化研究》2020 年第 2 期

甲午战争时期日军汉语翻译的需求　寇振锋　《日本侵华南京大屠杀研究》2020 年第 2 期

《字林西报》中日甲午战争新闻评论研究——中国政治形象的塑造与传播　王璇　《新闻爱好者》2020 年第 2 期

甲午战前日本海军对北洋舰队的窥觑——基于日本海军"情报资料"的考察　王鹤　《日本侵华南京大屠杀研究》2020 年第 3 期

烟台谍踪——清末日谍宗方的疯狂活动与逃脱　杨潜　《春秋》2020 年第 3 期

琉球、汉诗与日本近代早期的帝国言说　孙洛丹　《外国文学评论》2020 年第 4 期

日本破译清政府外交密电考——以"壬午兵变"为例　薛轶群　《军事历史》2020 年第 5 期

东北亚海洋秩序变迁视域下近代日本构建对朝鲜话语体系研究概述　安善花　何雯　《青海师范大学学报（社会科学版）》2021 年第 2 期

古结谅子《日清战争中的日本外交——围绕东亚国际关系的转变》简评　吉辰　《抗日战争研究》2021 年第 3 期

晚清日本海防军事著作译介出版考　张瑞嵘　《出版科学》2021 年第 3 期

甲午战前日本陆军对中国东北地区的情报活动　刘豫杰　《北华大学

学报（社会科学版）》2021 年第 5 期

甲午战争以前日本的对华协调政策——以 1876—1894 年的朝鲜问题为例　刘峰　《安徽史学》2021 年第 5 期

近代日本马政及其对外扩张　王玉强　庄苗苗　《史学集刊》2021 年第 5 期

重新认识近代日本的对华观　王天孜　《中国图书评论》2021 年第 6 期

甲午战争前后日本对华间谍活动　熊剑平　《文史天地》2021 年第 7 期

关于日本对外侵略思想根源的探索　刘长江　《侨园》2021 年第 12 期

近代以来日本的文明论与国家走向——文明论视域下的"东洋"与"西洋"　瞿亮　李佳乐　《日本学刊》2021 年增刊

琉球、汉诗与日本近代早期的帝国言说　孙洛丹　《日本学刊》2021 年增刊

甲午战争时期日军军事医疗析论　王格格　《抗日战争研究》2022 年第 2 期

日本近代参与世界争霸战的国家战略演进　刘江永　《日本文论》2022 年第 2 期

试论清末日谍梶山鼎介在华情报活动　刘豫杰　《军事历史》2022 年第 2 期

甲午战前日本在华情报活动——以福州为例　陈菁晶　胡稹　《哈尔滨师范大学社会科学学报》2022 年第 3 期

甲午战前中日在朝鲜汉江围绕汽船业的博弈（1892—1894）　李时雨　《史林》2022 年第 3 期

明治末期日本对华留学生教育机构研究——基于创设背景与演进阶段的考论　汪帅东　《外国语言文学》2022 年第 3 期

宗藩之破——中日《天津条约》第一款朝鲜撤兵问题考述　李育民　匡艳　《史学月刊》2022 年第 7 期

甲午谍战——一个寂静的战场　张炜　《中国走向蓝水》　世界知识出版社 2022 年 9 月

一场日本精心谋划的侵华战争　张炜　《中国走向蓝水》　世界知识出版社 2022 年 9 月

甲午战前日本对东三省的侦察及政策演变　邱帆　《安徽史学》2023年第 1 期

晚清时期日商在华南地区的经济活动——以三井物产会社为中心　吴起　《社会科学论坛》2023 年第 2 期

宗藩之溃——1885 年中日《天津条约》"派兵条款"形成考析　李育民　匡艳　《抗日战争研究》2023 年第 3 期

甲午战前日本陆军的"直隶决战"与对华情报活动　刘豫杰　《历史教学》（下半月刊）2023 年第 4 期

甲午战争前后日本知识分子的世界历史认识　周晓霞　《南开学报（哲学社会科学版）》2023 年第 6 期

甲午战争前日本海军对中国军事情报的搜集——以 1889 年、1894 年两次中国海军会操为中心　李洋　《近百年中日关系史论——中国青年学者的视角》（藏运祜　吴文浩主编）　社会科学文献出版社 2023 年 8 月

日本汉诗与甲午中日及甲辰日俄战争　姜超　《大连近代史研究》2023 年第 18 卷

四、晚清社会状况及清政府应对战争

著作

最近三十年中国政治史（导言　一、甲午战争以前的中国政况）（图 2-23）

李剑农著　1931 年 5 月　上海太平洋书店

分析了政治的知识、政治的组织和政治的实质三个方面。

图 2-23

中国近代军事变迁史略（第一章　甲午战争

时期）

陆军大学　1949年12月

论述了甲午战争前中日之间发展军事的历程、甲午战争中双方的实力对比及战争过程，以及李鸿章在发展军事中的功罪。

中日甲午战争前外国资本在中国经营的近代工业（图2-24）

孙毓棠著　1955年9月　上海人民出版社

通过船舶修造业、加工工业、轻工业、公用事业，以及投资额、利润与雇佣工人人数等专题，论述了甲午战前外国资本在中国经营的近代工业。

图2-24

洋务运动（图2-25）

牟安世著　1956年12月　上海人民出版社

论述了洋务运动产生的时代背景、洋务派的产生及发展阶段、北洋海军的成军和建立，以及洋务运动的结果和影响等内容。

图2-25

（中国近代历史故事）洋务运动的故事（图2-26）

沈起炜编写　1958年12月　上海人民出版社

讲述了洋务运动的起因、内容和结局。

图2-26

甲午战前之台湾煤务

黄嘉谟著　1961年5月　（台湾）"中央研究院"近代史研究所

论述了1885年至1895年间台湾煤务的兴衰。

（中国近代史丛书）洋务运动（图2-27）

《中国近代史丛书》编写组　1973年9月　上海人民出版社

讲述了洋务运动的产生、发展和结局，其中有"建立海军"的内容。

图2-27

甲午战前钓鱼列屿归属考——兼质日本奥原敏雄诸教授（图2-28）

吴天颖著　1994年8月　社会科学文献出版社

运用史学、考据学，兼及国际法等多学科理论方法，通过对大量中外文献史料舆图的爬梳整理，进一步论证了钓鱼岛是我国固有领土的基本事实。

图2-28

甲午战前钓鱼列屿归属考（增订版）（图2-29）

吴天颖著　2013年6月　中国民主法制出版社

对1994年版本进行了增订。

图2-29

论文

甲午战前之中日外交政策概说　王信忠　《清华大学社会科学》1936年第2卷第1期

甲午战前之中日外交政策概说　王信忠　《史地社会论文摘要月刊》1937年第3卷第5期

中国甲午战前之东征论　华远郫　《人世间》1940年复刊第5期

甲午前中国外债考　陈其田　《经济学报》1941年第2期

甲午战前中国纺织业的发展（图2-30）　魏建猷　《雄风》　1946年第1卷第6期

图2-30

中日甲午战争前资本主义各国在中国设立的银行　孙毓棠　《光明日报》1954 年 2 月 6 日

甲午以前的军需工业　胡如雷　《光明日报》1954 年 4 月 29 日

中日甲午战争前外国资本在中国经营的近代工业　孙毓棠　《历史研究》1954 年第 5 期

甲午战争以前的中国工业化运动　全汉升　《史语所集刊》1954 年第 25 期

一八六四到一八九四年间中国广大人民反帝国主义和封建主义的斗争　毛健予　《新史学通讯》1955 年第 7 期

甲午中日战争前清政府的外债　徐义生　《经济研究》1956 年第 5 期

晚清清议派的主张及其作用　赵捷民　《新史学通讯》1956 年第 7 期

甲午中日战争前清政府的外债　徐义生　《经济研究》1956 年第 10 期

中日甲午战争前中日在朝鲜的矛盾和斗争　严启祥　《史学集刊》1957 年第 1 期

甲午战争前三十年间反洋教运动　李时岳　《历史研究》1958 年第 6 期

甲午战前中国农村手工棉纺织业的变化和资本主义生产的成长　陈诗启　《历史研究》1959 年第 2 期

试论中国十九世纪七十年代至甲午战前的维新思潮　章开沅　《理论战线》1959 年第 12 期

甲午战争以前的中国铁路事业　王业键　《史语所集刊》1960 年第 31 期

十九世纪六七十年代至甲午战前中国农业商品化的特点　段本洛　《江苏师范学院学报（历史版）》1962 年第 5 期

中国洋务运动与日本明治维新在经济发展上的比较　黄逸蜂　姜铎　《历史研究》1963 年第 1 期

清初至甲午战前东北官田旗地的经营和民佃以及民地的发展　孔经纬　《历史研究》1963 年第 4 期

甲午战争前中国农村手工棉纺业的变化和资本主义生产的增长　陈诗启　《中国近代经济史论文选集》（三）　上海师范大学历史系 1979 年 4 月

中日甲午战争前外国资本在中国经营的近代工业　孙毓棠　《中国近

代经济史论文选集》（一）　上海师范大学历史系 1979 年 4 月

　　甲午战争前三十年间反洋教运动　李时岳　《中国近代史论文集》（上册）　中华书局 1979 年 8 月

　　试论中国十九世纪七十年代至甲午战前的维新思潮　章开沅　《中国近代史论文集》（下）　中华书局 1979 年

　　略论洋务派军事活动的目的　林原　《河北师范大学学报（哲学社会科学版）》1981 年第 1 期

　　甲午战前的漠河金矿　张国权　《鞍山师范学院学报》1983 年第 1 期

　　日本明治维新对近代中国的影响　王燕梅　《中日关系史研究》1983 年第 2 辑

　　甲午战争前夕上海民族资本近代机器工业投资规模的估计　黄汉民　《上海经济研究》1984 年第 1 期

　　近代甲午以前的对日研究与文化交往　吕万和　《中日关系史论文集》黑龙江人民出版社 1984 年 4 月

　　鸦片战争至甲午战争期间上海城厢的变迁　冯绍霆　《历史教学问题》1984 年第 4 期

　　甲午清廷备战内幕（一）　廖宗麟　《桂海论丛》1985 年第 1 期

　　论晚清的前期清流　邹范林　《山西大学学报（哲学社会科学版）》1985 年第 3 期

　　论近代清军的装备与技术　牛俊法　《史学月刊》1985 年第 6 期

　　中日甲午战争与洋务运动　姜铎　《学术月刊》1985 年第 6 期

　　甲午清廷备战内幕述评　廖宗麟　《广西社会科学》1986 年第 4 期

　　中日甲午开战与外交政策　金寅永　《近代中国》1986 年第 51 期

　　中日甲午战争与清末军制变革　杨立强　《军事历史研究》1987 年第 1 期

　　试论洋务思想家对和战之争的态度　章鸣九　《天津社会科学》1987 年第 4 期

　　晚清"练军"研究　皮明勇　《中国近代军事史论文集》（军事科学院战略研究部选编）　军事科学出版社 1987 年 11 月

　　中日甲午战争与清末军制改革　杨立强　《中国近代军事史论文集》（军

事科学院战略研究部选编） 军事科学出版社 1987 年 11 月

中日两国对近代西方认识的比较研究 田毅鹏 《历史教学》1989 年第 3 期

论近代中国甲午战前的教案与反洋教斗争 路遥 《山东大学学报（哲学社会科学版）》1990 年第 1 期

洋务运动与近代中国对外战争关系辨析 黎仁凯 《河北学刊》1990 年第 1 期

德国与晚清军事改革 皮明勇 《军事历史》1990 年第 3 期

在理性和道德的夹缝中前行——甲午战争以前中国人对世界的认知 张俊霞 《社会科学》1990 年第 10 期

甲午战争前先进知识分子救国道路的探索 刘国军 《求是学刊》1991 年第 1 期

近代中日两国教育发展的若干比较 娄向哲 《历史教学》1991 年第 8 期

中日关于设立领事问题的早期交涉 杨雨青 《近代史研究》1992 年第 2 期

甲午以前国人对现代化先决条件的探索 李怀印 《学海》1992 年第 5 期

略述中日"甲申谈判" 周泮池 《历史教学》1992 年第 7 期

甲午战争前对西方海军建设理论和情况的译介及其影响 皮明勇 《军事历史研究》1993 年第 2 期

评甲午战争前清政府的对朝政策 张礼恒 《安徽史学》1993 年第 2 期

评甲午战争前清政府的对朝政策 张礼恒 王希莲 《石油大学学报（社会科学版）》1993 年第 2 期

甲午"息借商款"述略 朱英 《贵州社会科学》1993 年第 4 期

近代中日两国出使西洋的比较研究 田毅鹏 《历史教学》1993 年第 4 期

甲午战前中日两国富国强兵道路之比较观 刘前 《黑龙江教育学院学报》1994 年第 1 期

甲午战争爆发前中日各自决定派兵赴朝的原因 陈贵宗 《吉林大学

社会科学学报》1994年第1期

论甲午战争前后中日危机意识的变化　　徐绍清　　《清史研究》1994年第1期

甲午战争期间的社会舆论　　龚书铎　　《北京师范大学学报（社会科学版）》1994年第5期

论甲午战争前夕中日统治者对形势的认识和判断　　李少军　　《武汉大学学报（哲学社会科学版）》1994年第5期

从洋务项目看洋务运动的结局　　王志华　　《菏泽师专学报》1995年第1期

甲午战争前清政府对朝外交的失误　　杨齐福　　《淮阴师专学报》1995年第1期

清政府的战备与甲午战争　　王楚良　施渡桥　　《军事历史研究》1995年第1期

清政府在甲午战争前后的"联俄制日"政策　　林吉玲　　《菏泽师专学报》1995年第1期

论甲午战前清政府的矿业政策　　朱英　　《史学月刊》1995年第3期

甲午战前中国进步士大夫的富强观及其演进　　刘国军　　《学习与探索》1995年第4期

试论甲午战争前后士大夫的中国观　　刘伟　　《武汉教育学院学报》1995年第5期

洋务运动与晚清政局　　姜铎　　《历史教学》1995年第7期

甲午中日战争前的福建近代洋行　　赖华辉　　《龙岩师专学报》1996年第1期

试析《西国近事汇编》对日本的认识　　郑翔贵　　《贵州社会科学》1996年第1期

论甲午以前近代中国开放思想的特点　　李中　　《河南大学学报（社会版）》1996年第5期

甲午之前的中国近代建筑与社会心理　　宋卫忠　　《自然辩证法研究》1997年第3期

清季第一次设厂高潮始于甲午战前　　罗肇前　　《福建论坛（文史哲版）》

1997 年第 4 期

  甲午战争前中国教育改革探析 刘少雪 《厦门大学学报（哲学社会科学版）》1998 年第 1 期

  清政府在甲午战争中作战指导思想的失误 施渡桥 《军事历史研究》1998 年第 1 期

  甲午前四十年间督抚权力的演变 刘伟 《近代史研究》1998 年第 2 期

  论晚清的前期清流 周梵林 《大同高等专科学校学报》1998 年第 2 期

  甲午战争时期中国政府反间活动简论 田玉洪 《山东教育学院学报》1998 年第 3 期

  甲午战前中日留学教育之比较 辛欣 《辽宁师范大学学报》1998 年第 4 期

  甲午战争以前清政府的铁路政策 朱浒 《清史研究》1999 年第 2 期

  甲午战争前长沙民众心态特征研究 熊秋良 李玉 《湖南师范大学社会科学学报》1999 年第 3 期

  清政府对军事威慑战略的一次充分运用——日本侵台事件中清政府的军事斗争方略 解本亮 《军事历史》1999 年第 6 期

  甲午之前清政府驻外公使的选用 林琼 《辽宁师范大学学报》2000 年第 2 期

  甲午前中国外债抵押问题初探 马陵合 《求索》2000 年第 3 期

  论甲午战前的晚清留学政策 郭汉民 贺金林 《常德师范学院学报（社会科学版）》2000 年 3 月

  甲午前中国的对朝政策——兼论李鸿章与"以夷制夷"政策 于建胜 《青岛大学师范学院学报》2000 年第 4 期

  甲午战前中国人对西方生产力的认识与引进 郭春梅 《生产力研究》2000 年第 6 期

  甲午战争与晚清教育体制改革 张立真 《以史为鉴 开创未来——"近百年中日关系与 21 世纪之展望"国际学术研讨会文集》（下） 大连出版社 2000 年 10 月

  晚清中日之间的"琉球问题" 米庆余 《日本研究论集》2001 年第 1 期

甲午战前中国先进士大夫西政观评析　刘国军　张桂珍　《北方论丛》2001年第5期

论甲午前借债筑路的开启及其困境——兼评李鸿章的铁路外债观　马陵合　《安徽史学》2002年第1期

甲午战前清政府驻外使节回国后的命运与结局　林琼　《上海大学学报（社会科学版）》2002年第4期

1874年日本侵台事件之后清朝对台湾建省的讨论　白纯　《军事历史》2002年第4期

甲午战争前清政府财力研究　周志初　吴善中　《扬州大学学报》2002年第5期

论晚清时期的中朝关系　苑宏光　李荔　《长春师范学院学报》2002年第6期

试论甲午清廷最高统治集团中的主战派　廖宗麟　《天中学刊》2002年第6期

简论甲午战争前清季驻英使节的英国观　吴佩林　张国平　《五邑大学学报（社会科学版）》2003年第1期

甲午战争前中国先进分子关于社会变革道路的探索　刘国军　《求是学刊》2003年第2期

甲午战争清政府的军事外债问题初探　张锡科　《青岛职业技术学院学报》2003年第2期

开放与应急的悖论——评甲午战前关于外债问题的争议　马陵合　《学术研究》2003年第3期

清朝驻日使臣的派遣和领事裁判权的行使　黄汉青　《河北学刊》2003年第6期

甲午战前的中国外债分析　马金华　《泰山学院学报》2004年第1期

晚清中国人的神道观——以外交官和考察游历官为中心　郑爱华　《世界宗教研究》2004年第1期

论中国近代军事后勤体制建设——从鸦片战争到甲午战争　罗绪安　方新兵　《军事历史研究》2004年第2期

论甲午战前清代书院改革的价值取向　张欣　《晋阳学刊》2004年第

4 期

从《申报》资料看中日甲午战争前国民的社会心理　韩小林　《江西师范大学学报》2004 年第 5 期

论甲午中日战争时期的国民心理防卫　韩小林　《求索》2004 年第 7 期

论甲午战争前中日两国的西学传播主体之异　李少军　《近代中国与世界——第二届近代中国与世界学术讨论会论文集》（第一卷）　社会科学文献出版社 2005 年 1 月

论甲午战争前中国社会的日本观　韩小林　冯君　《嘉应学院学报》2005 年第 2 期

裁撤与留防：晚清勇营命运的双重变奏——对甲午战前勇营地位的一种解读　田玉洪　《山东社会科学》2005 年第 4 期

甲午战争前传统农学向实验农学转化的观念约束　梁诸英　《古今农业》2005 年第 4 期

甲午战争前清政府裁撤绿营简论　田玉洪　《临沂师范学院学报》2005 年第 4 期

甲午惨败前清政府外交政策之检讨　戴建安　《江苏广播电视大学学报》2005 年第 5 期

论甲午时期官僚士大夫的战备思想　曲士英　苗懿明　《江桥抗战及近代中日关系研究》（下）　吉林人民出版社 2005 年 8 月

论甲午时期官僚士大夫的战术思想　王丽英　艾虹　《江桥抗战及近代中日关系研究》（下）　吉林人民出版社 2005 年 8 月

甲午战前五十年中国棉织品进口贸易的整体态势　于新娟　《北方论丛》2006 年第 2 期

晚清中国在巨文岛事件中的外交斡旋（1885—1886）　孙昉　禚柏红　《淮阴工学院学报》2006 年第 2 期

国衰兵弱——甲午战争前中日两国的海陆争锋　李同勇　《军事历史》2006 年第 4 期

甲午战争前夕中日两国政局之比较　林和生　《山西师范大学学报（社会科学版）》2006 年第 4 期

甲午战前中日外交政策思想比较分析——由中日两国宣战书谈起　杨

伶　丁志强　《渤海大学学报（哲学社会科学版）》2006 年第 5 期

论晚清对欧美小国的外交（二）——论第二次鸦片战争后甲午战争前对欧美小国的外交　刘昊　《贵州文史丛刊》2007 年第 2 期

晚清编译德国军事著作活动考评　孙立峰　《德国研究》2007 年第 2 期

甲午战前中日两国外交政策思想浅析　丁志强　杨伶　《哈尔滨学院学报》2007 年第 3 期

论甲午时期官僚士大夫的战备思想　于春梅　《历史档案》2007 年第 3 期

试论甲午战前的湖南绅士与教育变迁　肖华　《长沙大学学报》2007 年第 4 期

甲午战前中国驻日翻译官考　王宝平　《日语学习与研究》2007 年第 5 期

略论近代甲午以前中国知识分子对中日关系的考察与研究　汪志杰　《法制与社会》2007 年第 7 期

甲午战争之前官方对待民办实业态度的再认识　李玉　《晚清国家与社会》　社会科学文献出版社 2007 年 8 月

庚申与甲午之间的中国社会（上）　杨国强　《上海行政学院学报》2008 年第 1 期

庚申与甲午之间的中国社会（下）　杨国强　《上海行政学院学报》2008 年第 2 期

论晚清军事变革的内在制约因素——以近代日本军事变革为参照的考察　韩文琦　《安徽大学学报（哲学社会科学版）》2008 年第 2 期

甲午战争前中国人对西方农业机械的认识与思考　倪根金　魏露苓　《中国农史》2008 年第 4 期

甲午战争前 45 天的晚清外交　金佳博　《辽宁工业大学学报（社会科学版）》2008 年第 5 期

甲午战争前夕的《申报》舆论　李新军　《沧桑》2008 年第 5 期

1874 年清政府驱日保台斗争方略研究　叶纲　《南京政治学院学报》2009 年第 1 期

中日甲午战争开战前夕清政府的对日政策　戴东阳　《中国社会科学

院近代史研究所青年学术论坛》（2007年卷）　社会科学文献出版社2009年1月

驻日公使与近代清鲜关系（1877—1894年）　盛利　《浙江学刊》2009年第1期

甲午战前京津铁路线的筹议述论——兼议中国近代铁路建设起步的动力选择　朱从兵　《历史档案》2009年第2期

甲午前近代爱国知识分子的救亡思想及实践历程　仝令迪　《赤峰学院学报（汉文哲学社会科学版）》2009年第4期

晚清对外政策之检讨　朱听昌　《兰州学刊》2010年第1期

比较中的审视——中日近代军事变革比较研究　张瑞安　《贵州文史丛刊》2010年第2期

解析甲午战争中日之成败　姜秀峰　《沧桑》2010年第2期

简析甲午战前的"征日论"　徐磊　《东北师范大学学报（哲学社会科学版）》2010年第4期

甲午战争前中日教育发展之比较　高学军　《学术交流》2010年第5期

甲午中日战争前后洋务运动的发展　黄领霞　《晋城职业技术学院学报》2010年第5期

从《薛福成日记》看光绪朝前期的对日情报收集　徐磊　《社会科学战线》2010年第10期

论甲午战前的洋务困境　闭雄壮　《广西社会科学》2010年第12期

理学经世名儒——甲午战前湖湘士人与船山形象建构　姜淑红　《船山学刊》2011年第2期

甲午战前清朝驻外使臣对旅欧军事留学生的管理　张传磊　赵可　《徐州师范大学学报（哲学社会科学版）》2011年第4期

同途殊归之思——洋务运动与明治维新的再审视　梁大伟　黄定天　《东北师范大学学报（哲学社会科学版）》2011年第4期

论甲午战争期间清政府的"以夷制夷"外交　王宗运　刘敦俊　《商洛学院学报》2011年第5期

甲午战争前近代粤东客家人士对日本的认识综述　韩小林　《嘉应学院学报》2011年第10期

被误解的历史——甲午战前洋务派变革制度的要求　闭雄壮　《九江学院学报（社会科学版）》2012年第1期

晚清驻外官员与克虏伯对华军事交流　孙烈　《自然辩证法通讯》2012年第1期

略论甲午战争前中日修好条规的签订及其波折　王希亮　《中日关系史研究》2012年第2期

甲午战争前清政府的日本观——从决策者的知觉与错误知觉角度分析中国甲午战败的成因　周秀梅　《佳木斯教育学院学报》2012年第3期

经济诉求与政治取向——论甲午战前的中国近代经济民族主义　刘莘　《重庆师范大学学报（哲学社会科学版）》2012年第3期

甲午战前20年南洋海防经费收数考　陈先松　《中国经济史研究》2012年第4期

甲午战争——在宗藩关系的历史重负与日本咄咄逼来之间的一路踉跄（上）　杨国强　《历史教学问题》2012年第4期

甲午战争——在宗藩关系的历史重负与日本咄咄逼来之间的一路踉跄（下）　杨国强　《历史教学问题》2012年第5期

近代中朝交涉案件审理研究（1840—1895）　柳岳武　《学术界》2012年第5期

甲午战前中国近代知识分子的西方宗教文化观论析　刘国军　张桂珍　《大连大学学报》2013年第1期

《晚清驻日使团与甲午战争前的中日关系（1876—1894）》出版　马晓娟　《抗日战争研究》2013年第2期

论甲午战争前后中国御日之持久战思想　辜宗秀　李秀　《三峡大学学报（人文社会科学版）》2013年第3期

晚清军事教育转型及历史启示　沈旭　《军事历史》2013年第3期

错位下的日本想象——甲午前晚清士人的日本游记研究　杨汤琛　《中国文学研究》2013年第4期

甲午战前中国文人的日本观——以"琉球事件"为中心　焦润明　《日本研究》2013年第4期

"现实主义的匮乏"——甲午前夕中国读书人的阅读生活　卞冬磊

《河南大学学报（社会科学版）》2013年第6期

甲午战前旅日士大夫的日本印象　张光华　《贵州社会科学》2013年第7期

甲午战争前清廷内外的主战派与主和派　罗健峰　《第四届全国军事技术哲学学术研讨会文集》2013年7月

传承与嬗变——晚清宣战上谕解读　胡斌　《兰台世界》2013年第15期

清末中日琉球案尚为悬案考　李细珠　《台湾历史研究》2014年第2辑

试析甲午战争中清政府的政治动员　龙心刚　肖焱　谢春娅　《海军工程大学学报（综合版）》2014年第3期

甲午前清政府"朝鲜方略"再检讨　马勇　《社会科学辑刊》2014年第6期

甲午记忆——清帝国的战前舆论　张希明　《新产经》2014年第7期

甲午战前清政府出兵朝鲜的原因及袁世凯所起的作用　张波　《安徽文学》（下半月）2014年第9期

甲午战前清朝内治环节的阙失与战后中日落差分析　韩东育　《社会科学战线》2014年第10期

甲午战争期间清廷政治斗争的内耗　徐立刚　《档案与建设》2014年第11期

克萨借款考辩——兼论甲午战争时期的地方外债　马陵合　王平子　《社会科学研究》2015年第2期

甲午战争前后《新政真诠》的"公平"思想——兼论中国早期现代化启动时期的政府作用　刘云凤　《边疆经济与文化》2015年第4期

甲午战前驻日使团情报收集失败原因探析　徐磊　《日语学习与研究》2015年第5期

甲午战前中日社会生活、思想文化、军事之比较　陈伟　《北方论丛》2015年第6期

甲午战前中日外交话语权之争　侯中军　《社会科学研究》2015年第6期

晚清政治斗争与甲午战争的失败　《理论观察》2016年第1期

"重庆"号事件考实　戴东阳　《北京社会科学》2016年第2期

清政府对日本侵台因应之策及其教训　贾熟村　《东方论坛》2016年第2期

晚清国人对日本认识的演变　马一　《南京政治学院学报》2016年第2期

甲午之前的《申报》发行与读者阅读　蒋建国　《东岳论丛》2016年第3期

甲午战争时期清政府的思想道德教育研究　尹玉乾　王新山　《民族论坛》2016年第8期

甲午战争之前中日的国情差异　石晏州　《运城学院学报》2017年第1期

息借商款与晚清财政　李文杰　《历史研究》2018年第1期

甲午战争前外商在华工业扩张及其效应分析——以上海为中心　何兰萍　王磊　《郑州大学学报（哲学社会科学版）》2018年第4期

英国与"重庆"号事件　戴东阳　《史学集刊》2018年第4期

清政府一次失败的外交攻势——论释放大院君李昰应回国的原因与影响　张礼恒　《史学月刊》2018年第5期

史论"洋务运动"与近代自强　黄爱军　任国平　《六盘水师范学院学报》2019年第1期

变动中的紧张——甲午前后中国人的"世界"意象　余露　《暨南史学》2019年第2期

甲午战前中国驻日使团情报收集途径述略　宋晓丽　《哈尔滨学院学报》2019年第12期

朝鲜壬午兵变清朝的出兵决策考述　王奕斐　《当代中国》2020年第1期

改造八旗与强边未竟——晚清东三省练兵（1885—1895）　方玉权　《吉林师范大学学报（人文社会科学版）》2020年第1期

甲午至戊戌期间的铨选议改与保举定位　林浩彬　《安徽史学》2020年第5期

1895年以前中日的几次交锋——中国是如何一步步走向甲午战争的下

风　姚若琦　《理论观察》2020 年第 6 期

慈禧万寿庆典与甲午战败关联性政治记忆的塑造与诠释——从慈禧太后六旬万寿庆典经费谈起　翟金懿　《中国国家博物馆馆刊》2021 年第 1 期

"帝党""后党"概念之流变　李煜　《平顶山学院学报》2021 年第 3 期

甲午战前《万国史记》在中国的传播与流变　申晚营　《亚洲与世界》2021 年第 4 辑

甲午战争前朝鲜华商同顺泰号的人参走私贸易　冯国林　《中国经济史研究》2021 年第 5 期

甲午战争前中国近代经济结构变动新探　张蓉蓉　《中学历史教学参考》2021 年第 14 期

政治宣传与历史书写——论晚清"帝党""后党"概念的起源　吉辰　《史学理论与史学史学刊》2022 年第 1 期

台湾诗人洪弃生的甲午悲吟　郭蓓　《古典文学知识》2022 年第 3 期

甲午前晚清官绅"商务"观的嬗变——以晚清域外日记为中心　杨汤琛　《广东社会科学》2022 年第 4 期

晚清日记书写的文体张力与价值——以甲午至戊戌时期的《师伏堂日记》为中心　张弛　《汉语言文学研究》2022 年第 4 期

晚清史研究的反思与重构——评朱浒《洋务与赈务——盛宣怀的晚清四十年》　张海荣　《清史研究》2022 年第 5 期

"政"在体、用之间——"西政"对晚清"中体西用"典范的冲击　李欣然　《清华大学学报（哲学社会科学版）》2022 年第 5 期

兵败并非"技"不如人——从甲午战争的失败看洋务运动的另一面　杨倩　徐芳芳　《中学历史教学参考》2022 年第 24 期

历史剧、英雄主义及其他——田汉集外佚文《甲午之战及其他》释读　刘世浩　《新文学史料》2023 年第 2 期

日本静嘉堂文库藏孤本《津督院往来电》考述　吉辰　《安徽史学》2023 年第 2 期

晚清洋务争论者的共同意义世界——以甲午前的铁路之争为例　李欣然　《中华文史论丛》2023 年第 3 期

甲午战争时期中国国民整体素质研究　宋艳秋　郭铁椿　《大连近代史研究》2023年第18卷

第三部分
北洋海军

一、总论

著作

新海军知识（第三章 我国海军论 第二节 我国海军的历史）（图3-1）

李冠礼著　1937年4月　商务印书馆

简述北洋海军的创建及覆没。

现代中国建设史（第一章 清季海防建设运动）（图3-2）

刘熊祥著　1946年5月　史学书局

简要叙述了晚清时期海防建设的历史过程，特别强调了李鸿章创建北洋海军的努力。

中国海军史（图3-3）

包遵彭著　1951年2月　海军出版社

论述了中国海军的发展历程，其中包括近代海军的兴衰。

（中国历史小丛书）北洋海军（图3-4）

戴逸编写　1963年3月　中华书局

简要叙述了北洋海军从创建到覆亡的历史过程。

（中华丛书）中国海军史（上、下册）（图3-5）

包遵彭著　1970年5月　中华丛书编审委员会

论述了中国海军的发展历程，其中包括近代海军的兴衰。

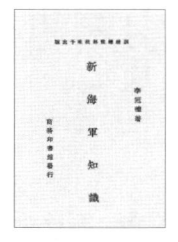

图 3-1

图 3-2

图 3-3

图 3-4

图 3-5

（近代中国史料丛刊续编第十八辑）海军大事记（图3-6）

池仲祐撰　1975年1月　文海出版社有限公司

编自1862年至1917年凡56年的中国海军大事，附有《甲申战事记》和《甲午战事记》两篇战记。

图3-6

（历史知识小丛书）北洋海军（图3-7）

戴逸著　1978年10月　中华书局

简要叙述了北洋海军从创建到覆亡的历史过程。

图3-7

北洋舰队（图3-8）

戚其章著　1981年8月　山东人民出版社

论述了北洋舰队的创建、编制与训练、基地与实力、丰岛海战、黄海海战、北洋舰队的覆没等。

图3-8

清末海军史料（上）（图3-9）

张侠　杨志本　罗澍伟　王苏波　张利民合编　1982年5月　海洋出版社

辑录档案史料、回忆录、研究文章等，部分关系北洋海军建设和作战，共分为建置沿革、舰船构造、防务设施、海战纪略、教育训练、规章制度、官员任免、经费收支、辛亥革命中的海军、附录等10部分。

图3-9

（文史哲学集成107）中国近代海军史论集（图3-10）

王家俭著　1984年12月　（台湾）文史哲出版社

图3-10

180

论文集。收录作者论述近代海军的论文10篇，部分论文与甲午战前的北洋海军有关。

中国近代海军史略（中国近代海军的创建和迅速发展）（图3-11）

张墨　程嘉禾著　1989年6月　海军出版社

论述了中国近代海军的创建、甲申中法海战和福建海军的覆没、甲午中日海战和北洋舰队的覆没，以及中国近代海军的恢复等。

图3-11

中国近代海军史（图3-12）

吴杰章　苏小东　程志发主编　1989年7月　解放军出版社

论述了中国近代海军的发展历程，其中北洋海军及甲午战争是重要内容。

图3-12

中国近代海军史（图3-13）

胡立人　王振华主编　1990年2月　大连出版社

论述了中国近代海军的发展历程，其中包括北洋海军的创建、甲午海战以及北洋海军的覆没。

图3-13

中国海军之谜（图3-14）

张晞海　王翔著　1990年10月　海洋出版社

文集。解答了诸如"近代中国最先成军的海军舰队是哪一支？""丰岛海战中清方运兵机密是怎样泄露的？"等问题。

图3-14

龙旗飘扬的舰队——中国近代海军兴衰史（图3-15）

姜鸣著　1991年7月　上海交通大学出版社

详细论述了中国近代海军在晚清五十年间创建、发展及其衰落的曲折历史。

图3-15

（科学与管理丛书）中国近代海军一百年（第二章　消极防御就没有海防）（图3-16）

苏小东　唐戴著　1992年2月　解放军出版社

介绍了清政府从大治水师到重建海军的艰难历程。

图3-16

洋务运动史（第十三章　近代海军的筹建）（图3-17）

夏东元著　1992年5月　华东师范大学出版社

论述了北洋海军筹建的历史过程。

图3-17

（威海文史资料第八辑）北洋海军的兴衰——纪念中日甲午战争一百周年（图3-18）

1994年8月　威海市政协文史资料委员会

共分为六章，前五章叙述了北洋海军从创建到覆没的历史过程，最后一章介绍了北洋海军人物。

图3-18

近代中国海军（图3-19）

《近代中国海军》编辑部编著　1994年8月　海潮出版社

论述了北洋海军产生的背景、过程，以及在甲午战争中的失败及战后重建。

图3-19

（历史爱好者丛书）甲午海祭（图3-20）

许华著　1996年3月　华夏出版社

内容包括西方列强滚滚东来、富国强兵的探求、构筑蓝色长城、战幕从丰岛拉开、烽火硝烟蔽陆海、辽东半岛的暮秋、山东半岛的寒冬、全军覆灭的舰队、丧权辱国的结局。

（近代文史名著选译丛书）近代海军海防文选译（图3-21）

汝玉虎　黎烈军译注　1997年6月　巴蜀书社

选录丁日昌、李鸿章、沈葆桢、刘铭传等重要甲午人物的文稿加以翻译和注释。

晚清海军兴衰史（图3-22）

戚其章著　1998年4月　人民出版社

论述了以北洋海军为核心的晚清海军的兴衰历程。

（中国甲午战争博物馆学术丛书）北洋海军研究（图3-23）

戚俊杰　刘玉明主编　1999年11月　天津古籍出版社

论文集。收录了研究北洋海军的学术论文40篇。

（历史爱好者丛书）甲午海祭（图3-24）

许华著　2000年2月　华夏出版社　广东人民出版社

内容包括西方列强滚滚东来、富国强兵的探求、构筑蓝色长城、战幕从丰岛拉开、烽火硝烟蔽陆海、辽东半岛的暮秋、山东半岛的寒冬、全军覆灭的舰队、丧权辱国的结局。

（新世纪通俗文库　世界著名海战系列）甲午风云

丁炜编著　2000年8月　新世纪出版社

简要介绍了甲午战争中的三场海战。

（中国甲午战争博物馆学术丛书）北洋海军研究（第二辑）（图3-25）

戚俊杰　刘玉明主编　2001年12月　天津古籍出版社

论文集。收录了研究北洋海军的学术论文38篇。

图3-25

北洋海军与刘公岛（图3-26）

董进一　戚俊杰著　2002年1月　海洋出版社

叙述了北洋海军从建立到覆没的历史过程，特别强调了北洋海军与刘公岛的关系，对北洋海军的失败进行了适当反思。

图3-26

龙旗飘扬的舰队——中国近代海军兴衰史（增订本）（图3-27）

姜鸣著　2002年12月　生活·读书·新知三联书店

较上一版本补充了李鸿章、沈葆桢、丁日昌与海军建设的关系等内容。

图3-27

图3-28

（中国甲午战争博物馆学术丛书）北洋海军研究（第三辑）（图 3-28）

戚俊杰　刘玉明主编　2006 年 8 月　天津古籍出版社

论文集。收录了研究北洋海军的学术论文 55 篇。

（海洋发展研究丛书）中国近代海防思想史论（图 3-29）

刘中民等著　2006 年 10 月　中国海洋大学出版社

论述了包括北洋海军创建时期、中日甲午战争时期海防思想的演变。

晚清史治要（第一章　晚清近代化与海防论的发展）（图 3-30）

戚其章著　2007 年 4 月　中华书局

论述了晚清近代化的启动、李鸿章的近代化纲领、晚清海防论的发展及其历史地位、从中日海防观之比较看甲午海战的结局等问题。

中国近代海军与日本（图 3-31）

冯青著　2008 年 12 月　吉林大学出版社

叙述了自北洋海军访日至"九一八"事变期间，中国海军与日本的关系。

靖海澄疆——中国近代海军史事新诠（图 3-32）

马幼垣著　2009 年 6 月　联经出版事业股份有限公司

论文集。收录作者有关北洋海军的论文 9 篇。

图 3-29

图 3-30

图 3-31

图 3-32

图 3-33

图 3-34

图 3-35

图 3-36

图 3-37

图 3-38

洋务运动史（修订本）（第十三章　近代海军的筹建）（图 3-33）

夏东元著　2010 年 1 月　华东师范大学出版社

论述了北洋海军筹建的历史过程。

北洋海军研究探微（图 3-34）

孙建军著　2010 年 6 月　苏州大学出版社

论文集。收录北洋海军研究论文 24 篇。

船政足为海军根基——福州船政与近代中国海军史研究论文集（图 3-35）

钟同主编　2010 年 10 月　福建省文史研究馆

论文集。收录船政与近代中国海军史论文 32 篇。

辛亥·海军——辛亥革命时期海军史料简编（第一章　清末海军）（图 3-36）

陈悦编著　2011 年 10 月　山东画报出版社

简述清末海军由创建到覆没，再到重建的历程。

北洋海军新探——北洋海军成军 120 周年国际学术研讨会论文集（图 3-37）

戚俊杰　郭阳主编　2012 年 10 月　中华书局

论文集。收录了研究北洋海军的学术论文 44 篇。

北洋海军与晚清海防建设——丁汝昌与北洋海军（图 3-38）

戚海莹著　2012 年 11 月　齐鲁书社

论述了北洋海军提督丁汝昌的早年经历和他与北洋海军的关系。

喋血沉思——海军专家论北洋海军与甲午海战（图 3-39）

丁一平等编著　2013 年 10 月　海潮出版社

论文集。收录了有关北洋海军与甲午海战的学术论文 61 篇，内容涉及北洋海军产生的历史背景、北洋海军建设与成军、甲午战前北洋海军的运用与相关事件、甲午战争中北洋海军的作战、北洋海军人物、历史教训与启迪等。

再见甲午——蓝色视角下的中日战争（图 3-40）

许华著　2014 年 4 月　人民出版社

从海军、海权角度剖析甲午战争。

龙旗飘扬的舰队——中国近代海军兴衰史（甲午增补本）（图 3-41）

姜鸣著　2014 年 8 月　生活·读书·新知三联书店

对以往版本做了观点和史料上的修订。

血火考场——甲午原来如此（图 3-42）

萨苏著　2014 年 9 月　东方出版社

从北洋海军入手解读甲午战争。

图 3-39

图 3-40

图 3-41

图 3-42

图 3-43

图 3-44

图 3-45

图 3-46

图 3-47

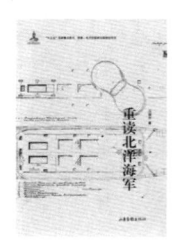

图 3-48

档案里的中国海军历史（图 3-43）

马骏杰著　2014 年 10 月　山东画报出版社

文集。收录有关北洋海军的文章 6 篇。

甲午战争中日军队通览（1894—1895）（图 3-44）

徐平主编　2015 年 1 月　解放军出版社

全面介绍了甲午战争中日军队实力。

北洋舰队（图 3-45）

戚其章著　2015 年 12 月　中国社会科学出版社

论述了北洋舰队的创建、编制与训练、基地与实力、丰岛海战、黄海海战、北洋舰队的覆没等。

中国海军史（晚清民国卷）（图 3-46）

左立平著　2015 年 12 月　中国社会科学出版社

简要叙述了北洋海军成军、北洋海军在行动、千年未有之大敌、中日海上大搏杀等内容。

船政与近代中国海军（图 3-47）

柳燕妮　陈盛著　2016 年 12 月　福建人民出版社

论述了近代中国海防思想的产生与发展、福建船政——近代中国海军的摇篮、海防大筹议与近代海军发展、近代中国海军与近代海战、船政学堂在近代海军的地位及影响等内容。

重读北洋海军（图 3-48）

马骏杰著　2017年9月　山东画报出版社

根据新史料对北洋海军的创立、发展及其覆没做了全新解读。

重读北洋海军（图3-49）

马骏杰著　2023年12月　山东画报出版社

根据新史料对北洋海军的创立、发展及其覆没做了全新解读。

图3-49

论文

中国之海军　予笔述　《国闻周报》1925年第2卷第14期

甲午海军的回顾与今后空军的前瞻　沈伯展　《空军》1934年第97期

（国立武汉大学第叁届毕业论文）晚清创办海军之始末　曾宪华　1934年（图3-50）

甲午战前中国之海军　张荫麟　《国防论坛》1935年第3卷第4期

图3-50

甲午战前之北洋海军　晨　《海事月刊》1935年第9卷第2期

关于中国海军的几个问题　田汉　《整建月刊》1940年创刊特大号

中国海军的几个问题（续）　田汉　《海军整建月刊》1940年第1卷第9期

中国海军的几个问题（续）　田汉　《海军整建月刊》1940年第1卷第12期

清季园苑建筑与海军经费　吴相湘　《学术季刊》1955年第3卷第2期

近代中国海军意识的觉醒　王家俭　《中研院近史所"近代中国维新思想研讨会"专刊》1978年

洋务运动中的北洋海军　郑云山　《历史教学》1981年第2期

清政府在建立第一支新式舰队中靡费了多少钱？　史伟　《历史教学》1981年第4期

1862 年的"中英联合舰队"　余先鼎　《历史教学》1981 年第 4 期

关于北洋舰队的几个问题　戚其章　《中日关系史论丛》1982 年第 1 辑

甲午战争前中日海军力量之对比　关捷　《东北师范大学学报》1982 年第 1 期

试谈甲午战争中北洋海军的使用问题　吴如嵩　王兆春　《中日关系史论丛》1982 年第 1 辑

洋务运动与中国近代海军　戚其章　《齐鲁学刊》1982 年第 2 期

中国近代史研究的一项可喜成果——评介戚其章的《北洋舰队》　郭墨兰　《社会科学情报》1982 年第 2 期

一本研究北洋舰队的专史　张明　《历史研究》1982 年第 4 期

清末的"海防筹议"是怎么回事？经过怎样？　陈理　《历史教学》1982 年第 7 期

三洋海军的由来　陈步钦　《历史教学》1982 年第 7 期

"用人为首"——读朱采的《海防议》　黄玉兰　《河北师范大学学报（哲学社会科学版）》1983 年第 2 期

清廷挪用海军经费筑颐和园考　张利民　《南开学报》1983 年第 3 期

中国海军产生的时间问题　戚其章　《史学月刊》1983 年第 3 期

应该正确评价北洋海军　孙克复　于晓静　《齐齐哈尔师范学院学报（哲学社会科学版）》1984 年第 2 期

湘军水师与近代海军　陈祖恩　《史学月刊》1984 年第 3 期

"阿思本舰队"与英国的侵华政策　吴乾兑　《历史教学》1984 年第 8 期

北洋水师的兴灭　戚其章　《文史知识》1984 年第 8 期

略论清政府创建近代海军的动机　许华　《安徽史学》1985 年第 2 期

1874—1875 年清政府关于海防问题的大讨论与对台湾地位的新认识　陈在正　《台湾研究集刊》1986 年第 1 期

论洋务派兴建海军的目的和作用　王承仁　刘铁君　《武汉大学学报（社会科学版）》1986 年第 3 期

论中国近代史上的"塞防"与"海防"之争　牟安世　《河北学刊》1986 年第 5 期

"北洋海军"考辨——兼论清政府发展近代海军的构想和实施　姜鸣　《学术月刊》1986年第10期

略论北洋海军失败的若干外部原因　许华　《军事史林》1987年第4期

论所谓海防与塞防之争　杨策　《近代史研究》1987年第4期

中国第一支近代海军略论　徐彻　《社会科学辑刊》1987年第6期

闽系海军的形成、发展、衰落史话　高熔　《福州文史资料选辑》1987年第7辑

略论丁日昌提出的"三洋"方针　奚纪荣　《中国近代军事史论文集》（军事科学院战略研究部选编）　军事科学出版社1987年11月

"阿思本舰队事件"始末　于醒民　《社会科学战线》1988年第3期

晚清海防思想研究　姜鸣　《史林》1988年第3期

重议海塞防之争　黄顺力　《福建论坛（文史哲版）》1988年第6期

阿思本舰队事件始末　伍锡星　《国防》1988年第7期

北洋海军——近代中国最大海军舰队　许华　《舰船知识》1988年第9期

北洋海军历史的启示　戚其章　《人民日报》1988年11月14日

北洋海军兴衰论　武国禄　《中国军事科学》1989年第2期

近代中国第一个舰队的"覆没"　朱少伟　《航海》1989年第3期

《中国近代海军史略》即将出版　顾舒　《史学月刊》1989年第3期

闽人与中国近代海军　王植伦　《理论学习》1989年第9期

也谈清代同光年间"海防"与"塞防"之争的性质　杨光楣　《铁道师范学院学报》1990年第1期

晚清筹办近代海军与国防问题　孟彭兴　《军事历史研究》1990年第2期

洋务派筹办新式海军二题刍议　吴士英　《山东大学学报（哲学社会科学版）》1990年第3期

近代中国的海权与主权　张仁善　《文史杂志》1990年第4期

清政府加强北洋舰队的努力及失败　廖宗麟　《军事历史研究》1990年第4期

清末海洋观与海军建设　李国华　《历史研究》1990年第5期

论中国近代的海防与塞防　杨东梁　《军事历史》1990年第6期

海军史研究的可喜成果——评介《中国近代海军史》　孙克复　《人民日报》1990年7月30日

论清末北洋海防建设　史滇生　《军事历史研究》1991年第2期

清末海军军事经济思想的几个闪光点　张瑞泉　《军事经济研究》1991年第2期

"阿思本舰队"糜费考辨　张雪蓉　《历史教学问题》1991年第3期

论"英中联合海军舰队"事件　戚其章　《社会科学辑刊》1991年第3期

中日两国近代海防理论和政策之比较　马金旗　《军事历史》1991年第5期

同光之交"海防议"中若干问题辨析　季云飞　《学术界》1992年第3期

论清末洋务派的海防建设　李少莉　《辽宁师范大学学报》1992年第5期

颐和园修建经费新探　王道成　《清史研究》1993年第1期

简析近代中国海防实践失败的原因　张仁善　《历史教学》1993年第3期

同治初年筹建阿思本舰队始末　哈恩忠　《历史档案》1993年第3期

中国近代的海军力量　孙琦　《军事历史》1994年第1期

海权论与清末海军建设理论　皮明勇　《近代史研究》1994年第2期

甲申至甲午间北洋在海军建设上的若干失误　罗肇前　《福建论坛（文史哲版）》1994年第4期

中日早期近代化领导集团之比较　郑永军　《许昌师专学报》1994年第4期

评十九世纪七十年代中期清政府关于海防的讨论　杨永福　《文山师专学报》1994年校庆专辑

"阿思本舰队"流产始末　孙瑞亮　季庆华　《军事历史》1995年第2期

老作家冰心的海军缘　袁华智　唐宏　《炎黄春秋》1995年第3期

近代海防观的萌发与海防议　孙占元　《浙江学刊》1995年第5期

姜鸣《中国近代海军史事日志》评介　王家俭　《历史研究》1996年第2期

龙旗舰队的兴衰　徐锦厚　《当代海军》1996年第3期

洋务思潮勃兴与近代海防论的发展　戚其章　《烟台师范学院学报（哲学社会科学版）》1996年第3期

评《近代中国海军》　《历史研究》1996年第4期

试论中国海防近代化的兴起　付炳旭　《山西大学师范学院学报（哲学社会科学版）》1996年第4期

湘、淮派系因素与晚清海军、海防　董丛林　《河北师范学院学报（社会科学版）》1996年第4期

简论北洋海军　王秀杰　《齐齐哈尔社会科学》1997年第4期

论清代海上机动作战能力的丧失　王宏斌　孟庆奇　《史学月刊》1997年第5期

大清北洋海军组建及其历史影响　邓夏生　《中学文科参考资料》1997年第7期

北洋海军忠魂碑　《齐鲁百年名碑集》（山东省政协文史资料委员会编）山东美术出版社1998年3月

清朝海军兴衰初探　袁瑛　《四川三峡学院学报》1998年第4期

清末海防思想的演进　张一文　《军事历史研究》1998年第4期

北洋海军忠魂碑碑文　《中华英烈碑文选》（辽宁省中共党史人物研究会编）　辽宁人民出版社1998年5月

海权与近代中国的历史命运　许华　《福建论坛（文史哲版）》1998年第5期

甲午年北洋舰队援旅问题新探　马骏杰　《福建论坛（文史哲版）》1998年第5期

晚清海防思想的发展及其历史地位　戚其章　《东岳论丛》1998年第5期

海权与近代中国海军的命运——国际海洋年暨北洋海军成军110周年的历史反思　许华　《当代海军》1998年第6期

天津发现北洋海军昭忠祠碑刻　《科技潮》1998 年第 9 期

评戚其章新著《晚清海军兴衰史》　姜铎《学术月刊》1998 年第 10 期

清末抗日纪念地——北洋海军昭忠　《天津河北文史》1998 年第 10 辑

沉没的锚链——甲午海战前中日海军近代化之比较　高相国　《军事历史》1999 年第 1 期

甲午年北洋舰队援旅问题新探　马骏杰　《历史档案》1999 年第 1 期

甲午年北洋舰队援旅问题新探　马骏杰　《军事历史研究》1999 年第 2 期

戚其章著《晚清海军兴衰史》　王家俭　《历史研究》1999 年第 2 期

试论近代中国海军建设的严重失误　李宜霞　李培礽　《桂林市教育学院学报（综合版）》1999 年第 3 期

清朝海军兴衰初探　袁瑛　《海洋开发与管理》1999 年第 2 期

甲午战前二十年的清廷财政与北洋海防建设中的经费问题　孙明　《历史教学》1999 年第 10 期

阿思本舰队遣回英国内幕　赵美　《紫禁城》2000 年第 1 期

对外开放切忌盲目"从洋"——近代"阿思本兵轮案"的启示　白坤昌　《安徽决策咨询》2000 年第 1 期

塞防海防与清朝财政　周育民　《上海师范大学学报（哲学社会科学版）》2001 年第 1 期

北洋舰队与日本海军　韦玉娟　《军事历史研究》2002 年第 2 期

北洋海军"未添一船"辨析　张英杰　《北京教育学院学报》2002 年第 3 期

晚清海军建设始末　周金明　《文史春秋》2002 年第 5 期

北洋海军研究又出新成果——读《北洋海军研究》第二辑　时公　《历史教学》2002 年第 6 期

北洋海军研究的集大成之作——读王家俭《李鸿章与北洋舰队》　戚其章　《学术研究》2003 年第 1 期

福建船政和近代中国海洋军事观的变革发展　史滇生　《船政文化研究》　中国社会出版社 2003 年 9 月

福建船政与中国近代海军建设　王彦　《船政文化研究》　中国社会

出版社 2003 年 9 月

马尾船政与我国近代海军　杨东梁　《福州文史资料选辑》2003 年第 22 辑

北洋海军和甲午战争前的中国军事变革　史滇生　《军事历史研究》2004 年第 3 期

论清季中国海军建设　王琰　《红河学院学报》2004 年第 4 期

从海防意识看中国近代衰落的原因　艾跃进　《南开学报》2004 年第 6 期

晚清海防之军事战略评析　鞠海龙　《中州学刊》2005 年第 4 期

中国海防史研究述评　高新生　《军事历史研究》2005 年第 4 期

徐建寅奏折与甲午海战时的北洋海军　华云　《中国档案》2005 年第 5 期

清末海军疑案之"阿思本"舰队始末　翊麟　《舰载武器》2005 年第 7 期

清朝关于海防建设的两次讨论　辛欣　《江桥抗战及近代中日关系研究》（下）　吉林人民出版社 2005 年 8 月

"中国兵权不可假与外人"——曾国藩、李鸿章与"阿思本舰队"　雷颐　《世界知识》2005 年第 22 期

中国第一支铁甲舰队的悲惨命运　夏玉东　刘平　《当代海军》2006 年第 1 期

试论中国近代海防思想的发展　兰岚　《理论界》2006 年第 7 期

学术视野中的晚清海防与塞防之争　尹全海　《河南社会科学》2007 年第 1 期

晚清编译德国军事著作活动考评　孙立峰　《德国研究》2007 年第 2 期

晚清海防与近代日本海权之战略比较　鞠海龙　《中州学刊》2008 年第 1 期

北洋舰队的筹建　贾熟村　《安徽史学》2008 年第 3 期

旧中国海军鱼雷艇部队发展史略　王红　《军事历史》2008 年第 3 期

北洋水师失败之技术思考　游战洪　《科学》2008 年第 4 期

北洋海军从筹建到覆灭的几点思考——写在北洋海军成军 120 周年之

际　关捷　裘臻　《大连近代史研究》2008年第5卷

北洋海军从筹建到覆灭的若干思考——写在北洋海军成军120周年之际　关伟　关捷　《辽宁大学学报（哲学社会科学版）》2008年第5期

从战略思想看甲午战争清海军的失败　程利　《云南农业大学学报（社会科学版）》2008年第6期

洋务运动对于清代军事工业的影响　李毅　《兰州学刊》2008年增刊第1期

晚清海防观述论　胡博实　《黑龙江教育学院学报》2009年第1期

1900年以来中国近代海权问题研究述评　史春林　《史学月刊》2009年第1期

从阿思本舰队的购买看清末海防观的改变　胡博实　《黑龙江史志》2009年第3期

北洋水师弘扬民族魂之我见　刘恩格　韩相锋　《大连近代史研究》2009年第6卷

海疆·海军·海防——写在北洋海军成军120周年之际　华文贵　《大连近代史研究》2009年第6卷

北洋海军成军120周年学术研讨会简讯　毕礼霞　《探索与争鸣》2009年第7期

北洋海军在甲午战争中惧战的心态及表现　姜峰　《黑龙江史志》2009年第24期

论晚清海防建设观念的三大误区　张芳　《军事历史研究》2010年第2期

由北洋水师透视近代中国海军现代化进程中的得与失　张洁　《内蒙古农业大学学报（社会科学版）》2010年第2期

论晚清海权思想与海防建设　唐纯立　《科技信息》2010年第6期

清政府买军舰　王中天　《文史月刊》2010年第7期

英国"中国舰队"对中国近代化海军建设的影响（1885—1914）　贾浩　陈肖寒　《大连近代史研究》2010年第7卷

论北洋舰队筹建原因、构成、作用和覆灭　云天禄　《新西部》2010年第8期

晚清海权观的萌发与滞后　杨东梁　《社会科学战线》2010年第10期

龙旗的飘落——北洋海军失败原因的再思考　任同芹　《兰台世界》2010年第19期

近三十年来国内晚清海防思想研究综述　谢茂发　李京波　《东方论坛》2011年第5期

清末洋务运动的开场戏——"阿思本舰队"的骗局　卫太夷　《航海》2011年第5期

中国近代海防思想的萌芽与发展　兰岚　《人民论坛》2011年第5期

晚清海防战略败局教训及启示　宋汝余　沈威　《军事历史研究》2012年第2期

上海和中国近代海军　史滇生　《国家航海》2012年第3辑

十九世纪中叶中国对西方海上殖民侵略的应对——近代中国海军编练与海防建设再评议　谢俊美　《广东社会科学》2012年第3期

近代中国海防思想与船政近代化研究　赵勇　《广西社会科学》2012年第4期

历史与现实——中日海权战略之比较　李强华　《太平洋学报》2012年第5期

海防与塞防之争略论　张永刚　《青年文学家》2012年第6期

北洋海军鱼雷艇部队指挥权属之考察　王记华　《大连近代史研究》2012年第9卷

从北洋水师的失败看军事斗争中的文化"软实力"因素　田甲丙　《语文教学通讯·D刊》（学术刊）2012年增刊第1期

修建颐和园挪用"海防经费"史料解读　陈先松　《历史研究》2013年第2期

历史悲剧中的悲怆乐章——评说北洋水师　黄志强　邢丽雅　《兰台世界》2013年第4期

基于清廷近代海军建设对晚清海防意识影响的探究　毛智贤　《兰台世界》2013年第6期

北洋海军建设的反思　孙先文　张金铣　《皖西学院学报》2014年第1期

晚清四洋海军述评　吴兆清　《故宫博物院院刊》2014年第1期

北洋海军建设得失成败刍议　刘杰　冯婧　《军事历史》2014年第3期

技术转移对晚清海军建设及甲午海战的影响　李泉　《军事历史》2014年第4期

甲午海战中双方火炮射速及威力的浅析　徐泽龙　《黑龙江史志》2014年第5期

"奇正"与"真锐"之争——从中日兵学思想渊源解析甲午海战　张小龙　张志学　《南京政治学院学报》2014年第5期

北洋水师的兴衰探源　甄贞　吴明　杨凡　《兰台世界》2014年第6期

持续推进强大海军建设必须要有良好的法治环境作基础——从近代中日海军兴亡背后的法制因素谈起　杨志荣　《国防科技》2014年第6期

从《李鸿章奏察勘各口海防布置折》看北洋海防之建设　郭永军　《大连近代史研究》2014年第11卷

李鸿章六次巡阅威海卫　戚俊杰　《大连近代史研究》2014年第11卷

论地方督抚体制与北洋水师的覆灭　黄志强　《大连近代史研究》2014年第11卷

甲午战争120周年祭——从北洋海军战败说起　李洋　《中国纪检监察》2014年第13期

缺失海军魂魄的舰队如何走向失败　许华　《国家人文历史》2014年第14期

谁描黑了北洋海军　陈悦　《国家人文历史》2014年第14期

北洋水师内部观察　魏一平　《三联生活周刊》2014年第27期

甲午战争宣战前日本报刊中的中国海军　郭海燕　《历史教学》（上半月刊）2015年第4期

日本舆论界的北洋舰队"威胁论"及其影响　孙波　《怀化学院学报》2015年第4期

洋务运动时期海军建设的指导思想　李芳林　《安庆师范学院学报（社会科学版）》2015年第5期

蹒跚起航——中国近代海军诞生记　齐廉允　《文史天地》2015年第10期

中日甲午海洋战略决策分析——从日本"征清"史料中延伸　茆晓君

《世界海运》2015 年第 10 期

"北洋舰队全军覆没，洋务运动也随之破产"值得商榷　蔡梓　《中学历史教学参考》2015 年第 24 期

甲午时南洋水师"见死不救"问题探析　陈力　《广东技术师范学院学报》2016 年第 4 期

从"保船制敌"到"避战保船"——论维修能力对北洋海军战略之影响　林雪松　《佳木斯大学社会科学学报》2016 年第 6 期

《北洋海军"来远"兵船管驾日记》阅读报告　孙建军　《大连近代史研究》2016 年第 13 卷

晚清政府的海权意识与海军实践　廖国杰　《中学历史教学》2017 年第 3 期

晚清四洋海军经费探析　吴兆清　《明清论丛》2018 年第 1 期

晚清海防战略的嬗变历程、制约因素及其启示　李强华　《海南师范大学学报（社会科学版）》2019 年第 5 期

甲午战争前后日本对北洋海军评价的变化——基于情报调查和舆论报道的视角　王鹤　《军事历史》2019 年第 6 期

哀甲午耻而鉴之　陈明福　《大连近代史研究》2019 年第 16 卷

清季的海防大筹议与"南款北让"　于孝东　《大连近代史研究》2019 年第 16 卷

北洋水师赴英背后的"国无海军"　赖某深　《博览群书》2020 年第 3 期

晚清海军兵源探微——以北洋舰队为视角　方小阳　陆发春　《山西大同大学学报（社会科学版）》2020 年第 5 期

海外新见北洋海军相关档案文物初探——以德国联邦档案馆、汉堡国际海事博物馆藏品为研究对象　李琼　张远　《博物院》2021 年第 6 期

三名北洋水兵眼中的甲午战争　姜森　《检察风云》2021 年第 15 期

"甲午"电影背后的船政文化——兼论学以致用与中体西用　戴红宇　程晓燕　《兰州工业学院学报》2022 年第 4 期

中国近代海权思想的建构与发展初探（1848—1900）　王立本　潘是辉　《军事历史》2022 年第 5 期

北洋海军的运用与中国的战略文化传统　　张炜　　《中国走向蓝水》世界知识出版社2022年9月

甲午战争前夕的北洋舰队——基于1889年至1895年间日本海军情报内刊的视角　　王鹤　　《船政》2023年第1辑

晚清四大水师的兴衰　　吴鹏　　《炎黄春秋》2023年第2期

晚清海防与塞防之争的叙事话语及演绎　　高中华　　《军事历史》2023年第4期

二、武器装备

著作

中国近代造船史（图3-51）

王志毅著　1986年2月　海洋出版社

记述了自鸦片战争至抗日战争胜利期间中国造船业的发展历程，其中福建船政局军舰的建造是重要内容。

图3-51

图3-52

中国舰船史（第八章　清朝时期古代战船的衰落和近代军舰的兴起）（图3-52）

唐志拔著　1989年1月　海军出版社

介绍了近代军舰的兴起、近代海军的建立和海战、重整海军，以及清代海军兵器。

中国近代船舶工业史（图3-53）

辛元欧著　1999年10月　上海古籍出版社

论述了中国木帆船业的衰落、中国近代的外资轮船修造业、中国近代船舶工业的发端、中国近代船舶工业的起伏发展、近代造船工业的知识传播与人才培养等内容。

图3-53

图3-54

北洋海军舰船志（图3-54）

陈悦著　2009年6月　山东画报出版社

全面介绍了北洋海军各舰船的建造过程及舰船的各种参数，是一部北洋海军舰船辞典。

近代国造舰船志（图3-55）

陈悦著　2011年4月　山东画报出版社

记述了国产军舰"万年青""湄云""伏波""扬武""威远"等各级舰艇的建造历史。

清末海军舰船志（图3-56）

陈悦著　2012年5月　山东画报出版社

记述了清末"飞霆""飞鹰""星宿""海龙""海天""海容""江元""楚泰""湖鹏""长风""肇和""永丰""凤舞"等各级舰艇的建造历史。

北洋海军舰船志（图3-57）

陈悦著　2015年1月　山东画报出版社

对北洋海军各舰船的建造过程及舰船的各种参数进行了内容增补，是一部北洋海军舰船辞典。

中日海战主力舰艇图志（上册）——甲午海战（图3-58）　张向春绘著　2015年8月　花城出版社

以图绘方式介绍甲午海战中日双方的主力舰艇。

泰恩河上的黄龙旗（图3-59）

张黎源著　2020年8月　生活·读书·新知三联书店

图3-55

图3-56

图3-57

图3-58

图3-59

记述了阿姆斯特朗简史、"字母炮艇"、"超勇"级巡洋舰、"致远"级巡洋舰、"飞霆"号鱼雷炮艇等内容。

（国家文物局考古研究中心·考古报告系列-6）致远舰水下考古调查报告（图3-60）

国家文物局考古研究中心　辽宁省文物考古研究院编著　2023年3月　科学出版社

反映了"致远"舰沉舰遗址水下考古调查的过程及成果。

图3-60

（镜鉴文丛）铁甲巨舰（图3-61）

杨华著　2023年9月　山东画报出版社

论述了北洋海军装备建设情况。

图3-61

论文

甲午之战被虏两铁锚五十年后重归祖国　铁郎　《海晶》　1946年第6期

英德帝国主义向清政府兜售船舰的野心和竞争　李德徵　《历史教学》1964年第7期

北洋水师的济远舰　奚根勇　《新民晚报》1982年8月8日

关于北洋舰队舰只的辨证　永石　《湘潭大学社会科学学报》1983年第4期

清军水师装备近代化的先声　何锡荣　《社会科学》1983年第6期

北洋购舰考　姜鸣　《复旦学报（社会科学版）》1984年第3期

"定远"和"镇远"铁甲舰述略　姜鸣　《船史研究》1986年第2期

晚清北洋海军建军过程中的主要舰艇研究　姜鸣　《船史研究》1987年第3期

中国近代海军初创时期洋务派造船与买船得失浅探　黄国盛　杨奋泽　《内蒙古大学学报（哲学社会科学版）》1988年第1期

近代中国造船工业的创建和发展　戚其章　《军事历史研究》1990年第4期

近代中国造船工业的创建和发展　戚其章　《东岳论丛》1991年第6期

"济远"舰炮械损毁考　陈贞寿　黄国盛　谢必震　《福建论坛（文史哲版）》1993年第1期

从装备上看北洋水师覆亡的原因及几点启示　吴长春　《大连海运学院学报》1994年第3期

甲午海战中北洋海军舰艇技术保障的主要经验教训　左森　《中国修船》1994年第6期

北洋水师舰船分类补正　王建科　《近代史研究》1995年第1期

"镇远"沧桑　陈会杰　《平顶山师专学报》1995年第3期

定远悲歌　王玉麒　《南方论刊》1995年第8期

简述洋务派买船与造船活动所遇到的阻力　孙占元　《山东师范大学学报（社会科学版）》1996年第2期

大鹿岛与致远舰　袁辉　《中国地名》1998年第3期

"打捞致远舰"荒唐内幕　李郁　《政府法制》1998年第4期

德国军事技术对北洋海军的影响　游战洪　《中国科技史料》1998年第4期

德国克虏伯与晚清军事的近代化　乔伟　李喜所　李晓琴　《南开学报》1999年第3期

"定远""镇远"订购及来华述略　关威　《历史教学》2000年第12期

北洋海军主战舰艇的兴亡　马骏杰　《军事史林》2001年第6期

从中兴到没落的清朝军舰　儒生　《兵器知识》2004年第9期

从北洋舰队技术装备看甲午海战中国的战败　李成生　《经济与社会发展》2005年第5期

谁埋葬了北洋水师——蒋廷黻"中日初次决战"之导读　陈月霞　马宗科　《中学历史教学参考》2006年第9期

晚清国产与进口舰艇作战效能比较　王逸峰　《舰载武器》2006年第10期

晚清时期的国产与进口海军舰艇　一峰　钱於彬　《舰载武器》2006

年第 10 期

　　1886 年北洋舰船长崎油修起因探析　孙建军　《大连近代史研究》2007 年第 4 卷

　　北洋水师失败之技术思考　游战洪　《科学》2008 年第 4 期

　　大清海军甲午遗事（一）——殉国第一舰"广乙"　萨苏　《紫禁城》2008 年第 4 期

　　大清海军甲午遗事（二）——殉国第一舰"广乙"　萨苏　《紫禁城》2008 年第 5 期

　　大清海军甲午遗事（三）——殉国第一舰"广乙"　萨苏　《紫禁城》2008 年第 6 期

　　晚清政府向西方购买铁甲舰述论　刘振华　《军事历史》2009 年第 4 期

　　近代造船在买造间迷失　秦伟　《装备制造》2009 年第 8 期

　　"致远"舰沉没原因考　姜峰　《兰台世界》2010 年第 7 期

　　庄河甲午史事考疑一题——北洋海军"经远"舰沉没于庄河黑岛说析辨　陈悦　《大连近代史研究》2010 年第 7 卷

　　从甲午海战看战术火力的决定意义　《文汇报》2010 年 10 月 9 日

　　晚清筹办北洋海军时引进军事装备的思路与渠道——从一则李鸿章致克虏伯的署名信谈起　孙烈　《自然辩证法研究》2011 年第 6 期

　　中华英雄舰形象"张冠李戴"令人憾——对甲午海战中沉没的"致远"舰照片被错用的历史考析　陈悦　《东方收藏》2011 年第 6 期

　　甲午海战中的假炮弹　刘青松　《中国经济和信息化》2011 年第 9 期

　　北洋海军德制鱼雷艇之谜　刘致　《大连近代史研究》2012 年第 9 卷

　　沉寂百年的甲午战船　周强　《大众考古》2013 年第 3 期

　　甲午战前的铁甲舰认知及其对海军舰船装备采购的影响　任燕翔　《军事历史》2013 年第 4 期

　　从定远、镇远的战损情况看中央铁甲堡军舰的结构与水下防护　李玉生　《现代舰船》2013 年 6 月 B 刊

　　晚清军事变革中的决策机制探析——基于北洋水师主战舰艇引进的考察　杨玉荣　龚耘　《湖北社会科学》2013 年第 8 期

　　折戟沉沙龙旗残——从沉船遗物看济远舰的曲折历程　姜晔　《大连

近代史研究》2013 年第 10 卷

海战沉船出水记　萨苏　《宁夏画报》(时政版)2014 年第 2 期

战舰遗物寻访记　萨苏　《宁夏画报》(时政版)2014 年第 2 期

经远级装甲巡洋舰再探　徐方蕤　《舰船知识》2014 年第 3 期

技术转移对晚清海军建设及甲午海战的影响　李泉　《军事历史》2014 年第 4 期

甲午海战经远沉舰考　赵克豪　《大连干部学刊》2014 年第 12 期

武器装备发展停滞的教训——甲午黄海海战舰艇对比与启示　武儒海　《世界知识》2014 年第 17 期

甲午海战中的沙子炮弹　马长虹　《共产党员》（河北）2015 年第 10 期

百年悲歌"致远"舰　《海洋世界》综合报道　《海洋世界》2015 年第 12 期

从甲午海战看中日舰船材料发展战略　李明洋　《新材料产业》2016 年第 2 期

"致远舰"水下考古启示　姜波　《遗产与保护研究》2016 年第 3 期

发现"致远舰"　孙兆锋　《大众考古》2016 年第 4 期

辽宁"丹东一号"清代沉船　周春水　冯雷　《考古》2016 年第 7 期

北洋海军"致远"级巡洋舰结构初探　张黎源　《大连近代史研究》2016 年第 13 卷

北洋水师购买德制舰船的非技术原因　任燕翔　《兰台世界》2016 年第 22 期

北洋海军购置雷艇考述　陈先松　焦海燕　《安徽史学》2017 年第 1 期

何以致远——北京大学赛克勒考古与艺术博物馆"寻找致远舰"策展团队访谈录　商晨雯　《博物院》2017 年第 3 期

西方铁甲舰议购与晚清海疆筹防——以李鸿章私函为中心　曾志文　《学术研究》2017 年第 3 期

百年舰炮身份寻踪　隋东升　《大众考古》2017 年第 11 期

大舰巨炮时代——北洋海军初建的技术背景　张远波　《海军工程大学学报（综合版）》2018 年第 1 期

历史、考古与水下考古——由致远舰发现谈起　宋建忠　《水下考古》2018 年第 1 辑

北洋海军购置蚊船、铁甲船史实补正　陈先松　《安徽史学》2018 年第 6 期

辽宁大连庄河海域发现甲午海战沉舰——"经远舰"　文化宣传委员会　《中国博物馆通讯》2018 年 10 月

辽宁大连庄河海域发现甲午海战沉舰——经远舰　《文物鉴定与鉴赏》2018 年第 15 期

甲午海战经远舰遗址考古收官出水文物 500 余件　《文物鉴定与鉴赏》2018 年第 21 期

甲午战争前北洋舰队添置快炮探析　王逸峰　《军事史林》2019 年第 1、2 期合刊

光绪朝北洋水师经远舰档案　王征　《历史档案》2019 年第 3 期

"致远""经远"与"定远"——北洋水师沉舰的水下考古发现与收获　姜波　《自然与文化遗产研究》2019 年第 10 期

考古视角下的"经远"舰炮械武备谈　隋东升　《大连近代史研究》2019 年第 16 卷

北洋海军第一级鱼雷艇考证　刘致　《国家航海》2019 年第 22 辑

洋务运动时期江南制造总局对中国船炮技术提升的影响　刘鸿亮　陈世杰　《国家航海》2019 年第 22 辑

大英图书馆藏德州北洋机器局档案研究——兼论样式雷方案的影响　李程远　陈国栋　徐苏斌　《中国文化遗产》2020 年第 6 期

北洋海军在德国建造战舰的档案研究——基于什切青机械制造公司 Vulcan 造船厂档案的初步调查　禾多米　《自然与文化遗产研究》2020 年第 7 期

沉舰、军港与海战场——考古学视野下的北洋海军史　姜波　《自然与文化遗产研究》2020 年第 7 期

近现代沉船（舰）水下考古的价值认知与思考　尹锋超　《自然与文化遗产研究》2020 年第 7 期

辽宁丹东致远舰遗址调查　周春水　《自然与文化遗产研究》2020 年

第 7 期

辽宁庄河经远舰遗址水下考古发现与水下文化遗产的研究价值　冯雷　于海明　周春水　《自然与文化遗产研究》2020 年第 7 期

山东威海定远舰的发现与论证　王泽冰　孟杰　杨小博　《自然与文化遗产研究》2020 年第 7 期

永不沉没的"定远"舰　孙兆锋　黎飞艳　《大众考古》2020 年第 10 期

日藏甲午黄海海战沉船打捞档案　周强　《大连近代史研究》2020 年第 17 卷

福建船政"平远"舰考　陈悦　《国家航海》2020 年第 24 辑

甲午沉舰遗址水下考古调查　周春水　《中国港口》2020 年增刊第 1 期

海底百年英魂的浮光掠影——甲午沉舰考古调查中的水下摄影技术　黎飞艳　《自然与文化遗产研究》2021 年第 2 期

甲午海战沉船的发掘与保护　马明飞　李星燃　《中华环境》2021 年第 6 期

"致远"级巡洋舰的操舵系统　李玉生　张黎源　《国家航海》2021 年第 26 辑

甲午战后日本对威海湾北洋海军沉舰的打捞　周强　《历史档案》2022 年第 3 期

甲午沉舰水下考古　周春水　《文物天地》2022 年第 9 期

甲午百年硝烟尽，十年求索觅遗踪——甲午沉舰系列水下考古工作回顾与展望　张敏　周春水　《大众考古》2023 年第 2 期

发掘甲午海战沉舰　考古让历史浮出水面　李丹萍　蒋肖斌　《中国青年报》2023 年 10 月 31 日

威海湾甲午沉舰文物点的再研究　隋东升　宋美娇　《大连近代史研究》2023 年第 18 卷

聚焦水下考古重要发现——国家文物局发布"考古中国"重大项目重要进展　《文物鉴定与鉴赏》2023 年第 20 期

三、编制体制

论文

"总理海军事务衙门"考　姜鸣　《福建论坛（文史哲版）》1987年第4期

十九世纪中晚期中日两国近代海军制度之比较　姚锦祥　《南京师范大学学报（社会科学版）》1990年第1期

海军衙门与洋务运动　杨益茂　《中国人民大学学报》1993年第5期

近代海军建设史上的一场骗局——关于设立海军衙门和宣布北洋海军成军二事的实际意义　季平子　《河北学刊》1994年第4期

从海军管理体制看甲午战争北洋舰队结局　吴冬玲　《以史为鉴　开创未来——"近百年中日关系与21世纪之展望"国际学术研讨会文集》（下）大连出版社2000年10月

总理海军事务衙门　谢俊美　《江西师范大学学报》2003年第4期

清代旅顺水师营初探　江红春　《大连大学学报》2004年第1期

颐和园与海军衙门　王道成　《人民论坛》2006年第7期

从海军衙门修铁路谈起　黄敏兰　《中华读书报》2007年10月24日

从海军衙门到海军部——清廷近代海军中央机构的初步建立与人员取用　张季　《石家庄学院学报》2010年第1期

论海军衙门的兴废　鲍伟　《内蒙古农业大学学报（社会科学版）》2011年第4期

晚清海军机构的筹设及其近代转型　王双印　《学术研究》2013年第7期

北洋海军体制编制的主要内容及历史反思　孙保童　《传承》2014年第9期

海军衙门经费析论　陈先松　《清史研究》2018年第2期

清季总理海军事务衙门章京研究　徐笑运　《历史档案》2019年第4期

总理海军事务衙门制度建设及其政务运作　徐笑运　《历史教学问题》2019年第6期

晚清海军衙门游历使眼中的西方——凤凌《游馀仅志》读后　赖某深　《世界文化》2020 年第 2 期

清季海防股与海军衙门关系考辨　徐笑运　《海洋史研究》2021 年第 1 期

海军事务衙门的创立　马晓荣　《中国军转民》2022 年第 9 期

四、规章制度

论文

十九世纪中晚期中日两国近代海军军制之比较　姚锦祥　《南京师范大学学报（社会科学版）》1990 年第 1 期

北洋海军制度述论　黄细嘉　《宜春师专学报》1998 年第 3 期

《北洋海军章程》　张一文　《军事历史研究》1999 年第 4 期

论《北洋海军章程》　马骏杰　《历史档案》2000 年第 4 期

北洋海军军舰"主炮晾衣"说考辨　陈悦　《中国甲午战争博物馆馆刊》2007 年第 2 期

《海军旗式及章服图说》成书时间考　杨虎　《故宫学刊》2010 年第 1 期

北洋海军俸饷制度述评　龙心刚　梁东兴　《湖北社会科学》2013 年第 3 期

战斗力的标杆——舰艇上晾晒的衣服　《现代军事》2016 年第 9 期

晚清海军军事法变革　闵光玉　《西安政治学院学报》2017 年第 3 期

关于北洋水师军纪的探讨　孙宇梁　孙怀明　王亚晶　《兰台世界》2018 年第 8 期

清末海军将旗研究　姜鸣　《军事史林》2019 年第 5 期

晚清海军旗图样研究——基于图像资料的探讨　吉辰　《学术研究》2020 年第 3 期

晚清海军旗式的演变——基于史料和物证的透视　杨琪　《岭南文史》2020 年第 4 期

五、教育训练

著作

清季海军教育史

包遵彭著　1969年7月　国防研究院出版部

论述了晚晴时期海军学校的创办、发展及其人才培养。

（河东政协文史资料第七辑）洋务运动在河东（图3-62）

政协天津市河东区委员会文史资料委员会编辑　1994年12月

辑录30多篇有关洋务运动的史料，其中多篇涉及水师学堂。

图 3-62

论文

福建船政学堂与留欧学生　郑登云　金林祥　《华东师范大学学报（自然科学版）》1983年第2期

论留学生与北洋舰队　关捷　陈勇　《社会科学研究》1984年第6期

论留学生与北洋舰队　关捷　陈勇　《中日关系史论文集》（辽宁大学科研处编）1984年8月

中国第一届赴欧海军留学生述略　徐彻　《社会科学辑刊》1986年第5期

北洋舰队训练述论　姜鸣　《东岳论丛》1986年第6期

晚清自强运动中海军军备及教育训练之研究　廖和水　《复兴黄冈学报》1987年第37期

对清末海军学堂师资聘请、培养、使用制度的初探　景广学　《太原师专学报（哲学社会科学版）》1988年第1期

近代中国海军教育与甲午海战　高翠莲　《军事历史研究》1990 年第 2 期

中国第一所近代海军学校　徐彻　《社会科学辑刊》1990 年第 6 期

晚清的水师学堂　崔运武　《文史知识》1992 年第 3 期

从北洋舰队的平时训练与素质看甲午海战失利的原因　程镇芳　《福建论坛（文史哲版）》1993 年第 1 期

近代中国海军的早期教育　范进发　李克明　王福州　《军事历史》1993 年第 3 期

我国首批留英海军生与甲午海战　叶芳骐　《福州师专学报》1994 年第 1 期

福州船政学堂教育与甲午海战　陈名实　《福建论坛（文史哲版）》1994 年第 4 期

近代海军的"贵族学校"　唐宏　《当代海军》1996 年第 6 期

福建船政学堂与近代西学传播　郑剑顺　《史学月刊》1998 年第 4 期

十九世纪后期中日海军教育比较　史滇生　《军事历史研究》2000 年第 3 期

"北洋海军与中国近代海防教育"研讨会在威海召开　王征　《中国文物报》2000 年 9 月 3 日

船政学堂留洋学生的特殊社会化道路　陈隽　《船政文化研究》　中国社会出版社 2003 年 9 月

船政学堂在中国近代海军教育中的地位　苏小东　陈美慧　《船政文化研究》　中国社会出版社 2003 年 9 月

福州"海军世家"成因初探　刘琳　史玄之　《船政文化研究》　中国社会出版社 2003 年 9 月

船政教育　薪传不绝——船政学堂及其系列学校　张宝骐　《福州文史资料选辑》2003 年第 22 辑

晚清海军留学英法述析　屈春海　《历史档案》2004 年第 3 期

北洋水师学堂简论　李斌　《黔东南民族师范高等专科学校学报》2004 年第 5 期

福州船政学堂与中国近代海军教育体系的形成　陈美慧　《宁夏社会

科学》2004 年第 5 期

  威海刘公岛水师学堂中的近代体育　　孙玉燕　　徐立和　　《体育文化导刊》2005 年第 5 期

  京师昆明湖水操学堂史论　　秦雷　　《北京社会科学》2006 年第 1 期

  留学生与晚清海军教育　　李来容　　《徐州师范大学学报（哲学社会科学版）》2007 年第 6 期

  中国第一批海军留学生　　梅文　　《教育》2008 年第 11 期

  留美幼童对近代中国海军科技发展的影响　　茹诗珍　　徐飞　　《甘肃社会科学》2009 年第 4 期

  清朝海军"贵胄学校"——昆明湖水操学堂始末　　秦雷　　《清代档案与清宫文化》　中国档案出版社 2010 年 2 月

  甲午战前的海军留英教育与中国近代化　　张金超　　《文学界（理论版）》2011 年第 1 期

  威海水师学堂　　刘芳　　李晓红　　《山东档案》2011 年第 2 期

  近代海军留学教育发展历程及其影响　　甘少杰　　吴洪成　　《军事历史研究》2012 年第 3 期

  福州船政学堂与北洋海军军官的早期培养　　武建奎　　《兰台世界》2013 年第 10 期

  晚清福州船政留学对海军近代化的影响　　穆标　　《山西煤炭管理干部学院学报》2014 年第 3 期

  甲午战争爆发前北洋海军的两次会校述略　　刘功成　　《日本侵华史研究》2015 年第 1 期

  从天津水师学堂的建制看近代中国的海军教育　　段坤坤　　《山西青年》2018 年第 13 期

  陈兆锵早年生涯几个需要澄清的问题　　孙建军　　《大连近代史研究》2019 年第 16 卷

  留美幼童与北洋海军——以寻觅留美幼童回华后进入北洋海军的路向为主　　孙建军　　《国家航海》2019 年第 22 辑

  晚清海军人才培养途径、模式及制约因素——兼与日本比较　　李强华　　《宁波大学学报（教育科学版）》2020 年第 1 期

北洋水师学堂海军人才培养的制度研究　常艳　《文学教育》2020 年第 4 期（下）

天津水师学堂的开办与人才培养　张雅婷　《宿州教育学院学报》2020 年第 5 期

晚清海军教育的缺憾及启示——以北洋水师学堂为例　杜萌　廖君湘　杜金会　《军事交通学院学报》2021 年第 2 期

船政前学堂技术教育之再探讨　李明洋　《船政》2023 年第 1 辑

晚清海军的妈祖信仰　甘满堂　刘润森　《莆田学院学报》2023 年第 1 期

中国近代海军中的妈祖信仰　陈悦　《船政》2023 年第 2 辑

六、战略战术

论文

谈谈中日甲午黄海海战北洋舰队的战斗队形　吴如嵩　《江苏师范学院学报》1979 年增刊第 1 期

略谈甲午海战北洋舰队的议定队形　吴如嵩　《江苏师范学院学报》1981 年第 3 期

略谈甲午海战北洋舰队的议定队形　吴如嵩　《苏州大学学报（哲学社会科学版）》1981 年第 3 期

甲午黄海海战北洋舰队阵形考　戚其章　孙克复　关捷　《辽宁大学学报（哲学社会科学版）》1983 年第 1 期

试论中日甲午黄海海战的战术指挥　魏天柱　《中日关系史研究》1983 年第 2 辑

甲午黄海海战北洋舰队阵形的得失　孙克复　《文史知识》1984 年第 9 期

黄海海战中北洋舰队战斗队形浅析　杨志本　《军事卷通讯》1985 年第 35 期

中日黄海海战北洋海军的接战队形再探　姜鸣　《复旦学报（社会科学版）》1987年第4期

近代海军作战的阵法与战法述论　杨志本　许华　《历史档案》1988年第2期

论清海军战略思想——兼与日美海军战略思想比较　李国华　《军事历史研究》1988年第4期

北洋海军作战阵法　许华　《舰船知识》1989年第1期

谈北洋海军的阵法问题　戚其章　《历史档案》1989年第2期

北洋海军黄海海战战场指挥失误谈　许华　《舰船知识》1989年第3期

论北洋海军战役指挥问题　戚其章　《近代史研究》1989年第3期

关于黄海海战中国舰队接战队形问题　姜鸣　《华东师范大学学报（哲学社会科学版）》1989年第5期

中日甲午战争中的海军战略问题　戚其章　《东岳论丛》1990年第5期

对中日甲午战争双方海军战略的比较考察　刘向阳　张红军　《临沂师专学报》1994年第4期

黄海海战研究——关于北洋舰队的失利原因及阵形问题　潘向明　《清史研究》1994年第4期

甲午战争中日双方海军战略比较考察　张红军　《齐鲁学刊》1998年第5期

是丁汝昌"避战保船"还是李鸿章"保船制敌"　杨晓伟　《陇东学院学报》2009年第4期

基于AHP法的黄海海战北洋舰队攻击队形的评估　冷旭　何静　《黑龙江史志》2011年第14期

中日甲午黄海海战战斗队形与火力再探讨：最糟糕与最合理的怪异组合——"夹缝雁行阵"　倪乐雄　《军事历史研究》2014年第3期

从军事技术变革下的战术生成模式谈黄海海战阵型选择　吴奕澎　刘艳琼　《自然辩证法研究》2018年第1期

舰艉始终对敌是黄海海战中北洋舰队阵型的正确选择　丁昌明　汤晓峋　《大连近代史研究》2019年第16卷

七、基地建设

著作

北洋水师大沽船坞（图 3-63）

塘沽政协文史委编　2005 年 12 月　中国文史出版社

文集。辑录有关大沽船坞的文章、资料 18 则。

图 3-63

论文

旅顺建港始末 1880—1890　王家俭　《中央研究院近代史研究所集刊》1976 年第 5 期

旅顺大坞的兴建与北洋水师根据地的形成　曲传林　翟云瑞　《辽宁师范大学学报》1984 年第 3 期

旅顺大坞的兴建与北洋水师根据地的形成　曲传林　翟云瑞　《中日关系史论文集》（中日关系史第四次学术讨论会）　辽宁省中日关系史研究会 1984 年 9 月

北洋海军基地建设与晚清国防现代化　姜鸣　《华东师范大学学报（哲学社会科学版）》1987 年第 3 期

威海刘公岛码头耐蚀性能调查及分析　王相润　孙作杭　《腐蚀与防护》1987 年第 3 期

北洋海军基地建设和晚清国防近代化　姜鸣　《中国近代军事史论文集》（军事科学院战略研究部选编）　军事科学出版社 1987 年 11 月

大沽造船所　王翁如　《天津科技》1994 年第 2 期

甲午战前旅顺口建设述略　刘俊勇　《大连近代史研究》2006 年第 3 卷

清末军工船坞选址初探　马渊　《小城镇建设》2007 年第 4 期

**日本记者笔下的清代旅大海防设施——兼评《日清战争从军写真帖——

伯爵龟井兹明的日记》　刘俊勇　《大连近代史研究》2008年第5卷

近代清政府对旅顺港的建设　姜晔　《中国近代史及史料研究》　社会科学文献出版社2010年12月

炮台图志　《新湘评论》2010年第18期

工业遗产的历史研究与价值评估尝试——以北洋水师大沽船坞为例　季宏　徐苏斌　青木信夫　《建筑学报》2011年增刊第2期

北洋海军基地建设之评价　肖季文　侯飞　《军事历史》2012年第2期

旅顺口北洋水师弹药库考　周爱民　《东北史地》2012年第4期

旅顺船坞修理改装北洋海军舰船述略　尹玉兰　孙桂翠　《大连近代史研究》2013年第10卷

初探旅顺口火炮的历史拷问　尚洪玉　《才智》2013年第13期

清代大连湾海防建设研究　李慧　杨玉璟　《大连近代史研究》2014年第11卷

晚清《直隶海防各营及朝鲜旅顺金州防营月饷数目图说》探析　尹学梅　《文物鉴定与鉴赏》2015年第8期

清代天津大沽口营盘图考　尹学梅　王会娟　《文物春秋》2016年第3期

甲午战争残炮身世辨疑　王记华　《中国港口》2016年增刊第1期

北洋水师大沽船坞创建考证及基于GIS的历史格局研究　青木信夫　张家浩　徐苏斌　《建筑史》2018年第1期

清末烟台北洋海防炮台建设述略　隋东升　《大连近代史研究》2018年第15卷

晚清江苏海防炮台与威海卫炮台比较研究　周强　《大连近代史研究》2018年第15卷

《营口炮台全图》初探　贾浩　《大连近代史研究》2018年第15卷

清末大连湾海防建设述论　刘一　《中国海洋大学学报》2019年第5期

清季北洋水师选建大连湾始末　于孝东　《北方文物》2020年第2期

甲午战争至日俄战争时期旅顺海防工事初探　张腾煜　丁文静　《军事史林》2020年第3期

北洋水师旅顺基地的非议与选址之争　于孝东　《兰台世界》2020年

第 4 期

旗顶山炮台——一座发人深省的警钟　彭均胜　《春秋》2020 年第 5 期

威海刘公岛甲午战争纪念地之东泓炮台建筑特征及文物价值研究分析　郑洋坤　《人文天下》2020 年第 8 期

北洋水师旅顺基地选址始末　于孝东　《大连近代史研究》2020 年第 17 卷

刘公岛旗顶山设防研究　隋东升　《大连近代史研究》2020 年第 17 卷

铭记历史　勿忘国殇——走进刘公岛甲午战争纪念地　尉洪鑫　赵敏　《人文天下》2021 年第 1 期

刘公岛甲午战争纪念地公所后炮台构造特点及价值　尚伟　《人文天下》2021 年第 2 期

北洋海军威海卫基地台炮配设研究　隋东升　《国家航海》2021 年第 26 辑

俄藏甲午战前威海炮台图考　郑诚　贾浩　《中国国家博物馆馆刊》2023 年第 7 期

刘公岛甲午战争纪念地——北洋海军基地后勤保障设施的维修与利用　魏建　《文物鉴定与鉴赏》2023 年第 10 期

八、后勤保障

论文

清季南北洋海防经费的筹措　庄吉发　《大陆杂志》1977 年第 55 卷第 5 期

清廷挪用海军经费筑颐和园考　张利民　《南开学报（哲学社会科学版）》1983 年第 3 期

建颐和园并未挪用"海军巨款"　廖宗麟　《学术研究》1985 年第 3 期

光绪朝三海工程与北洋海军　叶志如　唐益年　《历史档案》1986 年

第 1 期

光绪年间三海大修工程史料选载　叶志如　唐益年　《历史档案》1986 年第 2 期

北洋海军经费初探　姜鸣　《浙江学刊》1986 年第 5 期

颐和园工程与北洋海军　戚其章　《社会科学战线》1989 年第 4 期

北洋海军后勤建设述论　王冷一　《军事历史研究》1990 年第 1 期

清朝末年海军经费的筹集　张瑞泉　《军事经济研究》1990 年第 1 期

颐和园修建经费新探　王道成　《清史研究》1993 年第 1 期

关于北洋海军经费被挪用的几个问题　吴长春　《世界海运》1994 年第 1 期

北洋海军在甲午战争中的后路保障　苏小东　陈美慧　《军事历史研究》2005 年第 3 期

也谈三海工程与海军衙门经费　陈先松　《近代史研究》2010 年第 4 期

北洋收存海防经费的挪用问题（1875—1894）　陈先松　陈兆肆　《安徽史学》2013 年第 2 期

修建颐和园挪用"海防经费"史料解读　陈先松　《历史研究》2013 年第 2 期

从《孙子兵法》看北洋海军后勤保障弊端　孟英莲　《滨州学院学报》2015 年第 5 期

从煤炭供应管窥北洋海军的甲午战败　严永烨　李军　《鲁东大学学报（哲学社会科学版）》2018 年第 6 期

顾大局与求实利——晚清招商局用煤问题初探　欧婷　《国家航海》2022 年第 29 辑

九、战前活动

论文

中日"长崎事件"交涉（1886—1887）　王家俭　《台湾师范大学历

史学报》1977 年第 5 期

北洋舰队三访新加坡　钟华　《广东侨报》1986 年 1 月 8 日

论清朝舰队巡历海外华埠　庄国土　《华侨华人历史研究》1990 年第 1 期

近代中国海军四次到过新加坡　余定邦　《东南亚研究》1993 年第 1、2 期合刊

中日长崎事件及其交涉　李忠兴　《历史教学问题》1994 年第 3 期

北洋舰队 1891 年访日及其影响　方堃　《安徽史学》1996 年第 3 期

清朝北洋舰队两次访日　史春林　《炎黄春秋》2004 年第 9 期

北洋水师出访与日本海军的崛起　张俊　《当代海军》2005 年第 12 期

1886 年北洋舰船长崎油修起因探析　孙建军　《大连近代史研究》2007 年第 4 卷

北洋舰队两访日本刺激其大力发展海军　曹军　《当代海军》2007 年第 4 期

徐承祖与中日长崎事件　张兆敏　《史学月刊》2007 年第 5 期

北洋舰队访问日本秘闻　王素霞　《档案天地》2008 年第 12 期

"北洋舰队"的两次日本之行　王仕琪　《湖北档案》2011 年第 2 期

晚清海军护商护侨实践及其得失　苏小东　《安徽史学》2013 年第 1 期

中俄边界勘定期间的中日"长崎事件"探析　刘景瑜　《北方文物》2013 年第 4 期

1886 年长崎事件述论　刘景瑜　《北华大学学报（社会科学版）》2017 年第 5 期

十、战后情况

论文

北洋海军参加光复及护法之役的一些史实　陈弘毅　《广东文史资料》1962 年第 7 辑

北洋舰队覆灭原因再探讨　季云飞　《南京社会科学》1991 年第 6 期

北洋海军覆灭原因再探讨　杨志本　许华　《历史研究》1992 年第 4 期

甲午战争后的清朝海军述论　沈毅　《辽宁大学学报（哲学社会科学版）》1992 年第 4 期

清末甲午战后重建海军述略　陈崇桥　《辽宁大学学报（哲学社会科学版）》1993 年第 2 期

甲午战争和中国海军的近代化　史滇生　《军事历史研究》1994 年第 1 期

甲午战后的海军建设和海防思想　黄乘矩　《中国边疆史地研究》1994 年第 4 期

甲午海战后的清朝海军　戴彦清　唐宏　《海洋世界》1996 年第 5 期

晚清海军兴衰的历史启示　戚其章　《清史研究》1997 年第 4 期

何人埋葬了北洋水师　文哲　《学习月刊》2004 年第 10 期

北洋海军到底被谁葬送？　《中国国防报》2006 年 1 月 17 日

略论北洋水师覆灭的教训　郭海文　张小荣　朱慧玲　《武警工程学院学报》2009 年第 1 期

清朝后期国防思想刍议　张芳　《军事历史》2009 年第 5 期

北洋舰队覆没的历史反思　戚其章　《百年潮》2009 年第 7 期

晚清重整海军简述　王青山　《才智》2009 年第 31 期

甲午战争后清政府重建海军的努力及其结果　刘申生　《法制与社会》2010 年第 36 期

庚子年北洋舰队南下始末　戴海斌　《历史档案》2011 年第 3 期

《海军旗式及章服图说》与清末海军重建　杨虎　《明清论丛》2011 年

北洋舰队覆亡的历史根源探讨　黄建江　《兰台世界》2013 年第 24 期

甲午战后清政府对北洋海军将弁议恤档案　中国第一历史档案馆　《历史档案》2014 年第 4 期

北洋海军重建及其他——读《随轺笔记》　赖某深　《世界文化》2021 年第 7 期

第四部分
战争过程

一、陆战

1. 总论

著作

甲午中日陆战史（图 4-1）

孙克复　关捷编著　1984 年 3 月　黑龙江人民出版社

论述了甲午战争前的中日国情、中日陆军、中日交涉，以及成欢激战、保卫平壤、辽东地区保卫战、金旅战役、五复海城、山东半岛战役、辽河下游及澎湖之战、保卫台湾的战斗等各次战役和战斗。

图 4-1

甲午中日战争陆战研究（图 4-2）

李英全著　2020 年 11 月　华中师范大学出版社

对甲午战争朝鲜战场、辽东半岛战场和山东半岛战场各战役进行了全面论述。

图 4-2

论文

甲午战争时东北清军一览表　《近代史资料》1962 年第 2 期

甲午战争双方兵力的分析（上）　刘凤翰　《中国一周》1966 年第 829 期

甲午战争双方兵力的分析（下）　刘凤翰　《中国一周》1966 年第 830 期

论甲午战争中的清军战略　庄维民　《东岳论丛》1984 年第 4 期

甲午中日战争时期东三省练军琐谈　刘树泉　《中日关系史论文集》（中

日关系史第四次学术讨论会） 辽宁省中日关系史研究会 1984 年 9 月

论中日甲午战争中的毅军 刘谦 《中日关系史论文集》（中日关系史第四次学术讨论会） 辽宁省中日关系史研究会 1984 年 9 月

晚清练军研究 杨策 《近代史研究》1988 年第 1 期

论清军的装备、训练、战术与甲午陆战的失败 王建华 《历史教学》1988 年第 9 期

论军粮供给与甲午战争 刘志坚 《福建论坛（文史哲版）》1990 年第 2 期

评甲午战争中的速胜论和持久战思想 申春生 《东岳论丛》1990 年第 5 期

后勤体制与甲午战争 刘志坚 《福建论坛（文史哲版）》1991 年第 3 期

论甲午战争前后的清军兵制 张红军 《福建论坛（文史哲版）》1994 年第 1 期

湘军与甲午战争 刘大可 《扬州师范学院学报（社会科学版）》1994 年第 3 期

甲午战争与清军勇营制度 张红军 《聊城师范学院学报（哲学社会科学版）》1994 年第 4 期

试论清军甲午战败的军事原因 张一文 《清史研究》1994 年第 4 期

关于甲午陆战中清军的武器装备 董蔡时 王建华 《江海学刊》1995 年第 3 期

略论甲午战争陆路战场清军后勤问题 龙汉武 《延边大学学报（哲学社会科学版）》1998 年第 1 期

从军事力量对比看中日甲午陆战清军的失败 孙洪波 《丹东师专学报》1998 年第 3 期

军事对比——中日甲午陆战清军败因探略 孙洪波 《社会科学辑刊》1999 年第 1 期

大清敕建毅军昭忠祠碑及其碑文 曹丽萍 《锦州师范学院学报（哲学社会科学版）》2000 年第 2 期

论甲午战争中的黑龙江军队 付杰 戴丽艳 《世纪桥》2000 年第 5 期

试论甲午清军战败之原因　郭铁桩　《以史为鉴　开创未来——"近百年中日关系与21世纪之展望"国际学术研讨会文集》（下）　大连出版社2000年10月

甲午陆战与晚清陆军军事教育的发展　王建华　翟海涛　《安徽史学》2006年第2期

历史教科书中"甲午陆战"评析——《走进甲午》读史札记　高思超　苏平　《历史教学》（上半月刊）2008年第4期

论甲午战争中清军的战地救护　孙洪军　《江苏科技大学学报（社会科学版）》2009年第3期

甲午前线的"五大营"官兵　邹本栋　《世纪桥》2009年第8期

让"层累"现象远离中学历史教学——从甲午中日战争李鸿章的"避战求和"说起　曹华清　《历史教学》（中学版）2010年第3期

也谈中日甲午战争研究中的层累现象——兼与曹华清老师商榷　薛伟强　吴克燕　《历史教学》（上半月刊）2010年第5期

甲午战争中清军的腐败现象　彭法　《兰台世界》2011年第31期

论甲午战争中清军的战斗精神　尤永斌　《南方论刊》2012年第9期

从大清"敕建昭忠祠碑"谈甲午战争中的毅军　刘鲡　《中国国家博物馆馆刊》2013年第2期

甲午清军陆战评价的几个问题　关捷　《军事历史研究》2014年第3期

从法律战视角看甲午战争时期日本对国际法的运用　秦海侠　张传江　《日本侵华史研究》2015年第1期

甲午战争中日本舆论宣传历史考察及启示　秦海侠　徐初波　《日本侵华史研究》2016年第1期

从装备角度看甲午清军陆战战场失败的原因　葛静波　《宜宾学院学报》2016年第10期

从《日清战争实记》看甲午战争中日军事对比　易建萍　《文物天地》2016年第12期

甲午战争期间清军真实战力分析　章云峰　《现代交际》2016年第24期

关于甲午陆战研究中几个问题的辨析　邱涛　《北京师范大学学报（社会科学版）》2017年第3期

甲午战争期间日本的舆论动员和战时宣传——以随军摄影师龟井兹明为个案　马步云　邢永凤　《日本侵华史研究》2017 年第 3 期

甲午战争时期日本的战俘政策研究　王铁军　《军事历史》2020 年第 1 期

《明治二十七八年日清战史》编纂问题再考——兼论日本官修战史的编纂　吉辰　《世界历史评论》2020 年第 4 期

2. 朝鲜半岛作战

论文

成欢之败——甲午战史之五　黄芝冈　《生活学校》1937 年第 1 卷第 2 期

甲午平壤之战　孙克复　《辽宁大学学报（哲学社会科学版）》1981 年第 4 期

甲午成欢之战　孙克复　《历史教学》1982 年第 6 期

试论平壤保卫战失败的原因　宋梦良　《吉林师范学院学报（哲学社会科学版）》1984 年第 4 期

甲午成欢之战述论　戚其章　《齐齐哈尔师范学院学报（哲学社会科学版）》1989 年第 1 期

甲午中日朝鲜之战与抗美援朝战争的比较　牛士敏　《宁夏大学学报（社会科学版）》1996 年第 1 期

1894 年清朝出兵朝鲜始末　谢俊美　《韩国研究论丛》1996 年第 2 辑

试分析比较甲午战争和抗美援朝　张德鹏　《辽宁商务职业学院学报》2002 年第 1 期

甲午战争和抗美援朝战争的比较　范德伟　庄兴城　《红河学院学报》2003 年第 5 期

1894 年中日出兵朝鲜的性质分析　王晓梅　张静　《江桥抗战及近代中日关系研究》（下）　吉林人民出版社 2005 年 8 月

甲午启示录——朝鲜半岛篇　王明星　《当代韩国》2014 年第 4 期

甲午战争之平壤会战、黄海海战述略　孙高杰　《大连干部学刊》2014 年第 9 期

言路与后勤——甲午平壤战役再研究　张晓川　《四川师范大学学报（社会科学版）》2015 年第 3 期

平壤战役对于清末政局的影响窥探　汪蕊　路彩霞　《兰台世界》2015 年第 13 期

甲午战争中罕为人知的一场胜利之战　《知识文库》2015 年第 14 期

甲午中日战争中中日两国出兵朝鲜的决策过程研究　李颖　《日本学研究》2020 年第 1 期

守势与攻势——甲午中日战争中国出兵朝鲜的军事战略　李英全　王玉　《北华大学学报（社会科学版）》2020 年第 2 期

3. 辽东半岛作战

著作

（东北研究丛书）东北与日本（图 4-3）
周宪文编　1932 年 1 月　中华书局
简述中日甲午战争的经过、辽东半岛的割让和俄、德、法三国干涉还辽经过。

图 4-3

旅顺万忠墓（图 4-4）
曲传林　王洪恩主编　1986 年 5 月　文物出版社
记述了中日甲午战争期间日军实施旅顺大屠杀的罪行，以及万忠墓的修建过程。

图 4-4

（九一八事变丛书）日本侵占旅大四十年史

（第一章　日本对旅大地区的军事占领）（图 4-5）

顾明义　张德良　杨洪范　赵春阳主编　1991年 8 月　辽宁人民出版社

论述了日本帝国主义的军事入侵和日本对旅大的军事统治等。

图 4-5

旅顺口文史资料（第二辑）（图 4-6）

中国人民政治协商会议辽宁省大连市旅顺口区委员会文史资料委员会编　1994 年 10 月

文集。收录有关甲午战争在辽东半岛的文章 8 篇。

图 4-6

（甲午国耻丛书）恨海——甲午大连之战（图 4-7）

郭铁椿著　1997 年 2 月　中央民族大学出版社

集中叙述了甲午战争在大连地区的活动。

图 4-7

（鞍山文史资料选辑　第十辑）中日甲午陆战辽海战事纪（图 4-8）

中国人民政治协商会议辽宁省鞍山市委员会学习宣传和文史委员会编印　1997 年 4 月

文集。辑录有关辽海之役陆战论文 26 篇。

图 4-8

永矢不忘旅顺大屠杀惨案（图 4-9）

郭富纯主编　2002 年 12 月　吉林人民出版社

文集。收录有关旅顺大屠杀的各类文章 32 篇。

图 4-9

（勿忘甲午）甲午辽东鏖兵（图 4-10）

王记华　董进一著　2004年9月　天津古籍出版社

论述了甲午战争辽东半岛各战役。

（勿忘甲午）甲午日军罪行录（图4-11）

苏小东著　2004年9月　天津古籍出版社

论述了日军发动甲午战争实施旅顺大屠杀、贯穿战争始终的暴行、甲午战争的赔款与掠夺、侵台的血债，以及窃取中国领土钓鱼岛等问题。

（中国社会科学院中日历史研究中心文库）旅顺大屠杀研究（图4-12）

郭铁桩　王维远　杨惠萍　李云波主编　2004年12月　社会科学文献出版社

从渊源与背景、血案与反响和现实与启示等三个方面展开研究。

永矢不忘旅顺大屠杀惨案（图4-13）

郭富纯主编　2005年7月　吉林人民出版社

文集。收录有关旅顺大屠杀的各类文章32篇。

甲午大连之殇——纪念甲午战争120周年（图4-14）

大连市中共党史研究会编著　2014年11月　大连出版社

从甲午战前的大连、甲午战争旅大战事、日军的暴行、大连人民的反抗斗争与清政府接收大连、甲午启迪等五个方面论述了甲午战争在大连地区的演进和反思。

图4-10

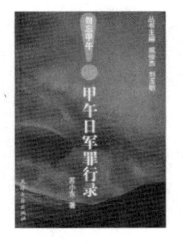

图4-11

图4-12

图4-13

图4-14

日本侵华甲午大屠杀全纪录（图 4-15）

李国俊著　2018 年 1 月　中国文史出版社

记述了日军在甲午战争中发动旅顺大屠杀，以及在各战场杀戮中国军民的罪行。

图 4-15

旅顺大屠杀资料与研究（图 4-16）

关捷　关伟　郭铁桩主编　2020 年 12 月　辽宁教育出版社

辑录了有关旅顺大屠杀的文章、口述历史、史料等，分为日军在旅顺屠杀中国人民的暴行与大连人民的反抗斗争、旅顺大屠杀研究、旅顺万忠墓研究、附录等四部分内容。

图 4-16

论文

甲午战争期间辽东人民的抗日斗争　李时岳　《光明日报》1958 年 9 月 15 日

甲午战争旅顺抗日轶闻　金纯泰　《辽宁日报》1963 年 1 月 7 日

不忍山河碎，誓死保祖国——金州失陷后的一场壮烈战斗　敏捷　《旅大日报》1963 年 5 月 26 日

在花园口　白万清　《旅大日报》1963 年 6 月 2 日

甲午战争中的海城之役　张玉田　《中日关系史研究》1981 年第 1 辑

周芋农海城日记序　陈璟梅　《社会科学辑刊》1981 年第 3 期

日寇在花园口登陆的前前后后　陈士聪　曲传林　《辽宁师范学院学报》1981 年第 4 期

试论甲午鸭绿江防之战　孙克复　《齐齐哈尔师范学院学报（哲学社会科学版）》1981 年第 4 期

甲午海城之役与日本的军事冒险主义　吕万和　《近代史研究》1982 年第 2 期

湘军出关对日作战的溃败与吴大澂　陈崇桥　《辽宁大学学报》1982年第3期

血染旅顺口　刘佩军　《海洋》1982年第7期

旅顺大屠杀　夏良才　《北京晚报》1982年8月12日

血淹旅顺　厉思朔　《河南日报》1982年11月5日

甲午中日战争——田庄台一战　《盘山文史资料》1983年第2辑

寸寸山河寸寸金——概述甲午战争中的海城战场（上）　祁子青　《理论与实践》1983年第3期

寸寸山河寸寸金——概述甲午战争中的海城战场（下）　祁子青　《理论与实践》1983年第4期

论甲午牛庄之战　孙克复　《近代史研究》1983年第4期

独向辽南树义旗——甲午战争中辽阳吉洞峪民团抗敌纪略　王恩芳　《理论与实践》1983年第8期

《辞海》"旅大事件"条目辨证　左域封　《辽宁师范大学学报》1984年第1期

关于甲午辽阳保卫战的几个问题　张国权　马俊吉　《鞍山师范学院学报》1984年第1期

试论中日甲午旅顺口之役　孙克复　《中日关系史论集》1984年第2辑

论甲午盖平保卫战　孙克复　《社会科学辑刊》1984年第3期

甲午战争期间辽宁人民自发的抗日斗争　关捷　《历史知识》1984年第4期

甲午牛庄之败原因考辨　孙克复　《中日关系史论文集》（辽宁大学科研处编）1984年8月

甲午战争期间辽宁人民自发抗日斗争述略　孙克复　《中日关系史论文集》（中日关系史第四次学术讨论会）　辽宁省中日关系史研究会1984年9月

甲午战争中日寇在旅顺大屠杀调查纪实　曲传林　《辽宁文史资料》1984年第9辑

甲午中日战争期间东北人民的抗日斗争　刘玉岐　潘国华　《中日关系史论文集》（中日关系史第四次学术讨论会）　辽宁省中日关系史研究会

1984 年 9 月

简述甲午中日战争时辽东战场清军后勤的几个问题　潘国华　刘玉歧　《中日关系史论文集》（中日关系史第四次学术讨论会）　辽宁省中日关系史研究会 1984 年 9 月

旅顺万忠墓　沐雨　《辽宁大学学报（哲学社会科学版）》1985 年第 3 期

甲午战争与日俄战争在大连　王洪恩　《辽宁师范大学学报》1985 年第 6 期

旅顺大屠杀真相考　戚其章　《东岳论丛》1985 年第 6 期

吉林民团首领韩登举甲午赴辽抗日考述　乔剑等　《博物馆研究》1986 年第 1 期

中日甲午战争的田庄台之战　伊广谦　《盘锦文史资料》1986 年第 1 辑

略论甲午清军五复海城之役　孙克复　《辽宁大学学报（哲学社会科学版）》1986 年第 2 期

甲午田庄台之战　孙福海　《史学月刊》1986 年第 4 期

甲午辽河战役　孙福海　《营口师专学报》1987 年第 1 期

试论甲午营口之战　孙福海　《长春师范学院学报（哲学社会科学版）》1987 年第 3 期

甲午风云拾遗——中日甲午战争在庄河　于志龙　《庄河文史资料》1988 年第 4 辑

《章高元禀》的发现与甲午盖平之战研究　戚其章　《社会科学辑刊》1988 年第 6 期

论甲午盖平保卫战　孙克复　《营口历史论文集》（纪念营口解放四十周年）（孙福海　王德宏　张庆斌主编）1988 年 10 月

试论甲午营口之战　孙福海　《营口历史论文集》（纪念营口解放四十周年）（孙福海　王德宏　张庆斌主编）1988 年 10 月

甲午金州保卫战述论　戚其章　《辽宁师范大学学报》1989 年第 1 期

甲午之战日军进犯岫岩古城　《岫岩文史资料》1989 年第 5 辑

甲午缸瓦寨之战试探　戚其章　《辽宁师范大学学报》1990 年第 3 期

甲午旅顺大屠杀有关问题浅探　韩行方　《辽宁师范大学学报（社会

科学版）》1990 年第 5 期

甲午战争在金州　钟有江　《金州文史资料》1991 年第 1 辑

甲午战争中日寇在金州的暴行简述　张清濂　《金州文史资料》1991 年第 1 辑

日本间谍落网记　曹肇鹏　《金州文史资料》1991 年第 1 辑

评陆奥关于旅顺事件的声明　高乐才　《东北师范大学学报（哲学社会科学版）》1991 年第 3 期

日谍与甲午金州之战　潘茂忠　王智远　《辽宁师范大学学报》1992 年第 1 期

甲午战争在甘井子地区　童登庆　《甘井子区文史资料》1993 年第 2 辑

中日甲午战争田庄台之战　曹万荣　《大洼文史》1993 年第 10 辑

中日甲午战争田庄台之战双方投入兵力的情况　于阜民　《大洼文史》（第十辑）1993 年 12 月

甲午辽东辽南保卫战　张国权　《鞍山师范学院学报》1994 年第 4 期

永矢不忘——甲午日军血洗旅顺记　王胜利　《文史精华》1994 年第 4 期

甲午中日虎山之战　徐长谦　《丹东满族》（宽甸专辑）　辽宁民族出版社 1994 年 5 月

甲午风云之后……——安东人民抗日述略　贾崇智　《党史纵横》1994 年第 8 期

万忠墓轶事——中日甲午战争百年祭　梁恩宝　《党史文汇》1994 年第 9 期

渡海祭忠魂　王汇川　《党史纵横》1994 年第 11 期

话说旅顺万忠墓——写在中日甲午战争一百年祭　梁恩宝　《党史纵横》1994 年第 11 期

民族的脊梁——甲午百年英魂祭　张利国　《党史纵横》1994 年第 12 期

甲午辽东辽南保卫战（续）　张国权　《鞍山师范学院学报》1995 年第 3 期

难忘旅顺口——写于甲午战争旅顺殉难同胞百年祭日　潘求傲　《新

疆新闻界》1995 年第 3 期

  日本旅顺屠杀研究 关捷 《第二届近百年中日关系史国际研讨会论文集》（张海鹏主编） 中华书局 1995 年 7 月

  西团陈忠传（子良）100 年前获奖与甲午战争有关的功牌述略 姚恩荣 《大丰县文史资料》（纪念抗日战争胜利 50 周年专辑）1995 年第 12 辑

  日军旅顺大屠杀新论 关捷 《呼兰师专学报》1996 年第 2 期

  甲午战争时期大连人民的抗日斗争 郭铁桩 《辽宁师范大学学报》1996 年第 4 期

  大清敕建锦州毅军昭忠祠碑记 《中华英烈碑文选》（辽宁省中共党史人物研究会编） 辽宁人民出版社 1998 年 5 月

  日军制造"旅顺惨案"的历史真相——兼祭旅顺两万民众遇难 105 周年（综述） 王彦静 《职大学报》1999 年第 3 期

  试析甲午战争中旅大地区清军兵力的配置 徐士绍 《昌潍师专学报》1999 年第 3 期

  日军侵华的历史见证——庄河花园口遗址 崔长久 《党史纵横》1999 年第 4 期

  试论中日甲午大平山争夺战 王金令 孙福海 张学林 《辽宁师专学报（社会科学版）》1999 年第 4 期

  旅顺大屠杀 金祖良 《兰台世界》1999 年第 11 期

  关于旅顺大屠杀的见证与历史反思 韩行方 《以史为鉴 开创未来——1997 年中日关系史大连学术研讨会文集》（上） 大连出版社 2000 年 10 月

  甲午辽宁陆战之研究 关捷 郑学成 《以史为鉴 开创未来——1997 年中日关系史大连学术研讨会文集》（上） 大连出版社 2000 年 10 月

  甲午清军五复海城失败原因新探 杨惠萍 关捷 《以史为鉴 开创未来——1997 年中日关系史大连学术研讨会文集》（上） 大连出版社 2000 年 10 月

  万忠墓——日军在旅顺大屠杀的历史见证 刘俊勇 《以史为鉴 开创未来——1997 年中日关系史大连学术研讨会文集》（上） 大连出版社 2000 年 10 月

甲午清军五复海城失败原因新探　关捷　关伟　《大连民族学院学报》2001年第1期

旅顺大屠杀真相再考　戚其章　《东岳论丛》2001年第1期

甲午战争在甘井子的两起战事　陈相安　王英　《兰台世界》2002年第2期

关于旅顺大屠杀的几个问题——答日本千叶大学秦郁彦教授　戚其章　《河北学刊》2003年第3期

西方人眼中的旅顺大屠杀　戚其章　《社会科学研究》2003年第4期

一个日本人笔下的"旅顺大屠杀"　方一戈　《文史春秋》2004年第5期

甲午析木城之战初探　关伟　杨惠萍　《江桥抗战及近代中日关系研究》（下）　吉林人民出版社2005年8月

论甲午盖平之战　杨惠萍　单保国　《大连近代史研究》2006年第3卷

国门陷落——甲午战争中鸭绿江防线失守之战　李同勇　《军事历史》2006年第5期

兵溃黑土地——中日辽东半岛之战作战回眸　周粟　《军事历史》2006年第6期

最后的溃败——甲午战争中的辽南会战　袁振明　《军事历史》2006年第11期

甲午析木城之战探微　关捷　关伟　《东方论坛》2007年第4期

甲午战争羊亭河之战史实考　陈悦　《大连近代史研究》2009年第6卷

甲午战争期间辽东民众的抗日运动　王秀英　《世纪桥》2013年第8期

甲午战争在大连及其思考（上）　王元新　《大连干部学刊》2014年第8期

甲午战争在大连及其思考（中）　王元新　《大连干部学刊》2014年第9期

甲午战争中的英美特派记者与旅顺大屠杀报道　刘文明　《社会科学战线》2014年第10期

甲午战争中旅大地区清军两次阻击战的考察　关捷　《大连干部学刊》2014年第10期

甲午战争旅顺土城子战斗的几点质疑　汪旻　《大连近代史研究》2014年第11卷

甲午战争在大连及其思考（下）　王元新　《大连干部学刊》2014年第11期

卫汝成军抵旅时间续考　孙建军　《大连近代史研究》2014年第11卷

甲午战争中岫岩城守尉嘉善上报岫岩失守的禀文　辽宁省档案馆编研展览处　《兰台世界》2014年第35期

甲午战争辽东半岛陆战研究　关捷　杨惠萍　《日本侵华史研究》2015年第1期

日军登陆花园口之史料辨析　孙颖　《大连近代史研究》2015年第12卷

中日甲午战争中的宽甸大捷　闫桂林　《党史纵横》2016年第3期

旅顺万忠墓　辽宁省档案馆档案开放鉴定处　《兰台世界》2016年第14期

盖平保卫战——甲午战争中重创日寇的一战　知行　《共产党员》2016年第17期

中日甲午战争的亮点——宽甸大捷　姜双丹　《兰台世界》2017年第11期

甲午金旅之战与金州曲氏井　王万涛　《文化学刊》2018年第3期

千山甲午战争碑刻考　王立伟　《大连近代史研究》2018年第15卷

甲午战争辽阳东路攻防战研究　汪振兴　《甘肃广播电视大学学报》2019年第6期

回顾甲午战争田庄台之战　杨大炜　《兰台世界》2019年第7期

甲午战争前至日俄战争时期旅顺陆防工事述论　张腾煜　丁文静　《军事史林》2019年第12期

甲午战争析木城之战所涉地名考　李刚　魏多　《大连近代史研究》2019年第16卷

盛京地区战略地位的演变与清朝兴衰　孟繁勇　《辽宁大学学报（哲学社会科学版）》2020年第5期

七登南山考　往返莫徒劳——侵华日军山本信行战殁处碑寻踪　周祥

令　《大连近代史研究》2020 年第 17 卷

甲午战争中新加坡华媒对旅顺大屠杀的报道与评论　王琦　《大连城市历史文化研究》2021 年第 5 辑

旅顺"万忠墓"研究新解二则　王珍仁　《大连大学学报》2023 年第 6 期

4. 山东半岛作战

论文

甲午战争期间威海军民的抗日斗争　威海市志编辑委员会　《山东省志资料》1960 年第 4 期

摩天岭纪行　戚其章　《烟台大众》1962 年 8 月 25 日

甲午战争中威海人民抗敌资料一则　承烈　《破与立》1978 年第 5 期

关于甲午战争中日军在山东登陆地点　宋文瑄　《社会科学辑刊》1983 年第 6 期

关于甲午战争中日军在山东的登陆地点　宋文瑄　蒲增繁　《历史教学》1983 年第 6 期

甲午战争与山东大刀会的兴起　王如绘　《东岳论丛》1984 年第 4 期

近代风云与山东　戚其章　《文史知识》1987 年第 10 期

甲午战争中"白马河之战"史实考　陈悦　《大连近代史研究》2008 年第 5 卷

甲午战争期间蓬莱事件初探　迟金光　《兰台世界》2008 年第 20 期

甲午年孙万林军援威始末　孙建军　《大连近代史研究》2009 年第 6 卷

破解阎得胜被杀之谜　简珺　《大连近代史研究》2009 年第 6 卷

威海降敌的"二道台"何许人也　孙大林　《大连近代史研究》2010 年第 7 卷

甲午末战　北洋挽歌——山东半岛战役史略及败因分析　刘彦伯　《大连干部学刊》2014 年第 11 期

二、海战

1. 总论

著作

甲午战争海战评论（图 4-17）
中国人民解放军海军司令部　1957 年 3 月
从军事角度评述甲午海战。

图 4-17

（近代中国史料丛刊续编第四十三辑）梦痕记（甲午中日战役记）（图 4-18）
朱镜宙著　1977 年 6 月　文海出版社有限公司
记述了中日甲午战争的陆海作战。

图 4-18

甲午中日海战史（图 4-19）
孙克复　关捷编著　1981 年 11 月　黑龙江人民出版社
介绍了甲午战争前的中日海军实力和中日关系，论述了丰岛海战、黄海海战、威海卫保卫战的过程及双方得失。

图 4-19

（伟大祖国历史讲座）气壮山河的甲午海战（图 4-20）
杨东梁著　1985 年 5 月　书目文献出版社
简述海战在甲午战争中的地位及双方海军实力的对比、丰岛海战——中日海军的前哨战、黄海海战——中日海军的主力决战、威海海战——北洋舰队的覆灭。

图 4-20

中外海战大全（上册）（中日甲午海战、中日丰岛海战、中日黄海海战、威海卫保卫战）（图4-21）

赵振愚主编　1989年6月　海军出版社

简述中日甲午战争中各场海战情况。

图4-21

甲午海战与中国近代海军（图4-22）

海军军事学术研究所编　1990年9月　中国社会科学出版社

论文集。收录有关甲午海战与中国海军的论文26篇。

图4-22

中国海防的反思——近代帝国主义从海上入侵史（第四章　中日甲午战争）（图4-23）

鲍中行著　1990年9月　国防大学出版社

分析了中日甲午战争的起因、战前中日双方军事情况、战争经过、战争的经验教训等。

图4-23

中日甲午海战百年祭（图4-24）

林濂藩著　1994年9月　中国社会科学出版社

作者以海军军人身份，依据现存史料，探讨甲午海战实况，总结战败原因。

图4-24

甲午海战与中国海防——纪念甲午海战100周年学术研讨会论文集（图4-25）

海军军事学术研究所　中国军事科学学会办公室编　1995年9月　解放军出版社

论文集。收录有关甲午海战与中国海防的论文42篇。

图4-25

中日甲午海战史论集（图4-26）

郑守正著　2002年7月

论文集。收录有关甲午海战的论文27篇。

图4-26

（勿忘甲午）甲午中日海战（图4-27）

苏小东著　2004年9月　天津古籍出版社

论述了丰岛海战、黄海海战、威海卫保卫战三场海战以及旅顺、大连之役对北洋海军的影响。

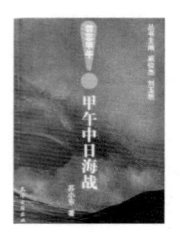

图4-27

回顾与反思——"纪念甲午海战110周年学术研讨会"论文集（图4-28）

政协广州市委员会办公厅　广州中华民族凝聚力研究会编　2006年1月　广东人民出版社

论文集。收录研究甲午海战的论文26篇。

图4-28

甲午海战（图4-29）

鸿鸣著　2007年6月　中国文史出版社

简要介绍了甲午海战的过程及北洋海军人物。

图4-29

（华夏通俗说史文库）甲午海战的前世今生（图4-30）

晓箭著　2014年1月　华夏出版社

从"华与夷"切入，讲述了甲午海战的背景和方方面面。

图4-30

大洋沉思——甲午海战全景透视（图4-31）

苏小东著　2014年6月　海风出版社

论述了甲午海战及其影响。

甲午海战（图4-32）

陈悦著　2014年8月　中信出版社

详细论述了甲午海战以及与之相关的陆上作战，以技术细节见长。

图 4-31

海上传奇——中华海洋文明发展通史（第十九章　黄海大战；第二十章　独守孤岛）（图4-33）

马骏杰著　2021年1月　北京燕山出版社

论述了黄海海战爆发的原因、过程和北洋海军失败的原因，以及威海卫保卫战的过程及北洋海军的全军覆没。

图 4-32

图 4-33

论文

公祭甲午战役阵亡将士　《革命的海军》1934年第121期

甲午中国海军战绩考　张荫麟　《史地社会论文摘要月刊》1935年第1卷第5期

甲午中国海军战绩考　张荫麟　《清华学报》1935年第10卷第1期

甲午海军战记　《革命的海军》1935年第135期

甲午海军战记（一续）　《革命的海军》1935年第136期

甲午海军战记（二续）　《革命的海军》1935年第137期

甲午海军战记（三续）　《革命的海军》1935年第138期

中日海战评论撮要　归与　《海事》1936年第9卷第12期

中日海战评论撮要（续）　归与　《海事》1936年第10卷第1期

中日海战评论撮要（续）　归与　《海事》1936年第10卷第2期

中日海战评论撮要（续）　归与　《海事》1936年第10卷第3期

九二三与甲午之战　郭寿生　《海军整建月刊》1940年第1卷第7、8期合刊

甲午海战之详实史料新发见　陈伯元　《大风半月刊》1941年第100期

论甲午中日之海战　郭寿生　《新海军》1946年第1卷创刊号

九二三与甲午之战　郭寿生　《海校校刊》1948年第1卷第8、9期合刊

甲午海战经过　周宪章　《中国一周》1954年第230期

甲午战争海战中的几个问题　关捷等　《中学历史教学》1980年第3期

甲午中日海战　桑田忠亲　李凡　《外国问题研究》1982年第4期

热血染黄海，丹心映碧波——中日甲午海战一曲爱国主义颂歌　黄煌等　《理论与实践》1982年第8期

甲午海战战场纪行　李连青等　《长江日报》1982年9月23日

刘公岛与甲午海战　戚其章　《烟台风物志》　山东人民出版社1983年1月

简评《甲午中日海战史》　戚其章　《历史知识》1983年第5期

甲午海战与军事技术　陈祖恩　《社会科学》1984年第2期

对历史教科书中"甲午海战"之我见　刘光　《满族文化》1984年第6期

从战术思想论甲午海战　魏大柱　《河北学刊》1985年第1期

甲午海战清军失利的启示　常润生　《学术讨论》(石家庄)1985年第3期

巴山军火船事件与中英交涉　戚其章　《近代史研究》1986年第1期

甲午中日海战的历史教训　张墨　《史学月刊》1986年第3期

甲午海战中北洋海军战役指挥失误初探　杨志本　《中国近代军事史论文集》（军事科学院战略研究部选编）　军事科学出版社1987年11月

略论北洋海军覆灭的内部原因　许华　《中国近代军事史论文集》（军事科学院战略研究部选编）　军事科学出版社1987年11月

甲午海战中北洋海军战役指挥之严重失误析　杨志本　《海军杂志》1987年增刊第2期

甲午海战的两条沉船　李振玉口述　王卓章整理　《牟平文史资料选辑》1988年8月

海军召开纪念甲午海战95周年学术座谈会　张炜　《军事历史》1990年第3期

纪念甲午海战95周年学术座谈会述要　蔡京柱　《近代史研究》1990年第4期

从中日甲午海战看北洋舰队官兵的心理素质　马骏杰　苏小东　《军事史林》1990年第6期

谈甲午海战中的几个问题　朱皓　《安庆师范学院社会科学学报》1991年第2期

试论海军、海战在中日甲午战争中的地位和影响　苏小东　马骏杰　《福建论坛（文史哲版）》1991年第5期

甲午海战中两个问题之我见　史滇生　《安徽史学》1994年第3期

由甲午海战想到的　吴静哲　《前进》1994年第7、8期合刊

甲午海战的联想　邹建东　《现代舰船》1994年第8期

甲午海战和北洋海军　史滇生　《现代军事》1994年第8期

刘公岛作证——甲午海战百年祭　孙文利　《理论学习》1994年第8期

中日甲午海战历史教训的思考　赵承春　《现代舰船》1994年第8期

北洋海军与甲午海战　陈政生　《国防》1994年第9期

甲午海战的历史地位与军事意义　许华　《海洋世界》1994年第9期

甲午海战一百周年与现代海洋观　糜振玉　《国防》1994年第9期

甲午海战之谜　苏小东　《海洋世界》1994年第9期

甲午海战之谜（续）　苏小东　《海洋世界》1994年第11期

海军学术的视角与近代海防的理论和实践——纪念甲午海战100周年学术研讨会综述　方坤　张炜　《近代史研究》1995年第1期

甲午海战的历史地位与军事意义　许华　姜鸣　《福建论坛（文史哲版）》1995年第1期

晚清海战理论及其对甲午海战的影响　皮明勇　《安徽史学》1995年第2期

纪念甲午海战一百周年暨光复台澎五十周年 李必才 《四川党史》1995年第3期

梦回甲午——记甲午海战纪念馆 姜慧羽 《走向世界》1995年第6期

论清方在甲午海战中的作战指导问题 张一文 《军事历史研究》1996年第3期

从制海权看甲午海战的结局 戚其章 《东岳论丛》1996年第4期

从甲午海战看近代中国海军建设的失误 曹艳红 《安徽决策咨询》1999年第12期

从中日海军作战指导看甲午海战 吴冬玲 《以史为鉴 开创未来——1997年中日关系史大连学术研讨会文集》（上） 大连出版社2000年10月

重评清廷在甲午战争中的"海守陆攻"战略 刘庆 《安徽史学》2001年第3期

略谈甲午海战失败的原因 葛建男 《沧州师范专科学校学报》2002年第1期

甲午中日海上角逐与制海权问题 戚其章 《江海学刊》2002年第4期

甲午海战中日本舰只名称 王可 《日语知识》2003年第1期

甲午海战争鸣问题新论 陈明福 《政工学刊》2004年第3期

甲午海战中的鱼雷艇作战 王红 梁淑艳 《现代舰船》2004年第8期

历史的悲歌 凝重的启示——纪念甲午海战110周年 姜洪军 《现代舰船》2004年第11期

从监督制度缺失看甲午海战失败的原因 王占魁 《行政与法》（吉林省行政学院学报）2004年第12期

甲午海战若干争鸣问题新论 陈明福 《江桥抗战及近代中日关系研究》（下） 吉林人民出版社2005年8月

甲午海战对我国海军建设的几点启示 张伟 桥清明 《理论界》2006年第3期

从甲午海战看自主创新 王文玉 《创新科技》2007年第4期

甲午海战中国失利的原因及其对东亚格局的影响　刘鹏　《长春大学学报》2008 年第 5 期

腐败——甲午海战败北的主要原因　孙先文　《兰台世界》2009 年第 1 期

甲午海战中日指挥员素质之比较　叶春雷　卢飞　《军事历史》2009 年第 2 期

浅谈甲午海战中国战败原因　赵磊　《黑龙江史志》2011 年第 1 期

中国的制海权是怎样一步步丧失的　萧春雷　《中国国家地理》2011 年第 10 期

甲午海战前的中国台湾与日本的交流　臧蕾　《佳木斯教育学院学报》2012 年第 4 期

甲午海战失败的根本原因在于"北洋海军腐朽"说辨析　杨玉荣　龚耘　《理论学刊》2012 年第 11 期

甲午海战北洋水师战败原因初探　何立波　《学理论》2013 年第 33 期

甲午海战对海军软实力建设的历史启示　郭真　李利红　《海军工程大学学报（综合版）》2014 年第 3 期

国际化视域下的甲午海战失败根源探析　龚耘　杨玉荣　《海军工程大学学报（综合版）》2014 年第 4 期

甲午海战北洋海军后勤保障研究　刘志勤　《海军工程大学学报（综合版）》2014 年第 4 期

甲午海战的文化反思　魏明　《军事历史》2014 年第 4 期

先进军事文化的整体性缺失——甲午海战败因今探　刘明诗　张江平　《海军工程大学学报（综合版）》2014 年第 4 期

甲午海战，日本制胜于隐蔽战场　阿烈　《民主与科学》2014 年第 5 期

"奇正"与"真锐"之争——从中日兵学思想渊源解析甲午海战　张小龙　张志学　《南京政治学院学报》2014 年第 5 期

"甲午大海战"遥祭　沈淦　《人民之友》2014 年第 6 期

甲午海战 120 周年祭　《人民政协报》2014 年 7 月 25 日

纽卡斯尔的中国巡洋舰——北洋水师生死战记（一）　萨苏　《档案春秋》2014 年第 8 期

仁川港外的对峙——北洋水师生死战记（二）　萨苏　《档案春秋》2014 年第 9 期

昌德宫之乱与马江硝烟——北洋水师生死战记（三）　萨苏　《档案春秋》2014 年第 10 期

有一种传说——北洋水师生死战记（四）　萨苏　《档案春秋》2014 年第 11 期

从八里桥之战看甲午海战的失败　魏明　《湖北科技学院学报》2014 年第 12 期

"广乙"舰奋战疑团——北洋水师生死战记（五）　萨苏　《档案春秋》2014 年第 12 期

决定战争胜负的九个细节　吉辰　《国家人文历史》2014 年第 14 期

甲午海战与青岛——晚清军港梦的兴衰往事　英南　《商周刊》2014 年第 16 期

中日甲午海战的历史教训　戚永卫　赵德耀　韩凯　《科技视界》2014 年第 16 期

甲午海战日本为何有恃无恐　唐勇　《黑龙江史志》2014 年第 19 期

浴血大东沟——北洋水师生死战记（六）　萨苏　《档案春秋》2015 年第 1 期

那片海，那条船——北洋水师生死战记（七）　萨苏　《档案春秋》2015 年第 2 期

覆灭之殇——北洋水师生死战记（八）　萨苏　《档案春秋》2015 年第 3 期

由甲午海战联想到网络安全文化建设　朱瑞　《信息安全与通信保密》2015 年第 4 期

从《孙子兵法》看清王朝甲午海战失败　黄国军　《滨州学院学报》2015 年第 5 期

日本于甲午海战所展示的情报侦探优势——以日本明治期间文书的解读为中心　曹雯　《清华大学学报（哲学社会科学版）》2015 年第 6 期

晚清军事变革及其历史教训——中日甲午海战 120 周年暨抗日战争胜利 70 周年回眸　刘建林　《中国军转民》2015 年第 7 期

从甲午海战失败教训看人民海军战略思维能力的重要性　杨丽坤　《党史文苑》2015 年第 14 期

由甲午海战反思实现强军的现实性与重要性　王晨　《首届国际信息化建设学术研讨会论文集》（三）2016 年 3 月

恩格斯论甲午海战及其启示　张峰　《大连海事大学学报（社会科学版）》2016 年第 6 期

甲午海战中北洋舰队的筹建、构成和覆灭原因解析　刘俊玲　孙仙红　黄祎　《传承》2016 年第 7 期

海军留学生与晚清反对法日侵略的两次海战　张银凤　李超　周棉　《珠海潮》2018 年第 2 期

谈甲午海战清军失败的根源　付忠信　《辽宁师专学报（社会科学版）》2018 年第 4 期

盛名背后——甲午战前中日海军战力对比　齐廉允　《文史天地》2022 年第 3 期

中日发展近代海军的战略意识及其对甲午海战的影响　张炜　《中国走向蓝水》　世界知识出版社 2022 年 9 月

从制海权的角度反思中日甲午海战　刘璐璐　唐立鹏主编　《明清海防研究》2022 年第 14 辑

强权战胜公理——中英"巴山"号事件研究　张礼恒　《南开学报（哲学社会科学版）》2023 年第 4 期

2. 丰岛海战

著作

高升号的沉没——甲午第一战微观史（图 4-34）
雪珥著　2015 年 2 月　生活·读书·新知三联书店

图 4-34

对高升号事件的发生以及事件本身进行了详细分析和论述。

（镜鉴文丛）丰岛海战（图 4-35）
张雪兰著　2023 年 9 月　山东画报出版社
分析了丰岛海战的前因后果。

图 4-35

论文

甲午丰岛海战始末　孙克复　《历史教学》1979 年第 11 期

丰岛海战　季平子　《历史研究》1980 年第 4 期

高升号殉难爱国官兵人数考　戚其章　《近代史研究》1984 年第 2 期

"天津电报生出卖高升号开船时间"说辨析　赵梅庄　《中日关系史论集》1984 年第 2 辑

论甲午丰岛海战的几个问题　戚其章　《江海学刊》1985 年第 6 期

"浪速"号击沉"高升"号始末　邢丽雅　《中日关系史论集》（下）（《齐齐哈尔师范学院学报》编辑部　东北地区中日关系史研究会编）《齐齐哈尔师范学院学报（社会科学版）》1985 年增刊

论中日甲午高升轮事件的法律责任　孙放　《日本研究》1989 年第 4 期

丰岛海战面面观　王琰　《海洋世界》1989 年第 8 期

谈谈海战中悬挂假旗　张晓辉　《海洋世界》1994 年第 8 期

中国历代治边风云录（之五）——甲午黄海"七·二五"惨案纪实　唐政忠　《国防》1994 年第 8 期

"高升"号沉没纪实　《现代舰船》1996 年第 7 期

甲午"高升"号事件经过情形考辨　李娟芳　钟林　《学术论坛》2001 年第 2 期

光绪年间中英"高升"轮索赔案述要　屈春海　《历史档案》2002 年第 2 期

甲午战争中的丰岛海战　陈晓东　《苏州科技学院学报（社会科学版）》2002 年第 4 期

甲午序战——丰岛海战　王琰　《红河学院学报》2003年第5期

纪念甲午海战110周年　北洋水师——丰岛海战　胡菲　《当代海军》2005年第2期

甲午丰岛海战"济远"舰尾炮退敌说辩伪　陈悦　《大连近代史研究》2007年第4卷

近代国际法视野下的中日丰岛海战　郭渊　《东北史地》2007年第5期

"高升"号事件中英国政府态度转变原因新论　陈肖寒　《河北师范大学学报（哲学社会科学版）》2009年第3期

丰岛海战——到底是谁先开了第一炮　施征　《海洋世界》2011年第6期

甲午丰岛海战战事考　陈悦　《大连近代史研究》2011年第8卷

"高升号事件"国人不会忘却　雪珥　《北京档案》2012年第1期

高升号事件——中日甲午战争的导火索　王木　《湖北档案》2013年第11期

从高升号事件看李鸿章外交政策的失败　赵海涛　《青春岁月》2013年第14期

再论丰岛海战　王琰　《大连大学学报》2015年第2期

"高升号事件"中的英国舆论——以《曼彻斯特卫报》为例的分析　邢科　《全球史评论》2017年第2期

高桥作卫与百年来高升号事件研究　戴东阳　《北京社会科学》2017年第10期

"清军胁持高升号"说质疑——以新发现的汉纳根证言中译本为中心　王琦　韩剑尘　《苏州科技大学学报（社会科学版）》2018年第2期

中日甲午高升号事件的国际法分析　徐碧君　《求是学刊》2019年第1期

高升号事件爆发后两位英国国际法学者的舆论宣传　戴东阳　《中南大学学报（社会科学版）》2020年第4期

"高升"号事件英方对中方索赔原因综论　张翕喆　《兰台世界》2020年第5期

3. 黄海海战

著作

（中国近代历史小故事）**黄海大战**（图 4-36）

齐吉祥编写　1984 年 3 月　中国少年儿童出版社

讲述中日战争的故事。

（《少年思想品德故事》丛书）**热血染黄海**（图 4-37）

邵波　杨曾硕　宋亚平编写　1984 年 9 月　湖北少年儿童出版社

讲述黄海海战的故事。

中日甲午黄海大决战（图 4-38）

陈悦著　2018 年 12 月　台海出版社

论述和分析了甲午战争黄海海战的过程及教训。

（镜鉴文丛）**决战黄海**（图 4-39）

孟杰　蔡冬雪著　2023 年 9 月　山东画报出版社

分析了黄海海战的前因后果。

图 4-36

图 4-37

图 4-38

图 4-39

论文

大东沟之战　罗惇曧　《中学国文特种读本》（第一册）　国立编译馆 1933 年 9 月

中日黄海海战纪略　归与　《海事》1934年第8卷第5期

甲午黄海战役回顾谈　张其昀　《外交评论》1936年第6卷第3期

论甲午黄海大战与中国北洋海军　郭毅生　汤池安　《文史哲》1957年第6期

黄海大战中北洋舰队的队形是否正确？　郭浒　《文史哲》1957年第10期

甲午中日黄海大战始末　戚其章　《烟台师专学报》1977年创刊号

"八二三""九一七"——纪念甲申中法·甲午中日海战　吴相湘　《近代史事论丛》（第3册）　传记文学出版社1978年

简论中日黄海海战的胜负问题　马鼎盛　《中日关系史研究》1981年第1辑

中日甲午黄海海战失败原因初探　孙克复　《中日关系史研究》1981年第1辑

甲午黄海海战始末　戚其章　《历史教学》1981年第2期

有关甲午中日黄海海战的两种史籍记载的考释——再论刘步蟾在海战中的表现　董蔡时　《江苏师范学院学报》1981年第2期

有关甲午中日黄海海战的两种史籍记载的考释——再论刘步蟾在海战中的表现　董蔡时　《苏州大学学报（哲学社会科学版）》1981年第2期

甲午黄海海战北洋舰队失败的原因　孙克复　关捷　《历史知识》1981年第5期

甲午黄海海战的几个问题　曹平　《光明日报》1982年1月5日

关于甲午黄海海战的几个问题　戚其章　《史学月刊》1982年第1期

甲午中日黄海之战述略　邱远猷　《学习与研究》1982年第9期

英勇悲壮的黄海大战　张廉君　《史学月刊》1984年第3期

甲午海战中致远舰沉没真相　廖宗麟　《光明日报》1984年5月16日

甲午中日黄海海战杂议　李荣华　《中日关系史论文集》（辽宁大学科研处编）1984年8月

黄海镜清慰祖魂——吊甲午黄海海战战场　崔克俭　《理论与实践》1984年第9期

大鹿岛与甲午黄海海战　崔克俭　《东沟文史资料》1985年第1辑

甲午黄海海战胜负问题新议　黄拜　《临沂师专学报》1986年第1期

黄海海战中日舰西京丸是否沉没　李国辉　《辽宁师范大学学报》1987年第2期

装甲舰队间的首次决战　王琰　《海洋世界》1990年第7期

试论黄海海战在中日甲午战争中的地位和影响　苏小东　马骏杰　《北方论丛》1992年第4期

甲午黄海海战图片中的致远舰考疑　宋庆　《北方论丛》1994年第2期

黄海海战与马江之战的比较观　唐上意　《广东民族学院学报》(社会科学版)1994年第3期

黄海海战研究——关于北洋舰队的失利原因及阵型问题　潘向明　《清史研究》1994年第4期

甲午黄海战役的结局及其在近代海战史上的意义　林庆元　《福建论坛(文史哲版)》1994年第4期

大鹿岛纪行——重游中日甲午海战遗址　杜春华　《辽宁档案》1994年第11期

"甲午黄海海战图片"补说　周辉湘　《北方论丛》1995年第4期

甲午黄海海战"西战场"说质疑　孙克复　张立真　《近代史研究》1997年第1期

"致远"舰沉没之谜　李国辉　《海洋世界》1998年第4期

试论黄海海战北洋舰队胜负问题　郭铁桩　《以史为鉴　开创未来——1997年中日关系史大连学术研讨会文集》（上）　大连出版社2000年10月

中日黄海海战发覆　王琰　《蒙自师范高等专科学校学报》2002年第5期

纪念甲午海战110周年　北洋水师——黄海海战　胡菲　《当代海军》2005年第3期

黄海海战"松岛"舰受击新证　冷绣锦　《江桥抗战及近代中日关系研究》（下）　吉林人民出版社2005年8月

黄海海战110周年祭　李方　《中学生百科》2005年第16期

关于黄海海战胜负问题的探讨　刘江华　周丹丹　《三峡大学学报（人文社会科学版）》2007年增刊第1期

战北洋舰队胜负问题　郭铁桩　《军事历史研究》2008年第1期

甲午黄海之役北洋海军缺乏炮弹说质疑——兼论其失利原因问题　潘向明　《清史研究》2009年第1期

黄海海战结局再认识　聂慧丽　《中共南京市委党校学报》2010年第3期

从黄海海战看北洋海军失败的心理原因　王义全　马富勇　蒋红　《科技信息》2010年第20期

从弹头装药看黄海海战中日双方炮弹效能　陈悦　《北京档案》2012年第3期

黄海海战"松岛"舰内状况（选译）　木村浩吉　冷绣锦　《大连近代史研究》2013年第10卷

"'济远'撞沉'扬威'说"考辩　王琰　国宇　《大连大学学报》2014年第1期

黄海海战对我国海军舰艇总体设计的启示　仲晨华　《海军工程大学学报》（综合版）2014年第3期

甲午海战经远沉舰考　赵克豪　《大连干部学刊》2014年第12期

甲午中日战争黄海海战败因简析　庞志伟　《现代交际》2015年第3期

黄海海战的兰彻斯特数学模型　赵畅　《佳木斯大学学报（自然科学版）》2015年第6期

黄海沉思——解读"致远"舰　穆重怀　《侨园》2015年第11期

北洋舰队参战洋员视角下的黄海海战　张艺腾　《宁夏大学学报（人文社会科学版）》2016年第5期

浅论黄海海战　李骁衡　《渤海大学学报（哲学社会科学版）》2016年第6期

黄海海战"经远"舰沉船寻踪　李慧　《大连城市历史文化研究》2017年第1辑

黄海海战后北洋海军主力停留旅顺事件　陈悦　《大连近代史研究》2018年第15卷

对中日黄海海战后期作战认识的讨论——兼与某些传统观点商榷　王

琰 《大连大学学报》2019年第2期

19世纪日本海军"技术—战术"认知对黄海海战的影响　陈挺　吴奕澎　《自然辩证法研究》2020年第12期

4. 威海卫保卫战

著作

中日甲午威海之战（图4-40）

戚其章著　1962年4月　山东人民出版社

研究中日甲午威海之战的早期著作。

图4-40

中日甲午威海之战（图4-41）

戚其章著　1978年11月　山东人民出版社

在1962年版本基础上增补了一些照片，重新绘制了地图，多数章节做了必要的修改和补充。

图4-41

威海甲午战争遗址（图4-42）

柯平著　1991年5月　文物出版社

简要介绍了甲午战争丰岛海战、黄海海战和威海卫保卫战，以及威海的甲午战争遗迹，包括炮台、建筑等。

图4-42

（勿忘甲午）甲午战争在威海（图4-43）

戚海莹著　2004年9月　天津古籍出版社

论述了威海卫保卫战以及战后日军对威海的三年占领。

图4-43

（齐鲁历史文化丛书）威海卫与甲午战争（图

4-44）

王守中著　2004年10月　山东文艺出版社

通过战争过程的梳理，论述了作为北洋海军基地的威海卫在甲午战争中的地位和作用。

（山东革命文化丛书·1）齐鲁大地的曙光——中国共产党山东早期组织的建立和大革命时期的斗争（一、帝国主义炮火警醒沉睡的齐鲁大地）（图4-45）

韩立明编著　2005年6月　中共党史出版社

讲述了甲午中日威海卫之战。

坐马扎　听故事（图4-46）

威海市刘公岛管委会编　2019年4月　山东画报出版社

收录甲午战争与威海、刘公岛的相关文章20余篇。

（镜鉴文丛）梦断刘公岛（图4-47）

丛华滋著　2023年9月　山东画报出版社

分析了威海卫保卫战的前因后果。

图4-44

图4-45

图4-46

图4-47

论文

中日威海之战记　《陆军学会军事月报》1914年第6期

威海卫问题　张汇文　《清华周刊》1927年第27卷第13、14期合刊

威海卫甲午海军蹉跌记　徐祖善　《威海卫收回周年特刊》1931年10

月（图 4-48）

威海卫熸师记　罗惇曧　《中学国文特种读本》（第一册）　国立编译馆 1933 年 9 月

甲午之战日军在荣成湾登陆攻陷威海军港事略　王可举　《山东省志资料》1958 年创刊号

威海卫失守与北洋海军的覆灭　郑昌淦　《山东省志资料》1958 年创刊号

威海与甲午之战　戚其章　《知识与生活》1980 年第 2 期

甲午威海海战始末　戚其章　《东岳论丛》1981 年第 5 期

威海卫和威海之战　何力　《历史教学》1983 年第 6 期

北洋海军与威海之役　《近代华东风云录》（南昌陆军学校党史政工教研室）1985 年

甲午威海海战北洋海军失败原因探　穆景元　《锦州师范学院学报（哲学社会科学版）》1987 年第 4 期

论甲午威海之战中国军队战败的原因　王国洪　《烟台师范学院学报（哲学社会科学版）》1991 年第 1 期

刘公岛的诉说　席星加　《春秋》1994 年第 3 期

中日甲午威海之战　孙吉香　《春秋》1996 年第 5 期

迎回归　忆收回——威海卫沦陷及收回的经过　胡秀杰　《山东档案》1997 年第 3 期

浅析威海战中的海军防御　葛彦波　《安康师专学报》2004 年第 2 期

纪念甲午海战 110 周年　北洋水师——威海卫海战　胡菲　《当代海军》2005 年第 4 期

北洋海军的最后挽歌　马名戈　《军事历史》2006 年第 7 期

刘公岛——因甲午海战而闻名　卢庆春　《中国地名》2017 年第 1 期

龙旗陨落——北洋海军兵败威海记　齐廉允　《文史天地》2021 年第 5 期

图 4-48

第五部分
《马关条约》的签订

著作

不平等条约的研究（图 5-1）

张廷灏讲　1926 年 1 月　光华书局

深入研究了中国近代的不平等条约，其中包括《马关条约》。

图 5-1

（万有文库第一集一千种）不平等条约概论（第三章　关于经济者）（图 5-2）

吴昆吾著　1933 年 12 月　商务印书馆

简述《马关条约》。

图 5-2

（万有文库第一集一千种）东北国际外交（第一章　日俄战役以前　第三节　马关条约前后国际外交阵容）（图 5-3）

方乐天著　1933 年 12 月　商务印书馆

简述马关条约前中日在朝鲜的外交博弈，以及甲午战后三国干涉还辽经过。

图 5-3

（近代中国史料丛刊续编第十八辑）中日议和记略（图 5-4）

阙名编　1975 年 1 月　文海出版社有限公司

记录了《马关条约》的签订过程。

图 5-4

近代中国不平等条约的概述

阎中恒　詹开逊编写　1985 年 12 月　江西人民出版社

论述了《马关条约》的签订经过。

国耻愤（图 5-5）

图 5-5

259

图 5-6

图 5-7

图 5-8

图 5-9

图 5-10

刘继生主编　1990 年 4 月　济南出版社

其中有对甲午悲歌、阿里山的苦难等内容的叙述。

（勿忘国耻历史丛书）马关奇耻（图 5-6）

乔还田　马京平著　1991 年 6 月　中国华侨出版社

记述了《马关条约》的签订过程及其后果。

知耻而后勇——百年国耻备忘录（图 5-7）

肖季文等著　1992 年 8 月　国防大学出版社

专题集。其中有"马关竖起耻辱柱"等内容。

（中国近代不平等条约书系）春帆楼的迷梦——马关条约（图 5-8）

周源著　1993 年 2 月　中国人民大学出版社

内容有骗局陷阱、不宣而战、大溃败、海上悲歌、不伦不类的和谈闹剧、广岛拒使、春帆楼纪事、反割台斗争风暴，以及饱狗与饿狗的争斗、幕落剧未终等。

出卖中国——不平等条约签订秘史（割让台湾全岛的《中日马关条约》）（图 5-9）

徐庆全著　1996 年 9 月　光明日报出版社

讲述了马关谈判及条约签订的过程。

（爱国主义教育丛书）马关条约（图 5-10）

乔还田　晋平编著　1996 年　中国国际广播出版社

讲述了战败后的屈辱、蓄谋已久的野心、血

染旅顺口、几幕悲壮的场景、台民"誓不服倭"、从睡梦中醒来等内容。

海峡两岸《马关条约》百周年学术研讨会论文集（图5-11）

关捷主编　1997年7月　大连海事大学出版社

收录有关《马关条约》的论文25篇。

图5-11

昂贵的和平——中日马关议和研究（图5-12）

吉辰著　2014年9月　生活·读书·新知三联书店

主要内容：树欲静，风不止；难产的议和；三渡东洋；狮子口是怎样张开的；波谲云诡的春帆楼；起而复平的余波；昂贵的和平。

图5-12

论文

中日马关条约（清光绪二十一年订立）　《司法杂志》1930年第38期

痛话马关条约　谢公钤　《抗敌导报》1938年第11期

中日马关议和　王信忠　《人文科学学报》1942年第1卷第1期

（国立武汉大学第十三届毕业论文）马关条约前中日在朝鲜之外交战　郑景棠　1944年（图5-13）

马关和议五十年——甲午战争的结束　《甲乙集》　一德书店1945年9月

图5-13

中日马关和议与台湾命运　梁叔莹　《清议月刊》1948年第2卷第5期

马关议和前李提摩太策动李鸿章卖国阴谋的发现　丁则良　《历史教学》1951第2期

《马关条约》六十年　王芸生　《世界知识》1955年第8期

评介甘肃举人《请废马关条约呈文》及其他　李鼎文　《西北师范大学学报》(社会科学版)1963年第1期

中日马关议和的割地问题　黄秀政　《台湾文献》1974年第25卷第3期

马关条约对中国棉纺织工业的扼窒(1895—1904)　廖隆盛　《历史学报》1975年第3期

甲午战争至辛亥革命期间列强对中国东北铁路权的争夺　冼永佳　《史潮》1976年第2期

甲午战败后对和约的反应　林子候　《台湾风物》1976年第26卷第3期

中日甲午战争余波探讨——从马关议和到辽东归还　关玲玲　《东吴文史学报》1977年第2期

互换马关条约批准始末　林子候　《台湾风物》1977年第27卷第3期

甲午战后沙俄攫夺中东、芦汉、正太铁路的阴谋(1895—1898)　李安庆　《吉林大学学报》1979年第3期

中日甲午战争与《马关条约》　陈汶　《学习与研究》1982年第9期

甲午战争后期的议和活动　季平子　《社会科学战线》1983年第4期

甲午战争后帝国主义在中国几个主要经济部门进行资本输出的情况简介　孙健　《自修大学(文史哲经)》1984年第2期

马关议和前夜的清政府与列强　季平子　《近代史研究》1985年第6期

中日甲午战争余波探讨——从马关议和到辽东归还　关玲玲　《中国近代现代史论集》(第11辑)　台湾商务印书馆1986年1月

甲午战后清政府对日赔款与"赎辽费"偿付期限正　潘良炽　李桦　《历史教学》1986年第2期

中日《马关条约》形成问题研究　崔丕　《近代史研究》1987年第4期

科士达与《马关条约》　李兆铭　《文史杂志》1988年第6期

《马关条约》签订始末　齐健　《中学历史》1988年第6期

西方列强在中国划分势力范围的重要开端　王丹　《云南社会科学》1989年第2期

论马关条约、辛丑条约对海关制度的影响　蔡渭洲　《对外经济贸易大学学报》1989年第3期

论张、邵东渡与日本广岛拒使　戚其章　《齐鲁学刊》1989年第5期

关于中日两国间的和约问题　高兴祖　《日本问题》1989年第8期

美国居间与马关议和　戚其章　《聊城师范学院学报（哲学社会科学版）》1990年第4期

《马关条约》与台湾民众的反殖民斗争　许良国　《文史知识》1990年第5期

"马关条约"与台湾民众的抗日战争　许良国　《国文天地》1990年第5卷第11期

马关议和与晚清政局　戚其章　《文史哲》1990年第6期

"马关条约"签字内幕　乔还田　《炎黄春秋》1992年第1期

试论中日《马关条约》赔款的影响　潘家德　《四川师范学院学报（哲学社会科学版）》1992年第5期

试论马关议和期间中日全权大臣的交涉术　张富强　《第二届近百年中日关系史国际研讨会论文集》1993年1月

再论中日甲午战争的赔款问题　谢俊美　《华东师范大学学报（哲学社会科学版）》1993年第2期

中国近代赔款数额的考察　周志初　吴善中　《扬州师范学院学报（社会科学版）》1994年第3期

关于战争罪行与赔偿问题——1994年为悼念甲午战争中英勇献身的将士作　赵增辉　《四川师范学院学报（哲学社会科学版）》1994年第5期

历史学家的神圣职责——读《甲午战前钓鱼列屿归属考》　雷国权　《文史杂志》1994年第6期

《马关条约》签订的历史教训　文强　《民主》1994年第8期

《马关条约》——弱国外交　齐健　《中学历史教学参考》1994年第8、9期合刊

《甲午战前钓鱼列屿归属考——兼质日本奥原敏雄诸教授》出版　《历史档案》1995年第1期

甲午战争与《马关条约》历史经验学术座谈会在榕召开　《福建学刊》1995年第2期

从甲午战争到《马关条约》——日本强占台湾始末　蒋为清　《台湾研究》1995年第3期

从《马关条约》赔款看清朝灭亡的必然性　周敏　《大连大学学报》1995年第3期

从台独分子纪念马关条约的言行看其对台胞民族认同的冲击　鲍绍霖　《台湾研究》1995年第3期

牢记马关遗恨　努力振兴中华　张海鹏　《台湾研究》1995年第3期

《马关条约》签订与台湾割让的历史原因及其思考　蒋伯英　《福建学刊》1995年第3期

《马关条约》与中华觉醒　孙秀玉　《大连大学学报》1995年第3期

《马关条约》与中国近代经济　杨惠萍　《大连大学学报》1995年第3期

任人宰割的历史绝不能重演——纪念《马关条约》一百年和台湾光复五十年　姜殿铭　《台湾研究》1995年第3期

中华民族的正气歌——论《马关条约》时期爱国诗歌　许鸿翔　《大连大学学报》1995年第3期

《马关条约》卖国求和的罪责应由谁来承担　王金香　《山西师范大学学报（社会科学版）》1995年第4期

《马关条约》与苏州日本租界始末　吴家涵　《历史教学问题》1995年第4期

屈辱的条约丧权的恶例——为中日《马关条约》签订100周年而作　安德喜　《兰台世界》1995年第4期

《马关条约》——帝国主义列强互相掣肘、利用，疯狂侵略中国之铁证　宋彩云　潘梓平　《齐齐哈尔师范学院学报（哲学社会科学版）》1995年第5期

乙未官僚士大夫评马关议和　王春英　关长有　《齐齐哈尔师范学院学报（哲学社会科学版）》1995年第5期

《马关条约》百年后的日台关系　刘江永　《日本学刊》1995年第6期

《马关条约》一百年祭　《科技文萃》1995年第6期

以史为鉴　勿忘国耻——《马关条约》签订一百周年　台湾回归祖国五十周年座谈会纪略　詹台惠敏　《台声》1995年第6期

坚持改革才能自立富强——《马关条约》的启示　郝文平　《吉林师

范学院学报》1995 年第 7 期

马关议和时期的《申报》　赵兴元　《吉林师范学院学报》1995 年第 7 期

试论马关议和期间中日全权大臣的交涉术　张富强　《第二届近百年中日关系史国际研讨会论文集》（张海鹏主编）　中华书局 1995 年 7 月

再论中日甲午战争的赔款问题　谢俊美　《第二届近百年中日关系史国际研讨会论文集》（张海鹏主编）　中华书局 1995 年 7 月

如何对待马关条约　郑昌淦　《群言》1995 年第 9 期

试论《马关条约》对中国近代航运业的影响　史春林　吴长春　《历史教学》1995 年第 11 期

互换马关条约始末探源　翟文奇　《青海师范大学学报（社会科学版）》1996 年第 1 期

对《马关条约》的再思考　雷玉虹《台湾研究》1996 年第 2 期

帝国主义列强与《马关条约》　张传杰　《辽宁师范大学学报（社会科学版）》1996 年第 3 期

日本在《马关条约》签订的前前后后　唐萍　《盐城师专学报（哲学社会科学版）》1996 年第 3 期

析清政府割让台湾之缘由　马自毅　《华东师范大学学报（哲学社会科学版）》1996 年第 3 期

日本近代货币制度的确立与甲午战争赔款　周爱萍　《青海金融》1996 年第 5 期

甲午战争赔款问题考实　戚其章　《历史研究》1998 年第 3 期

让优秀学术成果走出国门——记《甲午战前钓鱼列屿归属考》日文版出版座谈会　刘艺书　《北京社会科学》1998 年第 3 期

台湾人民的怒火——《马关条约》签订之后　郑炜　《党史纵横》2000 年第 1 期

国耻不可忘　国强是根本——有感于李鸿章签署屈辱的《马关条约》　君言　《世界知识》2000 年第 6 期

春帆楼一纸　心酸五十年　林昭武　狄英　黎泽重　《台声》2000 年第 7 期

《马关条约》——三种文本有差异　郑海麟　《两岸关系》2001年第12期

《马关条约》签订前后台湾士绅阶层动向初探　倪蛟　《广西社会科学》2002年第6期

春帆楼痛史——读《春帆楼下晚涛急——日本对台湾的殖民统治及其影响》　俞荣根　《学术界》2004年第4期

日本是如何使用《马关条约》赔款的　豆艳荣　《历史学习》2004年第11期

光绪皇帝关于签署《马关条约》的朱谕　王澈　《历史档案》2005年第2期

《马关条约》与台湾　史坤杰　《统一论坛》2005年第2期

勿忘马关奇耻　乔还田　《人民论坛》2005年第3期

甲午战争前后日本在东亚的侵略活动——写在《马关条约》签订110周年之际　谢俊美　《江西师范大学学报》2005年第4期

马关订约记　谢俊美　《百年潮》2005年第4期

马关奇耻永不忘　《知识就是力量》2005年第4期

《马关条约》与台湾民众的抗日战争　许良国　《中央民族大学学报》2005年第4期

甲午战争和马关条约　邓立勋　《湖南科技大学学报（社会科学版）》2006年第3期

张荫桓、邵友濂赴日求和被拒析　王秀俊　《吉林省教育学院学报》2006年第5期

在《马关条约》中日本为何要割占台湾和辽东半岛　张俊海　《中学政史地》（高中历史）2006年第7、8期合刊

《马关条约》110年的奇耻大辱　朱小平　《工会博览》2006年第8期

督抚与《马关条约》签订后的换约问题　贾小叶　《中国社会科学院近代史研究所青年学术论坛》（2005年卷）　社会科学文献出版社2006年10月

"以夷制夷"政策的再次实践——《马关条约》前后清廷为保台湾的外交努力　郭艳波　《北华大学学报（社会科学版）》2007年第2期

试论督抚与《马关条约》签订后的换约问题　　贾小叶　　《传统思想的近代转换》　社会科学文献出版社 2007 年 6 月

"日清媾和纪念馆"踏访杂感　　徐静波　　《世界知识》2007 年第 11 期

甲午战争与《马关条约》　　邵永灵　　《红旗文稿》2007 年第 18 期

论"马关议和"李鸿章的功过得失　　周彦　　《大连近代史研究》2008 年第 5 卷

如何理解李鸿章在《马关条约》签订中的作用　　王祥春　　《历史学习》2009 年第 1 期

《马关条约》烟台换约考　　金延铭　　《鲁东大学学报（哲学社会科学版）》2009 年第 6 期

怎样理解《马关条约》对近代中国社会的影响　　朱修庆　　《历史学习》2010 年第 2 期

甲午战争赔款数额问题再探讨　　蒋立文　　《历史研究》2010 年第 3 期

中日钓鱼岛主权归属问题的历史由来　　李振华　　《沧桑》2010 年第 4 期

关于中日甲午战争赔款数目的再探讨　　潘家德　　《西华师范大学学报（哲学社会科学版）》2010 年第 5 期

甲午战争赔款数额问题再探讨　　蒋立文　　《历史教学》（下半月刊）2011 年第 1 期

从《申报》舆论透视《马关条约》签订前后的国民心态　　冯君　　《江西师范大学学报（哲学社会科学版）》2011 年第 5 期

《马关条约》换约前官员士子的拒和运动　　梁娟娟　　《明清论丛》2011 年第 11 辑

从《马关条约》看中日甲午战争爆发的原因　　吴松芝　　《求索》2012 年第 2 期

马关春帆楼耻辱伤心地　　戚珺　　《北京档案》2012 年第 2 期

钓鱼岛主权归属问题的由来　　陈程　王燕　　《开封教育学院学报》2012 年第 4 期

近代日本对钓鱼岛的"踏查"及窃取　　李理　　《中国边疆史地研究》

2012 年第 4 期

国际法视域下钓鱼岛主权的历史沿革　　王军杰　　《社科纵横》2012 年第 7 期

《马关条约》与钓鱼岛列岛　　刘春明　　《太平洋学报》2012 年第 7 期

浅议刘坤一、王文韶与中日烟台换约之关系　　张宏东　　《前沿》2012 年第 22 期

从甲午战争前欧洲人所绘中国地图看钓鱼岛列岛的历史　　韩昭庆　　《复旦学报（社会科学版）》2013 年第 1 期

国际法下钓鱼岛主权争端的评估　　李玉玲　　赵菊芬　　《中国海洋法学评论》2013 年第 2 期

《马关条约》是否"割让"台湾给日本之考辩　　伍俐斌　　《台湾研究》2013 年第 3 期

钓鱼诸岛主权归属与条约法的适用　　黄世席　　《外交评论》(外交学院学报)2013 年第 4 期

条约视角下钓鱼岛主权归属探究　　曲波　　《当代亚太》2013 年第 4 期

论《马关条约》与钓鱼岛问题　　张海鹏　　李国强　　《人民日报》2013 年 5 月 8 日

中国拥有钓鱼岛主权的国际法分析　　金永明　　《当代法学》2013 年第 5 期

论《马关条约》与钓鱼岛问题　　张海鹏　　李国强　　《云南教育》(视界综合版)2013 年第 6 期

论《申报》视野下的中日《马关条约》　　韩小林　　《嘉应学院学报》2013 年第 6 期

马关讲和及其后果　　马勇　　《历史教学》(上半月刊)2013 年第 6 期

钓鱼岛列屿及其相关条约辨析——驳日本外务省的"尖阁见解"　　郑海麟　　《太平洋学报》2013 年第 7 期

钓鱼岛主权若干问题辨析　　李国强　　《太平洋学报》2013 年第 7 期

从中国近代史视角看钓鱼岛事件　　周黎　　《黑龙江史志》2013 年第 11 期

钓鱼岛三题　　王建朗　　《台湾历史研究》第一辑 2013 年 12 月

论《马关条约》与钓鱼岛兼及琉球问题　张海鹏　李国强　《台湾历史研究》第 1 辑 2013 年 12 月

试论《马关条约》签订与乙未台湾诗坛　钟书林　《人文论丛》2013 年 12 月

从甲午战争看中日钓鱼岛争端和中日关系　杨曦阳　《学理论》2013 年第 27 期

钓鱼岛与甲午战争　褚静涛　《台湾历史研究》2014 年第 2 辑

钓鱼岛之争的历史脉络与中日关系　刘江永　《东北亚论坛》2014 年第 3 期

甲午战争前后日本窥伺窃取钓鱼岛述论　殷昭鲁　张生　《南京政治学院学报》2014 年第 4 期

《马关条约》第一款有关朝鲜问题内容的形成过程研究　权赫秀　《抗日战争研究》2014 年第 4 期

中日钓鱼岛主权争端的国际法分析——从国际文件的角度　黄影　《西部法学评论》2014 年第 4 期

甲午战争赔款与日本　随清远　《南开学报（哲学社会科学版）》2014 年第 6 期

《马关条约》对中国半殖民地半封建社会的影响分析　辛瑞军　《延安职业技术学院学报》2014 年第 6 期

马关议和清政府密电问题考证补　吉辰　《山东社会科学》2014 年第 6 期

甲午战争与钓鱼岛劫难　刘江永　《两岸关系》2014 年第 11 期

从《马关条约》签订看企业谈判　马力　毛日佑　《清华管理评论》2014 年第 12 期

甲午战败中日签订《马关条约》　辽宁省档案馆编研展览处　《兰台世界》2014 年第 29 期

钓鱼岛列屿主权的国际法理新论——兼论我国钓鱼岛列屿主权传统论据的必要修正　刘磊　《北方法学》2015 年第 1 期

钓鱼岛主权归属与《马关条约》的演进解释问题　张卫彬　《法学评论》2015 年第 1 期

甲午中日议和中的全权证书问题——国际法视角下的考察　吉辰　《史林》2015 年第 1 期

甲午战争暨《马关条约》与中外条约关系的变化　李育民　《抗日战争研究》2015 年第 2 期

甲午战争与钓鱼岛争端的源起　乔林生　《日本侵华史研究》2015 年第 2 期

《马关条约》附属文献的内容及其意义　权赫秀　《聊城大学学报（社会科学版）》2015 年第 2 期

《马关条约》和"乙未之役"双甲子纪念——台湾先烈抗日的历史不容抹杀　王晓波　《抗战史料研究》2015 年第 2 辑

中日钓鱼岛争端的由来及其演变　倪屹　李宗勋　《延边大学学报（社会科学版）》2015 年第 2 期

中日甲午战争与钓鱼岛问题　李凡　《聊城大学学报（社会科学版）》2015 年第 2 期

统治阶层贪腐是甲午战争重要败因——写在《马关条约》签订 120 周年之际　张海鹏　《紫光阁》2015 年第 4 期

乙未津沽海啸与《马关条约》的批准　蒋金晖　《岭南师范学院学报》2015 年第 4 期

从相关国际条约考察钓鱼岛主权归属　疏震娅　李志文　《郑州大学学报（哲学社会科学版）》2015 年第 5 期

千古伤心过马关——《马关条约》双甲子祭　栗永　《文史精华》2015 年第 5 期

"春帆楼下晚涛哀"——细说《马关条约》谈判　陈仲丹　《唯实》2015 年第 7 期

《马关条约》签订始末　马勇　《百科知识》2015 年第 8 期

从"条约法"看战后对台湾及南海诸岛的处置——纪念中国人民抗日战争胜利 70 周年　郑海麟　《太平洋学报》2015 年第 12 期

《马关条约》签订对远东局势的影响　赵青云　《赤子》（上中旬）2015 年第 20 期

日本官方承认钓鱼岛属于中国之证据考　刘江永　《国际政治科学》

2016 年第 2 期

论《马关条约》对近代重庆的影响　　石明侠　《新课程》（下）2016 年第 3 期

论美国在钓鱼岛争议中偏袒日本的背景和原因　　刘江永　《日本学刊》2016 年第 3 期

台湾问题的相关条约及其法律地位的演变　　李育民　《史学月刊》2016 年第 3 期

《马关条约》与钓鱼岛争端关系考证　　仇梦影　《江苏第二师范学院学报》2016 年第 8 期

论现代国际法视野下的《马关条约》　　高全喜　《清华大学学报（哲学社会科学版）》2017 年第 4 期

《马关条约》"主权""管理权"考辨　　岳忠豪　《台湾研究集刊》2017 年第 4 期

俄法银团与甲午赔款　　本刊编辑部　姜建清　《中国城市金融》2017 年第 5 期

《马关条约》文本释疑二三例　　岳忠豪　《文化学刊》2017 年第 8 期

《马关条约》与近代中日关系　　臧运祜　《湖南师范大学社会科学学报》2018 年第 1 期

美国驻华公使田贝与甲午中日议和　　冯高峰　师嘉林　《四川师范大学学报》(社会科学版)2018 年第 3 期

钓鱼岛主权归属问题的历史探究　　田欣　《散文百家》(新语文活页)2019 年第 1 期

关于甲午战争后钓鱼岛归属问题的国家法分析　　廉德瑰　《亚太安全与海洋研究》2019 年第 2 期

重庆对日开放问题与《马关条约》　　赵正超　《抗日战争研究》2020 年第 2 期

中国拥有钓鱼岛主权的证据链构造　　张卫彬　《政治与法律》2020 年第 2 期

《马关条约》文本解析　　袁自杰　《中学历史教学参考》2022 年第 16 期

《马关条约》与旅顺　　陈巍均　《大连近代史研究》2023 年第 18 卷

第六部分
战争影响

一、反割台斗争

著作

（青年自学丛书）近六十年来的中日关系（第一章　永远忘记不了的创伤）（图6-1）

张健甫著　1937年1月　生活书局

记述了甲午战争以及中国割让台湾的情形。

图 6-1

台湾史（图6-2）

李震明编著　1948年6月　中华书局

全面论述了台湾历史。

图 6-2

台湾史事概说（第八章　再度沦陷与再度光复）（图6-3）

郭廷以著　1954年3月　正中书局

记述了忍痛割台、争取外援与自救、再度沦陷、悲壮之五十年、再度光复的历史过程。

图 6-3

中国人民开发台湾反抗侵略斗争史略（第六章　台湾人民反对日本帝国主义的斗争）（图6-4）

朱偰编著　1955年4月　湖北人民出版社

记述台湾人民反对日本帝国主义的斗争。

图 6-4

（战友小丛书第六十七本）台湾历史讲话（图6-5）

中国科学院历史研究所第三所等　1955年5月　中国人民解放军北京军区政治部

记述了甲午战争以前美国对台的侵略，以及台湾人民50年的抗日斗争。

图 6-5

台湾人民革命斗争简史（第三章　鸦片战争后，台湾人民反对外国侵略者的斗争　第五节　一八九五年台湾人民反对割让台湾的英勇斗争）（图6-6）

李稚甫著　1955年6月　华南人民出版社

论述了甲午战争后台湾人民反割台运动，以及此后半个世纪的斗争。

图6-6

（历史知识丛书）台湾史话（第六章　割台之役）（图6-7）

王芸生著　1955年6月　中国青年出版社

记述了《马关条约》、台湾的两种抵抗、昙花一现的"民主国"、台南的英勇抗战、台南抗战中的民军、侵略者的死亡、人民痛恨卖国贼等。

图6-7

台湾历史概述（图6-8）

刘大年　丁名楠　余绳武著　1956年5月　生活·读书·新知三联书店

其中概述1895年至1945年日本帝国主义的殖民统治与人民反殖民统治的斗争。

图6-8

台湾人民斗争简史（图6-9）

钱君晔　杨思慎著　1956年11月　天津人民出版社

其中概述了台湾人民反抗日本帝国主义的斗争。

图6-9

（台湾文献丛刊第四十种）台湾思恸录

思痛子著　1959年6月

记述了日本占据台湾战事经过。

（台湾文献丛刊第五十七种）割台三记

台湾银行经济研究室编　1959年10月

收录了《割台记》《台湾八日记》《让台记》三种。

台湾历史概述（四、台湾人民反侵略反压迫的光荣革命传统）（图6-10）

刘大年　丁名楠　余绳武著　1962年12月　生活·读书·新知三联书店

其中概述1895年至1945年日本帝国主义的殖民统治与人民反殖民统治的斗争。

图6-10

（近代中国史料丛刊续编第七十一辑）八年抗战与台湾光复（二、中日甲午战争与台湾）（图6-11）

何应钦讲　1970年9月　文海出版社有限公司

讲述了甲午战争后日本割让台湾以及台湾人民的抗日行动。

图6-11

光绪乙未台湾的交割与保台

梁华璜著　1974年

记述了日本占据台湾及台湾人民反割台斗争经过。

（近代中国史料丛刊续编第五十一辑）台湾（图6-12）

李絜非著　1978年3月　文海出版社有限公司

附台湾革命史。

图6-12

（历史知识丛书）台湾史话（第六章　割台之役）（图6-13）

王芸生著　1978年12月　中国青年出版社

记述了《马关条约》、台湾的两种抵抗、昙花一现的"民主国"、台南的英勇抗战、台南抗战中的民军、侵略者的死亡、人民痛恨卖国贼等。

图6-13

图6-14

（近代中国史料丛刊续编第七十四辑）台湾通史（图6-14）

连横著　1980年6月　文海出版社有限公司

全面阐述台湾历史的著作。

日本殖民地体制下的台湾（图6-15）

王诗琅编著　1980年　众文图书公司

阐述了乙未日据台湾时期的若干问题。

图6-15

台湾地方史（第十四章　反割台斗争与台湾民主国）（图6-16）

陈碧笙著　1982年8月　中国社会科学出版社

论述了《马关条约》的签字与台湾澎湖的割让、举国同声痛割台、昙花一现的台湾民主国，以及可歌可泣的中南部人民抗日游击战争。

图6-16

台湾史（图6-17）

台湾省文献委员会编　1984年4月　众文图书公司

全面论述了台湾的历史。

图6-17

台湾割让与乙未抗日运动（图6-18）

黄秀政著　1992年12月　台湾商务印书馆

主要内容包括马关议和的割台交涉、割台与朝野的肆应、日军攻台与"台湾民主国"的抗日运动、日军南下与中南部的抗日运动、抗日运动的性质与影响等。

图6-18

（纪念卢沟桥事变六十周年丛书）台湾人民抗日斗争史（第二章　割台及人民的武装反抗斗争）（图6-19）

薛军力　徐鲁航著　1997年6月　北京燕山出版社

讲述了甲午战争前后日本对台湾的侵略及台湾人民的反割台斗争。

图6-19

简明台湾史（图6-20）

陈孔立编著　1998年1月　九州图书出版社

简要论述了台湾的历史。

图6-20

台湾史（第二册）（图6-21）

戚嘉林著　1998年8月　海南出版社

全面论述了台湾历史。

图6-21

台湾抗日史（图6-22）

陈汉光著　2000年　台海出版社

反映台湾人民50年抗日斗争。

（台海史丛）誓不臣倭（图6-23）

张承钧编著　2002年7月　台海出版社

全面反映台湾人民50年抗日斗争的史书。

图6-22

图 6-23

图 6-24

图 6-25

图 6-26

图 6-27

台湾民众抗日史（第一篇　从日本对台湾的觊觎到《马关条约》；第二篇　抗日保台的武装斗争；第三篇　日本在台湾的殖民统治）（图 6-24）

安然著　2003 年 9 月　台海出版社

着重论述了中日甲午战争与《马关条约》、各界对《马关条约》的反应、台湾民主国的成立与失败、黑旗军保卫台湾、其他武装抗日斗争、日本在台湾的军政殖民统治、日本对台湾的经济侵略、日本在文化教育方面对台湾的奴役等。

（勿忘甲午）反割台抗日运动（图 6-25）

柯平著　2004 年 9 月　天津古籍出版社

论述了日军占领台湾的计划以及台湾人民反抗日军占领的斗争。

不屈的民族魂——台湾原住民抗日斗争图史（图 6-26）

陈杰编著　2005 年 10 月　台海出版社

呈现了台湾原住民在反抗日本侵略斗争中 10 次较大规模事件的珍贵历史图片。

台湾史（图 6-27）

宋光宇著　2007 年 9 月　人民出版社

全面论述了台湾历史。

台湾史（图 6-28）

戚嘉林著　2011 年 1 月　海南出版社

全面论述了台湾历史。

（二十世纪名人自述系列）马君武自述（第七章　甲午中日之战——唐薇卿先生）（图6-29）

马君武著　2013年5月　安徽文艺出版社

讲述了甲午战争后台湾人民反割台的斗争片段。

图6-28

台湾史（图6-30）

戚嘉林著　2014年12月　华艺出版社

全面论述了台湾历史。

图6-29

论文

割台记　罗惇曧　《中学国文特种读本》（第一册）　国立编译馆1933年9月

乙未参与台湾独立战争的回忆　刘兆青　《回民言论》1939年第2期

台湾战记（一续）　洪弃父　《图书月刊》1946年第1卷第2期

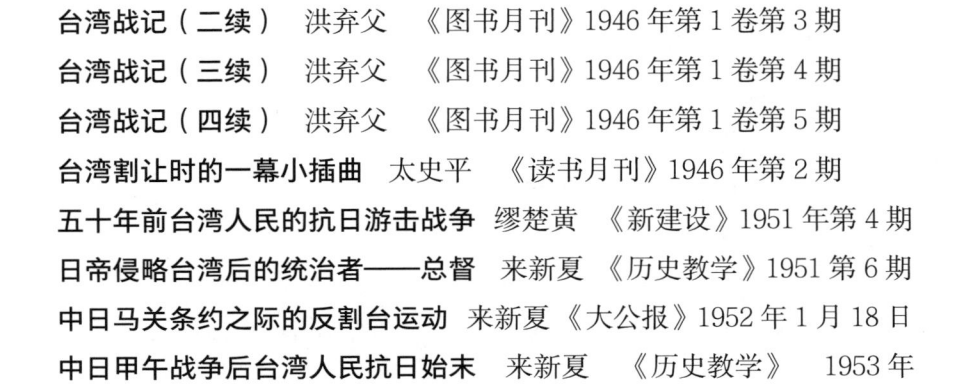

台湾战记（二续）　洪弃父　《图书月刊》1946年第1卷第3期

台湾战记（三续）　洪弃父　《图书月刊》1946年第1卷第4期

台湾战记（四续）　洪弃父　《图书月刊》1946年第1卷第5期

台湾割让时的一幕小插曲　太史平　《读书月刊》1946年第2期

五十年前台湾人民的抗日游击战争　缪楚黄　《新建设》1951年第4期

日帝侵略台湾后的统治者——总督　来新夏　《历史教学》1951第6期

中日马关条约之际的反割台运动　来新夏　《大公报》1952年1月18日

中日甲午战争后台湾人民抗日始末　来新夏　《历史教学》　1953年第12期

中国人民为开发建设和保卫台湾而斗争的历史　张国光　《光明日报》1954年9月30日

图6-30

台湾人民的爱国主义和革命传统　陈文彬　《新建设》1954年第10期

不屈的台湾人民——读五十九年前点石斋画报的台湾时事画　黄苗子　《新观察》1954年第21期

批判陈著"中国近代史"关于日本侵占台湾琉球问题的错误观点　王绳祖　《史学战线》1958年第2期

高山族人民反对日寇的革命斗争史略　陈李田　《民族研究》1960年第3期

台湾战争记　吴质卿　《近代史资料》1962年第3期

甲午战役占台湾后父老谈《日本上山》及其他　林勇民　《华侨日报》1972年5月11日

光绪乙未台湾的交割与保台（上）　梁华璜　《国立中央图书馆馆刊》1974年第7卷第1期

光绪乙未台湾的交割与保台（下）　梁华璜　《国立中央图书馆馆刊》1974年第7卷第2期

甲午战争前日本并吞台湾的酝酿及其动机　梁华璜　《台湾文献》1975年第26卷第2期

台湾各族人民反抗外国侵略者的光荣斗争史略　施联朱　《中央民族学院学报》1978年第3、4期合刊

马关议和后"台湾抗日政府"辨证　林子候　《台湾风物》1978年第28卷第4期

让台记　吴德功　《近代史资料》1981年第1期

评《台湾乙未战记》　沈奕巨　《广西日报》1981年10月8日

台湾人民反割台斗争　施宣园　《人民日报》1981年10月15日

试析一八九五年的"台湾民主国"　林其泉　《厦门大学学报》（史学专号）1981年增刊

台海思痛录　思痛子　《近代史资料》1983年第1期

日本对我国台湾的经济掠夺　伊文成　《中日关系史研究》1983年第2辑

力挽狂澜劫，誓补金瓯缺——一八九五年台湾人民维护祖国统一的斗争　边国立　《理论与实践》1983年第3期

回看血泪相和流——马关条约与台湾割让　邢福泉　《自由青年》1983 年第 69 卷第 5 期

关于台湾民主国的评价问题　戚其章　《北方论丛》1984 年第 4 期

甲午战争后保卫台湾之战　戚其章　《东岳论丛》1984 年第 4 期

如何评价抗日保台政权的性质与作用　李实　《南方日报》1985 年 1 月 10 日

关于"开山抗番"政策的评价问题　林冈　《台湾研究集刊》1985 年第 2 期

试论"台湾民主国"和台湾人民的反割台斗争　范启龙　《福建师范大学学报（哲学社会科学版）》1985 年第 2 期

台湾朱一贵起义与吴福生起义供词的比较研究　孔立　《台湾研究集刊》1985 年第 2 期

近代日本南进的序幕——中日战争与割让台湾　梁华璜　《中国近代现代史论集》（第 11 辑）　台湾商务印书馆 1986 年 1 月

甲午役中台澎之防守与抗战　陈汉光　《文献专刊》1986 年第 2 卷第 1、2 期合刊

近代日本南进的序幕——中日战争与割让台湾　梁华璜　《南洋大学学报》1986 年第 2 期

日本侵华与台胞抗日的历史评价　王寿南　《中国近代现代史论集》（第 34 辑）　台湾商务印书馆 1986 年 9 月

乙未割台前后朝野的诤谏与台湾官民奋斗的经过　庄金德　《中国近代现代史论集》（第 34 辑）　台湾商务印书馆 1986 年 9 月

马关议和的割台交涉（上）　黄秀政　《近代中国》1986 年第 55 期

马关议和的割台交涉（下）　黄秀政　《近代中国》1986 年第 56 期

乙未割台与清代朝野的肆应　黄秀政　《文史学报》1987 年第 17 期

林本源之租馆和武备与乙未抗日　王世庆　《台湾文献》1987 年第 38 卷第 4 期

台湾人民抗日保台爱国斗争的光辉一页——1895 年"台湾民主国"性质初探　徐博东　《台湾研究》1988 年 1 月

论日帝对台湾高山族殖民政策的演变　徐平　《台湾研究》1988 年第

3 期

台湾割让与乙未抗日运动　黄秀政　《台湾文献》1988 年第 39 卷第 3 期

甲午战争与台湾　林子候　《台湾文献》1991 年第 42 卷第 3、4 期合刊

台湾人民的抗日斗争与台湾光复　陈在正　《中国边疆史地研究》1994 年第 4 期

论乙未割台的历史背景　戚其章　《历史研究》1994 年第 6 期

清政府的"保台运动"及其失败　王连夫　《史学月刊》1994 年第 6 期

台湾人民抗击日寇割占台湾史略　张凤翔　《内蒙古统战理论研究》1995 年第 2、3 期合刊

从甲午战争到《马关条约》——日本强占台湾始末　蒋为清　《台湾研究》1995 年第 3 期

甲午百年祭——马关割台与台湾军民的反割台斗争　陈贞寿　《福建论坛（文史哲版）》1995 年第 3 期

浅议 1895 年台湾人民反割台武装斗争　黄国盛　《福建学刊》1995 年第 3 期

台湾与祖国大陆命运与共——重温甲午战争到抗日战争 50 年历史的启示　陈在正　《台湾研究》1995 年第 3 期

乙未割台后日本政府对台湾的经济掠夺　陈佳　《福建学刊》1995 年第 3 期

乙未割台与反割台斗争的历史回顾　王汝丰　《台湾研究》1995 年第 3 期

日本割台的历史回顾　刘薇　王小梅　《齐齐哈尔师范学院学报（哲学社会科学版）》1995 年第 5 期

台湾人民反抗日本殖民统治的斗争　赵铁锁　《历史教学》1995 年第 8 期

纪念台湾光复　吸取历史教训　蔡子民　《台声》1995 年第 10 期

1895 年台湾军民反割台军事斗争失败原因探析　季云飞　《江海学刊》1998 年第 1 期

试论乙未反割台斗争中台湾的官、绅、民　荣斌　《军事历史研究》

1999 年第 2 期

　　割台后海峡两岸贸易关系的新变化——以金顺益案为中心　陈小冲　《台湾研究集刊》2000 年第 2 期

　　可歌可泣　气贯长虹——1895 年台湾人民维护祖国统一、抗击日寇割台斗争述略　张凤翔　《内蒙古统战理论研究》2000 年第 2 期

　　从反割台斗争看台湾同胞的爱国主义传统　李艾丽　《广西社会科学》2000 年第 4 期

　　李经方签订"割台让渡证书"始末　张明金　《百年潮》2000 年第 11 期

　　光绪乙未年间反割台斗争的特点浅析　张炜玮　《军事历史研究》2001 年第 2 期

　　试论清朝末年的反割台斗争　郜耿豪　王平平　《军事历史研究》2001 年第 2 期

　　日据时期（1895—1945）台湾同胞的民族意识与国家认同　才家瑞　《天津大学学报（社会科学版）》2001 年第 4 期

　　不该忘却的历史——纪念台湾同胞反割台斗争一百零八周年　倪蛟　《台声》2003 年第 5 期

　　甲午战争与日本割台计划的实施　柯平　《东岳论丛》2004 年第 3 期

　　《马关条约》后日本对朝鲜的殖民吞并和对中国台湾的殖民统治　谢俊美　《河南社会科学》2005 年第 4 期

　　甲午战败后台湾知识界的文人抗日　汪庆生　《广西教育学院学报》2006 年第 1 期

　　1895—1898 年日本售台言论的形成与舆论的影响　秦美婷　汤书昆　《台湾研究集刊》2006 年第 1 期

　　甲午战争时期中国朝野反割台的努力　于耀洲　《大连近代史研究》2006 年第 3 卷

　　关于日本割占台湾的几个问题　戚其章　《学术月刊》2006 年第 4 期

　　日本对台湾的殖民统治政策及其影响　沈美华　《广西社会科学》2007 年第 8 期

　　甲午战后日本佛教传入台湾的动机与效果分析　王志平　《世界宗教

研究》2008年第3期

马革倘能归故里，招魂应向日南州——易顺鼎反割台始末　徐翠红　何丙仲　《台湾建省与抗日战争研究——纪念抗日战争胜利60周年暨台湾建省120周年学术研讨会论文集》　鹭江出版社2008年7月

台湾的儒学传统与反割台斗争　陈名实　林国平　《台湾建省与抗日战争研究——纪念抗日战争胜利60周年暨台湾建省120周年学术研讨会论文集》　鹭江出版社2008年7月

从甲午诗歌看台湾民众的反割台斗争　刘亚萍　《白城师范学院学报》2009年第2期

《乙未台海战争与台湾知府黎景嵩》序　康咏秋　《湖南科技大学学报（社会科学版）》2010年第6期

乙未保台斗争和台湾民主国的成立　惠翔宇　《黑龙江教育学院学报》2010年第7期

"马关条约"后台湾军民抗击日军侵台的150天　刘少才　《湖北档案》2010年第8期

日本对台湾、大连的统治与人民反抗斗争之比较　关捷　《日据时期台湾殖民地史学术研讨会论文集》　九州出版社2010年11月

甲午战争后台湾儒生的政治认同　陈名实　《教育评论》2011年第1期

甲午战争以来台湾民众民族国家意识的演变　胡文生　徐博东　《台湾研究》2011年第1期

报刊舆论与乙未反割台斗争研究——以《申报》为中心　陈忠纯　《台湾研究集刊》2011年第2期

论"台湾民主国"成立的历史背景　惠翔宇　《哈尔滨学院学报》2011年第2期

晚清台湾电报的创办及割台后中日间之交涉　李祖基　《福建师范大学学报（哲学社会科学版）》2011年第4期

乙未台湾抗日将领的战略战术研究　关伟　《大连近代史研究》2011年第8卷

试论近代日本海权的扩张与对台湾的侵占　汪曙申　《台湾研究》2012年第4期

《余比部台湾日记》才是抄本　孙建军　郭洁　《大连近代史研究》2012 年第 9 卷

乙未台湾抗日将领的战略战术研究　关伟　关捷　《台湾光复六十五周年暨抗战史学术研讨会论文集》　九州出版社 2012 年 11 月

甲午战争与台湾问题　张耀武　《大连大学学报》2014 年第 5 期

甲午战争割台与日本殖民统治遗毒　习贤德　《南开学报（哲学社会科学版）》2014 年第 6 期

清末日本侵台与国人反割台运动研究述评　李细珠　《兰州学刊》2014 年第 9 期

管理、法规与资本体系的重构——甲午战后日本对台湾盐政的殖民化改造　李博强　《江南大学学报》2015 年第 5 期

甲午战争与台北李春生家族　陈慈玉　《社会科学研究》2015 年第 5 期

德国外交与日本割占台湾　李益波　《南京政治学院学报》2016 年第 2 期

甲午战后拒割台湾的国家法运用　张卫明　《历史档案》2016 年第 3 期

弃"未失之地""天下人心皆去"——光绪乙未年朝野官绅反割台的核心诉求　贾小叶　《史学月刊》2018 年第 3 期

海权视角下清代台湾问题的研究与思考　李辰　《军事历史》2018 年第 6 期

乙未反割台运动中的《新闻报》　陈忠纯　《北京师范大学学报（社会科学版）》2019 年第 3 期

日本从台湾省掠夺了多少油气　李宝仲　《中国石油石化》2020 年第 13 期

改隶之悲——乙未割台后台籍士子的选择（1895—1897）　顾建娣　《台湾历史研究》2022 年第 1 期

乙未割台后雾峰林家的发展探析　鄢姿　《闽南师范大学学报（哲学社会科学版）》2022 年第 2 期

台湾问题必将随着民族复兴而终结——评《甲午战争与台湾百年命运》　冯晨曦　《统一论坛》2023 年第 5 期

二、战后中国

著作

清史纂要（第五章　改革及灭亡时期　第六节　甲午战争及各国之租军港）（图6-31）

刘法曾编　1915年4月　中华书局

简述甲午战争及战后列强租借军港之事。

图6-31

自民国元年起至二十三年止关税纪实（第三章　以关税为担保之各种外债　第六节　清政府募集大多数外债之原因——甲午中东战争）（图6-32）

海关总税务司公署魏尔特编　1936年8月　海关总税务司公署统计科

认为甲午战后清政府募集大多数外债源自甲午战败。

图6-32

中国教育及教育思想史讲话（第九章　近代（四）甲午战后）（图6-33）

周思真著　1943年10月　世界书局

简述甲午战后新式普通教育的形成，并进一步论述了从科学到学校问题。

图6-33

中国近代国民经济史讲义（中册）（第二编　半殖民地半封建经济的形成　第六章　中国民族资本主义工业的发展）（图6-34）

中国人民大学国民经济史教研室编　1962年3月　中国人民大学

讨论了甲午战争后民族资本主义工业的初步发展。

图6-34

中国近代货币史数据（1882—1911）（第三章 甲午战争前后旧币制的益趋崩溃）

编著者不详　时间不详　文海出版社有限公司

论述了甲午战争对中国近代币制的影响。

中国近代哲学史（第四章　戊戌变法时期的社会思潮和哲学思想　第一节　甲午战后的社会矛盾和变法维新思潮的高涨）（图6-35）

侯外庐主编　1978年2月　人民出版社

论述了甲午战后中国社会矛盾的变化以及戊戌变法运动的兴起。

图6-35

瓜分的狂潮

房德邻著　1992年6月　中国华侨出版社

有"瓜分的喧嚣——中日甲午战争与远东局势""瓜分的前奏——三国干涉还辽"两章。

甲午战争启示录（图6-36）

孙克复　焦润明主编　1995年7月　辽宁人民出版社

论文集。收录论文10篇，从爱国主义、民族觉醒、国际关系、近代教育等不同角度反思甲午战争。

图6-36

义和团抵抗列强瓜分史（上编　义和团运动爆发前的国际形势和国内状况　第二章　中日甲午战争与第一次瓜分危机之出现）（图6-37）

牟安世著　1997年7月　经济管理出版社

中日甲午战争是列强瓜分中国的起点，在战

图6-37

争过程中和战后出现了第一次瓜分危机，中国人民通过兴中会的成立、公车上书、成都教案和古田教案、台湾省军民的抗日战争，掀起反第一次瓜分危机的斗争。

中国近代史通鉴·戊戌维新与义和团运动（第一篇　总论　一、甲午战后的中国社会）（图6-38）

戴逸主编　1997年7月　红旗出版社

西方列强阴谋瓜分中国、清朝政府统治内外交困、各派力量探求救亡之路。

图6-38

（中国近代教育史资料汇编）戊戌时期教育（第一章　甲午战后改革教育的主要言论）（图6-39）

汤志钧　陈祖恩　汤仁泽编　2007年4月　上海教育出版社

记录了严复、梁启超、章炳麟、徐勤、唐才常等人的有关甲午战后教育的言论。

图6-39

论文

甲午后日本凌侮中国记略　黄叔乔　《济案特刊》1928年第1期

甲午战争中国失败的原因　吴景贤　《学风》1931年第1卷第9期

甲午战后庚子乱前中国变法运动之研究（1895—1898）　陈恭禄　《国立武汉大学文哲季刊》1933年第3卷第1号

甲午战争及其所予今日东北事件之教训　登璈　《新亚细亚》1933年第6卷第4期

勿忘甲午战役的教训　陈彬龢　《陈彬龢论文选》（陈彬龢著）　美华书馆1934年4月

甲午战争之检讨　冯节　《新亚细亚》1935年第10卷第6期

甲午战事给与我们的教训　王信忠　《学生与国家》1936 年第 1 卷第 2 期

甲午战争之最大教训　陈训慈　《国命旬刊》1937 年第 3 号

中国财政史上的一页重要教训——论甲午战争与中国财政　千家驹　《史地社会论文摘要月刊》1937 年第 3 卷第 10 期

中国财政史上的一页重要教训——论甲午战争与中国财政　千家驹　《中山文化教育馆季刊》1937 年第 4 卷第 2 期

甲午战争的教训　于炳然　《抗战月报》1939 年第 2 卷第 1 期

甲午战争失败的教训　宋云彬　《国民公论》1939 年第 2 卷第 1 号

所谓"晚清的中国观"　鹰隼　《文献》1939 年卷之五

甲午之战中国失败的原因　杰　《中美周刊》1940 年第 1 卷第 29 期

从甲午之战到"九·一八"　思远　《国风半月刊》1940 年第 2 卷第 1 期

甲午战后中国外交史　陶振誉　《世界政治》1942 年第 7 卷第 12 期

甲午之役的教训——"清宫外史"读后　陈辛慕　《新华日报》（重庆）1943 年 3 月 21 日

中日交涉中的历史教训　郭廷以　《大陆杂志》1951 年第 2 卷第 4 期

中日甲午战争赔款的借款　孙毓棠　《历史教学》1951 年第 3 期

中日甲午战争失败的原因及其影响怎样　宁答　《历史教学》1954 年第 8 期

试谈甲午战后中国半殖民地半封建经济形态的完全形成　顾林　《历史教学》1956 年第 4 期

从甲午战争到辛亥革命时期清政府的外债（上）　徐义生　《经济研究》1957 年第 4 期

从甲午战争到辛亥革命时期清政府的外债（下）　徐义生　《经济研究》1957 年第 6 期

1895—1898 年中国民族工业的发展　李时岳　《史学月刊》1957 年第 12 期

甲午战争后的湖南维新运动　王永康　《历史函授教学》1958 年第 1 期

甲午战后到辛亥革命期间帝国主义在东三省的铁路争夺　林星　《历

史教学问题》1959年第1期

帝国主义对中国的经济侵略（甲午战争前后至"五四"运动期间）　龚书铎　张安民　许崇武　《北京师范大学学报（社会科学）》1959年第5期

甲午之败与清廷命运　沈忱农　《反攻》1960年第216期

谁应负甲午战败之责　李雍民　《古今》1967年第23期

甲午战后筹还外债与财政的变革（1895—1900）　黄俊彦　《台东师专学报》1977年第5期

试议"甲午战争在近代史上的重要性"　林子候　《台湾风物》1977年第27卷第2期

甲午战后之中韩关系　杨翠华　《思与言》1978年第16卷第3期

甲午战争后十年清政府对俄政策　董志勇　《西北历史资料》1981年第2期

自强军编练述略　王贤知　《史学月刊》1982年第5期

甲午风云与中国人民的觉醒　戚其章　《文史知识》1982年第8期（图6-40）

从甲午战争看洋务运动的性质及其失败原因　戚其章　《社会科学辑刊》1983年第5期

甲午战争后帝国主义对中国财政金融命脉的控制　孙健　《自修大学（文史哲经）》1984年第2期

甲午战争后中国民族资本主义的初步发展与资产阶级革命　孙健　《自修大学（文史哲经）》1984年第3期

甲午战争与中国人民对救国真理的探求　戚其章　《人民日报》1984年4月16日

甲午冲击在思想文学领域引起的变化　李侃　《近代史研究》1984年第5期

甲午战争后中国农村商品化发展情况和性质　杨光震　《自修大学（文史哲经）》1984年第5期

甲午中日战争与中华民族觉醒　关捷　《中日关系史论文集》（辽宁

图6-40

大学科研处编）1984 年 8 月

甲午战争和中国近代民族工业　庄鸿涛　《新疆大学学报》1985 年第 1 期

甲午战争宣告洋务运动"彻底破产"说辨析　余明侠　《社会科学》1985 年第 1 期

甲午战后官办军民用工矿业　黄逸平　《学术月刊》1985 年第 8 期

1895 年列强对中国偿日战债借款的竞争　李国祁　《中国近代现代史论集》（第 11 辑）　台湾商务印书馆 1986 年 1 月

留日学生发端与甲午战后的中日关系　桑兵　《华中师范大学学报（哲学社会科学版）》1986 年第 4 期

试论甲午战后清政府经济政策的转变　李刚　《西北大学学报（哲学社会科学版）》1986 年第 4 期

甲午战后赔款与日本的"战后经营"　张英莉　《陕西师范大学学报（哲学社会科学版）》1987 年第 1 期

甲午战争后清朝的军制改革　黄亦兵　《军事史林》1987 年第 1 期

试析甲午战后的上海对外贸易　许维雍　《上海经济研究》1987 年第 1 期

中日甲午战争与清末军制改革　杨立强　《军事历史研究》1987 年第 1 期

试论清政府甲午战争期间与战后的借款　王燕梅　《青海师范大学（哲学社会科学版）》1987 年第 2 期

甲午战后山东教案刍议　程歗　《历史档案》1987 年第 3 期

甲午战争末期中国出现持久战思想　刘树泉等　《沈阳师范学院学报（社会科学版）》1987 年第 3 期

试论洋务运动的终结　庄竺华　《内蒙古民族师范学院学报（社会科学汉文版）》1987 年第 3 期

洋务派官僚资本在甲午战争后的变化　刘力　《重庆师范学院学报（哲学社会科学版）》1987 年第 3 期

甲午战争后清朝的军制改革　黄亦兵　《中国近代军事史论文集》（军事科学院战略研究部选编）　军事科学出版社 1987 年 11 月

近代中华民族的新觉醒　袁之舜　《华东石油学院学报（社会科学版）》1988 年第 1 期

甲午战争与中日两国的历史命运　邓元时　《贵州文史丛刊》1988 年第 2 期

甲午战争与清廷财政　梁义群　《学术月刊》1988 年第 5 期

洋务运动失败的内因与教训　刘宽民　《理论导刊》1988 年第 5 期

甲午战后四十年间中国现代缫丝工业的发展和不发展　张国辉　《中国经济史研究》1989 年第 1 期

甲午战争后绿营裁撤与军制改革的关系　黄亦兵　《军事史林》1989 年第 1 期

西方列强在中国划分势力范围的重要开端　王丹　《云南社会科学》1989 年第 2 期

甲午庚子年间的清政府及其对外政策　高心湛　《许昌学院学报》1989 年第 3 期

日本对晚清军队改革的影响　鲍世修　《军事历史》1989 年第 3 期

甲午战后清朝财政研究（1894—1899）　周育民　《中国经济史研究》1989 年第 4 期

中日甲午战争的结局及其影响　戚其章　《东岳论丛》1989 年第 4 期

中日甲午战争与中国近代思想启蒙运动　张久山　《中日关系史论集》（第 6 辑）《社会科学战线》1989 年增刊

试论甲午战后帝党集团的觉醒　郑春奎　《丽水师专学报（社会科学版）》1990 年第 1 期

甲午战争至戊戌变法前清廷朝局初探　吴心伯　《安徽史学》1990 年第 2 期

甲午赔款与晚清财政大变局　梁义群　《浙江学刊》1990 年第 4 期

甲午战争后自由的、资本主义的农业雇佣劳动的发展　刘克祥　《中国经济史研究》1990 年第 4 期

中国近代海防工业建立与发展的历史教训　陈明端　张毅东　《军事历史》1991 年第 1 期

中日甲午战争的影响和意义　戴逸　《齐鲁学刊》1991 年第 1 期

从甲午战争到"九·一八"事变　孙克复　《社会科学辑刊》1991年第5期

甲午战争——民族觉醒的转折点　戚其章　《社会科学报》1991年7月11日

甲午战后的中国农业封建性雇佣劳动　刘克祥　《中国经济史研究》1992年第1期

甲午战争后的农村换工劳动及其向雇佣劳动的转变　刘克祥　《中国农史》1992年第1期

甲午战争后广州对外贸易新论　杨瑞贞　《开放时代》1992年第6期

甲午战后在华基督教发展原因探析　朱玉彪　《锦州师范学院学报（哲学社会科学版）》1993年第1期

论甲午战争的历史教训　姜铎　《史林》1993年第2期

清末财政性外债对中国社会经济的影响　俞建国　《中国经济史研究》1993年第2期

甲午战争与戊戌变法　宾长初　《长沙水电师范学院学报（社会科学学报）》1993年第3期

甲午战争——中国文化质变转捩点　时萌　《吴中学刊》1994年第1期

清末中国的教育改革与学习日本　邹岚萍　《中山大学学报论丛》1994年第1期

甲午战争百年反思　苏贵庆　《盐城师专学报（哲学社会科学版）》1994年第2期

甲午战争的反思　孙惠　《张家口大学学报（综合版）》1994年第2期

甲午中日战争及其对中国社会的影响——写在甲午中日战争100周年之际　董贵胜　《潍坊教育学院学报》1994年第2期

从甲午战败看抓住机遇深化改革　谢信芝　《政法学报》1994年第3期

从市场条件角度看甲午战后中国民族工业发展受到的外来压力　陈争平　《教学与研究》1994年第3期

甲午战争与近代社会思潮的转型　黄顺力　《厦门大学学报（哲学社

会科学版）》1994 年第 3 期

浅述甲午战后进化论在中国的传播　　刘轶强　　《山西高等学校社会科学学报》1994 年第 3 期

甲午惨败与士大夫的觉醒　　樊文娥　　蔡娟　　《南通师专学报（社会科学版）》1994 年第 4 期

甲午战争对中国政治及远东局势的重大影响　　石志新　　《青海师范大学学报（哲学社会科学版）》1994 年第 4 期

甲午战争激起的中国思想界的大变动　　汤奇学　　《安徽大学学报》1994 年第 4 期

甲午战争与浙江近代工业　　沈雨梧　　《清史研究》1994 年第 4 期

甲午战争与中国近代社会思潮的发展　　戚其章　　《东岳论丛》1994 年第 4 期

甲午战争与中国近代知识分子的觉醒　　陈锦谷　　《福建论坛（文史哲版）》1994 年第 4 期

甲午战争中国失败的原因探析　　董贵胜　　《石油大学学报》1994 年第 4 期

历史应有的启示　　苏双碧　　《清史研究》1994 年第 4 期

试论甲午中日战争与民族觉醒　　安静波　　《北方论丛》1994 年第 4 期

"泱泱大国"何以败北——纪念甲午战争 100 周年　　李柏田　　《呼兰师专学报》1994 年第 4 期

甲午战争后的浙江农业　　沈雨梧　　《浙江师范大学学报》1994 年第 5 期

甲午战争与贵州知识阶层的觉醒　　熊宗仁　　《贵州文史丛刊》1994 年第 5 期

甲午战争与教育改革　　王守中　　《山东社会科学》1994 年第 5 期

甲午战争与中国近代化的文化思考　　郭墨兰　　《山东社会科学》1994 年第 5 期

甲午战争与中华民族的新觉醒　　吴剑杰　　《武汉大学学报（哲学社会科学版）》1994 年第 5 期

甲午战争中国战败原因之分析　　牛士敏　　《咸阳师专学报》1994 年第

5 期

甲午战争中清军败北原因探析　王楚良　施渡桥　《军事历史》1994 年第 5 期

中国的觉醒与甲午战争——中日甲午战争研究综述　施亚英　《世界历史》1994 年第 5 期

从甲午战败看抓住机遇深化改革　谢信芝　《广西社会科学》1994 年第 6 期

甲午战败与中国精英阶层的激进与困厄　马勇　《战略与管理》1994 年第 6 期

论中日甲午战争对中国近代社会的影响——纪念甲午战争 100 周年　柳长毅　《江汉论坛》1994 年第 7 期

甲午战败与中国近代化的巨大挫折　喻大华　《学术月刊》1994 年第 9 期

中日甲午战争反思录　王戎笙　《炎黄春秋》1994 年第 9 期

中日甲午战争的历史教训　戴逸　《中国党政干部论坛》1994 年第 10 期

甲午战后的历史经验　张守常　《民主》1994 年第 12 期

甲午战争的历史教训　李文海　黄兴涛　《学习与研究》1994 年第 14 期

纵横天下事　风雨百年心——甲午战争的历史启示　李文海　《求是》1994 年第 15 期

甲午战争百年文化沉思录　郭墨兰　《东岳论丛》1995 年第 1 期

甲午战争对中国历史发展的影响　李以学　王善友　《历史文化与精神文明建设》　河北大学出版社 1995 年 1 月

清朝政体与甲午战败之教训　关捷　《日本研究》1995 年第 1 期

甲午战后一场变法与反变法的斗争　佟洵　《北京联合大学学报》1995 年第 2 期

甲午战争的历史启示　包黎　《云南师范大学学报（哲学社会科学版）》1995 年第 2 期

甲午战争、日俄战争与清末政治　刘世龙　《史林》1995 年第 2 期

甲午战争与中国近代改良运动　李伟　《山东师范大学学报（社会科

学版）》1995 年第 2 期

论甲午战后中国知识分子的三大变化　　岑红　《江苏社会科学》1995年第 2 期

论甲午战争前后湖南的"新"与"旧"　　易嘉健　《湖南大学社会科学学报》1995 年第 2 期

试论甲午战争对中国近代化进程的影响　　张欣　《河北师范大学学报（社会科学版）》1995 年第 2 期

晚清士大夫文化心理的百年反思　　唐辉　《岳阳大学学报》1995 年第 2 期

甲午战争后中华民族的真正觉醒　　史习培　《福建学刊》1995 年第 3 期

甲午中国惨败的原因及其历史教训　　王大同　《福建学刊》1995 年第 3 期

历史的启示——两次中日战争之比较　　朱福枝　《武汉交通管理干部学院学报》1995 年第 3 期

从甲午战争到抗日战争——两次中日战争比较研究　　王晓秋　《北京大学学报（哲学社会科学版）》1995 年第 4 期

甲午战争与中国军事近代化　　刘子明　《江西社会科学》1995 年第 4 期

近代中国的民族觉醒　　徐建明　《成都大学学报（自然科学版）》1995 年第 4 期

两次中日战争的反思　　俞祖华　《烟台师范学院学报（哲学社会科学版）》1995 年第 4 期

从甲午战争到抗日战争的启示　　周华　《齐齐哈尔社会科学》1995 年第 5 期

从甲午战争到抗日战争的启示　　周华　秦福清　《齐齐哈尔师范学院学报（哲学社会科学版）》1995 年第 5 期

甲午战争失败的根本原因是清朝的腐败　　高虹　《齐齐哈尔师范学院学报（哲学社会科学版）》1995 年第 5 期

甲午战争与近代中国人认识世界　　戚其章　《东岳论丛》1995 年第 5 期

甲午中日战争的失败与抗日战争的胜利　　郑剑顺　《福建论坛（文史哲版）》1995 年第 5 期

甲午战后台湾内渡官绅与庚子勤工运动　桑兵　《历史研究》1995年第6期

"甲午中日战争"的历史借鉴　邢安臣　邢邑开　《辽宁大学学报（哲学社会科学版）》1995年第6期

甲午战争与华夷观念的崩溃　田毅鹏　《吉林师范学院学报》1995年第7期

从甲午战争的失败看反腐败的重要性　庄鲜明　《中国审计》1995年第8期

从甲午战败看清廷的腐朽　蔡秉颀　《历史教学》1995年第12期

甲午战争激发知识分子的救国思想　罗耀九　林平汉　《漳州师范学院学报》1996年第1期

甲午中日战争的失败与抗日战争的胜利　郑剑顺　《抗日战争史及史料研究（一）——中国近现代史料学学会学术会议论文集》　南开大学出版社1996年1月

两次中日战争与中华民族的觉醒　赵颂尧　《甘肃理论学刊》1996年第1期

两种自强与"天朝大国"的文化惰性——甲午中日战争的教训和启示　冒荣　《南京大学学报（人文科学、社会科学版）》1996年第1期

从甲午到清末中国两次改革运动研究中的几个问题　王守中　《烟台大学学报（哲学社会科学版）》1996年第2期

甲午战败对中国传统知识分子的影响　杨宏雨　《河北学刊》1996年第2期

近代爱国主义与中日甲午战争　陈双燕　汤晓黎　《天中学刊》（驻马店师专学报）1996年第2期

清末中国学生留日原因初探　李凤斌　王炜　《阴山学刊》1996年第2期

中日甲午战争与中华民族的觉醒　刘华明　唐涛　《天中学刊》（驻马店师专学报）1996年第2期

甲午战争——中国早期现代化进程的重要转折点与加速器　忻平　《历史教学问题》1996年第3期

试论甲午战后的洋务变法思潮　梁义群　宫玉振　《中州学刊》1996年第3期

信息闭塞与清朝甲午惨败　赵丕强　《社会科学辑刊》1996年第3期

甲午战争与浙江近代化　施仲学　《浙江师范大学学报》1996年第4期

甲午战争与士大夫心态　周松青　《学术月刊》1996年第12期

甲午战后50年间留日学生的日本观及其影响　李喜所　《社会科学研究》1997年第1期

甲午战争宣告洋务运动彻底破产吗？　李红梅　《黔东南民族师专学报》1997年第1期

甲午战争与爱国主义在近代的演变　赵葆惠　《韩山师范学院学报》1997年第1期

甲午中国战败琐议　郭世佑　《社会科学战线》1997年第1期

论甲午战后国民社会心理的嬗变　韩小林　《嘉应大学学报（社会科学）》1997年第1期

民族危机与思维转型——论甲午战后中国社会思潮的转向　马克锋　《广东社会科学》1997年第1期

从《申报》看甲午战后国人心态　赵兴元　《求是学刊》1997年第2期

论甲午战后国人公司意识的觉醒　李玉　熊秋良　《社会科学辑刊》1997年第2期

甲午战后中国知识分子的民族主义情愫　杨天宏　《四川师范大学学报（社会科学版）》1997年第4期

甲午战争至五四运动期间中国人的日本观　宁刚　《人文杂志》1997年第6期

清末留日热潮出现的原因及其影响　赵寿莲　《学术论坛》1997年第6期

不能将甲午战争的失败定为洋务运动失败的标志　吴晓军　《甘肃社会科学》1998年第1期

论甲午战后清政府经济政策的变化　徐卫国　《历史教学》1998年第3期

甲午战后清政府经济政策的变化与商人社会地位的提高　朱英　《贵州社会科学》1998 年第 5 期

论甲午战后清政府的铁路借款　张九洲　《史学月刊》1998 年第 5 期

甲午战争与维新运动　熊宗仁　《贵州文史丛刊》1998 年第 6 期

甲午战败谁之过　洪鸿　《海洋开发与管理》1999 年第 1 期

甲午战后清政府经济政策的变化与商人社会地位的提高　朱英　《长白学刊》1999 年第 1 期

甲午战后中华民族的觉醒　谭杰　《佳木斯大学社会科学学报》1999 年第 2 期

甲午战争后华北商品市场发育对农民的影响　袁钰　《山西大学师范学院学报》1999 年第 2 期

论甲午战后帝党集团的觉醒　郑春奎　《宁夏大学学报（哲学社会科学版）》1999 年第 2 期

论甲午战后清政府币制改革及失败原因　邓绍辉　《四川师范大学学报（哲学社会科学版）》1999 年第 2 期

甲午战争与戊戌维新运动　熊宗仁　《戊戌维新运动与贵州——纪念戊戌维新运动 100 周年学术研讨会文集》　贵州人民出版社 1999 年 3 月

甲午战败的深刻启示　顾燕新　《苏州教育学院学报》1999 年第 4 期

甲午战争与近代中国知识分子思想转型　程峰　夏绍能　《洛阳师专学报》1999 年第 4 期

试论甲午战后清政府的三次大借款及国际关系的变动　于建胜　《青岛大学师范学院学报》1999 年第 4 期

甲午之后清政府以通商场抵制外人开辟租界的活动　王中茂　《洛阳师专学报》2000 年第 1 期

浅析甲午战争后华北农民与集市功能的变化　袁钰　《山西大学师范学院学报》2000 年第 1 期

中日甲午战争与中国外债　金普森　《东南学术》2000 年第 1 期

简论清末女子留日运动　田梅英　《中华女子学院山东分院学报》2000 年第 2 期

试论甲午战败的文化成因　田梅英　《聊城师范学院学报》2000 年第

2 期

　　甲午战争对科举制度的撞击　　曾凡炎　　《贵州师范大学学报（社会科学版）》2000 年第 3 期

　　甲午之战与中华民族的觉醒　　顾燕新　　《苏州教育学院学报》2000 年第 3 期

　　两次中日战争之间中国发展海军的历史沉思　　马骏杰　　戴彦清　　《军事历史》2000 年第 4 期

　　甲午战争与中国的衰落　　《内蒙古社会科学（汉文版）》2000 年第 6 期

　　1895 年的中国——思想史上的象征意义　　葛兆光　　《开放时代》2001 年第 1 期

　　甲午战后缘何发生留日热潮　　苏全有　　李波　　《焦作教育学院学报》2001 年第 2 期

　　略论甲午战后清政府工商政策的转变　　孙丽青　　《青岛教育学院学报》2001 年第 3 期

　　甲午之后清政府对外出租土地的价税政策及特点　　王中茂　　《史学月刊》2001 年第 4 期

　　论甲午战后至辛丑年间中国社会的主要矛盾　　赵春晨　　《广东社会科学》2001 年第 6 期

　　从"甲午"到"庚子"——论晚清华夷观念的崩溃　　宝成关　　田毅鹏　　《吉林大学社会科学学报》2002 年第 1 期

　　甲午战争时期官僚士大夫的心理变化　　徐扬　　《贵州师范大学学报（社会科学版）》2002 年第 1 期

　　甲午战争与近代中国政治文化的转型　　祝天智　　黄汝娟　　《中国矿业大学学报（社会科学版）》2002 年第 1 期

　　救亡与启蒙——甲午战争后两种救国路径发轫初探　　李辉毅　　《商丘职业技术学院学报》2002 年第 1 期

　　甲午战争与近代中国政治文化的转型　　祝天智　　黄汝娟　　《天水行政学院学报》2002 年第 2 期

　　甲午战争与晚清军队的近代化　　刘琼霞　　《咸宁师专学报》2002 年第

2 期

论甲午战争后清政府的联俄拒日政策　苑宏光　《长春师范学院学报》2002 年第 3 期

论甲午战后至辛丑年间中国社会的主要矛盾　赵春晨　《义和团运动一百周年国际学术讨论会论文集》（上）（中国义和团研究会编）　山东大学出版社 2002 年 4 月

漠视信息与清朝甲午惨败　赵丕强　黄志开　《学术论坛》2002 年第 4 期

浅析清末教育改革　张尤军　《商丘师范学院学报》2002 年第 4 期

近代日本军事顾问来华原因及影响　董说平　胡玉海　《辽宁大学学报（哲学社会科学版）》2002 年第 5 期

论近代中华民族觉醒的历程　沈年耀　《襄樊学院学报》2002 年第 6 期

辛亥革命的经济基础——甲午战争后中国资本主义经济的走向　虞和平　《辛亥革命与 20 世纪中华民族的振兴》　团结出版社 2002 年 10 月

浅谈甲午战争与中华民族的觉醒　谢国新　《甘肃教育学院学报（社会科学版）》2002 年增刊第 1 期

甲午战败对中国传统文化及民族心态的影响　伏荣玺　《甘肃教育学院学报（社会科学版）》2002 年增刊第 2 期

甲午战后的海军留英教育　刘晓琴　《天津师范大学学报（社会科学版）》2003 年第 6 期

甲午战后中国海军近代化建设述论（1896—1911）　王双印　《中国社会科学院研究生院学报》2003 年第 6 期

论甲午战后的清廷改革（1895—1898）　费秋香　《湖北省社会主义学院学报》2003 年第 6 期

甲午战争后中国民族主义的形成　陈鹏仁　《历史月刊》（台湾）2003 年第 11 期

论近代中国从"轻日"到"师日"的转变　韩小林　《安徽史学》2004 年第 3 期

从军事经济供给角度看中国甲午战败的原因　黄宁辉　《理论月刊》2004 年第 4 期

系统论与清朝甲午惨败　孙洪军　高廷爱　《齐齐哈尔大学学报（哲学社会科学版）》2004年第5期

甲午战败再反思　谢俊美　《广东社会科学》2004年第6期

甲午战争中国失败的原因和教训　成伟明　《湘潭师范学院学报（社会科学版）》2004年第6期

甲午中日战争对中国近代化进程的影响　马立志　《宿州教育学院学报》2005年第1期

论甲午战争后中外文化交流及其转型　吕秀莲　《佳木斯大学社会科学学报》2005年第1期

日本的"脱亚入欧"与中国的"三甲纪念"　刘学照　《华东师范大学学报（哲学社会科学版）》2005年第1期

论甲午战争中国失败的根源　邓立勋　《湖南省社会主义学院学报》2005年第2期

试论晚清时期官派留学制度的创立及其发展　朱琳琳　《河南商业高等专科学校学报》2005年第4期

甲午战后中央与地方财权关系的演变　杨义胜　《株洲师范高等专科学校学报》2005年第6期

甲午战争中日双方力量及损失对比　刘薇　《中共贵州省委党校学报》2005年第6期

论甲午战争后知识分子的心理嬗变　曾超洪　《学术论坛》2005年第7期

近代日本侵华战争留给中日两国人民的警示　王珍仁　《江桥抗战及近代中日关系研究》（下）　吉林人民出版社2005年8月

论甲午战争与中日两国国际地位的变化　王永江　唐韵娣　《江桥抗战及近代中日关系研究》（下）　吉林人民出版社2005年8月

日本的"脱亚入欧"和中国的"三甲纪念"　刘学照　《江桥抗战及近代中日关系研究》（下）　吉林人民出版社2005年8月

日俄战争与甲午战争　于春梅　王成海　《江桥抗战及近代中日关系研究》（下）　吉林人民出版社2005年8月

中日甲午战争的历史启示　王海英　关连芳　宫开庭　《江桥抗战及

近代中日关系研究》（下）　吉林人民出版社 2005 年 8 月

论甲午战争后晚清政局的变化　曾琦　《学术论坛》2005 年第 11 期

从甲午战争到抗日战争的世纪之痛——中国近代史专家马洪林教授访谈录　钱晓云　陈绎艺　《探索与争鸣》2005 年第 12 期

甲午战后的洋务思潮　高学军　《大连近代史研究》2006 年第 3 卷

甲午战争后清朝对欧美小国的外交　刘昊　《贺州学院学报》2006 年第 4 期

甲午战争后中国传统手工业演化的不同路径　王翔　《江西师范大学学报》2006 年第 4 期

软实力的缺失与甲午战争的失败　赵卫华　《信阳师范学院学报（哲学社会科学版）》2006 年第 6 期

浅析甲午战争后十余年间中日关系的特征　湛贵成　《历史档案》2007 年第 1 期

清末甲午战争后企业制度思想演变述论　严亚明　《宁夏师范学院学报》2007 年第 1 期

论甲午战后湖南手工业资本主义发展的原因　陈曦　《湖南城市学院学报》2007 年第 3 期

甲午战后的北洋变局　樊晓敏　《石家庄学院学报》2007 年第 5 期

甲午战争之后小说翻译中"呈现"方式的传递　方开瑞　《外语与外语教学》2008 年第 1 期

论甲午战争失败的根源　臧丕文　《开封教育学院学报》2008 年第 1 期

甲午战争后小说翻译中"讲述"模式的传递　方开瑞　《中国翻译》2008 年第 3 期

论甲午战后中日之间关系(1895—1905)　苏魏　《安徽文学》（下半月）2008 年第 4 期

试论甲午战后津镇铁路的议筑与罢修　李元鹏　《贵州师范大学学报（社会科学版）》2008 年第 5 期

甲辰年间的"甲午记忆"——《东方杂志》创刊前后的话语空间与人员聚合　丁文　《学术界》2008 年第 6 期

教会防范教案——甲午战后新教传教士集体上疏清廷考　陶飞亚　《上

海大学学报（社会科学版）》2008 年第 6 期

略论甲午中日战争对近代中国东北的影响　袁野　《东北史地》2008 年第 6 期

中华民族的觉醒——浅析甲午中日战争的作用　初礼清　《黑龙江科技信息》2008 年第 18 期

甲午中日战争与汉阳铁厂的"招商承办"　李玉勤　《理论界》2009 年第 2 期

甲午战后清政府抵制租界的活动——以苏州为例　李荣　《长治学院学报》2009 年第 3 期

甲午战后中日学术文化交流流向转变初探　史革新　《广东社会科学》2009 年第 3 期

试论信息与清朝甲午惨败　赵丕强　《甘肃社会科学》2009 年第 3 期

关于引发甲午战后改革大讨论的九件折片　张海荣　《广东社会科学》2009 年第 5 期

甲午中日战争前后山西平定的社会变化　武彦翀　《沧桑》2009 年第 5 期

浅析甲午战争对中国制造业的启示　孙思远　胡树华　《全国商情》（经济理论研究）2009 年第 15 期

甲午战争与中国现代化进程　杨柳　《兰台世界》2010 年第 1 期

晚清中国国际秩序观念的变迁　任云仙　《燕山大学学报（哲学社会科学版）》2010 年第 1 期

甲午战争与中国近代化的关系　钱岚　《才智》2010 年第 3 期

简论甲午战后清廷的"裁减旧营"问题　李元鹏　《中共贵州省委党校学报》2010 年第 3 期

甲午战后改革大讨论考述　张海荣　《历史研究》2010 年第 4 期

论清政府的联俄政策及其社会影响　张玉芬　《郑州大学学报（哲学社会科学版）》2010 年第 4 期

"以夷制夷"外交思想对《中俄密约》的影响　王宗运　王思怀　《鸡西大学学报》2010 年第 5 期

中日文化差异与甲午战争的结局　田梅英　《山东女子学院学报》

2010 年第 6 期

  晚清中韩关系走向近代外交的历程 李晓光 陶常梅 《长春师范学院学报（人文社会科学版）》2010 年第 9 期

  以史为鉴 优化竞争手段——中日甲午战争给我们的启迪 张春艳 《大连干部学刊》2010 年第 9 期

  论甲午战后北洋大臣在晚清外交中地位的衰落 李新军 《沧桑》2010 年第 12 期

  浅谈甲午战争后的洋务运动 蒋晓君 《中国校外教育》2010 年第 17 期

  甲午战争后清政府重建海军的努力及其结果 刘申生 《法制与社会》2010 年第 36 期

  论甲午战后中国商业性农业的发展——以 1895—1930 年为例 程强强 《中国市场》2010 年第 44 期

  甲午战后至戊戌变法前清政府的改革 陈长江 《山东省农业管理干部学院学报》2011 年第 1 期

  甲午战争回顾 中国为什么会输 蔡伟 《兰台内外》2011 年第 1 期

  现代化的国际比较——从甲午战争看国家发展与国际竞争 王威海 单惠 《人文杂志》2011 年第 4 期

  中日甲午战争输在融资 王巍 《资本市场》2011 年第 4 期

  从甲午战争、日俄战争和抗日战争，看近代中华民族的大觉醒 邓运山 《学术论坛》2011 年第 5 期

  甲午战后的河南——觉醒与变革 汪先腾 《企业观察家》2011 年第 6 期

  甲午中日战争中国失败谁之过 陈新 《科教导刊》（中旬刊）2011 年第 6 期

  中国是怎样输掉甲午战争的 肖鹏 《海洋世界》2011 年第 6 期

  关于晚清社会思潮问题的几点思考——以大众传媒为视角 胡斌 《学术界》2011 年第 8 期

  试论甲午战争后洋务运动的深化 仲晨星 张恒 《世纪桥》2011 年第 9 期

晚清日本教育对中国体育的影响——以吴汝纶与罗振玉的考察为例　耿之矗　武香兰　《北京体育大学学报》2011年第9期

浅议甲午战争之后法文化的变迁　吴海涛　《法制与社会》2011年第25期

论甲午战后西学潮对国人孝观念的影响　郭兰英　《河南商业高等专科学校学报》2012年第1期

甲午战后中国知识分子的悲情意识　熊斌　杨治远　《哈尔滨师范大学社会科学学报》2012年第3期

甲午战争与中国近代军事法转型　陈伟　盖玉彪　《军事历史研究》2012年第3期

"中体西用"思想的制约与甲午战败　王双印　《吉林师范大学学报（人文社会科学版）》2012年第6期

甲午后"商办"铁路的一例实证——姚锡光日记所见之刘鹗　戴海斌　《社会科学》2012年第7期

甲午战后缘何现东渡留学热？　石学峰　《中国人大》2012年第13期

再论甲午战争——何以促使中华民族民族意识的觉醒？　王珍燕　《周口师范学院学报》2013年第1期

甲午乙未之际——清流的重起和剧变　杨国强　《中华文史论丛》2013年第2期

甲午战争经验与教训　马勇　《历史教学》（上半月刊）2013年第3期

甲午战后新军军事对抗演习述论　彭贺超　《军事历史研究》2013年第4期

甲午战争打断了中国现代化进程吗？　徐剑梅　《国学》2013年第5期

孙中山提出"振兴中华"口号的历史背景和深远意义　曹艳蓉　《学术交流》2013年第5期

探析清末赴日留学热潮产生的原因　黄鸿　李雪平　《北华大学学报（社会科学版）》2013年第6期

甲午战争确实打断了中国现代化进程　张学博　《党史文苑》2013年第7期

甲午战争对中日两国现代化及其道路的影响——1895—1949　刘志平

《重庆社会科学》2013 年第 11 期

  甲午中日战争失败原因溯源 王贺雨 姜海燕 《兰台世界》2013 年第 21 期

  回望甲午——经验与教训 马勇 《中国历史的侧面》 光明日报出版社 2014 年 1 月

  甲午的殇思 刘新如 《解放军报》2014 年 1 月 6 日

  甲午沉思 吴淑洪 《海南人大》2014 年第 2 期

  甲午双甲子的反省 张亚中 《人文论丛》2014 年第 2 期

  甲午战后日语翻译人才培养机制探寻 汪帅东 李腾龙 《东北亚外语研究》2014 年第 2 期

  从社会转型的角度反思甲午战争的失败 魏明 《海军工程大学学报（综合版）》2014 年第 3 期

  关于甲午战争的大历史总结 张文木 《解放军艺术学院学报》2014 年第 3 期

  甲午战争历史影响再解读 方堃 《解放军艺术学院学报》2014 年第 3 期

  甲午战争与中华民族凝聚力核心的提升 陈剑安 《广东省社会主义学院学报》2014 年第 3 期

  甲午之败，败在国不能战、军不能战 钟少异 《解放军艺术学院学报》2014 年第 3 期

  晚清近代化军事改革的悲歌——甲午战争清军惨败的历史思考 李元鹏 钟少异 曲爱国 《军事历史》2014 年第 3 期

  中国民族主义的形成与近代中日关系 王柯 《文化纵横》2014 年第 3 期

  反思甲午——文化现代化乃我强国必由之路 满新颖 《解放军艺术学院学报》2014 年第 4 期

  反思甲午战争 培育尚武精神 徐朋 《西安政治学院学报》2014 年第 4 期

  《甲午殇思》思制度 李秋生 《民主与科学》2014 年第 4 期

  甲午战后中国留日热潮的日本因素 徐志民 《江苏师范大学学报（哲

学社会科学版）》2014年第4期

甲午战争——近代中国历史转折　马勇　《博览群书》2014年第4期

甲午战争败因思考　朱秀海　《解放军艺术学院学报》2014年第4期

甲午战争的"前因"与"后果"　雷颐　《博览群书》2014年第4期

甲午战争120周年的启示与警省　《文化学刊》2014年第4期

甲午战争与现代国家建构　雷颐　《文化学刊》2014年第4期

甲午之殇带给我们的几点启示　南东风　《解放军艺术学院学报》2014年第4期

思甲午国耻　砺战斗精神　杨庆　《政工学刊》2014年第4期

痛定思痛，沉思再思考——甲午战争120年祭　李治亭　《文化学刊》2014年第4期

战斗力体系不平衡发展的历史教训　李峻　《南京政治学院学报》2014年第4期

知耻而后勇——甲午战争的启示与思考　古丽　杨环宇　《政工学刊》2014年第4期

甲午警示再议　关捷　《大连大学学报》2014年第5期

甲午战争对当代中日关系的影响——"甲午战争以来的中日关系"学术研讨会侧记　张晓刚　沈岑　《日本问题研究》2014年第5期

甲午战争后的中朝关系　尤淑君　《山东社会科学》2014年第5期

甲午战争中国失败原因分析　周育生　《东北亚学刊》2014年第5期

甲午至戊戌前议改武科探析　廖志伟　《中山大学学报（社会科学版）》2014年第5期

浅议近代意识的缺失是中国在甲午战争中失败的主要原因　宋乃成　《延安职业技术学院学报》2014年第5期

战略决策失误与甲午之败　肖天亮　《决策与信息》2014年第5期

国运之战，中国为何战败　金满楼　《同舟共济》2014年第6期

甲午——一场战争的百年反思　《同舟共济》2014年第6期

甲午重触中国痛，我们无权不殇思！——读刘声东、张铁柱《甲午殇思》　郭玉军　《历史教学问题》2014年第6期

甲午战后中日"黄种联合"的政治想象　许赛锋　《史林》2014年第

6 期

甲午战争的历史反思　陈映桥　张杰　《红广角》2014 年第 6 期

甲午战争对近代以来中日两国的影响　田庆立　宋志艳　《武汉大学学报（人文社科版）》2014 年第 6 期

甲午战争与中日关系——战争爆发 120 年后的反思与检讨　张海鹏　《聊城大学学报（社会科学版）》2014 年第 6 期

甲午战争中国战败原因之悖论　王琰　《深圳大学学报（人文社会科学版）》2014 年第 6 期

近代中日关系与中华民族复兴观念的形成　俞祖华　赵慧峰　《聊城大学学报（社会科学版）》2014 年第 6 期

论甲午中日战争国际法研究的紧迫性和重要性　徐碧君　《清华大学学报（哲学社会科学版）》2014 年第 6 期

马勇——甲午战争对当代中国的启示　金若木　《同舟共济》2014 年第 6 期

试论甲午战争与近代中国民族意识的觉醒　孙军　《大连干部学刊》2014 年第 6 期

新闻史的回声——甲午战败原因的《申报》考量　易耕　《天府新论》2014 年第 6 期

甲午战争 120 年的历史反思　李丹　《北京观察》2014 年第 7 期

回顾历史　镜鉴今天——甲午战争的反思与警示　庞博　《中国海事》2014 年第 8 期

甲午殇思　海言　《中国海事》2014 年第 8 期

甲午战败也是"文化力"之败　皮明勇　《政工学刊》2014 年第 8 期

甲午战争的教训与启示　马勇　《紫光阁》2014 年第 8 期

从历史因果链条中分析甲午战争失与得　马勇　《文史天地》2014 年第 9 期

甲午战争以来的中日关系　高洪　《紫光阁》2014 年第 9 期

从中日两国近代化的不同看甲午战争的结局　刘悦斌　《学术界》2014 年第 10 期

甲午战争的伤痛和反思　王万涛　《大连干部学刊》2014 年第 10 期

甲午之耻对部队政治工作的现实拷问　夏平　《政工学刊》2014 年第 10 期

甲午战败的根源及历史警训刍议　马波　《前沿》2014 年第 11 期

甲午战争与近代中国民族意识的觉醒　孙军　《大连近代史研究》2014 年第 11 卷

晚清腐败与中日甲午战争清军战败的关系　李兵　《重庆科技学院学报（社会科学版）》2014 年第 11 期

甲午战争的历史教训与现实思考　张海鹏　《求是》2014 年第 14 期

甲午战争的大历史总结　张文木　《学习月刊》2014 年第 15 期

惟民魂是最宝贵的（上）甲午战争之败的国民性沉思　刘新如　《新湘评论》2014 年第 15 期

甲午战争——"天朝"的最后崩溃　雷颐　《世界知识》2014 年第 16 期

惟民魂是最宝贵的（下）甲午战争之败的国民性沉思　刘新如　《新湘评论》2014 年第 16 期

甲午战争的文化沉思　王毅　《商周刊》2014 年第 17 期

甲午战争后清政府第一次政治大借款的意图与困境　王娜　《黑龙江史志》2014 年第 20 期

甲午战后吉林将军延致前吉林将军长顺的咨立　辽宁省档案馆编研展览处　《兰台世界》2014 年第 32 期

甲午战争清廷外交政策的失败及其教训　马杰　华启航　刘慧芳　《黑龙江史志》2015 年第 1 期

甲午战争与"中华民族复兴"思想之萌发　郑大华　《中国文化研究》2015 年第 1 期

用孙子兵法解读甲午之战十大败因　于敬民　于泓涛　《孙子研究》2015 年第 1 期

整军与筹饷——甲午战后清政府军队改革的尝试　吴昌稳　《北方论丛》2015 年第 1 期

关于甲午战争失败原因的反思及启示　江新凤　《日本侵华史研究》2015 年第 2 期

甲午战后的中国觉悟——以战后新军操练、学校体育的日本化为视角　郝祥满　《日本侵华史研究》2015年第2期

甲午战争败于晚清领导集团的发展战略观——贾根良教授访谈录　贾根良　《管理学刊》2015年第2期

甲午战争历史对目前中日关系的影响　梁云祥　《日本侵华史研究》2015年第2期

甲午战争与俄国远东外交政策之选择——对甲午战争的再反思　张丽　《深圳大学学报（人文社会科学版）》2015年第2期

清末中国留学日本热潮的动因　计裕人　《安庆师范学院学报（社会科学版）》2015年第2期

杨仁山居士在甲午战后对日本净土真宗的批判　沈文星　姚彬彬　《宁夏社会科学》2015年第2期

从甲午国殇看近代中华民族的大觉醒　邓运山　杨铮铮　《湖南工业职业技术学院学报》2015年第4期

甲午战争与近代中日关系的转折　臧运祜　《历史教学》（下半月刊）2015年第4期

甲午战争与中华民族复兴的历程　孙占元　《河北学刊》2015年第4期

甲午中日战争时期的东北海疆危机　张公政　《中国边疆史地研究》2015年第4期

民族精神提振与中华民族复兴　俞祖华　《河北学刊》2015年第4期

中西新旧之间——甲午战后十年的思想嬗变与文化革新　李来容　《历史教学》（下半月刊）2015年第4期

浅析甲午战争对当时中国发展的影响　谭玉龙　《黑龙江史志》2015年第5期

应深入研究甲午战争、抗日战争对后世的影响　张海鹏　李理　《东北史地》2015年第5期

甲午变局与词坛新貌　郭文仪　《文学遗产》2015年第6期

甲午战后中国留学生教育翻译活动兴起探因　刘红　余文都　《教育研究与实验》2015年第6期

从甲午战后到五四时期，中国人对日本、俄国认识的演变与比较　闫

磊　《西部学刊》2015 年第 7 期

从甲午之败到抗战之胜的历史嬗变　刘彦伯　《大连干部学刊》2015 年第 7 期

甲午战争后日语词汇对中国东北方言的影响　周宇晴　《安徽文学》（下半月）2015 年第 7 期

罪恶与明证——甲午战争以来日本对辽宁矿产资源的觊觎与掠夺　祝全华　高翔　关尼亚　《国土资源》2015 年第 9 期

《甲午殇思》——甲午战争惨败的十大教训　罗援　《共产党员（河北）》2015 年第 19 期

甲午战争后中国对西方英语教科书的编译　高天枢　《兰台世界》2015 年第 25 期

中日甲午战争带给当代大学生的警示与思考　谢志贤　《教师》2015 年第 31 期

甲午战争后中国区域法制的变化　王立民　《中外法学》2016 年第 1 期

试论中日甲午战争的影响及意义　江小娟　《鄂州大学学报》2016 年第 1 期

甲午战争对近代中国的影响　刘迪　《边疆经济与文化》2016 年第 2 期

甲午战争与晚清知识分子价值观的异动　张绪忠　《广西社会科学》2016 年第 3 期

从甲午战败到抗战胜利的启示　黄晓新　肖雄　《黑河学刊》2016 年第 4 期

东亚海权——甲午败局之历史检讨　许华　《军事历史》2016 年第 5 期

甲午战后晚清军事工业布局之调整——以江南制造局迁建为例　袁为鹏　《历史研究》2016 年第 5 期

论中日甲午战争与中华民族意识的觉醒　曹明臣　《高教学刊》2016 年第 5 期

从封建传统理念分析甲午惨败　曾凡传　《山东农业工程学院学报》2016 年第 6 期

三大战争与中国近代区域法制变迁　王立民　《探索与争鸣》2016 年第 6 期

甲午战后清政府对俄外交的演变　张玉芬　《学理论》2016 年第 10 期

试论甲午战争对近代中国社会发展的影响　周毅　《新课程（下）》2016 年第 11 期

试论清政府甲午战败的原因——多角度审视历史，获得启示　郭亚平　《科学中国人》2016 年第 24 期

浅论中日甲午战争所带来的深层次影响　刘振雨　《中国校外教育》2016 年增刊第 1 期

甲午战败与战后中国的反思　李元鹏　《管子学刊》2017 年第 1 期

甲午战后精英知识分子的心理嬗变　郑开齐　《知识文库》2017 年第 1 期

甲午战争对晚清湖南慈善事业发展的"拐点"作用分析　张少利　《湖南科技学院学报》2017 年第 1 期

关于中日甲午战争失败原因分析　白子龙　《佳木斯职业学院学报》2017 年第 3 期

甲午战败的国防文化反思　孙绪闻　王璐颖　《军事交通学院学报》2017 年第 3 期

甲午战争中国战败的原因再探　刘传标　《福建论坛（人文社会科学版）》2017 年第 3 期

试论中日"积极互动"的国际背景及思想根源（甲午——戊戌年）　张雪芳　《山西农经》2017 年第 3 期

甲午战争后中法双方对整顿福州船政局观点的阐述与探讨　徐苏斌　杜美怡　青木信夫　《中国文化遗产》2017 年第 4 期

甲午战争清朝失败的主要军事原因及现实启示　葛业文　《军事历史》2017 年第 5 期

甲午战争中国战败的原因　过凯元　《民营科技》2017 年第 5 期

1895 年——近代中国的多重意义　孔亭　《江苏大学学报（社会科学版）》2017 年第 6 期

载沣与清末海军的"兴复"　李学峰　《史学月刊》2017 年第 7 期

略论甲午战争的历史启示　张旭　《考试周刊》2017 年第 54 期

从甲午之败看中国的海洋强国梦　李友仕　沈盼盼　《宏观经济管理》

2017年增刊第1期

  晚清新军编练缘起考论　李宏旭　《安庆师范大学学报（社会科学版）》2018年第1期

  论甲午中日战争后中外文化交流及其转型　金之　《芒种》2018年第2期

  甲午战争百廿以来国家凝聚力研究　李力　潘洪钢　《华北理工大学学报（社会科学版）》2018年第6期

  晚清日语教育机构创设与发展　汪帅东　《广东外语外贸大学学报》2018年第6期

  民族意识与国家动员——甲午战败的另类解读　王艳芝　《中学历史教学》2018年第7期

  甲午战争后晚清翻译界对国民"军人意识"的培养　苏艳　《外语教学》2019年第1期

  甲午中日战争中国惨败原因浅谈　朱翀　《中学政史地（高中文综）》2019年第3期

  近代日本远洋渔业扩张与侵害中国海权的历史考察　王国华　张晓刚　《日本研究》2019年第4期

  中国近代的美术公共精神　彭卿　《美术》2019年第4期

  关于甲午战争的思考　冲佩璇　《时代报告》2019年第6期

  甲午战后《公车上书记》刊行过程考订　张海荣　《学术研究》2019年第12期

  甲午战争怎样"催促人们猛醒"　曹景文　《政工学刊》2020年第1期

  甲午以后日本在沪苏杭地区的经济扩张——以大东公司内河航运活动为例　薛明　《外国问题研究》2020年第2期

  近代中日关系的演变与"中华民族"意识的确立　许宁宁　《云南行政学院学报》2020年第2期

  清末日本对华日语人才培养机构研究　汪帅东　《东疆学刊》2020年第2期

  晚清中国人的日本观与壬寅、癸卯学制的制定　周宇清　《中国文化研究》2020年第2期

甲午战后（1895—1929）知识分子"甜菜"观念流变研究　张乐聪　《农业考古》2020年第3期

甲午战后安徽近代工业的肇起——以芜湖益新面粉公司为例　陈俊　陈九如　《池州学院学报》2020年第4期

清末留日政策演进与日语教材出版趋势关系研究　汪帅东　《外国语言文学》2020年第4期

思变与应变——甲午战后清政府的实政改革（1895—1899）　张海荣　《近代史研究》2020年第4期

未战先败——从晚清政局解读甲午战败　李虎　《中学政史地（初中适用）》2020年第4期

甲午战争与鲁西社会　李庆华　《兰台世界》2020年第6期

清朝甲午战败原因再论　张斯元　甘桂琴　《西部学刊》2020年第12期

清末日语教材出版及其影响探微　汪帅东　《东北亚外语研究》2021年第1期

甲午战败能证明洋务运动破产吗？　隽军宁　《中学历史教学参考》2021年第2期

直隶总督王文韶与甲午战后督直举措述论　马丁　赵颖霞　《保定学院学报》2021年第2期

"东洋史"及其在中国的回响　王庆婷　《聊城大学学报（社会科学版）》2021年第3期

晚清士人对《日本国志》的态度探析　付德茂　《文学教育》（下）2021年第3期

中国近现代两次文学革命与抗日小说创作——兼谈日本侵华战争与文学革命的因果关系　陈颖　《东南学术》2021年第3期

解构与重塑——甲午海战后军事体育思想的思考　张春雷　《长春理工大学学报（社会科学版）》2021年第4期

经济基础决定上层建筑——甲午战后民族资本主义经济发展推动社会变迁　于卓　《商业经济》2021年第5期

作为"方法"的日本——甲午后晚清官绅的东游记书写　杨汤琛　《中

国现代文学研究丛刊》2021年第8期

甲午战后中国海图编译的转变（1869—1914） 何国璠 《近代中国》2022年第1期

甲午战争前后中国商务思想的萌发与实践——以新加坡华文报刊为中心 夏巨富 《唐廷枢研究》2022年第1期

困境中前行——近代中国国民海洋观念的觉醒与深化 袁博 《齐齐哈尔大学学报（哲学社会科学版）》2022年第1期

甲午战后两湖煤铁联营与晚清省际壁垒 刘长林 《湖南社会科学》2022年第2期

清末民初中国国防动员的现代化嬗变 裴玉辉 路彬彬 《军事历史》2022年第3期

从日常工作到甲午心态——《张蓉镜日记》中的晚清教谕 韩宁平 《淮北师范大学学报（哲学社会科学版）》2022年第5期

甲午战后全国性钱荒危机的爆发及其对城乡社会的冲击 韩祥 《中国经济史研究》2022年第6期

《求己录》与甲午战后的和战反思 杨雄威 《安徽史学》2022年第6期

近代中国外资银行经理外债业务研究 程卫红 赵明晓 《北方金融》2022年第8期

"威海卫占领军"在华情报活动述略 刘豫杰 《日本侵华南京大屠杀研究》2023年第1期

甲午战争后晚清翻译界对国民尚武精神的培养 苏艳 《解放军外国语学院学报》2023年第3期

甲午战后《万国公报》西人变法论探析 王学深 《新闻论坛》2023年第4期

近代外资银行经理晚清政府战争赔款外债探究 黄亚捷 《中国钱币》2023年第4期

北洋南洋一线牵——甲午战后围绕直督与江督的政争 韩策 《福建论坛（人文社会科学版）》2023年第7期

三、战后日本

著作

日本研究丛书提要（四、日本维新运动）
陈德征著　1928 年　世界书局
简述甲午战中及战后日本的政况。

从甲午到七七——日本为什么侵华（图 6-41）
冯学荣著　2013 年 1 月　中华书局（香港）
论述了甲午战争后日本再次发动侵华战争的原因、过程和结局。

图 6-41

日本为什么侵华——从甲午战争到七七事变（图 6-42）
冯学荣著　2014 年 1 月　金城出版社
论述了甲午战争后日本再次发动侵华战争的原因、过程和结局。

图 6-42

论文

甲午战后之东北与日本　周天放　《行健月刊》1932 年第 1 卷第 3 期
日本以甲午之眼光视我　邹季昇　《白河》1932 年第 1 卷第 25 期
甲午以来日本军费膨胀概况　张嘉铨　《新使命》1944 年第 1 卷第 3 期
甲午战后到日俄战前日本对俄决战"国策"指导下的侵华策略　丁名楠　《东岳论丛》1981 年第 5 期
甲午战后日本在华的活动　石锦　《中国近代现代史论集》（第 11 辑）台湾商务印书馆 1986 年 1 月
中日甲午战争中日本的军费及日军的死伤人数　顾林　《历史教学》

1986 年第 6 期

日本帝国主义攫取"中东铁路"始末　邵会吉　《历史教学》1988 年第 9 期

甲午战争对日本在华投资的影响　孙石月　宋守鹏　《山西师范大学学报（社会科学版）》1989 年第 1 期

日本反战剧综述——从甲午战争至太平洋战争　姜小凌　《中国戏剧》1990 年第 10 期

试论甲午战争与日本军国主义的发展　蔡锐　《日本研究》1991 年第 1 期

甲午战争与日本资本主义的发展　陈海宏　《兰州学刊》1991 年第 3 期

甲午战争对日本产业革命的影响　李海英　李峰　《青海师范大学学报（哲学社会科学版）》1991 年第 4 期

试论中国甲午战争赔款与日本军国主义的经济膨胀、军事扩张的关系　郭豫庆　《经济评论》1992 年第 2 期

甲午战争对近代日本的影响　周启乾　《日本学刊》1994 年第 5 期

日本侵占旅大为租借地及中日交涉始末　徐建东　《辽宁档案》1994 年第 7 期

甲午战争与日本产业革命　何兰　《高师函授学刊》1995 年第 4 期

甲午战争后日本资本掠夺、经营抚顺、烟台煤矿　张国辉　《中国经济史研究》1996 年第 4 期

试论战争对日本现代化进程的影响　解晓东　《锦州师范学院学报（哲学社会科学版）》1997 年第 2 期

甲午战争赔款与日本经济近代化　田久川　《日本学刊》1997 年第 3 期

甲午战争对日本全面侵华战争的影响　刘承斌　赵文亮　《河南师范大学学报（哲学社会科学版）》1997 年第 4 期

甲午战争对日本经济的影响　车维汉　《社会科学辑刊》1998 年第 6 期

甲午战争后日本将中国赔款用于何处　《苏州市职业大学学报》1999 年第 2 期

甲午战争成败对日本国民的心理影响——兼论近代日本军国主义的社

会政治基础　谭力　《上海行政学院学报》2000年第3期

评近代日本对华军火走私活动　齐春风　《安徽史学》2002年第3期

论日本与晚清军事教育近代化　王建华　《安徽史学》2004年第5期

试论战争对日本现代化进程的影响　金顺　《科技信息》2006年第1期

清末日本在福建活动述论　张强　《福州大学学报》2007年第1期

甲午战争的日本近代思想史意义　刘岳兵　《日本学论坛》2008年第1期

汉口乐善堂据点与《汉报》（1896—1900）——日本在华第一家舆论机关的诞生背景及编辑方针探析　阳美燕　《湖南大学学报（社会科学版）》2008年第6期

浅谈甲午战后50年间日本对中国留日政策的演变　常青青　《黑龙江史志》2008年第14期

安重根与20世纪初叶的东北亚——兼论东北亚在日本对外侵略扩张中的战略地位　车霁虹　《北方文物》2009年第3期

甲午战争与近代日本国民的形成——近代媒体的发展与作用　田雪梅　《外国问题研究》2010年第3期

中日甲午战争对日本的影响　张玉芬　《天中学刊》2010年第3期

甲午战争利润与日本现代化　李鹏军　《西南大学学报（社会科学版）》2010年第4期

日本在华第一家舆论机关《汉报》的"中日关系"报道及其论调——基于《汉报》原件的文本分析　阳美燕　《新闻与传播研究》2010年第5期

论甲午战争对日本产业结构和经济体制的影响　冯玮　《南开日本研究》2010年

甲午战争对日本工业近代化的影响　李鹏军　《重庆教育学院学报》2011年第1期

再现甲午战争后的日本"中国观"——《东亚时论》复刻版在日本出版　戴宇　《国外社会科学》2011年第2期

日本人在中国的墓地（1871—1945）　曹大臣　《历史研究》2011年第3期

葬身中国海疆的甲午参战日舰　吴芊华　《档案春秋》2011年第12期

甲午战争后——"中国亡国观"的形成与发展　　王美平　《南开日本研究》2011 年

浅析甲午中日战争后的日本文学　　徐向安　《吉林省教育学院学报》2012 年第 8 期

近代日本文学中的殖民地意识——甲午战争与日本文学　　汪海洪　柴红梅　《日语知识》2012 年第 12 期

日本《太阳》创刊期的海洋论——清末甲午海战后日本海洋帝国的意识　　王重阳　《中国社会经济史研究》2013 年第 4 期

关于日本人对钓鱼岛的历史观　　关伟　靳实　《大连近代史研究》2013 年第 10 卷

甲午前后日本酝酿侵占中国东北述略　　戚俊杰　《大连近代史研究》2013 年第 10 卷

近 20 年日本的甲午战争研究　　郭铁椿　《大连近代史研究》2013 年第 10 卷

甲午战争后日本亚洲主义演变的两个特征　　翟新　《安徽史学》2014 年第 4 期

日本与甲午战争后的沪苏杭　　戴鞍钢　《安徽史学》2014 年第 4 期

甲午战争后日本对华知行的演变（1895—1905）　　杨栋梁　《东北亚论坛》2014 年第 5 期

中日甲午战争——日本历史的拐点与东亚国际格局　　宋成有　《日本学刊》2014 年第 5 期

甲午战争前后日本女性地位考察　　张冬冬　《日本问题研究》2014 年第 6 期

甲午战争与日本——浅谈甲午战争对日本的影响　　刘龙君　《科学大众（科学教育）》2014 年第 7 期

甲午战争与日本的世界认识　　李永晶　《学术月刊》2014 年第 7 期

日本甲午情结与战争风险　　宫春科　《人民论坛》2014 年第 7 期

权力转移与东亚国际体系变革——19 世纪末日本崛起与 21 世纪初中国崛起之比较　　王秋彬　《学习与探索》2014 年第 9 期

近代日本"海军强国"的铸成过程分析——以甲午、日俄战争为中心

刘景瑜　《大连近代史研究》2014 年第 11 卷

甲午战争以来日本妇女团体的演变与启示——从官方妇女团体到妇女非营利组织　胡澎　《日本侵华史研究》2015 年第 1 期

甲午战争烙印与当前日本的历史修正主义现象　李若愚　《亚太安全与海洋研究》2015 年第 4 期

穷兵黩武害人害己——日本军国主义覆亡警示录　汤重南　《紫光阁》2015 年第 8 期

日本的甲午战争研究与"二元外交论"问题　张经纬　《历史教学》(上半月刊) 2015 年第 10 期

《清日战争实记》编纂考　吉辰　《大连近代史研究》2015 年第 12 卷

甲午战争后日本文人在中国东北、内蒙古的文学创作与活动轨迹点描　刘振生　《青年文学家》2015 年第 17 期

甲午战争是日本扩张战略的质变点　张经纬　《人民论坛》2015 年第 25 期

近代"日本式华夷秩序"的转型逻辑　王铭　《国际政治科学》2016 年第 1 期

甲午战争与日本再次侵华的内在联系探析　古帅　李玉敏　《广西社会科学》2016 年第 2 期

近代日本大众媒体对侵略战争应承担的责任——以甲午战争报道为例　张博　《青年记者》2016 年第 5 期

日本近代两次对外战争对学校体育的影响　刘春燕　谭华　季浏　《北京体育大学学报》2016 年第 8 期

军事权衡与经济考量：甲午战后日本对山东的调查与觊觎——兼论一战爆发后日本为何急于占领山东　高莹莹　《河北学刊》2017 年第 1 期

甲午战争以后中日军人意识演变述略　吴茂刚　《天中学刊》2017 年第 4 期

甲午战后日本占领威海卫 (1895—1898)　刘本森　《暨南史学》2018 年第 2 期

日本明治文人甲午战争的汉诗书写——《征清诗史》的历史剖析　李静　闫朝华　《宝鸡文理学院学报（社会科学版）》2019 年第 2 期

日本教育界眼中的甲午战争与晚清中国——以《教育时论》杂志为中心（1894—1895）　马步云　邢永凤　《东北亚外语研究》2021年第4期

赴日观操与清末军事改革——以日本陆军特别大演习为线索　陶祺谌　《安徽史学》2021年第5期

《征清诗史》对甲午"战争影像"的建构与其"诗史"特征　杨霖　《宝鸡文理学院学报（社会科学版）》2023年第1期

从几个侧面看日本的甲午、日俄战争军事史研究　吉辰　《日本侵华南京大屠杀研究》2023年第4期

四、战后朝鲜

著作

朝鲜亡国史

文安　李芝圃著　直隶教育图书局印书处　1911年9月

记述了朝鲜兴亡史，包括东学党起事、中日派兵、中日交涉，以及甲午陆海作战、《马关条约》签订等内容。

韩国痛史（图6-43）

太白狂奴著　时间不详　出版者不详

全面论述了甲午战争前后朝鲜的历史命运。

亡国鉴（第二章　朝鲜亡国鉴）（图6-44）

殷汝骊纂　1915年6月　上海泰东图书局

论述了甲午战争对朝鲜社会的影响。

亡国鉴（第二章　朝鲜亡国鉴）（图6-45）

殷汝骊纂　1924年10月　上海泰东图书局

论述了甲午战争对朝鲜社会的影响。

图6-43

图6-44

图6-45

论文

甲午战后韩日谋取延吉之研究　陈朝阳　《嘉义师专学报》1978 年第 8 期

甲午战后韩日谋取延吉及中国之因应措施　玖阳玲　《史学会刊》1979 年第 23 期

1895—1896 年朝鲜人民的义兵斗争　金光洙　《朝鲜近代史研究》延边大学出版社 1992 年 12 月

朝鲜甲午改革与中国戊戌变法之比较　王培文　魏晓立　《哈尔滨学院学报》2004 年第 2 期

中日甲午战争与朝鲜独立　《世界知识》2008 年第 17 期

试论中日甲午战争与东亚宗藩朝贡体系的解体　安成日　刘艳　《"十二五"的中国外交：创新与发展——中国国际关系学会 2011 年年会论文集》2011 年 4 月

日本殖民统治下朝鲜京城印象——游朝中国人的视角　孙科志　徐丹　《安徽史学》2014 年第 5 期

论明治末期（1903—1912）日本小学教科书中的中国形象　张卓识　徐冰　《山东社会科学》2015 年第 7 期

甲午战争前后 50 年间朝鲜"中国观"的嬗变历程　金成镐　《朝鲜·韩国历史研究》2016 年第 17 辑

甲午战后朝鲜对中国认识的变化——以《独立新闻》为中心　刘牧琳　《当代韩国》2019 年第 3 期

五、战后世界

著作

甲午以来中日军事外交大事纪要（图 6-46）
杨家骆著　1941 年 9 月　商务印书馆
两次中日战争之间中日军事外交大事纪要。

图 6-46

（近代中国史料丛刊续编第九辑）甲午以来中日军事外交大事纪要（一八九四——一九三七）（图6-47）

杨家骆编　1974年11月　文海出版社有限公司

两次中日战争之间中日军事外交大事纪要。

图6-47

甲午战争与东亚政治（图6-48）

戴逸　杨东梁　华立著　1994年6月　中国社会科学出版社

深入论述了东亚政治对甲午战争的影响，甲午战争对中国和日本社会的影响，以及东亚政治新格局的形成。

图6-48

中国近代通史[第四卷　从戊戌维新到义和团（1895—1900）]（第一章　甲午战争后列强在中国的角逐）（图6-49）

马勇著　2013年9月　江苏人民出版社

深入论述了清政府大赔款与大借款以及列强对铁路、矿山的掠夺。

图6-49

论文

甲午战争与远东国际关系之变化　张忠绂　《国立武汉大学社会科学季刊》1931年第2卷第3号（图6-50）

（国立武汉大学第五届毕业论文）三国干涉还辽事件　杨国兴　1936年（图6-51）

三国干涉还辽时期美帝怎样助日侵华的？　丁则良　《进步日报》1950年12月23日

图6-50

一八九五年俄、德、法三国干涉日本退还辽东的内幕　胡滨　《光明日报》1953 年 12 月 12 日

甲午战后列强在中国进行划分"势力范围"的竞争如何？　来新夏　《历史教学》1955 年第 2 期

论一八九五年至一九〇〇年英国和沙俄在中国的矛盾　金冲及　《复旦学报》1955 年第 2 期

图 6-51

一八九五年至一九〇〇年美帝国主义瓜分中国的斗争和美国的"门户开放"政策　黄廷柱　《历史教学》1957 年第 6 期

介绍《瓜分中国的斗争和美国的门户开放政策（1895—1900）》　杨诗浩　《历史研究》1958 年第 11 期

甲午战争后到辛亥革命期间帝国主义在东三省的铁路争夺　林星　《历史教学问题》1959 年第 1 期

从甲午战争到辛亥革命时期帝国主义对四川的经济侵略　胡昭曦　《历史教学》1961 年第 11、12 期合刊

三国干涉还辽之交涉　李守孔　《近代史研究论集》　大陆杂志社 1967 年

1895 年列强对中国偿日战债借款的竞争　李国祁　《中央研究院近代史研究所集刊》1971 年第 2 期

沙俄在甲午战争中充当了什么角色　米庆余　《历史研究》1978 年第 8 期

甲午战后沙俄掠夺中东、芦汉、正太铁路的阴谋（1895—1898）　李安庆　《吉林大学学报（社会科学版）》1979 年第 3 期

沙俄与中日甲午战争　王少普　《社会科学》1981 年第 3 期

论三国干涉"还辽"　张凤仙　《中日关系史论丛》1982 年第 1 辑

三国干涉还辽与日俄战争爆发　刘真武　《世界历史》1983 年第 5 期

关于三国"干涉还辽"的几个问题　张凤仙　《中日关系史论文集》（辽宁大学科研处编）1984 年 8 月

中日甲午战争对远东国际形势的影响　丁名楠　《社会科学评论》1985 年第 8 期

1894 年的中日战争——美国的初步评价（论文提要）　朱昌峻　《中

日关系史论集》（上）（《齐齐哈尔师范学院学报》编辑部 东北地区中日关系史研究会编）《齐齐哈尔师范学院学报（社会科学版）》1985年增刊

三国干涉还辽之交涉 李守孔 《中国近代现代史论集》（第11辑）台湾商务印书馆1986年1月

日英修约谈判与中日甲午战争 夏良才 《历史教学》1986年第2期

"三国干涉还辽"始末 王翔 《中学历史》1986年第5期

简述"三国干涉还辽" 王翔 《历史教学》1986年第12期

中日甲午战争与英国 叶昌纲 《晋阳学刊》1987年第3期

"赎辽"费之辩争与《中日辽南条约》 张凤仙 《辽宁大学学报（哲学社会科学版）》1988年第1期

中日《辽南条约》与俄德法三国同盟 戚其章 《东岳论丛》1988年第5期

试析三国干涉还辽事件对远东国际关系的影响 郭洪茂 郑毅 《外国问题研究》1990年第1期

论三国干涉还辽与日本外交对策 张久山 孙克复 《日本研究》1991年第1期

瓜分的前奏——三国干涉还辽 房德邻 《瓜分狂潮》 中国华侨出版社1992年6月

瓜分的喧嚣——中日甲午战争与远东局势 房德邻 《瓜分狂潮》 中国华侨出版社1992年6月

简述甲午战后帝国主义抢夺中国铁路利权和瓜分中国 姜文英 《河北大学学报（哲学社会科学版）》1993年增刊

甲午战争前后的远东国际关系——为甲午战争100周年而作 王春良 《烟台大学学报（哲学社会科学版）》1994年第4期

甲午战争与东亚政治格局的演变 戴逸 杨东梁 《抗日战争研究》1995年第1期

中日甲午战争是近代东北亚国际关系的重大转折 张秀兰 《学习与探索》1995年第1期

中日甲午战争与东亚 张振鹍 《抗日战争研究》1995年第1期

"三国干涉还辽"与日本军国主义的外交转折 张富强 《社会科学

战线》1997年第2期

试论中日甲午战争与英日同盟的建立　高启荣　冯晓琴　《延安大学学报（社会科学版）》1998年第3期

"三国干涉还辽"事件的成因及对国际关系影响的再认识　喜富裕　《甘肃高师学报》1999年第1期

俄、德、法三国干涉还辽与"以夷制夷"　段国正　《甘肃社会科学》1999年第4期

晚清宗藩体制的解体　林龙飞　《湘潭大学学报（社会科学版）》2000年第3期

德国的欧洲政策与三国干涉还辽　孔刚　《安徽史学》2002年第1期

关于"三国干涉还辽"的几个问题　王玉英　《历史学习》2003年第10期

百年来东亚政治格局的变迁　张启雄　《历史月刊》（台湾）2003年第11期

"三国干涉还辽"与远东国际关系的变化　钱文华　《南通工学院学报（社会科学版）》2004年第4期

日俄战争——甲午战争的继续与发展　刘焕明　周彦　《学习与探索》2005年第1期

论中日甲午战后东亚的局势　杨惠萍　《大连近代史研究》2005年第2卷

从欧洲格局变化析三国干涉还辽　黄小林　《巢湖学院学报》2005年第4期

论甲午战争后沙俄对中国东北资本输出的特征及其影响　陈健　张秀丽　《长春师范学院学报》2006年第1期

试析甲午战争与东亚宗藩体系的解体　苑爽　《河南师范大学学报（哲学社会科学版）》2006年第6期

从三国干涉还辽和李顿调查团的比较看国际干涉　崔义中　乔鹏　《郑州大学学报（哲学社会科学版）》2008年第1期

甲午中日战争至甲辰日俄战争期间东北亚局势　关捷　《近代中国、东亚与世界》（上卷）　社会科学文献出版社2008年7月

欧洲格局与"三国干涉还辽"——一种结构现实主义的历史个案考察　李刚　《南都学坛》2009 年第 5 期

甲午战争与东亚国际格局的变动　史桂芳　《中日关系史研究》2010 年第 3 期

甲午之战为沙俄修筑中东铁路提供了契机　梁大庆　包玉环　《黑龙江史志》2010 年第 21 期

甲午战后外国列强在中国沿海航线上的争夺（上）　朱荫贵　《许昌学院学报》2012 年第 3 期

甲午战后外国列强在中国沿海航线上的争夺（下）　朱荫贵　《许昌学院学报》2012 年第 4 期

试论中日甲午战争与东亚宗藩朝贡体系的解体　刘艳　安成日　《朝鲜·韩国历史研究》2012 年第 12 辑

甲午中日战争以后汉族知识分子的民族认同转变　刘兵　《黑龙江史志》2013 年第 12 期

简析三国干涉还辽事件　许艳　《中国科教创新导刊》2013 年第 36 期

甲午战争以来东亚战略格局演变及启示——兼论 120 年来的中日关系及未来　刘江永　《日本学刊》2014 年第 1 期

甲午战争与近代东亚国际关系体系　王铁军　《东北亚外语研究》2014 年第 2 期

列强对日本的纵容及其限度——以"干涉还辽"为中心的探讨　马勇　《文化学刊》2014 年第 4 期

中日甲午战争与东北亚国际关系的变化　姜秀玉　《当代韩国》2014 年第 4 期

甲午战争改变了世界格局　尹传刚　《深圳特区报》2014 年 7 月 22 日

绝不让甲午的悲剧重演　李红　《学习时报》2014 年 7 月 28 日

甲午战争对近代中国、日本及东亚的影响——"甲午战争以来的中日关系"学术研讨会综述　张晓刚　邹圣婴　《哈尔滨学院学报》2014 年第 12 期

甲午战争对东亚格局的影响　史桂芳　《日本侵华史研究》2015 年第 2 期

甲午战争之后的远东国际关系与中日关系（1895—1905） 茅海建 《北京论坛（2015）文明的和谐与共同繁荣：不同的道路和共同的责任——缔造和平之路的历史责任与多元记忆专场论文及摘要集》2015年11月

中日甲午战争成为沙俄推行"黄俄罗斯"计划的契机 滕悦 苗福晖 《赤子》（上中旬）2016年第1期

甲午战后海南岛未沦为法国租借地背后的英法博弈 肖玮 《海南师范大学学报（社会科学版）》2017年第2期

战争成本、关系身份与秩序变迁——以东亚传统华夷秩序解体为例 孙通 《国际关系研究》2018年第5期

传统宗藩体系及其崩溃 侯博仁 《古今文创》2022年第30期

第七部分
人物研究

一、中国

1. 总论

著作

（百年英烈传之二）英法联军与甲午战争

1973年1月　朝阳出版社

叙述从英法联军之役到中日甲午战争期间的英烈人物事迹。

台湾史上的人物

杨云萍著　1981年5月　成文出版社

收录唐景崧、刘永福、丘逢甲、吴汤兴等人的事迹。

清史列传（全10册）

1983年2月　中华书局

收录清宗室人物，包括甲午战争人物。

甲午中日战争人物传（图7-1）

孙克复　关捷主编　1984年5月　黑龙江人民出版社

编入中国、日本、朝鲜有关甲午战争人物170位，以他们在甲午战争的活动为主，兼及生平，并根据其在甲午战争中的活动、作用和地位，做详略叙述。

图7-1

清史人物传稿（下编）（全6册）

1984年—1990年　辽宁人民出版社

图 7-2

图 7-3

图 7-4

图 7-5

图 7-6

收录清朝时期历史人物，包括甲午战争人物。

晚清洋务运动研究（图 7-2）

夏东元著　1985 年 3 月　四川人民出版社

论文集。收录了研究李鸿章、盛宣怀、郑观应等洋务派人物的论文。

中国近代爱国者百人传（图 7-3）

赵矢元主编　1985 年 3 月　黑龙江人民出版社

收录了丁汝昌、邓世昌、刘步蟾等北洋海军人物事迹。

（学术研究指南丛书）中国近代人物研究信息（二　洋务运动至义和团时期）（图 7-4）

林言椒　李喜所主编　1988 年 4 月　天津教育出版社

介绍了包括李鸿章、丁汝昌、刘步蟾等甲午战争人物若干。

（学术研究指南丛书）中国近代人物研究信息（二　洋务运动至义和团时期）（图 7-5）

林言椒　李喜所主编　1989 年 7 月　天津教育出版社

介绍了包括李鸿章、丁汝昌、刘步蟾等甲午战争人物若干人。

中国近代军事人物传（图 7-6）

张一文　施渡桥主编　1990 年 11 月　解放军出版社

收录人物为中国近代军事方面的将帅，其中包括甲午战争中李鸿章、丁汝昌、左宝贵、邓世昌、刘步蟾、萨镇冰等将领。

安徽历史人物（安徽广播通讯增刊）（图7-7）
吴寿祺主编　1990年12月

收录百余位皖籍著名历史人物，其中有李鸿章、丁汝昌、聂士成等甲午战争人物。

图7-7

安徽历史人物（图7-8）
吴寿祺主编　1990年12月　黄山书社

收录百余位皖籍著名历史人物，其中有李鸿章、丁汝昌、聂士成等甲午战争人物。

图7-8

近代爱国者的足迹（图7-9）
孙恭恂　黄春生　张增强　马卫东等著　1991年9月　北京师范大学出版社

收录丁汝昌、邓世昌、刘永福等人事迹。

图7-9

甲午英烈（图7-10）
孙洁池　于才年　许玉琪主编　1994年5月　山东大学出版社

介绍了甲午战争中50余位爱国将领的事迹。

图7-10

中日甲午战争人物志（图7-11）
徐平主编　2014年10月　金城出版社

编入甲午战争中国人物41人、日本人物35人。

图7-11

守望甲午忆英贤（图7-12）
戚俊杰著　2019年10月　山东大学出版社

图 7-12

文集。分为上、中、下三篇，其中中篇为甲午战争相关人物，收录文章 16 篇。

论文

甲午之役中之无名英雄　《逸梅小品续集》（郑逸梅著）　中孚书局 1934 年 12 月

甲午死难将士题名记　《抗兵集》（王蘧常著）　新纪元出版社　1948 年 5 月（图 7-13）

中国近代留学生　苏贵民　《吉林大学社会科学学报》1980 年第 3 期

图 7-13

北洋海军爱国将领传略　戚其章　《天津师范学院学报》1981 年第 2 期

中日甲午战争人物介绍　戈扬　《历史教学》1981 年第 11 期

高升号殉难爱国官兵人数考　戚其章　《近代史研究》1984 年第 2 期

甲午风云人物"十三太保"　邓珂　《团结报》1984 年 3 月 10 日

论留学生与北洋舰队　关捷　陈勇　《社会科学研究》1984 年第 6 期

中国第一届赴欧海军留学生述略　徐彻　《社会科学辑刊》1986 年第 5 期

论北洋舰队中的"学生官"　陈勇　杨维　《政工学刊》1986 年第 8 期

参加甲午中日战争和辛亥革命老人黄华才　黄国平　《祁东文史资料》1987 年第 2 辑

甲午群英谱　邓敏扬　《天河文史》1992 年第 3 期

简论甲午战后仁人志士的救国主张　姜新　《黄淮学刊（社会科学版）》1992 年第 3 期

甲午忠烈谱　张茂荣　《春秋》1994 年第 3 期

北洋海军将领素质与甲午海战　方英　《安徽史学》1994 年第 4 期

甲午海战中的福州籍将士　林伟功　《福建论坛（文史哲版）》1994年第4期

一幅绚丽的爱国主义画卷——甲午百年悼英魂　孙克复　《社会科学战线》1994年第4期

中法马江之战和甲午中日海战中的留学生　戴学稷　《福建论坛（文史哲版）》1994年第4期

中国传统文化与甲午英魂　刘玉明　《山东社会科学》1994年第5期

奋勇抗敌　血洒疆场　张良勋　《现代舰船》1994年第8期

告慰甲午忠魂　尹军　《国防》1994年第9期

中日甲午人物谱　陈榕星　《海洋世界》1994年第9期

中法中日战争中的留学生　戴学稷　《神州学人》1994年第11期

壮烈御敌　气贯长虹——记甲午战争中清军爱国官兵的抗日卫国业绩　马钰　《理论纵横》1996年第1期

甲午海战中的留英海军生　侣青　《福建文史资料选辑》1997年第16辑

北洋海军管带群体与甲午海战　苏小东　《近代史研究》1999年第2期

晚清早期驻外公使的爱国主义意识　夏泉　《贵州文史丛刊》1999年第6期

论北洋海军将士的民族精神　关伟　关捷　《北方论丛》2002年第2期

北洋舰队官兵甲午致败的心理因素　许林　《南京政治学院学报》2002年第4期

那些精英毕业生们　宁二　《南风窗》2006年第5期

北洋海军的"自杀癖"　周英杰　《文史天地》2007年第2期

树立正确的战争荣辱观——论甲午战争中四位海军将领自杀　安尊华　《贵州文史丛刊》2007年第3期

留学生与晚清海军建设　李喜所　李来容　《南开学报（哲学社会科学版）》2008年第1期

北洋海军人物研究四题　孙建军　《大连近代史研究》2008年第5卷

甲午英烈言行录　邢丽雅　《大连近代史研究》2008年第5卷

中国第一批海军留学生　梅文　《教育》2008年第11期

1994年报纸信息中的北洋舰队阵亡外籍"援兵"小考　周政维　《大

连近代史研究》2009年第6卷

书生报国：甲午战争中"后清流"的活动　谢海涛　杨宝杰　《求索》2009年第9期

留学生参加中法马尾海战和中日甲午海战的意义　赵巍巍　乔瑞　《世纪桥》2009年第21期

甲午战争中"后清流"提出的御敌方略初探　谢海涛　杨宝杰　《青海民族研究》2010年第1期

大清留美幼童——洋务运动中被遗忘的译者群体　叶霭云　《中国翻译》2014年第1期

北洋海军将领之再认识　金立昕　李新伟　《军事历史》2014年第6期

家国重生：三个中国人的甲午心灵图——严复、康有为与孙中山　王龙　《同舟共济》2014年第6期

19世纪末中日军人意识初探——以甲午战争为个案　吴茂刚　《历史教学问题》2014年第6期

留美幼童甲午捐躯三烈士传　井振武　《天津政协》2014年第7期

决定19世纪末殖民命运的人们　贾子建　《三联生活周刊》2014年第27期

甲午陆战中的两位邵阳籍统帅　周后平　《档案时空》2015年第1期

北洋海军官兵甲午战败的心理因素分析　刘利军　曹霞　《社科纵横》2015年第11期

甲午海战的反思之一——北洋海军将领的素质　刘玉静　《知音励志》2016年第2期

北洋舰队管带群体的专业素养——以船政学堂课程体系及教学成效为中心　皮后锋　《江海学刊》2016年第6期

甲午海战中的威海籍官兵　王芳　《山东档案》2018年第5期

魂安英伦——英国北洋水师水兵墓修缮竣工记　刘远富　《中国文物报》2019年6月25日

从"劝忠之典"到"千秋论定"：关于甲午战争阵亡将领官修传稿的制度脉络及其转型　孙青　《复旦学报（社会科学版）》2023年第6期

2. 具体人物

安维峻

论文

铁汉御史安维峻——读《谏垣存稿》　张大可　《西北史地》1981年第3期

安维峻《请将战死之邓世昌破格奖恤疏》点注　元鸿仁　《图书与情报》1985年第2、3期合刊

甲午战争期间的"铁汉"御史安维峻　吴万善　《西北民族学院学报（哲学社会科学版）》1988年第3期

论甲午战争期间"倒李"斗争中的安维峻　王德泰　刘华　《甘肃高师学报》1999年第3期

"陇上铁汉"安维峻及其闱墨档案　陈乐道　《中国档案》2004年第6期

不学金人　斯为铁汉——说安维峻　牛勃　《档案》2015年第12期

安维峻"陇上铁汉"的形象与晚清清流政治　陶兴华　易多明　《学术月刊》2022年第7期

陕甘总督升允《奏请将御史安维峻开复原官片》钩沉　韩春平　《文史杂志》2023年第6期

蔡廷干

论文

名人录——蔡廷干　《国闻周报》1925年第2卷第23期

蔡廷干与黄海中日战　罗保吾　《实报半月刊》1935年第2期

甲午中日战争中的蔡廷干　《珠海文史》1991年第10辑

蔡廷干：民国军人外交家　石建国　《世界知识》2008年第24期

蔡廷干与清末民初政局　赵立彬　冯丽萍　《徐州师范大学学报（哲学社会科学版）》2011年第1期

"一代儒将"蔡廷干　叶克飞　《同舟共进》2022年第1期

长顺
论文

甲午战争中吉林将军长顺签发的咨文　辽宁省档案馆编研展览处　《兰台世界》2014年第29期

陈策
论文

北洋海军"经远"舰帮带大副陈策家世事迹钩沉　王记华　《船政》2023年第2辑

图7-14

图7-15

图7-16

慈禧
著作

慈禧传信录（图7-14）
沃邱仲子著　1918年11月　崇文书局
记述了慈禧在同治、光绪两朝的听政事略。

祸国殃民的慈禧（图7-15）
许永璋　吴涛著　1978年2月　河南人民出版社
记述了慈禧的身世、上台，以及在各个历史阶段所做的祸国殃民之事。

慈禧（图7-16）
庄葳著　1980年12月　中华书局
慈禧的传略。

论文

慈禧六旬万寿庆典之奢靡　《现代政治人物述评》（中卷）　文海出版社 1966 年 1 月版

慈禧六旬庆典点景　刘彤　鹏昊　《紫禁城》1983 年第 3 期

慈禧六旬庆典点景设计图样　《紫禁城》1983 年第 3 期

慈禧修"三海"和工人的罢工斗争　徐艺圃　唐益年　《故宫博物院院刊》1983 年第 3 期

一人庆寿　举国遭殃——略述慈禧"六旬庆典"　李鹏年　《故宫博物院院刊》1984 年第 3 期

慈禧挪用海军费造颐和园史实考证　邹兆琦　《学术月刊》1984 年第 5 期

中日甲午战争与西太后、光绪帝及李鸿章　孙孝恩　《北方论坛》1987 年第 5 期

实事求是　开拓创新——评宝成关著《奕䜣慈禧政争记》　王道成　《清史研究》1991 年第 3 期

慈禧与洋务运动　何泽福　戴文杰　《社会科学》1991 年第 4 期

慈禧与洋务运动　姜铎　《历史研究》1991 年第 4 期

读《奕䜣慈禧政争记》　龚书铎　黄兴涛　《历史研究》1991 年第 4 期

慈禧私蓄有多少？　晓舟　《上海师范大学学报（哲学社会科学版）》1993 年第 1 期

慈禧与颐和园　徐伦虎　《园林》1994 年第 4 期

中日甲午战争与慈禧太后　王道成　《清史研究》1994 年第 4 期

揭开垂帘　露出真面——徐彻《慈禧大传》读后　董志正　《社会科学辑刊》1995 年第 2 期

一部真实反映晚清政局的最新佳作——读徐彻《慈禧大传》　余明侠　《清史研究》1995 年第 2 期

令人耳目一新的《慈禧大传》　董方奎　《社会科学战线》1995 年第 3 期

用两点论评价慈禧——评徐彻著《慈禧大传》　姜铎　《史学月刊》1995年第3期

慈禧六十寿辰御用瓷器述评　赵宏　《紫禁城》1995年第4期

慈禧太后寿诞备戏　毛宪民　《文史杂志》1995年第4期

慈禧太后与"中体西用"　刘孔伏　潘良炽　《青海师范大学学报（哲学社会科学版）》1996年第2期

慈禧太后与"中体西用"　刘孔伏　潘良炽　《社会科学辑刊》1996年第2期

慈禧太后与"中体西用"　潘良炽　《川东学刊》1996年第3期

慈禧与洋务运动　张宏艳　《世纪桥》2003年第1期

慈禧六旬寿宴考述　吴正格　《四川烹饪高等专科学习学报》2006年第4期

略论慈禧太后与中国近代化　董凌锋　《天府新论》2006年第5期

慈禧为何挪用海军经费　王重旭　《文史博览》2007年第3期

从慈禧到"清流"：同光中兴中的"声"与"色"　王维江　《学术月刊》2007年第12期

"书生典戎"并非慈禧"瓦解清流"的阴谋　李兆勇　谭美英　《齐齐哈尔师范高等专科学校学报》2008年第3期

20世纪90年代以来慈禧研究综述　黎俊祥　《池州学院学报》2009年第2期

试论慈禧对外国侵华的态度及政策　蔡榕津　《湖北经济学院（人文社会科学版）》2010年第3期

慈禧太后的听政与训政　张耀杰　《中国图书评论》2011年第2期

慈禧太后统治中国47年原因析　王开玺　《明清论丛》2011年第11辑

略论慈禧太后的文化学养　王开玺　《北京社会科学》2013年第5期

细说甲午战争前后的慈禧（上）　沈渭滨　《档案春秋》2014年第4期

细说甲午战争前后的慈禧（下）　沈渭滨　《档案春秋》2014年第5期

试析慈禧、李鸿章个人的因素对战争的影响　宋乃成　《文史博览》（理论）2014年第8期

慈禧六十庆辰与中日甲午战争　赵增越　《中国档案》2014年第9期

慈禧重修颐和园挪用海军经费考证　杨天姿　《教育教学论坛》2014年第13期

甲午年慈禧太后崇上徽号仪式　翟金懿　《历史档案》2016年第2期

慈禧对外思想的变迁探析　张云筝　田冰　《北京教育学院学报》2017年第2期

性别视域中的国家权力——以慈禧太后为例　侯杰　孙巍溥　《烟台大学学报（哲学社会科学版）》2017年第4期

慈禧垂帘听政举措及其对清朝政局的影响　马菲菲　曹巧　《赤峰学院学报（汉文哲学社会科学版）》2019年第1期

慈禧训政后之朝局侧影——读廖寿恒《抑抑斋日记》札记　马忠文　《华南师范大学学报（社会科学版）》2019年第1期

慈禧政治权力的演变　张文博　《开封教育学院学报》2019年第1期

慈禧万寿御用瓷器考　张涵　《文物天地》2019年第8期

颐和园：从皇家园林到外交舞台的历史转变——以慈禧太后的外交活动为中心　侯杰　吴慧　《中国社会历史评论》2021年第2期

慈禧太后有关洋务的三次召见　刘少波　《文史天地》2021年第3期

慈禧太后对醇亲王奕谭的监控——以赏赐官女子为中心　滕德永　《黑龙江社会科学》2022年第5期

戴宗骞
论文

戴宗骞和甲午威海之役　廖宗麟　《安徽史学》1984年第6期

敢言虑事欠深沉——甲午年戴宗骞事迹考略　孙大林　《大连近代史研究》2009年第6卷

《戴宗骞评传》序　李嘉曾　《群言》2023年第7期

邓世昌

著作

民族英雄邓世昌（图 7-17）

政协河北省委员会文史资料委员会　政协张家口市委员会文史资料委员会编　1989 年 12 月　中国民间文艺出版社

文集。收录了有关邓世昌的文章、史料 19 篇。

（威海文史资料第五辑）邓世昌（图 7-18）

威海市政协文史资料委员会　1990 年 9 月

文集。收录了有关邓世昌的文章、史料 20 篇。

气壮山河——纪念民族英雄邓世昌殉国一百周年（图 7-19）

广州市政协文史资料委员会　广州市海珠区政协学习文史委员会编　1994 年 9 月

文集。辑录了纪念邓世昌的文章、祭文、碑文等。

海疆英魂——记甲午海战中的邓世昌和致远舰（图 7-20）

陈明福著　2003 年 10 月　人民文学出版社

记述了邓世昌的人生经历及"致远"舰航迹，包括邓家有子、接舰英伦、卓荦不群、黄海壮节、身后哀荣、英烈遗风、打捞风波、航迹延伸等内容。

邓世昌与甲午战争——纪念民族英雄邓世昌殉国一百一十周年（图 7-21）

中共广州市海珠区委宣传部编　2004 年 9 月

图 7-17

图 7-18

图 7-19

图 7-20

图 7-21

文集。收录了部分论文、祭文、碑文等。

（百部爱国故事丛书）甲午海战留英名——民族英雄邓世昌（图7-22）

李萌　李灿编著　2011年4月　吉林人民出版社

讲述了邓世昌不平凡的一生。

图 7-22

（中华爱国人物故事）甲午英魂邓世昌（图7-23）

门雄甲编著　2011年5月　吉林人民出版社

讲述了邓世昌的生平，包括勤奋求学的聪慧少年、胸怀报国之志的青年、沉稳练达的舰船管带、驻防刘公岛、接舰驾船显英才、北洋水师名将等内容。

图 7-23

（岭南文化知识书系·南粤先贤）邓世昌（图7-24）

林干著　2011年7月　广东人民出版社

讲述邓世昌不平凡的人生故事。

图 7-24

寻找邓世昌——北洋水师名舰追踪纪实（图7-25）

萨苏著　2015年1月　同心出版社

记述了北洋海军"致远"舰等水下考古调查情况。

图 7-25

（中国人格读库）邓世昌传（图7-26）

唐宁著　2016年1月　北京时代华文书局

记述邓世昌的一生，包括聪慧少年、北洋名

图 7-26

将、甲午风云、血战黄海、碧海忠魂、甲午战败等内容，附有邓世昌年谱。

（"抵御外侮——中华英豪传奇"丛书）甲午英烈邓世昌（图 7-27）

贾国静　王凤青著　2016 年 4 月　南京出版社

讲述了邓世昌不平凡的一生。

图 7-27

（中华先烈人物故事汇）邓世昌（图 7-28）

贾国静编著　2019 年 6 月　学习出版社

讲述邓世昌的故事，包括邓家有子、投身海军、北洋名将、山雨欲来、喋血丰岛、甲午之殇、碧波忠魂、名垂青史等内容。

图 7-28

论文

记甲午之战韩（邓）世昌殉难事　黄影呆　《互助周刊》1931 年第 8 号第 6 期

记甲午之战邓世昌殉难事　黄影呆　《国闻周报》1931 年第 8 卷第 41 期

甲午死事武臣邓世昌传　金梁　《新民》1935 年第 1 卷第 1 期

邓世昌　《非常时期之模范人物》　徐楚樵著　中华书局 1937 年 3 月

邓世昌　《历代贤豪传记》　中国国民党中央宣传部 1941 年 9 月

甲午海战中的邓世昌　《新民晚报》1961 年 1 月 3 日

怀念甲午海战的民族英雄——访邓世昌长孙　中原　《新民晚报》1961 年 1 月 7 日

邓世昌习战马江　阿英　《人民日报》1961 年 1 月 11 日

爱国英雄邓世昌　冼立清　《羊城晚报》1961 年 1 月 17 日

黄海海战中的邓世昌　阿英　《人民日报》1961 年 1 月 19 日

《楼船琐记》中的邓世昌　紫荆　《新民晚报》1961 年 6 月 16 日

348

邓世昌二三事　紫丁香　《广西日报》1963 年 10 月 6 日

邓世昌弹《十面埋伏》——创作随感　张棣昌　《电影艺术》1964 年第 3 期

邓世昌形象的创造——演员手记　李默然　《电影艺术》1964 年第 3 期

气壮山河的爱国主义精神——略谈甲午海战中的邓世昌　邱远猷　《光明日报》1977 年 3 月 10 日

甲午海战中的邓世昌　洛夫　《中学历史》1980 年第 3 期

早期海军名将邓世昌　廖汝忠　《羊城晚报》1981 年 2 月 26 日

英勇殉国的邓世昌　李勇父　《历史知识》1981 年第 5 期

邓世昌遗事及有关文献　邓素娥　黄锦和　《图书馆杂志》1982 年第 2 期

从军卫国，义不独生——甲午海战中的邓世昌　敦屏　《长江日报》1982 年 3 月 9 日

反帝英雄邓世昌　涂鸣皋　《重庆日报》1982 年 7 月 24 日

反侵略英风宛在浩气长存——访邓世昌的重孙女邓立英　邹万龙　《中国青年报》1982 年 8 月 21 日

邓世昌　《华夏英杰百人传》　战士出版社 1983 年 4 月

邓世昌殉国的最后时刻　《青年报》1983 年 8 月 5 日

邓世昌抗倭战黄海　王斧　《军事历史》1984 年第 1 期

民族英雄邓世昌　戚其章　《知识与生活》1984 年第 1 期

邓世昌生年小考　江中孝　《广东社会科学》1984 年第 2 期

邓世昌与大东沟海战　李淑兰　《自修大学（文史哲经）》1984 年第 2 期

英名与黄海同在——介绍邓世昌的有关文物　曹非　《文物天地》1984 年第 2 期

邓世昌殉国情形考辩　廖宗麟　《学术研究》1984 年第 3 期

关于邓世昌殉国的最后时刻——答王玉山同志问　戚其章　《知识与生活》1984 年第 4 期

一代海军名将邓世昌　李国辉　《海洋》1984 年第 4 期

勇哉壮节首捐躯　无愧同袍夸胆识——近代海军名将邓世昌　翟厚良

《中国近代爱国者百人传》 黑龙江人民出版社 1985 年 3 月

壮节英豪邓世昌 《禺山兰桂》 1986 年 10 月

海军名将邓世昌轶事 李国辉 赵伟 《航海》1990 年第 1 期

爱国名将邓世昌 敬知本 赵建恒 《历史教学》1991 年第 1 期

民族英雄邓世昌 俊仑 薛华 胜元 厚金 《中国民兵》1991 年第 6 期

光绪皇帝为邓世昌英勇殉国御赐祭文 邓敏扬 《天河文史》（第 3 期）1992 年 12 月

缅怀曾祖邓世昌 名垂千古一人杰 邓立英 《宣化文史资料》1993 年第 7 辑

随邓世昌殉国尽忠的义犬 朱松年 《吉林档案》1994 年第 2 期

黄海海战与邓世昌的爱国献身精神 丘均元 《广东民族学院学报（社会科学版）》1994 年第 3 期

甲午英魂永存——纪念邓世昌殉国 100 周年 林嘉榕 《广东史志》1994 年第 4 期

英风壮军威 浩气策后人——纪念邓世昌殉国 100 周年 方忠英 《广东史志》1994 年第 4 期

邓世昌的儿孙们 《农村·农业·农民》1994 年第 5 期

广州出了个民族英雄邓世昌——有关部门集会纪念座谈 张广芳 《探求》1994 年第 5 期

难忘采访"邓世昌" 赵进 《现代舰船》1994 年第 8 期

羊城寻访邓世昌 黄礼琪 《南风窗》1994 年第 9 期

百年不死邓世昌 杨继先 《文史精华》1995 年第 4 期

忠烈参天 浩气长存——民族英雄邓世昌事略 杨继先 《黑龙江社会科学》1996 年第 1 期

御赐邓世昌墓碑 《齐鲁百年名碑集》（山东省政协文史资料委员会编）山东美术出版社 1998 年 3 月

邓世昌航海逸闻 李国辉 《海洋世界》1998 年第 5 期

邓世昌家世及后人 李国辉 《航海》1999 年第 4 期

甲午战争百年祭——纪念民族英雄邓世昌殉难一百周年 《江门文史》

（第三十五辑）1999年5月

有功足壮海军威　马骏杰　《名人传记》2002年第5期

寻访民族英雄邓世昌的后裔　陈明福　《今日科苑》2004年第1期

真实的邓世昌　任我笑　《文史博览》2004年第11期

邓世昌与爱犬一同殉国　《中国工作犬业》2005年第1期

灼热的历史辉光——读新创剧本《邓世昌》　赵眈　《大舞台》2005年第6期

邓世昌　杨舒棠　《大舞台》2005年第6期

写好身边的"这一个"——长篇通讯《十年圆梦，老水兵情系邓世昌》面世前后　彭建国　《新闻战线》2005年第9期

甲午海战中名垂青史的粤籍名将邓世昌　王明霞　《广州航海高等专科学校学报》2008年第3期

邓世昌民族英雄理想化的建构　姜峰　《军事历史研究》2009年专刊

自杀社会意义的赋予——以邓世昌自杀情景的建构为例　姜峰　《贵州文史丛刊》2010年第3期

民族英雄邓世昌的爱国献身精神　刘正　《兰台世界》2012年第16期

李默然——永生的"邓世昌"　吴志菲　《文史春秋》2013年第2期

邓世昌——壮节捐躯扬海威　《决策与信息》2014年第2期

甲午海战名将邓世昌名垂青史的抗倭爱国事迹　宋素敏　《兰台世界》2014年第30期

邓世昌为什么去撞击"吉野"　萨苏　《世界知识》2015年第1期

《邓世昌》：沪剧舞台上的英雄礼赞　曹凌燕　《艺术评论》2015年第2期

一曲"荡气回肠"的吴侬软语——评沪剧《邓世昌》　杜竹敏　《上海戏剧》2015年第3期

演一出戏等于了解一个人——访沪剧《邓世昌》主演朱俭　朱木乔　《上海戏剧》2016年第2期

《邓世昌》艺术研讨会举行　《上海戏剧》2016年第3期

听海浪千叠，淘不尽英雄泪——沪剧《邓世昌》反思甲午海殇　万素　《福建艺术》2016年第3期

撼人心魄的"反思图"——我看沪剧《邓世昌》 康式昭 《艺术评论》2016年第6期

情怀与情结——沪剧《邓世昌》的当代镜像 刘祯 《中国文艺评论》2016年第6期

国家艺术基金2023年度舞台艺术创作资助项目——歌剧《邓世昌》
王兆森 桑迪 张子政 《音乐生活》2023年第9期

丁日昌
著作

丁日昌评传（图7-29）
邓亦兵编 1988年6月 广东人民出版社
对丁日昌的早期活动，包括筹办洋务和海防等都做了评述。

图7-29

丁日昌生平活动大事记（图7-30）
江村编著 1988年6月 广东人民出版社
丁日昌的生平活动大事记。

图7-30

丁日昌研究（图7-31）
张磊著 1988年6月 广东人民出版社
论文集。收录了《丁日昌与晚清海防论》《略论丁日昌的国防建设主张和实践》《丁日昌对近代海防及台湾防务的贡献》《评丁日昌筹办海疆防务的思想主张》等论文。

图7-31

晚清洋务巨擘——丁日昌（图7-32）
赵春晨著 2001年1月 广东人民出版社
论述了丁日昌仕途多艰、迅速崛起的洋务干才、名噪一时的吏治能手、屡膺重寄的交涉大员、

图7-32

海防近代化的倡导与实践、负谤与病休，以及丁日昌与潮汕文化等内容。

丁日昌先生年谱（图7-33）

孙淑彦著　2006年8月　黑龙江人民出版社

丁日昌年谱。

图7-33

（广东历史文化名人丛书）晚清洋务活动家丁日昌（图7-34）

赵春晨著　2007年7月　广东人民出版社

揭示丁日昌的改革思想和他一生的主要贡献，并对其所存在的历史局限性做了分析。

图7-34

（岭南文化知识书系·南粤先贤）丁日昌（图7-35）

黄赞发　陈琳藩著　2008年9月　广东人民出版社

从出仕多艰、洋务干才、吏治能手、涉外事务、海防船政、抚闽治台、负谤村居、藏书著述、诗联书法、身后余论等方面解读丁日昌。

图7-35

丁日昌传奇（图7-36）

高强著　2010年5月　作家出版社

讲述了青年丁日昌、丁日昌逸事，编有丁日昌生平大事记。

图7-36

丁日昌与近代中国（图7-37）

丁新豹　周佳荣　麦劲生主编　2011年10月　中华书局

论文集。收录丁日昌研究论文17篇，分为

图7-37

353

务实政事、思恩报国、文教事功、附录等4部分。

论文

丁日昌与洋务运动　郑衡　《岭南文史》1984年第2期

略论丁日昌提出的"三洋"方针　奚纪荣　《军事历史研究》1986年第1期

从《海防条议》看丁日昌的洋务思想　赵春晨　《汕头大学学报》1987年第1期

丁日昌与晚清军事近代化　皮明勇　《广东社会科学》1987年第1期

试论丁日昌的洋务思想　邓亦兵　《史学月刊》1987年第2期

丁日昌与晚清海防论　陈绛　《军事历史研究》1987年第3期

论丁日昌的洋务思想　吴忠民　《汕头大学学报》1987年第3期

论王韬与丁日昌　邓亦兵　《史学集刊》1987年第3期

评丁日昌筹办海疆防务的思想主张　丁焕章　《社会科学》1987年第3期

丁日昌对台湾防务的贡献　马鼎盛　《近代史研究》1987年第4期

论丁日昌的国防近代化思想　吴福环　《军事历史研究》1988年第3期

"讲求洋务罕出其右者"——读《丁日昌评传》　赵矢元　《近代史研究》1989年第4期

丁日昌与李鸿章的特殊关系　贾熟村　《学术研究》1998年第9期

近20年来丁日昌研究概述　成晓军　范铁权　《湘潭大学学报（社会科学版）》2000年第2期

《晚清洋务巨擘——丁日昌》评介　樊孝东　《历史教学》2002年第6期

丁日昌与郭嵩焘的友谊　贾熟村　《学术研究》2003年第11期

丁日昌与福建船政　江村　《福州文史资料选辑》2003年第22辑

丁日昌与中国造船业　范海泉　《福州文史资料选辑》2003年第22辑

简论丁日昌学习西方文化之缘由　冯杰　范铁权　《河北大学学报（哲学社会科学版）》2004年第5期

丁日昌与近代海军　贾熟村　《岭南文史》2004 年增刊

论丁日昌在近代首批幼童留学中的历史作用　高如民　《河南大学学报（社会科学版）》2006 年第 4 期

浅析丁日昌办理外交事务的特点　钟秋梅　《吉林省教育学报（学科版）》2008 年第 7 期

丁日昌的海防思想（上）　刘中民　《海洋世界》2010 年第 1 期

丁日昌的海防思想（下）　刘中民　《海洋世界》2010 年第 3 期

浅议丁日昌的海权意识　韩晓娟　《经济研究导刊》2010 年第 18 期

清代丁日昌倡导学习西方文化的历史实践　苏红　《兰台世界》2013 年第 25 期

清末洋务派代表人物丁日昌的西方文化观溯源　乔彦娜　《兰台世界》2014 年第 25 期

论丁日昌在洋务运动中的历史作用　成璐　《西昌学院学报（社会科学版）》2017 年第 3 期

《持静斋书目》及其对丁日昌洋务思想的反映　郝子靖　《图书馆界》2021 年第 3 期

丁汝昌

著作

（中华历史名人）丁汝昌（图 7-38）

刘敬坤著　1993 年 5 月　新蕾出版社

丁汝昌传记，附邓世昌小传。

图 7-38

中国近代第一位海军司令——丁汝昌（图 7-39）

李厚木著　2005 年 1 月　新华出版社

分为苦难出身、投身辕门、裁撤回籍、再入军旅、统领水师、拜命提督、甲午受枳、遭谴被议、血战黄海、革职问罪、力撑危局、拒降殉国、死后蒙冤、平反昭雪、英名永存等内容。

图 7-39

丁汝昌研究探微（图7-40）

孙建军著　2006年5月　华文出版社

论文集。辑录研究丁汝昌等甲午战争人物的论文28篇。

图7-40

丁汝昌年谱（图7-41）

戚俊杰编著　2016年9月　山东大学出版社

包括年谱和附录两部分内容。

图7-41

论文

丁汝昌第二　《东方杂志》1904年第7期

丁汝昌殉国真相　定夷　《小说新报》1915年第1年第4期

日人诱降丁汝昌之颠末　臞媛　《小说新报》1922年第7年第1期

丁汝昌甲午之役　《清代名人轶事》1930年4月

丁汝昌轶事　清癯　《互助周刊》1931年第8号第6期

清国北洋水师提督丁汝昌将军传略　秦诚至　《大公报军事周报》1933年第78期

丁汝昌甲午之役　《现代青年》（北平）1936年第2卷第1期

民族英雄丁汝昌　《重大校刊》1937年第9期（图7-42）

丁汝昌抗敌殉国记　为公　《四陆军月刊》1937年第11期

图7-42

（国立武汉大学文学院史学系第十五届毕业论文）甲午中日战争之丁汝昌　萧银娥　1946年（图7-43）

图7-43

丁汝昌是中国近代史上的爱国将领　穆景元　李崇农　《锦州师范学院学报（哲学社会科学版）》1980年第1期

丁汝昌与甲午中日战争　孙克复　《史学月刊》1980年第3期

爱国将领丁汝昌　威志　永旭等　《大众日报》1980年10月18日

中日甲午战争中的爱国将领丁汝昌　穆景元　李崇农　《中日关系史研究》1981年第1辑

丁汝昌殉国记　戚其章　《知识与生活》1981年第2期

丁汝昌和旅顺之役——从一则史料的辨伪谈起　廖宗麟　《复旦学报（社会科学版）》1982年第1期

谈丁汝昌的《致戴孝侯书》　戚其章　《历史知识》1982年第1期

丁汝昌与中日友好　戚其章　《今昔谈》1982年第3期

爱国海军将领丁汝昌　戚其章　《历史知识》1982年第6期

论丁汝昌　孙克复　《湘潭大学社会科学学报》1983年第1期

如何评价丁汝昌　《社会科学》1983年第4期

海军统帅丁汝昌的悲剧　许华　《航海》1983年第6期

刘公岛上的遗恨——记北洋水师提督丁汝昌　孙佑海　《文物天地》1984年第2期

评丁汝昌　敬知本　《历史教学》1984年第10期

敢夸砥柱作中流，一片丹心卫海疆——北洋海军爱国将领丁汝昌　李书源　《中国近代爱国者百人传》　黑龙江人民出版社1985年3月

论甲午战争时期的丁汝昌　梁世灿　《松辽学刊（社会科学版）》1985年第4期

略论黄海海战中丁汝昌指挥的失误　杨志本　《军事卷通讯》1985年第36期

论甲午战争时期的丁汝昌　梁世灿　《中日关系史论集》（上）（《齐齐哈尔师范学院学报》编辑部　东北地区中日关系史研究会编）《齐齐哈

尔师范学院学报（社会科学版）》1985 年增刊

  抗倭英雄丁汝昌 汪金玉 《军事历史》1986 年第 1 期

  丁汝昌非长江水师出身辨 戚其章 《安徽史学》1986 年第 2 期

  丁汝昌之死考析 张凤翔 《内蒙古大学学报（哲学社会科学版）》1986 年第 3 期

  从北洋舰队的战斗队形看丁汝昌的战术思想 郭浒 《军事历史》1987 年第 2 期

  丁汝昌与海军惩劝章程 刘佩军 《海军杂志》1987 年第 2 期

  论丁汝昌海上战役指挥失误问题——兼与戚其章等同志商榷 杨志本 许华 《近代史研究》1988 年第 1 期

  略论甲午中日海战中之丁汝昌 张凤翔 《内蒙古大学学报（哲学社会科学版）》1988 年第 3 期

  关于丁汝昌在黄海海战中负伤原因的不同记载 杨生祥 《历史教学》1988 年第 7 期

  试论黄海海战丁汝昌的作战思想 杨苏荣 《军事历史研究》1989 年第 1 期

  关于丁汝昌之死的几个问题 戚其章 《日本研究》1989 年第 2 期

  丁汝昌甲午年援旅问题探讨 吕良海 《近代史研究》1989 年第 3 期

  关于丁汝昌之死的几个问题 戚其章 《福建史志》1989 年第 4 期

  关于丁汝昌的几个问题 郭大松等 《山东教育学院学报》1990 年第 4 期

  英名左邓同千古——丁汝昌传略 戚其章 《军事将领》 中国文史出版社 1991 年

  丁汝昌"避战保船"辨 孙峰 《东岳论丛》1992 年第 3 期

  甲午海战中水师提督丁汝昌功过的再考析 羊非 李富轩 《华中理工大学学报（社会科学版）》1994 年第 1 期

  再析丁汝昌之死 张凤翔 《内蒙古大学学报（哲学社会科学版）》1994 年第 1 期

  实事求是地评价丁汝昌 张壮强 钟林《玉林师专学报》1994 年第 4 期

  丁汝昌是爱国将领吗？ 羊非 李富轩 《湖湘论坛》1994 年第 5 期

  从徐建寅禀看丁汝昌的指挥失误 苏小东 《历史研究》1994 年第 6 期

甲午战争中的皖籍爱国将领丁汝昌　刘殿滨　《江淮文史》1994年第6期

宁折勿弯　殉身报国——记爱国将领丁汝昌　杨育林　李信忠　《现代兵器》1995年第2期

丁汝昌与威海卫防御战　郑守正　《历史档案》1995年第4期

丁汝昌不是"宁死不降"的抗敌将领　张凤翔　《内蒙古电大学刊》1995年第5期

彬县大佛寺石窟所见清提督丁汝昌事迹铭记　常青　《文献》1997年第4期

甲午名将丁汝昌　孙吉香　《春秋》1997年第4期

中国第一位海军舰队司令——皖人丁汝昌　苏小东　《江淮文史》1998年第1期

丁汝昌德政碑碑文　《中华英烈碑文选》（辽宁省中共党史人物研究会编）　辽宁人民出版社1998年5月

丁汝昌与北洋海军　苏小东　《安徽史学》1999年第4期

北洋海军提督丁汝昌　马骏杰　《名人传记》2003年第2期

韩国藏张树声、丁汝昌、吴兆有致朝鲜王朝官员书信三件笺证　权赫秀　《安徽史学》2003年第5期

甲午海殇——刘公岛上吊丁祠　《新编古春风楼琐记》（第叁集）（高拜石著）　作家出版社2003年12月（图7-44）

丁汝昌事迹辨正　夏中南　《合肥学院学报（社会科学版）》2004年第4期

丁汝昌鲜为人知的故事　夏冬波　《江淮文史》2004年第5期

图7-44

解开丁汝昌自杀的谜团　戚其章　《广东社会科学》2005年第2期

丁汝昌与甲午海战　苏小东　《安徽史学》2005年第3期

探访丁汝昌身世之谜　戚其章　《百年潮》2005年第5期

丁汝昌十考　夏冬波　《巢湖学院学报》2005年第6期

论甲午海战后丁汝昌谎报军情的原因　王绪渊　《西南交通大学学报

（社会科学版）》2007年第2期

证据法视角下的丁汝昌自杀案　简珺　《大连近代史研究》2007年第4卷

浅析丁汝昌提督北洋海军之功过　范尧　《宜宾学院学报》2008年第9期

多元文化视角下的丁汝昌评论　姜峰　《学理论》2009年第25期

北洋海军提督丁汝昌的身世及早年经历　苏小东　《安徽史学》2010年第1期

走近丁汝昌大东沟海战伤情真相　夏辰旭　简珺　《人民论坛》2010年第17期

甲午战前丁汝昌并非"日以冶游博戏为事"　戚俊杰　《大连近代史研究》2011年第8卷

论丁汝昌在逆境中之作为　戚俊杰　《大连近代史研究》2012年第9卷

探索北洋海军发展兴衰的新视角——读《北洋海军与晚清海防建设——丁汝昌与北洋海军》　王如绘　《东岳论丛》2013年第4期

"丁汝昌降书"鉴定报告　孙建军　《大连近代史研究》2013年第10卷

北洋海军提督丁汝昌的生前身后事　郭红敏　《档案天地》2014年第9期

刘公岛丁汝昌府邸中的楹联　钱春绮　《文坛杂忆》全编（四）　2015年4月

试论丁汝昌在甲午海战中的过失　庞嘉咏　何少伟　陈永祥　《广州广播电视大学学报》2016年第2期

还原一个真实的丁汝昌——评戚俊杰《丁汝昌年谱》　丁昌明　《大连近代史研究》2017年第14卷

古代书画——丁汝昌《行书》赏析　凤翼　《收藏家》2018年第6期

观丁汝昌《书法立轴》有感　赵榆　刘虎　《收藏家》2018年第11期

对为丁汝昌平反三个文件的解读　丁昌明　《大连近代史研究》2018年第15卷

"北洋保障"碑与丁汝昌　张欣　《文物天地》2019年第11期

丁汝昌的坚持　张玮　《同舟共进》2021年第9期

董福祥
论文
中日甲午之战与河湟起义期间的董福祥　薛正昌　《固原师专学报》1989 年第 4 期

董福祥与西北马家军阀集团的孕育与形成　水渺　《社会科学》1990 年第 2 期

方伯谦
著作

方伯谦问题研究资料汇编（图 7-45）
福建社会科学院历史所　福建师范大学历史系等编　1991 年 7 月
辑录方伯谦问题研究资料，分为方伯谦问题论文汇编、方伯谦问题原始资料和方伯谦问题汇编资料 3 部分。

图 7-45

中日甲午海战中方伯谦问题研讨集（图 7-46）
林伟功　黄国盛主编　1993 年 7 月　知识出版社
论文集。收录研究甲午战争中之方伯谦问题的论文 36 篇。

图 7-46

甲午海将方伯谦（图 7-47）
王宜林著　1997 年 8 月　海潮出版社
讲述了方伯谦的海军生涯。

图 7-47

中国近现代史上的海军世家（图 7-48）
王宜林编著　2007 年 4 月　知识出版社
汇集了一批有关方伯谦家世的资料。

图 7-48

论文

冤海述闻　无名氏撰　《近代国难史丛钞》（上册）　潮锋出版社1940年11月

中日甲午战争"济远"舰先逃与方伯谦问题　赵捷民　《新史学通讯》1953年第8期

为甲午海战中的方伯谦辨冤　赵文润　《中学历史教学参考》1980年第2期

方伯谦被杀一案考析　徐彻　《辽宁师范学院学报》1981年第3期

方伯谦被杀是一桩冤案吗？——与季平子同志商榷　戚其章　《历史研究》1981年第6期

冤案辨证——申述甲午年中日海战中有关方伯谦蒙冤之史料　方璇　《艺文志》（台湾）1982年第198期

论方伯谦被杀问题——答戚其章同志　季平子　《上海师范学院学报》1983年第3期

方伯谦"正法"是否冤案　孙克复　《社会科学研究》1984年第4期

《冤海述闻》研究　戚其章　《历史论丛》第五辑　齐鲁书社1985年1月

再论方伯谦冤案问题　赵捷民　《河北师范大学学报（社会科学版）》1986年第1期

方伯谦与济远舰　杨文祺　《历史大观园》1987年第10期

方伯谦案新探　陈贞寿　黄国盛　谢必震　《福建师范大学学报（哲学社会科学版）》1988年第2期

方伯谦评传论文索引　珏　《日本研究》1988年第2期

是历史冤案，还是罪有应得——方伯谦被杀问题讨论始末　曾明　《日本研究》1988年第2期

为我伯公方伯谦鸣冤　方俪祥　《日本研究》1988年第2期

清廷为何速斩方伯谦　张鸣　《舰船知识》1988年第11期

方念祖并非方伯谦之嫡孙　郑守正　《日本研究》1989年第1期

关于方伯谦的籍贯和生年　官桂铨　《学术研究》1989年第1期

清季一大冤案——方伯谦被杀真相　刘志坚　《上海师范大学学报（哲学社会科学版）》1989年第1期

也谈方伯谦被杀问题　胡小园　《日本研究》1989年第4期

济远舰管带方伯谦是民族败类吗？　程澄　《南京日报》1990年6月16日

海峡对岸是怎样评述方伯谦的　晓月　《海洋世界》1990年第7期

方伯谦被杀案之我见　胡小圆　《海洋世界》1991年第1期

对历史负责——史学界重评甲午海战中的方伯谦纪实　林谋荣　林伟功　《福建乡土》1991年第3期

是冤杀，还是罪有应得——"甲午战争中之方伯谦问题研讨会"综述　敬木　《福建论坛（文史哲版）》1991年第6期

甲午海战中的方伯谦是爱国将领还是"逃军"——省市史学界举行专题研讨会　林伟功　《福州晚报》1991年9月14日

甲午海战中方伯谦问题研讨会在福州举行　陈国明　《中国新闻》1991年9月14日

甲午中日海战中英勇抗敌，方伯谦问题研讨会福州举行百人出席　《澳门日报》1991年9月17日

百年冤案今评说　林伟功　《福州晚报》1991年9月18日

甲午海战中的方伯谦　王铁藩　《福州晚报》1991年9月18日

"甲午海战中之方伯谦问题研讨会"举行　黄树光　《团结报》1991年9月21日

对历史负责——史学界重评甲午海战中的方伯谦纪实　林谋荣　林伟功　《福建日报》1991年10月5日

方伯谦是"甲午海战"失败的替罪羊　程伟国　《南京日报》1991年10月19日

对历史负责——史学界重评甲午海战中的方伯谦纪实　林谋荣　林伟功　《日本研究》1992年第1期

海军耆宿方伯谦　陈贞寿　谢必震　黄国盛　《福建乡土》1992年第1期

方伯谦是勇将还是"逃军"?——甲午中日海战史料拾遗与质疑　薛世平　《福建师范大学福清分校学报》1992年第2期

方伯谦"正法"案考析　　孙克复　《近代史研究》1992 年第 4 期

方伯谦被杀是历史冤案吗？　　官志远　《东岳论丛》1992 年第 5 期

沉重的历史成见——谈电视剧《北洋水师》中的方伯谦形象　许然　《福建论坛（文史哲版）》1993 年第 1 期

方伯谦及其海军生涯　戴学稷　《福建论坛（文史哲版）》1993 年第 1 期

方伯谦研究中的几个关键点　王民　《福建论坛（文史哲版）》1993 年第 1 期

方伯谦冤案辨析　敬木　《福建论坛（文史哲版）》1993 年第 1 期

方伯谦之冤狱　郑天杰　《福建论坛（文史哲版）》1993 年第 1 期

关于方伯谦的三项罪名纯属捏造　季平子　《福建论坛（文史哲版）》1993 年第 1 期

"济远"舰是早归并非"先逃"　林伟功　《福建论坛（文史哲版）》1993 年第 1 期

中日甲午海战中的方伯谦是被诬陷致死　郑守正　《历史档案》1993 年第 2 期

甲午海战中的方伯谦是被诬陷致死　郑守正　《紫禁城》1993 年第 5 期

略论方伯谦对付日本侵略的战略思想　林友华　《福建论坛（文史哲版）》1994 年第 4 期

方伯谦与丰岛海战　郑守正　《史学月刊》1994 年第 5 期

求是再评方伯谦　厚艳芬　《百科知识》1994 年第 12 期

《卢氏甲午前后杂记》有关方伯谦记述之思考　张凤翔　《内蒙古师范大学学报（哲学社会科学版）》1995 年第 1 期

李鸿章扣压效卯急电与方伯谦冤案　方俪祥　《历史档案》1995 年第 2 期

关于评价方伯谦的若干问题　宋庆　方毅　《求是学刊》1995 年第 6 期

中国海军史上的百年疑案——"方伯谦案"始末　马骏杰　戴彦清　《航海》1996 年第 4 期

从专制主义法制看方伯谦冤案　孙放　《辽宁大学学报（哲学社会科学版）》1996 年第 6 期

方伯谦被处斩冤枉吗？　张凤翔　《内蒙古大学学报(哲学社会科学版)》

1997 年第 1 期

  再论方伯谦被杀是冤案　郑守正　《历史档案》1997 年第 3 期

  《海军世家》举世无双　王彦　《航海》1997 年第 6 期

  也谈为方伯谦翻案问题——兼评郑守正的翻案文章《再论方伯谦被杀是冤案》　柯平　海莹　《齐鲁学刊》1999 年第 1 期

  论方伯谦被杀是否冤案问题　戚其章　《东岳论丛》2000 年第 1 期

  论方伯谦问题　刘申宁　《近代史研究》2000 年第 3 期

  丰岛海战中的方伯谦　王琰　《百科知识》2002 年第 9 期

  方伯谦海军世家　方镛　《船政文化研究》　中国社会出版社 2003 年 9 月

  近代海军名将方伯谦　龙雨　《中学生时代》2003 年第 11 期

  方伯谦被杀罪名质疑　叶昌友　刘向东　《社会科学辑刊》2004 年第 5 期

  中国海军史上的百年疑案——"方伯谦案"始末　马骏杰　《文史天地》2004 年第 12 期

  论方伯谦被杀　关国磊　《大连近代史研究》2006 年第 3 卷

  关于方伯谦正法案的几个法律问题——《甲午战争启示录》读后　孙大林　《大连近代史研究》2011 年第 8 卷

  "'济远'撞沉'扬威'说"考辩　王琰　国宇　《大连大学学报》2014 年第 1 期

  方伯谦的房地产——从两份新发现的材料说起　孙建军　《大连近代史研究》2015 年第 12 卷

  方伯谦罪名中"牵乱船伍"的时间节点论证　张艺腾　《福州大学学报（哲学社会科学版）》2016 年第 2 期

  方伯谦被杀与丰岛海战无关　孙建军　《大连近代史研究》2020 年第 17 卷

高善继
论文

  甲午丰岛海战中的爱国英雄高善继　戚其章　《光明日报》1982 年 1

月 11 日

　　甲午风云人物"十三太保"　　邓珂　《团结报》1984 年 3 月 10 日

龚照玙
论文

　　龚照玙与旅顺之役　　廖宗麟　《安徽史学》1985 年第 6 期
　　论龚照玙与甲午旅顺之役　　李英全　马腾　《汕头大学学报（人文社会科学版）》2019 年第 5 期

光绪
论文

　　光绪与慈禧矛盾性质剖析　　杨光楣　《历史教学》1980 年第 12 期
　　论光绪　　叶林生　《社会科学》1981 年第 3 期
　　略论光绪　　杨光楣　《中央民族学院学报》1982 年第 3 期
　　光绪皇帝是洋务派吗？——读胡绳、苏沛二同志著文有感　　庄竺华　《内蒙古民族师范学院学报（社会科学汉文版）》1983 年第 2 期
　　关于光绪的评价问题　　张林娜　《历史教学》1983 年第 4 期
　　甲午中日战争与光绪帝　　孙孝恩　《中日关系史论文集》　黑龙江人民出版社 1984 年 4 月
　　浅议甲午战争中的光绪皇帝　　孙克复　李莎　《中日关系史论文集》（辽宁大学科研处编）1984 年 8 月
　　光绪皇帝依赖人格与清朝衰亡　　尤玉龙　吴丽华　《兰台世界》2013 年第 33 期
　　光绪略论　　陈旭麓　《近代中国人物论》　九州出版社 2019 年 2 月
　　甲午战争中对光绪帝的六次打击　　李自然　《黑龙江民族丛刊》2021 年第 5 期

郭嵩焘
论文

郭嵩焘与中国外交　余长河　《逸经》1937年第25期

郭嵩焘之出使欧西及其贡献　彭泽益　《文史杂志》1944年第4卷第3、4期合刊

论郭嵩焘　熊月之　《近代史研究》1981年第4期

郭嵩焘出使述略　熊月之　《求索》1983年第4期

论郭嵩焘　钟叔河　《历史研究》1984年第1期

郭嵩焘思想评价　马春庆　《文史哲》1987年第4期

郭嵩焘思想简论　曾永玲　《史学集刊》1989年第4期

我国第一位驻外公使——记郭嵩焘出使英法　蔡秀云　《世界知识》1989年第4期

郭嵩焘洋务思想新论　崔丽娟　《广西师范大学学报（哲学社会科学版）》1990年第2期

知人论世　察古知今——评《郭嵩焘大传》　李喜所　《史学集刊》1990年第2期

孤独的先行者——慈禧派出中国历史上第一位驻外公使郭嵩焘　邓宏伟　《国际新闻界》1994年第4期

论郭嵩焘《条议海防事宜》的思想价值　张良俊　《江西社会科学》1994年第4期

试论郭嵩焘学习西方思想　张良俊　《安徽史学》1994年第4期

郭嵩焘与刘锡鸿　王维江　《学术月刊》1995年第4期

郭嵩焘外交思想浅论　周文宣　《安徽史学》1996年第1期

浅评郭嵩焘的洋务观　赵学伟　《山西高等学校社会科学学报》1997年第1期

郭嵩焘探求西学的主要途径　成晓军　张卫波　《长白学刊》1998年第5期

巧借"东风"播春光——读王兴国著《郭嵩焘评传》有感　徐荪铭　《船山学刊》1999年第1期

百余年来郭嵩焘研究之回顾　黄林　《湖南师范大学社会科学学报》1999 年第 2 期

郭嵩焘研究的最新成果——评王兴国新著《郭嵩焘评传》　刘泱泱　《湖湘论坛》1999 年第 6 期

郭嵩焘与《使西纪程》　刘国军　《求是学刊》1999 年第 6 期

略论郭嵩焘的洋务思想　刘泱泱　《湘潭工学院学报（社会科学版）》2000 年第 1 期

郭嵩焘的爱国主义及其特色　江楠　《益阳师专学报》2000 年第 2 期

郭嵩焘、左宗棠爱国主义思想异同论　陶用舒　《云梦学刊》2000 年第 3 期

郭嵩焘的洋务思想及其评价　丁永刚　任芳　《西安电子科技大学学报（社会科学版）》2000 年第 4 期

郭嵩焘评议　田海林　宋淑玉　《史学月刊》2001 年第 3 期

郭嵩焘与晚清厘金　李永春　《史学月刊》2001 年第 3 期

威妥玛与郭嵩焘使团的出使　张宇权　《历史教学》2001 年第 6 期

郭嵩焘的洋务观　王雅荣　费建中　《前沿》2001 年第 12 期

郭嵩焘外交思想述论　陈双燕　《厦门教育学院学报》2002 年第 4 期

郭嵩焘和严复　钟叔河　《鲁迅研究月刊》2002 年第 10 期

从《条议海防事宜》看郭嵩焘的富强观　曾桂林　《柳州师专学报》2003 年第 2 期

郭嵩焘出使西方的考察和深层反思　熊娉婷　《乐山师范学院学报》2003 年第 2 期

邛关九折无平路　江水双源有急流——郭嵩焘与刘锡鸿纷争的考察　张生　《苏州市职业大学学报》2003 年第 4 期

郭嵩焘的"洋务"见解　周行之　《湖南大学学报（社会科学版）》2004 年第 6 期

郭嵩焘与近代中国留学　陈晓华　《青海师专学报》（教育科学）2004 年第 6 期

中国近代化历程中的郭嵩焘　朱薇　《炎黄春秋》2005 年第 3 期

郭嵩焘的日本认识述析　刘振华　《黔南民族师范学院学报》2005 年

第 5 期

  从郭嵩焘出使看中国的近代化 曹景满 《天府新论》2005 年增刊

  中国首次对外派驻公使风波——郭嵩焘与刘锡鸿之纷争 雷颐 《百年潮》2006 年第 5 期

  走向世界还是回归传统——郭嵩焘、刘锡鸿思想比较研究 刘斌 《湘潭师范学院学报（社会科学版）》2006 年第 5 期

  "鬼使"与"神差"的命运博弈——从郭嵩焘和陆奥宗光看近代中日外交 王龙 《国学》2010 年第 1 期

  郭嵩焘：中国第一位驻外公使 王仕琪《湖北档案》2010 年第 10 期

  两位使臣的不同命运——郭嵩焘与曾纪泽的外交人生 田新文 《咸宁学院学报》2010 年第 10 期

  清末驻英大使郭嵩焘的爱国情怀与外交生涯 程军栋 《兰台世界》2012 年第 36 期

  省思与超越——新世纪以来郭嵩焘研究回顾与展望 王俊桥 《湖湘论坛》2016 年第 2 期

  知礼、守节、创新——郭嵩焘外交活动评析 吕漫 周宁 《阜阳师范学院学报（社会科学版）》2016 年第 5 期

  高瞻远瞩者的寂寞——郭嵩焘与晚清政局 汪荣祖 《史林》2017 年第 2 期

  郭嵩焘出使西洋与其对世界古典文明的初步引介——以《郭嵩焘日记》为中心 陈德正 胡其柱 《外国问题研究》2018 年第 1 期

  郭嵩焘出使英国述评 刘平 《湖南工程学院（社会科学版）》2018 年第 3 期

  公使之间——郭嵩焘与威妥玛 张坤 郑惠虹 《暨南史学》2020 年第 1 期

  知人与论世——郭嵩焘与近代中国的转折时代 罗志田 《四川大学学报（哲学社会科学版）》2020 年第 6 期

  近代中国向西方寻求真理的孤独先行者——郭嵩焘其人其事及其思想 郭汉民 《湘学研究》2021 年第 1 期

  论郭嵩焘的洋务思想 白燕玲 《长春大学学报》2021 年第 1 期

中国近代人物史料的搜集运用——以郭嵩焘相关史料为例　王玮　《淮北职业技术学院学报》2021 年第 2 期

外交思想史视域下的"百年未有之大变局"——晚清驻外使节郭嵩焘、薛福成思想对观　方炯升　《山东社会科学》2021 年第 12 期

英帝国殖民战略如何影响晚清当权士人——以郭嵩焘的见闻和洋务实践为例　周天宇　《东方学刊》2022 年第 2 期

浅析郭嵩焘域外游记的复合文体模式　陈宇卓　《青年文学家》2023 年第 29 期

何如璋
论文

不辱使命的何如璋　姚洛　《岭南文史》1983 年第 2 期

清朝第一任驻日公使何如璋　曾民　《广州研究》1987 年第 5 期

何如璋与福建船政局　俞政　《岭南文史》1991 年第 2 期

读《何如璋传》一得　邱展雄　《益阳师专学报》1992 年第 2 期

严谨扎实　深刻新颖——评俞政《何如璋传》　卫兰　《岭南文史》1993 年第 1 期

何如璋与新朝鲜政策的实施　李里峰　王庆德　《徐州师范大学学报》2001 年第 4 期

何如璋驻日期间的外交活动　张雅晶　《历史教学》2001 年第 4 期

首任驻日公使何如璋新论　孔祥吉　《广东社会科学》2004 年第 3 期

日本修改条约交涉与何如璋的条约认识　戴东阳　《近代史研究》2004 年第 6 期

日本修改条约交涉与何如璋的条约认识　戴东阳　《中国社会科学院近代史研究所青年学术论坛（2003 年卷）》　社会科学文献出版社 2005 年 2 月

何如璋驻日期间的朝鲜策略简析　宋慧娟　《长春师范学院学报》2005 年第 8 期

琉球事件期间的何如璋——兼论晚清驻外大使对外交近代化的影响　赫琤　《衡阳师范学院学报》2006 年第 1 期

简析何如璋、黄遵宪在朝鲜开放国门中的作用　戚骥　《长春金融高等专科学校学报》2006 年第 2 期

何如璋是否向日本人提供过情报——与孔祥吉先生商榷　刘晓峰　《历史研究》2006 年第 3 期

何如璋与早期中日琉球交涉　戴东阳　《清史研究》2009 年第 3 期

何如璋与日方琉球交涉　孙玉凤　《西安社会科学》2010 年第 5 期

晚清首任驻日公使何如璋的精神品格与外交实践　周宇清　《北京教育学院学报》2019 年第 6 期

晚清驻日公使何如璋致周恒祺书札七通考释　刘兴亮　《历史文献与传统文化》2023 年第 2 期

洪述祖
论文

洪述祖甲午"丑史"辩诬　尚小明　《史林》2015 年第 5 期

清末洪述祖历史考　尚小明　《安庆师范大学学报（社会科学版）》2018 年第 2 期

胡传之
论文

胡适父亲胡传之死及其他　戚其章　《安徽史学》1987 年第 4 期

胡燏芬
论文

胡燏芬与甲午新军计划探微　王浩　《巢湖学院学报》2016 年第 4 期

黄遵宪

著作

黄遵宪传（图7-49）
麦若鹏著　1957年12月　古典文学出版社
概括了黄遵宪一生的重要事迹。

图7-49

（中国近代史丛书）黄遵宪（图7-50）
杨天石著　1979年8月　上海人民出版社
讲述了黄遵宪从科举到变法的人生历程。

图7-50

论文

黄遵宪与甲午之战　吴士　《羊城晚报》1961年1月19日

黄遵宪评传　梁容若　《大陆杂志》1965年第31卷第5期

《日本杂事诗》简论　邱铸昌　《华中师范学院学报（哲学社会科学版）》1979年第4期

黄遵宪《日本国志》初探　王晓秋　《近代史研究》1980年第3期

中日友谊的歌手——黄遵宪　杨知秋　《昆明师范学院学报（哲学社会科学版）》1980年第3期

中日友好的先驱之歌——略论黄遵宪的《日本杂事诗》　陈复兴　《吉林大学社会科学学报》1982年第1期

黄遵宪与丘逢甲的友谊　丘铸昌　《岭南文史》1983年第2期

近代爱国的外交家黄遵宪　葛玉岗　《历史教学》1983年第2期

黄遵宪的《日本国志》　陈宗海　《史学史研究》1983年第3期

黄遵宪思想分析　丘菊贤　闫现章　《新乡师范学院学报》1984年第2期

黄遵宪和日本明治史学　盛邦和　《华东师范大学学报》1984年第5期

黄遵宪诗歌对甲午战争的反映　林熙源　《中日关系史论文集》（辽宁大学科研处编）1984年8月

丘逢甲与黄遵宪　张又君　《人民政协报》1985年1月18日

试论黄遵宪的爱国主义思想　盛邦和　《历史教学问题》1985年第1期

试论黄遵宪的外交思想　王敬力　《佛山师专学报》1985年第1期

甲午战争前后黄遵宪的日本观　陈铮　《文史杂志》1985年第2期

黄遵宪诗歌对甲午战争的反映　林熙源　《中日关系史论集》（上）（《齐齐哈尔师范学院学报》编辑部　东北地区中日关系史研究会编）《齐齐哈尔师范学院学报（社会科学版）》1985年增刊

浅谈《日本国志》的经济建设思想　孙谦　《镇江师专学报（社会科学版）》1986年第2期

黄遵宪晚年的思想及其影响——《黄遵宪致梁启超书》读后　郑海麟　《近代史研究》1987年第5期

黄遵宪对中日友好的贡献　李长林　《长沙水电师范学院学报（社会科学版）》1988年第2期

黄遵宪任驻日使馆参赞的正确时间　张小莹　《学术研究》1988年第2期

简论黄遵宪《日本国志》的时代价值　陈其泰　《北京师范大学学报》1988年第6期

黄遵宪研究述评（1978—1989）　左鹏军　《华南师范大学学报（社会科学版）》1990年第2期

黄遵宪外交思想初探　陈铮　《近代史研究》1991年第2期

中国近代有作为的外交家黄遵宪　黄铮　《学术论坛》1991年第4期

略论黄遵宪的中外文化交流观　金易　《湘潭大学学报（社会科学版）》1992年第1期

近代中日文化交流的先行者——黄遵宪　蒋淑贤　邓韶玉　《松辽学刊（社会科学版）》1992年第4期

黄遵宪的历史功绩　杨诚　《岭南文史》1993年第1期

中日友好怀前贤——黄遵宪任职日本期间的贡献　徐光仁　《岭南文史》1993年第1期

黄遵宪的《朝鲜策略》及其风波　　杨天石　　《近代史研究》1994年第3期

论黄遵宪的日本观——以《日本杂事诗》为中心　　李庆　　《复旦学报（社会科学版）》1994年第4期

论黄遵宪的外交活动　　魏明枢　　《嘉应大学学报》1994年第4期

为国运危殆而忧虑——读黄遵宪《上黄鹤楼》诗　　郑孟彤　　《岭南文史》1994年第4期

黄遵宪评传　　邱菊贤　　《中南民族学院学报（哲学社会科学版）》1994年第5期

以诗纪史　写耻抒愤——黄遵宪咏写甲午战争的一组长诗　　张永芳　　《党史纵横》1994年第12期

近代爱国的外交家黄遵宪——纪念黄遵宪逝世90周年　　刘雪河　　《广东史志》1995年第3期

《琉球三策》作者考——再论黄遵宪的日本观及他与李鸿章、何如璋的关系　　李庆　　《复旦学报（社会科学版）》1995年第4期

黄遵宪"兴亚"思想初探　　申玉山　　《济宁师专学报》1996年第2期

吟到中华以外天——谈黄遵宪及其《日本杂事诗》　　张德鸿　　《云南师范大学学报（哲学社会科学版）》1996年第3期

论黄遵宪的"中日联盟"思想及其影响　　贾宝波　　汪志远　　《中国民航学院学报》1996年第5期

论黄遵宪的日本研究　　钟叔河　　《人文论丛》1998年

黄遵宪《日本杂事诗》源流述论　　刘雨珍　　《日本研究论集》1999年第1期

黄遵宪与日本明治文化　　夏晓虹　　《学术界》2000年第1期

黄遵宪的《朝鲜策略》对旧韩末政局的影响　　柳垠在　　《韩国学论文集》2001年第9辑

黄遵宪《日本国志》述论（上）　　刘雨珍　　《日本研究论集》2001年

黄遵宪与日本　　韩小林　　《江西师范大学学报》2002年第1期

黄遵宪与张荫桓关系述论　　马忠文　　《学术研究》2002年第9期

黄遵宪《日本国志》述论（下）　　刘雨珍　　《日本研究论集》2002年

试论黄遵宪、曾纪泽、袁世凯在 19 世纪 80 年代对朝鲜外交的策略　梁英华　《韩国学论文集》2003 年第 1 辑

黄遵宪《日本国志》征引书目考释　王宝平　《浙江大学学报（人文社会科学版）》2003 年第 5 期

论黄遵宪驻日时期对日外交思想　魏明枢　《湖北社会科学》2003 年第 7 期

论黄遵宪的《朝鲜策略》　魏明枢　《当代韩国》2004 年第 1 期

黄遵宪与《日本国志》　刘中猛　《淮阴师范学院学报（哲学社会科学版）》2004 年第 3 期

论黄遵宪的《朝鲜策略》　魏明枢　《江西师范大学学报》2004 年第 3 期

百余年来黄遵宪研究回顾　孙颖　《广州大学学报（社会科学版）》2004 年第 12 期

黄遵宪与宫岛诚一郎交友考——以《宫岛诚一郎文书》中的笔谈资料为中心　刘雨珍　《日本研究论集》2004 年

从《朝鲜策略》看黄遵宪的外交思想　兰美琴　《零陵学院学报》2005 年第 3 期

《日本杂事诗》的明治维新解读　王立群　《贵州民族学院学报（哲学社会科学版）》2005 年第 3 期

近百年来黄遵宪研究的回顾与期望　管林　《商丘师范学院学报》2005 年第 4 期

试论黄遵宪的民族国家观　严飞生　《嘉应学院学报》2005 年第 4 期

黄遵宪关于甲午战争的诗意裁判　邓达文　《嘉应学院学报》2005 年第 5 期

历史标志的幸者与壮志未酬的先觉——缅怀近代名人黄遵宪　张永芳　《辽宁教育行政学院学报》2005 年第 9 期

近代中国人的日语观——以黄遵宪为中心　李运博　《日语学习与研究》2005 年增刊

论黄遵宪与明治思想界的渊源关系　黄升任　《嘉应学院学报》2006 年第 1 期

黄遵宪《日本国志》延迟行世原因解析　李长莉　《近代史研究》2006 年第 2 期

中日甲午战争与黄遵宪晚年的民族国家思想　魏明枢　《嘉应学院学报》2006 年第 2 期

就《日本国志》看黄遵宪对世界潮流的观察　张利　《许昌学院学报》2006 年第 3 期

论黄遵宪的历史贡献　刘淑梅　《东北农业大学学报（社会科学版）》2006 年第 3 期

论黄遵宪开放与反侵略并举的思想　黄涛　《社科纵横》2006 年第 8 期

从《日本杂事诗》的修改看黄遵宪日本观的嬗变　王立群　《广州大学学报（社会科学版）》2006 年第 9 期

黄遵宪《日本国志》延迟行世原因解析　李长莉　《历史教学》2006 年第 11 期

重评黄遵宪与丘逢甲的交往　郑少斌　《嘉应学院学报》2007 年第 1 期

黄遵宪研究述评　黄小用　王华　《湖南工程学院学报（社会科学版）》2007 年第 1 期

黄遵宪《朝鲜策略》与近代朝鲜的开放　张静　吴振清　《南开学报（哲学社会科学版）》2007 年第 2 期

黄遵宪与琉球、朝鲜问题　陈潮　《韩国研究论丛》2007 年第 2 期

试论黄遵宪的《日本国志》对中国清末宪政改革的影响　张锐智　《华东政法学院学报》2007 年第 2 期

论黄遵宪、丘逢甲在诗坛的地位与影响　管华　《岭南学刊》2007 年第 3 期

关于黄遵宪《朝鲜策略》版本及其原文校勘　权赫秀　《韩国研究论丛》2007 年第 4 期

黄遵宪《日本国志》中的法治思想论析　张锐智　《日本研究》2007 年第 4 期

从地缘政治学视角看黄遵宪中日联盟外交策略　赵国辉　《黄遵宪研究新论——纪念黄遵宪逝世一百周年国际学术讨论会论文集》　社会科学文献出版社 2007 年 5 月

黄遵宪对世界潮流的观察——简论《日本国志》的思想价值　张利　《黄遵宪研究新论——纪念黄遵宪逝世一百周年国际学术讨论会论文集》　社会科学文献出版社 2007 年 5 月

黄遵宪《日本国志》延迟行世原因解析　李长莉　《黄遵宪研究新论——纪念黄遵宪逝世一百周年国际学术讨论会论文集》　社会科学文献出版社 2007 年 5 月

黄遵宪研究与近代中日文化交流　王晓秋　《黄遵宪研究新论——纪念黄遵宪逝世一百周年国际学术讨论会论文集》　社会科学文献出版社 2007 年 5 月

李鸿章、张之洞推荐《日本国志》的咨文——台湾所藏总理衙门档案中关于黄遵宪的史料拾零　王立诚　《黄遵宪研究新论——纪念黄遵宪逝世一百周年国际学术讨论会论文集》　社会科学文献出版社 2007 年 5 月

论黄遵宪的日本观——以诗歌为例　关捷　《黄遵宪研究新论——纪念黄遵宪逝世一百周年国际学术讨论会论文集》　社会科学文献出版社 2007 年 5 月

论黄遵宪对中日甲午战争的历史反思　魏明枢　《黄遵宪研究新论——纪念黄遵宪逝世一百周年国际学术讨论会论文集》　社会科学文献出版社 2007 年 5 月

论黄遵宪与日本　韩小林　《黄遵宪研究新论——纪念黄遵宪逝世一百周年国际学术讨论会论文集》　社会科学文献出版社 2007 年 5 月

《日本国志》对于中国法律近代化的影响探析　冯琳　《黄遵宪研究新论——纪念黄遵宪逝世一百周年国际学术讨论会论文集》　社会科学文献出版社 2007 年 5 月

《日本国志·邻交志·泰西篇》与《日本外交始末》　戴东阳　《黄遵宪研究新论——纪念黄遵宪逝世一百周年国际学术讨论会论文集》　社会科学文献出版社 2007 年 5 月

黄遵宪《日本国志》对中国近代司法改革影响探析　张锐智　《辽宁大学学报（哲学社会科学版）》2007 年第 6 期

《朝鲜策略》的源起——是黄遵宪个人构思还是清政府的决策　董洁　《韩国学论文集》2007 年第 16 辑

晚清爱国诗人兼外交家黄遵宪的爱国情怀　李扬帆　文格　《武汉理工大学学报（社会科学版）》2008年第1期

黄遵宪《日本国志》对中国近代法学教育的前瞻性影响　张锐智　《北方法学》2008第3期

黄遵宪关于文化的近代化思想　马蓓　《文教资料》2008年第24期

黄遵宪《日本国志》的爱国主义思想内涵　张利　《史学集刊》2009年第1期

近代人士评黄遵宪综述　冯君　韩小林　《嘉应学院学报》2009年第2期

黄遵宪《日本杂事诗》在中日文化交流史上的意义　霍有明　《安康学院学报》2009年第5期

从《日本国志》看黄遵宪明治维新观　黄涛　黄伟　《商丘师范学院学报》2009年第7期

冈千仞与黄遵宪——明治前期中日文化交流最具学术思想的一章　郑海麟　《近代中国》2009年第19辑

黄遵宪与日本关系研究　冯君　韩小林　《齐鲁学刊》2010年第1期

黄遵宪若干重要史实订证　孔祥吉　《清史研究》2010年第2期

黄遵宪——一个不应被忘怀的历史人物　张永芳　《德州学院学报》2010年第3期

黄遵宪《日本国志》清季流传考　王宝平　《文献》2010年第4期

试论黄遵宪的日本观　冯君　《嘉应学院学报》2010年第7期

黄遵宪的历史变革观　张利　《史学月刊》2010年第9期

黄遵宪《日本国志》与晚清国家、天下格局之变　刘涛　《中国现代文学研究丛刊》2011年第4期

黄遵宪《日本国志》对中国近代法制改革影响探析　张锐智　《南京大学法律评论》2012年第1期

黄遵宪《日本国志》在中日交流中的贡献　王蓉　朴美颖　《宁波工程学院学报》2012年第1期

黄遵宪的日本民俗研究　杨华　胡楠　《民俗研究》2012年第6期

黄遵宪的日本研究　杨华　《东岳论丛》2012年第11期

感愤体验与寻求民族发展之路——兼论黄遵宪《日本国志》撰写的强

烈动机　周晓平　《嘉应学院学报》2013年第3期

《日本杂事诗》的中国文学书写——从日本学界的黄遵宪研究说起　李杰玲　《广东技术师范学院学报》2013年第8期

黄遵宪与张之洞之关系考论　郭真义　《嘉应学院学报》2013年第9期

黄遵宪《日本国志》对中国近代法学教育的前瞻性影响　张锐智　《外国法制史研究》2013年

探讨日本明治维新的成功之道——黄遵宪《日本杂事诗》所塑造的日本形象　王立群　《日语教育与日本学》2014年第1期

黄遵宪：甲午之战的"预言者"　十年砍柴　《当代广西》2014年第16期

从《日本杂事诗》看黄遵宪的教育救国理路　邓国琴　《河池学院学报》2015年第6期

黄遵宪《日本杂事诗》中的风俗日本形象　张萍　《浙江外国语学院学报》2015年第6期

黄遵宪对清代海上丝绸之路发展的贡献　林振武　《嘉应学院学报》2015年第9期

黄遵宪"海上诗"研究　程露　《集美大学学报（哲社版）》2016年第1期

黄遵宪与近代中国海洋书写的发端　彭松　《中国文学研究》（辑刊）2016年第1期

他者之镜——黄遵宪《日本杂事诗》中的日本形象　张萍　《国际汉学》2016年第1期

试论黄遵宪的对日外交思想　牛艳君　郑风　《理论观察》2016年第5期

论黄遵宪《日本杂事诗》　李肖锐　《苏州教育学院学报》2016年第6期

黄遵宪与《日本国志》对近代中国知识分子借鉴日本文化的影响　仲玉花　《文化学刊》2016年第8期

浅谈黄遵宪对近代中国法律的贡献——以黄遵宪与《日本国志》为中心　仲玉花　《法制博览》2016年第20期

驰域外之观　写心上之语——论黄遵宪《日本杂事诗》中的日本形象

宋柔力 《绥化学院学报》2017年第9期

三个维度的发展启示——黄遵宪《日本杂事诗》的近代化意识解读 王瑾瑜 《产业与科技论坛》2017年第19期

论黄遵宪对日本明治维新的认识 戴东阳 《日本学刊》2018年第3期

晚清外交官黄遵宪在《朝鲜策略》中的思想研究 付楸淳 《佳木斯职业学院学报》2018年第5期

《朝鲜策略》"结日本"问题辨析 张礼恒 《烟台大学学报（哲学社会科学版）》2019年第2期

知识建构与情感认同——从《近世爱国志士歌》看黄遵宪的明治维新观 盛名 孙洛丹 《外国问题研究》2019年第2期

黄遵宪对日本民俗的研究——以《日本国志·礼俗志》为中心 戴东阳 《民间文化论坛》2019年第4期

黄遵宪《日本国志》的史学特点与社会文化意义 黄涛 《广东开放大学学报》2019年第4期

在臆想与真实之间——黄遵宪《朝鲜策略》新论 张礼恒 《文史哲》2019年第4期

洋务运动时期黄遵宪对英美法的记述与理解 李栋 《山东青年政治学院学报》2020年第2期

黄遵宪研究综述 张琳 《文化学刊》2020年第8期

黄遵宪《日本国志序》考 戴东阳 《近代史研究》2021年第1期

黄遵宪《朝鲜策略》缘起及其朝鲜观探析 崔峰龙 何杨鹏 《大连大学学报》2021年第2期

从征引文献看黄遵宪的日本研究 罗诗雅 《岭南文史》2021年第3期

黄遵宪《日本国志》改刻本考论 戴东阳 《浙江学刊》2023年第4期

康有为
论文

甲午战后康有为变法条陈考略 孔祥吉 《浙江学刊》1985年第5期

甲午战争与康有为近代化观的演变 吴乃华 《山东社会科学》1994

年第 6 期

甲午战争与康有为人格观的演变　吴乃华　《江西社会科学》1995 年第 8 期

甲午战争与康有为世界观的重组　马洪林　《探索与争鸣》2004 年第 8 期

甲午战争后康有为变法条陈述考　孔祥吉　《福建论坛（人文社会科学版）》2008 年第 5 期

甲午战争后康有为变法条陈述考　孔祥吉　《历史教学》（高校版）2008 年第 10 期

柯铁

论文

台湾爱国英雄柯铁　戚其章　《文史杂志》1986 年第 1 期

李秉衡

论文

李秉衡与甲午战争　张作宪　《历史知识》1984 年第 4 期

李秉衡与甲午战争　张作宪　《中日关系史论文集》（中日关系史第四次学术讨论会）　辽宁省中日关系史研究会 1984 年 9 月

甲午战争中的李秉衡　黄玉蓉　《中国人民警官大学学报（哲学社会科学版）》1985 年第 1 期

论李秉衡　陈月清　《东方论丛》1985 年第 1 期

李秉衡与甲午山东半岛之战　张红军　《山东社会科学》1992 年第 5 期

中国近代重要历史人物——李秉衡　张天贵　《清史研究》1995 年第 2 期

中国近代重要历史人物——李秉衡　张天贵　《辽宁大学学报（哲学社会科学版）》1995 年第 6 期

李秉衡三御外侮尽忠节　张红军　《春秋》1998 年第 3 期

列强畏忌的清末刚烈名臣李秉衡　魏文华　《炎黄春秋》2001年第8期

李秉衡与山东机器局的发展　尚华　《春秋》2006年第2期

李秉衡与清末兵灾赈济　苏全有　郑运成　《防灾科技学院学报》2008年第1期

李秉衡是如何自扫门前雪的——从孙金彪一军的使用观察李秉衡"援威"之真相　简珺　《大连近代史研究》2008年第5卷

北直廉吏　爱国名将——李秉衡　高坤　《大连近代史研究》2016年第13卷

论李秉衡在甲午山东战役中的努力及其战略失误　李英全　李辉　《近代史学刊》2018年第2期

李秉衡在山东的施政及其启示　张立胜　《河北广播电视大学学报》2019年第3期

李凤苞

论文

一本虽薄却重的晚清出洋大臣日记——浅谈李凤苞及其《使德日记》　闫俊侠　《兰州学刊》2006年第12期

李凤苞与晚清海军建设　王伟　《辽宁教育行政学院学报》2008年第3期

李凤苞、徐建寅主持购买铁甲舰考论　刘振华　《军事历史研究》2009年第1期

李凤苞贪污案考析　李喜所　贾菁菁　《历史研究》2010年第5期

晚清驻德使节日记中反映的文化碰撞　龚迎春　《学术研究》2010年第12期

清末著名外交官李凤苞　徐兵　《都会遗踪》2011年第1期

从李凤苞的《使德日记》谈晚清关税与厘金制度　许路　《北方文物》2013年第4期

李凤苞"购舰贪渎"说的形成源流探析　任燕翔　《兰台世界》2014年第13期

李凤苞外交翻译活动探析　王静　《兰台世界》2014 年第 31 期

晚清首批留德军事学生再考——以《李星使来去信》为中心的考察　吉辰　《安徽史学》2015 年第 2 期

百儒问古音：晚清出使日记与传统音韵学——李凤苞《使德日记》中所见叶韵问题　张晓川　《复旦学报（社会科学版）》2019 年第 1 期

大清的朋友圈　李凤苞记录的诸国驻德公使名单　王丁　《中国文化》2021 年第 1 期

李光久

论文

李光久和牛庄之役　廖宗麟　《社会科学辑刊》1983 年第 1 期

李光久与甲午牛庄之战史实考疑　孙克复　《历史知识》1983 年第 5 期

李鸿章

著作

李鸿章（图 7-51）

梁启超著　1901 年 12 月

分门别类梳理李鸿章的功业，如李鸿章之位置、李鸿章未达以前及其时中国之形势、兵家之李鸿章、洋务时代之李鸿章、中日战争时代之李鸿章、外交家之李鸿章等。

图 7-51

李鸿章（图 7-52）

梁启超著　1903 年　新民丛报社

分门别类梳理李鸿章的功业，如李鸿章之位置、李鸿章未达以前及其时中国之形势、兵家之李鸿章、洋务时代之李鸿章、中日战争时代之李鸿章、外交家之李鸿章等。

图 7-52

图 7-53

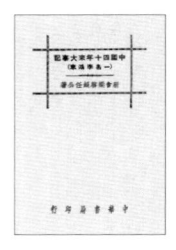

图 7-54

图 7-55

图 7-56

图 7-57

清史拾遗（甲编）（李文忠遗事）
不才选辑　1917 年 3 月
讲述了李鸿章与甲午战争相关的故事。

（近百年中国名人传）李鸿章（图 7-53）
韦息予著　1931 年 6 月　上海中华书局
简述李鸿章的生平事迹。

中国四十年来大事记（一名李鸿章）（图 7-54）
梁启超著　1936 年 3 月　中华书局
以夹叙夹议的方式载述李鸿章的一生行事。

李鸿章卖国史（图 7-55）
梁思光著　1951 年 2 月　知识书店
重点讲述洋务运动和中日甲午战争时期的李鸿章。

卖国贼李鸿章（图 7-56）
胡滨著　1955 年 4 月　新知识出版社
重点讲述太平天国革命和中日甲午战争时期的李鸿章。

李鸿章年（日）谱（图 7-57）
窦宗一（仪）编著　1968 年 6 月　友联出版社
记录了李鸿章的一生经历。

李鸿章年谱（图 7-58）
雷禄庆编　1977 年 10 月　台湾商务印书馆
记录了李鸿章的一生经历。

（华欣丛书之廿六）中日甲午海战与李鸿章
（图7-59）

郑天杰　赵梅卿合著　1979年11月　华欣文化事业中心

记述了中日甲午海战的过程，以及李鸿章在创建北洋海军、指挥甲午海战过程中的功过。

（"中央"研究院近代史研究所专刊42）李鸿章与中日订约（一八七一）（图7-60）

王玺著　1981年9月　"中央"研究院近代史研究所

论述了议请订约、筹办约稿、条约之缔结、改约谈判、条约之互换等问题。

李鸿章与洋务运动（图7-61）

孙志芳著　1982年8月　安徽人民出版社

论述了洋务运动产生的历史背景和条件、李鸿章及其洋务思想、李鸿章主办的几个军事工业、李鸿章主办的几个"求富"企业、李鸿章创建的北洋海军，以及对李鸿章所办洋务"新政"的初评。

（近代中国史料丛刊续编第九十九辑）李鸿章新传（图7-62）

雷禄庆著　1983年9月　文海出版社有限公司

描绘了李鸿章的一生，对甲午战争前后的李鸿章着墨不少。

李鸿章与中国近代化（图7-63）

安徽省社会科学院历史研究所　合肥市政协文史资料研究委员会编　1989年12月　安徽人

图7-58

图7-59

图7-60

图7-61

图7-62

图 7-63

图 7-64

图 7-65

图 7-66

图 7-67

民出版社

论文集。收录李鸿章与中国近代化论文29篇。

（近代中国史料丛刊三编第六十一辑）清史拾遗（甲编）（李文忠遗事）

不才选辑　1990年

记述了李鸿章在甲午战后的几则故事。

晚清淮系集团研究——淮军、淮将和李鸿章（图7-64）

陆方　李之渤著　1993年7月　东北师范大学出版社

论文集。收录有关李鸿章与淮系的文章。

李鸿章与甲午战争（图7-65）

刘功成著　1994年8月　大连出版社

关于李鸿章的一部读史札记。

（"强国之梦"系列丛书）洋务之梦——李鸿章传（图7-66）

成晓军著　1995年7月　四川人民出版社

涉及中国近代海防的内容包括"自强"与制器、"自强"与近代中国海防、首开近代中国留学欧美之先河、北洋海军的覆灭与中国战败等。

（武汉大学学术丛书）李鸿章思想体系研究（图7-67）

王承仁　刘铁君著　1998年1月　武汉大学出版社

分别论述了李鸿章的政治思想、军事思想、

外交思想等。

（清代野史丛书）李鸿章事略（外八种）（图7-68）

1999年2月　北京古籍出版社

讲述了李鸿章之位置、李鸿章未达以前及其时中国之形势、兵家之李鸿章、洋务时代之李鸿章、中日战争时代之李鸿章、外交家之李鸿章、投闲时代之李鸿章，以及李鸿章之末路。

图7-68

（二十世纪四大传记）李鸿章传（图7-69）

梁启超著　2000年5月　百花文艺出版社

秉"天下惟庸人无咎无誉"的独特历史视角和批判精神，"全仿西人传记之体，载述李鸿章一生行事，而加以论断"。

图7-69

大清海军与李鸿章（图7-70）

钱钢著　2004年7月　中华书局

讲述了李鸿章创建北洋海军及北洋海军覆没过程。

图7-70

李鸿章与晚清四十年（图7-71）

雷颐著　2008年1月　山西人民出版社

其中论述了李鸿章在晚清四十年中开启中日外交、处理"阿思本舰队"事件、参与海防和塞防大讨论的情况。

图7-71

（安徽大学史学文库）李鸿章与甲午战争前中国的近代化建设（图7-72）

高鸿志著　2008年6月　安徽大学出版社

图7-72

论述了甲午战争前李鸿章为中国近代化建设所做的努力及其得失。

中国近代史十五讲（李鸿章与中国近代化）（图 7-73）

陈旭麓著　2008 年 7 月　中华书局

认为李鸿章是中国近代开拓性的人物，李鸿章也有爱国主义之心、民族主义之情。

图 7-73

李鸿章与北洋舰队——近代中国创建海军的失败与教训（校订版）（图 7-74）

王家俭著　2008 年 12 月　生活·读书·新知三联书店

论述了新海军产生之背景、自强运动与新海军之诞生、李鸿章与北洋海军、装备与兵员的筹备、军港与基地的建设、海军改制与北洋舰队的成立、北洋舰队的训练与活动、经费来源与收支概况、中日海权的争夺与北洋海军的倾覆。

图 7-74

李鸿章传（图 7-75）

梁启超著　2009 年 3 月　东方出版社

秉"天下惟庸人无咎无誉"的独特历史视角和批判精神，"全仿西人传记之体，载述李鸿章一生行事，而加以论断"。

图 7-75

李鸿章与晚清四十年（图 7-76）

雷颐著　2013 年 8 月　山西人民出版社

其中论述了李鸿章在晚清四十年中开启中日外交、处理"阿思本舰队"事件、参与海防和塞防大讨论的情况。

图 7-76

甲午话沧桑——李鸿章家族百年影像志（图7-77）

长春广播电视台著　2014年9月　吉林美术出版社

以谈话和图片展示形式叙述了李鸿章家族的百年历程。

图7-77

李鸿章传（图7-78）

梁启超著　2015年2月　中国法制出版社

秉"天下惟庸人无咎无誉"的独特历史视角和批判精神，"全仿西人传记之体，载述李鸿章一生行事，而加以论断"。

图7-78

（大家讲史）中国近代史十五讲（李鸿章与中国近代化）（图7-79）

陈旭麓著　2015年4月　中华书局

认为李鸿章是中国近代开拓性的人物，李鸿章也有爱国主义之心、民族主义之情。

图7-79

论文

俄租旅大时李鸿章张荫桓受贿之证据　唐际清　《南开大学周刊》1927年第48期

中国外交史上的李鸿章　何德鹤　《复旦实中季刊》1928年第1卷第3期

李鸿章——三十年后的评论　蒋廷黻　《政治学论丛》1931年创刊号

李鸿章对于国防之认识　《海事月刊》1933年第7卷第1期

今日岂容再有李鸿章　《国闻周报》1933年第10卷第12期

再论今日不容有李鸿章　《国闻周报》1933年第10卷第12期

从李鸿章说到国难　息予　《中学生》1935年1月号

评李鸿章　《史地社会论文摘要月刊》1935年第1卷第11期

评李鸿章　刘广惠　《政治月刊》1935年第3卷第3期

李鸿章与伊藤博文之谈判　张立志　《远东史》1935年4月

李鸿章被刺记　白桦　《黄钟》1935年第7卷第2期

中日外交史上之李鸿章　左舜生　《外交评论》1936年第6卷第3期

中日战争中李鸿章之功罪　季谷　《新苗》1937年第15册

谈甲午战争的李鸿章　张健甫　《前锋》1940年第1卷创刊号

甲午战役中之李鸿章　华远邺　《人世间》1940年第6期

论李鸿章的外交政策　周霞　《上海周报》1941年第4卷第14期

李鸿章与反日外交——中国外交史话之一　周子亚　《三民主义周刊》1942年第2卷第25期

（国立武汉大学第十二届毕业论文）李鸿章与甲午战争　徐实　1942年（图7-80）

李鸿章评传　罗尔纲　《文史杂志》1944年第4卷第3、4期合刊

甲午战争前李鸿章的海防建设　刘熊祥　《中国青年》1944年第10卷第4期

图7-80

张佩纶与李鸿章　忏庵　《古今》1944年第50期

中日马关条约的日人恶行——日凶汉枪击李鸿章　如伟　《新中华周报》1945年第1卷第6期

李鸿章与俾士麦　李季谷　《读书通讯》1947年第129期

李鸿章　朱基俊　陆嘉亮编　《中华文库初中第一集　世界政治家列传　下册》　中华书局　1947年12月

李鸿章的买办外交（上）——近代中国军阀史话之二　陈危舫　《人物杂志》1950年第5年第3、4期合刊

李鸿章的买办外交（下）——近代中国军阀史话之二　陈危舫　《人物杂志》1950年第5年第5、6期合刊

马关议和前李提摩太策动李鸿章卖国阴谋的新发现　丁则良　《历史教学》1951年第2期

扮演李鸿章的点滴体会——演员手记　王秋颖　《电影艺术》1964年第3期

李鸿章晚年的处境　《现代政治人物述评》（中卷）　文海出版社1966年1月

李鸿章外交与中日间朝鲜交涉　梁嘉彬　《中国历史学会史学集刊》1975年第7期

李鸿章与中日甲午战争（上）　梁嘉彬　《大陆杂志》1975年第51卷第4期

李鸿章与中日甲午战争（下）　梁嘉彬　《大陆杂志》1975年第51卷第5期

甲午战争与李鸿章　沛莲　《世华金融》1977年第33期

李鸿章之海防思想　范光谈　《简牍学报》1979年第8期

论李鸿章与北洋舰队　关捷　《吉林大学社会科学论丛》（洋务运动讨论专辑）1980年第2辑

论李鸿章的洋务思想　胡滨　李时岳　《吉林大学社会科学学报》1980年第3期

李鸿章二三事　戚宜君　《国魂》1980年第418期

李鸿章与天津洋务运动的关系　林树惠　《南开史学》1981年第2期

李鸿章与中日甲午战争　梁嘉彬　《宋元明史研究论集》　大陆杂志社1981年

论甲午战争前后李鸿章外交政策　王万里　《研究生》1982年第1期

试论李鸿章创办北洋海军的性质　王华斌　《江淮论坛》1982年第3期

论甲午战争前李鸿章之避战与主战派之争执　林子候　《国史馆馆刊》1982年第7卷

李鸿章为什么倡导"自强"？　昙宏仪　《淮南师范学院学报（社会科学版）》1983年第1期

李鸿章与天津北洋水师学堂　李长莉　《南开史学》1983年第2期

评李鸿章的洋务活动　王自敏　《安徽师范大学学报（哲学社会科学版）》1983年第2期

应全面评价李鸿章　乔还田　《东方论丛》1983年第2期

谈李鸿章的对外交涉　杨晓敏　《华东师范大学学报》1983年第5期

中日甲午战争中的李鸿章与翁同龢　夏冬　《东方论丛》1984年第1期

论戈登和李鸿章在杀降问题上的斗争　严修　《徐州师范学院学报》1984年第4期

正确评价甲午战争中的李鸿章　戚其章　《光明日报》1984年6月13日

甲午战争中一起"倒清拥李"的阴谋事件　夏良才　《近代史研究》1984年第6期

从中日甲午之役看李鸿章的误国外交　任鸿章　《中日关系史论文集》（中日关系史第四次学术讨论会）　辽宁省中日关系史研究会1984年9月

李鸿章是中日甲午战争中清方"主角"论质疑　竺柏松　《江汉论坛》1985年第1期

论李鸿章的洋务思想　李时岳　胡滨　《洋务运动史论文选》　人民出版社1985年2月

洋务运动与抵御外侮——从李鸿章办洋务谈起　苑书义　《洋务运动史论文选》　人民出版社1985年2月

中日甲午之战与李鸿章的误国外交　任鸿章　《日本研究》1985年第2期

李鸿章应对甲午战争的失败负主要责任　余明侠　《苏州大学学报（哲学社会科学版）》1985年第3期

李鸿章子李经方在甲午战争中的两桩罪案　关捷　高美雁　《历史教学》1985年第5期

试论李鸿章的海军战略思想　徐勇　《东北师范大学学报》1985年第5期

论甲午之战中李鸿章的"以夷制夷"政策　饶任坤　《学术论坛（文史哲版）》1985年第7期

李鸿章与甲午战争　李守孔　《中国近代现代史论集》（第11辑）台湾商务印书馆1986年1月

李鸿章与中日甲午战争　梁嘉彬　《中国近代现代史论集》（第11辑）台湾商务印书馆1986年1月

李鸿章与淮军的近代化　廖宗麟　《安徽史学》1986年第1期

试论李鸿章创建淮军及其初步发展　董蔡时　《安徽史学》1986年第1期

洋务运动中的左宗棠、李鸿章之比较　易宁　《成都大学学报（社会科学版）》1986年第2期

李鸿章洋务总纲略论　苑书义　《历史教学》1986年第4期

论李鸿章之"联日拒俄"到"联俄拒日"之转变　林子候　《中华文化复兴月刊》1986年第19卷第7期

对李鸿章"利用外资"的再认识　曹均伟　《社会科学》1987年第1期

李鸿章改革主张浅议　季云飞　《安徽史学》1987年第1期

梁启超论李鸿章的得失　钟珍维　万发云　《海南大学学报（社会科学版）》1987年第1期

一八七四年日本侵略我国领土台湾与李鸿章　陆方　《东北师范大学学报》1987年第1期

李鸿章筹建北洋海军述略　苑书义　《河北师范大学学报（哲学社会科学版）》1987年第1、2期合刊

甲午战争前李鸿章的铁路活动　周辉湘　《衡阳师专学报》1987年第4期

论李鸿章的守势战略　夏冬　《军事历史研究》1988年第1期

从新发现的史料看李鸿章与严复　戴健　《历史档案》1988年第2期

中法战争中"李鸿章阻止定购铁舰回华"问题辨析　关威　《安徽史学》1988年第3期

李鸿章与朝鲜——评甲申政变前后的中朝关系　曹中屏　《浙江学刊》1988年第4期

李鸿章与近代中国军事　林雄辉　《学术界》1988年第6期

论李鸿章的"内须变法"主张　刘学照　《学术月刊》1988年第7期

评李鸿章的外交活动　吴福环　《学术月刊》1988年第11期

李鸿章对中国海军近代化的贡献　王家俭　《历史学报》1988年第16期

李鸿章对中国近代化的贡献应予肯定——"李鸿章与近代中国经济学

术讨论会"综述　王彦民　《安徽史学》1989年第1期

李鸿章：向中国近代化迈出第一步的代表人物　陈旭麓　《安徽史学》1989年第1期

略论李鸿章与对外开放　董蔡时　单强　《安徽史学》1989年第1期

简评李鸿章的洋务活动　沈寂　《安徽大学学报》1989年第2期

李鸿章的外交指导思想及外交活动　杨公素　《外交学院学报》1989年第2期

李鸿章和淮军近代化　翁飞　《安徽史学》1989年第2期

李鸿章揭开了中国近代化的序幕——从魏源"师夷长技"的认识到李鸿章"借法富强"的实践　王鹤鸣　《安徽史学》1989年第2期

李鸿章研究的新进展——李鸿章与近代中国经济学术讨论会概述　蔡世华　《历史教学》1989年第2期

略论李鸿章与甲午海战　何平立　《上海大学学报（社会科学版）》1989年第2期

评李鸿章选择旅顺建立海军基地　王楚良　《军事历史》1989年第2期

对李鸿章的评价简述　杨胡玲　《中共山西省委党校学报》1989年第3期

甲午战前日本侵华活动与李鸿章　陆方　宋德玲　《东北师范大学学报（哲学社会科学版）》1989年第3期

论甲午海战中李鸿章"保船制敌"策略　何平立　《军事历史研究》1989年第3期

李鸿章办洋务浅析　王志华　《菏泽师专学报（社会科学版）》1989年第4期

李鸿章"避战保船"新探　许华　《福建论坛（文史哲版）》1989年第4期

李鸿章与中国近代化的开端　立早　《湘潭大学学报（社会科学版）》1989年第4期

论中外战争中的李鸿章　夏冬　《近代史研究》1989年第4期

论李鸿章的近代化纲领　戚其章　《社会科学研究》1989年第5期

评马关谈判中的李鸿章　张礼恒　《齐鲁学刊》1989年第5期

论甲午战前李鸿章之避战与主战派之争执　林子候　《国史馆馆刊》1989 年第 7 期

甲午战争前后李鸿章外交政策之探讨　张雪智　《韩国学报》1989 年第 8 期

甲午战争中的李鸿章　朱亚峰　《昭乌达蒙族师专学报（汉文哲学社会科学版）》1990 年第 2 期

李鸿章洋务教育活动简论　李开第　董亦鸣　《学术界》1990 年第 2 期

略论李鸿章的对日观　刘学照　《历史研究》1990 年第 3 期

李鸿章人才思想管窥　张礼恒　《安徽史学》1991 年第 1 期

李鸿章心态与甲午惨败　刘光永　《安徽史学》1991 年第 1 期

论李鸿章在创建中国近代海军中的作用　黄新田　《徐州师范学院学报》1991 年第 1 期

李鸿章与中日《马关条约》　张凤翔　《内蒙古大学学报（哲学社会科学版）》1991 年第 2 期

李鸿章与中日甲午海战　杜耀云　《山东师范大学学报（社会科学版）》1991 年第 3 期

李鸿章的国防战略思想　王玉华　《南开史学》1992 年第 1 期

影响李鸿章甲午主和的若干因素　杨志云　《石油大学学报（社会科学版）》1992 年第 2 期

从海防看中日甲午战争中李鸿章的海军战略思想　沈远持　《孝感师专学报（哲学社会科学版）》1992 年第 3 期

李鸿章——近代史上的"多面人"　刘光永　《安徽史学》1992 年第 3 期

李鸿章和北洋海防　史滇生　《安徽史学》1992 年第 3 期

略谈甲午之役李鸿章增兵牙山的决策　王楚良　《军事历史》1992 年第 5 期

李鸿章的两个外甥　牛耘　《江淮文史》1993 年第 1 期

李鸿章的气质、性格与事业　福尔索姆　周乾　《安徽史学》1993 年第 1 期

李鸿章与 19 世纪后期的中日外交　王鹤鸣　《安徽史学》1993 年第 1 期

李鸿章反侵略战争的指导思想初探　施渡桥　《军事历史研究》1993年第2期

李鸿章的练兵制器与海防建设思想初探　施渡桥　《军事历史研究》1993年第3期

李鸿章外交思想新论　刘世华　《安徽史学》1993年第3期

李鸿章与近代矿业　刘光永　《安徽史学》1993年第3期

李鸿章是怎样开始购买铁甲舰的　罗肇前　《福建论坛（文史哲版）》1993年第4期

论李鸿章海防战略思想的变化　施渡桥　《近代史研究》1993年第4期

甲午战争前后李鸿章和伊藤博文的比较研究　苏生文　《中国历史博物馆馆刊》1994年第1期

李鸿章的自强价值观念及其价值　汤奇学　《安徽史学》1994年第1期

李鸿章与甲午中日议和新探　杨惠萍　《中南民族学院学报（哲学社会科学版）》1994年第3期

论李鸿章和伊藤博文——19世纪中日近代化轨迹的投影　刘学照　《近代史研究》1994年第3期

李鸿章与辽东及辽阳南路之战　刘功成　《大连教育学院学报》1994年第3、4期合刊

李鸿章的战略思想与甲午之败　林子年　《福建论坛（文史哲版）》1994年第4期

再论甲午战争中的李鸿章　戚其章　《清史研究》1994年第4期

甲午丰岛海战失败责任在李鸿章　郑守正　《天津社会科学》1994年第5期

李鸿章对日海军威慑战略与甲午海战　苏小东　《近代史研究》1994年第5期

李鸿章和甲午战争前后的铁路建设——兼论洋务运动在甲午战后的新发展　余明侠　《江苏社会科学》1994年第6期

李鸿章与晚清海权　李斌　《历史教学问题》1994年第6期

李鸿章与北洋海军的殊缘　胡小园　《海洋世界》1994年第9期

甲午之败与李鸿章的军事思想　刘铁君　《湖北电大学刊》1994年增刊

李鸿章甲午海战作战指导方针探析　季云飞　《安徽史学》1995 年第 1 期

李鸿章"保船制敌"新议　张凤翔　《内蒙古大学学报（哲学社会科学版）》1995 年第 2 期

李鸿章与大久保利通的近代化思想比较　姚传德　《安徽师范大学学报（哲学社会科学版）》1995 年第 2 期

李鸿章与晚清外交　崔萍　《华北电力大学学报（社会科学版）》1995 年第 2 期

台湾学者的李鸿章研究　张礼恒　《安徽史学》1995 年第 4 期

甲午战争前夕李鸿章对局势的判断论析　马敏　《社会科学研究》1995 年第 5 期

论李鸿章同伊藤博文的三次会晤　刘学照　《近代中国》（第五辑）上海社会科学院出版社 1995 年 6 月

李鸿章与北洋海军　陈萍　《华北电力大学学报（社会科学版）》1996 年第 1 期

李鸿章左宗棠海防思想比较　史滇生　《安徽史学》1996 年第 2 期

试论李鸿章的"和戎"与"海防"路线　于海君　《东疆学刊》1996 年第 2 期

李鸿章与日本　刘世华　《安徽史学》1996 年第 3 期

论李鸿章政治性格的基本特征　张富强　《安徽史学》1996 年第 4 期

论李鸿章的海防思想　戚海莹　《安徽史学》1997 年第 2 期

李鸿章与马建忠兄弟　贾熟村　《清史研究》1997 年第 3 期

从洋务运动看李鸿章其人　杨金顺　徐江封　《枣庄师专学报》1997 年第 4 期

李鸿章与《马关条约》　侯丽娟　张士彬　《文物春秋》1997 年第 4 期

历史夹缝中的艰难选择——评李鸿章的洋务思想　范保国　《邵阳师专学报》1997 年第 6 期

李鸿章与刘铭传的交谊　汤奇学　《安徽史学》1998 年第 1 期

甲午战前李鸿章的实力思想　王玉华　《安徽史学》1998 年第 2 期

李鸿章与 1874 年日本侵台事件　邵建东　《安徽史学》1998 年第 2 期

李鸿章与晚清海军舰船装备建设的买与造　张家瑞　《军事历史研究》1998年第3期

李鸿章与中国近代海军装备建设　张家瑞　《福建论坛（文史哲版）》1998年第3期

试论李鸿章与丁日昌的近代海防思想　章友德　《盐城师专学报（哲学社会科学版）》1998年第3期

李鸿章与伊藤博文：中日近代化的一种比较和象征　刘学照　《贵州大学学报（社会科学版）》1998年第6期

论甲午战争中李鸿章"主和"的原因　赵丕强　《广东职业技术师范学院学报（社会科学版）》1999年第2期

李鸿章洋务思想的形成与演进　彭代璞　《成都大学学报（社会科学版）》1999年第3期

李鸿章与朝鲜　贾熟村　《安徽史学》1999年第4期

李鸿章与中国近代化　李长华　《安徽师范大学学报（人文社会科学版）》1999年第4期

试论李鸿章从政四十年的心态　吉晓华　《安徽大学学报》1999年第4期

走入近代化——析李鸿章的洋务思想　邵燕婷　《历史教学问题》2000年第2期

论李鸿章的和局思想　杨全顺　《枣庄师专学报》2000年第4期

李鸿章与甲午战争　贾熟村　《河北学刊》2000年第5期

国耻不可忘　国强是根本——有感于李鸿章签署屈辱的《马关条约》　君言　《世界知识》2000年第6期

甲申事变与李鸿章、伊藤关于朝鲜的交涉　关威　《韩山师范学院学报》2001年第1期

论李鸿章海军发展战略　韩文琦　《安徽史学》2001年第3期

李鸿章与朝鲜问题　尹小红　《宿州师专学报》2001年第4期

近十年李鸿章与洋务运动研究综述　郑刚　《安徽史学》2002年第1期

李鸿章与郭嵩焘的友谊　贾熟村　《安徽史学》2002年第1期

李鸿章海防思想试析　张海华　《军事历史》2002年第5期

北洋海军研究的集大成之作——读王家俭《李鸿章与北洋舰队》　戚其章　《学术研究》2003 年第 1 期

李鸿章经营北洋舰队之功过　姜雪　佟玉兰　《北京科技大学学报（社会科学版）》2003 年第 1 期

李鸿章与中国军队近代化　李志松　《华夏文化》2003 年第 2 期

旅大租借交涉中李鸿章、张荫桓的"受贿"问题　马忠文　《学术界》2003 年第 2 期

试论李鸿章的对日外交思想　刘虹　叶自成　《中州学刊》2003 年第 2 期

李鸿章与名士郭嵩焘　路芳　《沈阳教育学院学报》2003 年第 3 期

李鸿章和局思想与甲午中国战败　杨全顺　《广西社会科学》2003 年第 7 期

李鸿章与福建船政　戴显群　《船政文化研究》　中国社会出版社 2003 年 9 月

李鸿章研究概述　戴仕军　《首都师范大学学报（社会科学版）》2003 年增刊第 1 期

李鸿章对我国近代新式学堂建立和发展的贡献　李晓艳　《成都大学学报（社会科学版）》2004 年第 1 期

以夷制夷而制于夷——李鸿章晚年之际遇　《新编古春风楼琐记》（第八集）（高拜石著）　作家出版社 2004 年 1 月

李鸿章与伊藤博文往来书信考　权赫秀　《浙江学刊》2004 年第 3 期

李鸿章真的没有卖国吗？——与韩春玲老师探讨　谷峰　《历史教学》2004 年第 4 期

李鸿章的海防思想和实践　方伟君　《绍兴文理学院学报（哲学社会科学）》2005 年第 1 期

李鸿章与奕䜣等总理衙门大臣对日本认识的比较　王如绘　《近代中国与世界》　社会科学文献出版社 2005 年 1 月

历史夹缝中的艰难选择——也评李鸿章的"洋务"思想　阎建宁　《重庆邮电学院学报（社会科学版）》2005 年第 5 期

李鸿章和北洋海军　胡汉辉　《国际金融》2005 年第 6、7 期合刊

试论日本对李鸿章洋务思想的影响　黄宇蓝　《广西社会科学》2005年第8期

李鸿章与克虏伯的历史情缘　韩栽茂　《出版参考》2005年第17期

李鸿章对朝鲜的国际均衡政策（1879—1882）　张君法　李健　《延安大学学报（社会科学版）》2006年第1期

李鸿章与山东海防建设　赵红　《泰山学院学报》2006年第5期

论李鸿章的日本观　韩小林　《广西社会科学》2006年第6期

甲午战前李鸿章与日本的外交之比较　朱婧　《江苏教育学院学报（社会科学版）》2007年第1期

近百年来李鸿章研究著作述评　章育良　曹正文　《湖南社会科学》2007年第1期

李鸿章与晚清对日外交　李建权　《国际关系学院学报》2007年第3期

李鸿章与中日琉球交涉　戚其章　《历史教学》（高校版）2007年第3期

李鸿章与中德军火贸易　周建明　《武汉大学学报（人文科学版）》2007年第4期

李鸿章对洋务运动的影响　李伟　《科教文汇》（中旬刊）2007年8月

近代洋务运动的先驱者李鸿章　安利生　《山西煤炭管理干部学院学报》2008年第1期

李鸿章为中国近代化的第一人——重评李鸿章和洋务运动　毛国涛　胡晖　《南昌教育学院学报》2008年第1期

签条约，李鸿章血溅马关城　来阳平　《文史天地》2008年第1期

李鸿章与北洋海军的创建　戚海莹　《东岳论丛》2008年第6期

背负汉奸骂名的李鸿章　张大龙　《文史天地》2008年第11期

论甲午战前李鸿章寻求英国斡旋的努力　王其勇　《沧桑》2009年第1期

李鸿章与中日马关议和　周彦　《历史档案》2009年第2期

论李鸿章对清末海军近代化的影响　刘鹏　《中国管理科学文献》2009年第3期　对外经济贸易大学出版社

李鸿章和伊藤博文的差距　王龙　《领导文萃》2009年第4期

是丁汝昌"避战保船"还是李鸿章"保船制敌"　　杨晓伟　　《陇东学院学报》2009年第4期

再谈李鸿章办洋务　　赵健　　康勇卫　　《安徽文学》（下半月）2009年第11期

论李鸿章的海防思想　　张林　　《科技信息》2009年第30期

重评李鸿章——以《马关条约》的签订为中心　　马学磊　　《兰州教育学院学报》2010年第1期

浅谈李鸿章的洋务成就　　程仁保　　黎剑飞　　《黑龙江史志》2010年第1期

李鸿章对甲午中日战争采取的策略及其原因分析　　蔡榕津　　《宜春学院学报》2010年第5期

李鸿章与《马关条约》　　吴连海　　《赤峰学院学报（汉文哲学社会科学版）》2010年第6期

中国近代化历程中的李鸿章　　崔海丹　　《传奇·传记文学选刊（理论研究）》2010年第12期

李鸿章海军教育实践研究　　田丽君　　《出国与就业（就业版）》2010年第18期

李鸿章马关议和始末　　《兵团建设》2010年第22期

李鸿章与中国海军近代化　　李勇进　　《四川文理学院学报》2011年第1期

李鸿章条约交涉行为中的传统文化基因研究　　王瑛　　李铮　　《军事历史研究》2011年第2期

李鸿章幕府的形成及其主要特色　　欧阳跃峰　　《安徽史学》2011年第3期

李鸿章与中国军事近代化　　徐洪波　　《和田师范专科学校学报》2011年第3期

浅议李鸿章对大沽口炮台的近代化建设　　王令强　　《军事历史研究》2011年第3期

李鸿章与伊藤博文的比较　　陈虎　　殷庆栋　　蔡卓　　《新西部（下旬·理论版）》2011年第4期

李鸿章与洋务运动　陈勇　王大明　《自然辩证法通讯》2011年第5期

李鸿章海防建设思想　张璐　《舰载武器》2011年第6期

洋务运动中李鸿章对外主张之得失研究　于灵　夏雨　《辽宁师范大学学报（社会科学版）》2011年第6期

李鸿章与北洋海军的创建和发展　吴丽华　刘潮　《大连近代史研究》2011年第8卷

从琉球问题看李鸿章的海防思想　高畅　《鸡西大学学报》2011年第10期

李鸿章对日本政局观感一瞥——以致黎庶昌信函为中心　吉辰　《珞珈史苑》2011年卷

李鸿章与晚清海军的军备建设　张远波　罗福惠　《宁夏社会科学》2012年第1期

曾国藩与李鸿章比较研究　李玉铭　《郧阳师范高等专科学校学报》2012年第1期

李鸿章研究中的"范式"问题　柴大林　《宁波教育学院学报》2012年第2期

评李鸿章对日和局外交思想　王香莲　《内蒙古农业大学学报（社会科学版）》2012年第3期

1886年李鸿章、拉德仁天津会谈与中、俄朝鲜政策　陈开科　《近代史研究》2012年第6期

客观评价历史人物是总结历史经验的基础——从不同时期对李鸿章的评价谈起　关捷　肖韦　《大连近代史研究》2012年第9卷

李鸿章任人唯亲与甲午惨败　石学峰　《中国人大》2012年第9期

正品中日交涉中李鸿章的外交原则　刘恩格　《大连近代史研究》2012年第9卷

李鸿章对日本的认识及其外交策略——以1870年代为中心　李细珠　《社会科学辑刊》2013年第1期

明治时期日本人眼中的李鸿章　王玉立　《职大学报》2013年第1期

李鸿章外交思想及其影响　朱红　《新西部（理论版）》2013年第2期

李鸿章海防思想的产生与演变　谢健　《三明学院学报》2013 年第 5 期

浅论李鸿章与洋务教育的发展　宋枫霞　徐文军　《牡丹江教育学院学报》2013 年第 6 期

李鸿章与近代中国新式学堂的创立　安宝洋　《兰台世界》2013 年第 7 期

李鸿章与中国近代工业的发展　曾媛　张杰宜　《兰台世界》2013 年第 9 期

李鸿章"和戎"外交与甲午之败　王双印　《江西社会科学》2013 年第 10 期

洋务运动时期李鸿章教育思想及其实践　齐景红　《兰台世界》2013 年第 10 期

李鸿章与清末海军人才培养　陈胜　《兰台世界》2013 年第 30 期

李鸿章马关讲和的一些细节　马勇　《中国历史的侧面》　光明日报出版社 2014 年 1 月

李鸿章海防战略与北洋海军兴亡　张炜　《新华每日电讯》2014 年 3 月 27 日

1894 年甲午战前李鸿章校阅海军探析　李洋　王晓秋　《军事历史》2014 年第 4 期

从两次海防大筹议看李鸿章的海防思想与海军建设　翁飞　《江淮文史》2014 年第 6 期

李鸿章对甲午战争的反思——以 1896 年欧美之行为例　侯杰　王小蕾　《南开学报（哲学社会科学版）》2014 年第 6 期

试析慈禧、李鸿章个人的因素对战争的影响　宋乃成　《文史博览（理论）》2014 年第 8 期

甲午战争前后李鸿章的外交活动及其分析　蒋易皇　《长江大学学报（社会科学版）》2014 年第 10 期

李鸿章的海防思想与海军建设——两次海防大筹议过程探讨　翁飞　《学术界》2014 年第 10 期

有关甲午战争宣战前日本报刊对中国报道的研究——以《朝日新闻》报道李鸿章及清军动向为中心　郭海燕　《社会科学战线》2014 年第 10 期

建国后十七年学界对李鸿章研究述评　李振　《经济研究导刊》2014年第 27 期

李鸿章的另一场战争　李鸿谷　《三联生活周刊》2014 年第 27 期

李鸿章的政治对手，以及零和博弈　李鸿谷　《三联生活周刊》2014年第 27 期

李鸿章对晚清洋务运动的历史影响与爱国实践　王林　郭枝　《兰台世界》2014 年第 30 期

"爱国"还是"卖国"——以甲午战争时期的李鸿章为考察中心　胡锋　朱正业　《山西大同大学学报（社会科学版）》2015 年第 1 期

甲午战争前后李鸿章的"联俄"外交　邢丽雅　韩鹏　《珠江论丛》2015 年第 1 期

李鸿章与中国早期现代化——兼评牟复礼对李鸿章的评价　王东　《贵阳学院学报（社会科学版）》2015 年第 2 期

如何评价李鸿章与洋务运动？　周育民　《历史教学问题》2015 年第 4 期

李鸿章与近代中朝军事通讯网的建立——以架设朝鲜半岛电报线为中心的研究　郭海燕　《聊城大学学报（社会科学版）》2015 年第 6 期

从甲午中日战争看李鸿章的外交　郭俊强　《黑龙江史志》2015 年第 9 期

《李鸿章奏试验铁船并巡阅旅顺炮台由》之研究　杨雪飞　《大连近代史研究》2015 年第 12 卷

悲剧人物：甲午风云中的李鸿章　马敏　《科教文汇》（上旬刊）2015 年第 19 期

一个人的甲午　苏碧滢　《兰台世界》2015 年第 21 期

甲午时李鸿章"一人敌一国"之说辨析　陈力　《沈阳大学学报（社会科学版）》2016 年第 1 期

李鸿章集团与江南制造局　张静　《河北民族师范学院学报》2016 年第 1 期

李鸿章"和戎外交"基调下对日外交思想变化研究　赖勖忠　《牡丹江大学学报》2016 年第 3 期

李鸿章同意从朝鲜撤军原因探析　张礼恒　《广东社会科学》2016年第4期

浅析李鸿章的海防思想　汤正东　《郧阳师范高等专科学校学报》2016年第4期

"春帆楼下晚涛哀"——马关谈判中的李鸿章　陈仲丹　《同舟共进》2016年第5期

李鸿章的对日外交政策研究　田红红　曹敏　《开封教育学院学报》2016年第12期

浅谈李鸿章与北洋海军的建立　高梦瑶　《才智》2016年第18期

论李鸿章的洋务思想　罗春喜　聂丽君　《商》2016年第20期

中日现代化进程中观念冲突之一斑——以李鸿章与森有礼在直隶总督府的论战为中心　周程　《安徽史学》2017年第1期

近代洋务派对湖北煤铁开采的探索与实践——以李鸿章、盛宣怀的活动为中心　邹俊杰　姜迎春　《中国矿业大学学报（社会科学版）》2017年第3期

浅谈甲午战争中李鸿章的功过问题　周忆君　《理论观察》2017年第3期

李鸿章的器物观　杨帆　《黑龙江史志》2017年第4期

百年来李鸿章外交思想研究综述　盛海生　欧阳跃峰　《广西社会科学》2017年第8期

李鸿章海军人才建设思想探析　陈胜　陈胄　《兰台世界》2017年第8期

中日《天津条约》谈判始末——李鸿章与伊藤博文和局思想之异同　匡艳　《中国民族博览》2017年第10期

"虚不受补"的洋务运动——关于"李鸿章拒购马克沁机枪"的观点修正　吴奕澎　刘艳琼　《吉林省教育学院学报》2017年第11期

浅析李鸿章外交思想　李天琪　《农家参谋》2017年第12期

李鸿章洋务思想探析　乔长涛　《科教文汇》（上旬刊）2017年第28期

李鸿章与北洋海军教育的产生及实践　马骞　《大连城市历史文化研究》2018年第2辑

近代化格局中李鸿章的政治生涯转折——"塞海两防"辩论　肖凯键

史振卿　《开封教育学院学报》2018年第3期

论中日甲午战争期间李鸿章对日外交思想　张章　《哈尔滨学院学报》2018年第3期

论李鸿章的军事后勤思想及其实践　张静　《军事历史研究》2018年第4期

"求富"的契机：李鸿章与轮船招商局创办再研究　朱浒　《中国人民大学学报》2018年第4期

试论李鸿章的和戎外交思想　贾全胜　《开封教育学院学报》2018年第4期

李鸿章与何如璋的"球案"三策　刘韶军　《南都学坛》2018年第5期

略论李鸿章19世纪60—70年代的对日主张　陈可畏　《历史教学问题》2018年第5期

试论李鸿章的"三千年未有之大变局"　孔令伟　《才智》2018年第5期

甲午至庚子时期的荣禄与李鸿章　马忠文　《聊城大学学报（社会科学版）》2018年第6期

马关谈判中的李鸿章　宋建原　《佳木斯职业学院学报》2018年第7期

试述甲午战争期间李鸿章与军机处的争执　张硕　《学理论》2018年第7期

论李鸿章的外交思想　严永晔　《开封教育学院学报》2018年第8期

李鸿章与晚清装备建设中"买"与"造"的争论——兼论自主创新与全盘引进之间的辩证关系　佟若雄　罗健峰　曾慧燕　《理论观察》2018年第11期

直隶总督李鸿章稳固领导权的策略分析　马俊波　《领导科学》2018年第13期

关于李鸿章人物个性的分析　王晨　《戏剧之家》2018年第29期

李鸿章与中国近代化　陈旭麓　《近代中国人物论》　九州出版社2019年2月

论李鸿章对朝全面干涉政策的大背景和直接动因　方民镐　《东疆学刊》2019年第4期

晚清官员对气动炸药炮的认识与议购——以李鸿章、张之洞为中心
贾浩　《中国国家博物馆馆刊》2019年第7期

洋务运动时期李鸿章的工业化思想浅析　古林萍　《才智》2019年第12期

初探李鸿章对近代中国西学东渐的影响与贡献　周婷　《现代职业教育》2020年第2期

浅析洋务运动时期李鸿章的经济管理思想　雷竞　《企业科技与发展》2020年第2期

"着鞭"之争——从中日涉朝外交看甲午战前李鸿章因应之误　黄飞　金光耀　《韩国研究论丛》2020年第2期

李鸿章翁同龢往来信札考释　李文君　《安徽史学》2020年第3期

甲午战争前后的翁李之争　胡君丽　《炎黄春秋》2020年第4期

浅析晚清时期李鸿章矛盾性格的形成与表现　李枝花　《科学咨询》(科技·管理）2020年第4期

李鸿章办金陵机器局前后　李书纬　《同舟共进》2020年第11期

李鸿章外交思想的评析　刘帅　《边疆经济与文化》2020年第11期

浅析李鸿章经济思想　张明娟　董雪贝　《中外企业文化》2020年第12期

李鸿章的对外经济思想及当代启示　韩立君　陶芝铭　《现代职业教育》2020年第27期

北洋大臣李鸿章为优恤黄海海战阵亡将士事奏折　伍媛媛　《历史档案》2021年第1期

海外报纸对李鸿章在日遇刺的报道　姚瀚霖　杨杰　以清　《太平天国及晚清社会研究》2021年第1期

李鸿章辅政能力和思想及其当代价值　张俐　《秘书之友》2021年第5期

私人意见转换为国家政策的探究——以李鸿章《筹议海防折》为例　李鸿霞　《国际公关》2021年第5期

李鸿章欧美考察记（上）　赖某深　《世界文化》2021年第8期

李鸿章欧美考察记（下）　赖某深　《世界文化》2021年第9期

因"势""利"导：李鸿章与近代早期湖北煤铁的开采　刘洋　《中国国家博物馆馆刊》2021年第12期

幕僚对曾国藩政治思想的影响——以李鸿章西洋武器观为例　杨雨洁　《西部学刊》2022年第1期

从伐谋伐交伐兵角度谈李鸿章甲午战争战前决策之失　刘苏　《孙子研究》2022年第2期

庚子粤督李鸿章"不奉诏"考辨——兼论东南互保之奠局　尚小明　《社会科学研究》2022年第2期

李鸿章兵学思想简述　李元鹏　《军事历史》2022年第3期

漫话李鸿章的毁誉是非　张家康　《春秋》2022年第6期

李鸿章海防战略思想的演变及得失　张炜　《中国走向蓝水》　世界知识出版社2022年9月

李鸿章定见经营旅顺口原因考　孙海鹏　《旅顺博物馆学苑》2022年

无本回译视角下《李鸿章回忆录》个人形象建构研究　崔亚晶　刘晓峰　《合肥师范学院学报》2023年第1期

李鸿章军事外交思想研究　宋姗姗　《中国军转民》2023年第2期

李鸿章与晚清北洋海防的体系化发展　刘苏　《军事历史》2023年第2期

李鸿章与淮军西征（1868—1870）　邹晗　《中国国家博物馆馆刊》2023年第4期

晚清政府对外话语应对与李鸿章东亚笔谈外交　王勇　孙慧恬　《郑州大学学报（哲学社会科学版）》2023年第5期

曾国藩三诫李鸿章以"诚"　吴敏文　《书屋》2023年第12期

李经方

论文

李经方在甲午中日战争中的两桩罪案述略　关捷　高美雁　《中日关系史论文集》（中日关系史第四次学术讨论会）　辽宁省中日关系史研究会1984年9月

黎庶昌
论文

黎庶昌在日本　文为国　《贵州文史丛刊》1980 年第 1 期

黎庶昌——贵州放眼看世界的第一人　陈福桐　《贵州文史丛刊》1992 年第 3 期

黎庶昌关于西洋风土的记述　钟叔河　《贵州文史丛刊》1992 年第 3 期

黎庶昌先生的爱国精神　蒋相浦　《贵州文史丛刊》1992 年第 3 期

黎庶昌研究管见——从《黎庶昌评传》谈起　刘毅翔　《贵州文史丛刊》1992 年第 3 期

黎庶昌与中日文字之交　谢尊修　《贵州文史丛刊》1992 年第 3 期

黎庶昌国际学术研讨会综述　王路平　《贵州社会科学》1992 年第 12 期

清光绪八年平定朝鲜李昰应之乱与黎庶昌的文化外交　李华年　蔡汝鼎　《贵州民族学院学报（社会科学版）》1993 年第 2 期

试论黎庶昌对曾国藩文学观的继承和发展　成晓军　《湖湘论坛》1993 年第 6 期

论黎庶昌对曾国藩洋务观的继承和发展　成晓军　《贵州社会科学》1994 年第 2 期

试论黎庶昌对曾国藩洋务思想的继承和发展　成晓军　《贵州文史丛刊》1994 年第 3 期

读黎庶昌《西洋杂志》　丁慰慈　《贵州文史丛刊》1995 年第 2 期

走出贵州山门的近代爱国外交家、早期维新改良思想家、学者——黎庶昌　鉴真　《贵州档案》1995 年第 2 期

黎庶昌与日本　王庆成　《贵州社会科学》1995 年第 4 期

晚清驻日公使黎庶昌的外交公关　牛仰山　《公关世界》2001 年第 3 期

中国近代外交家黎庶昌　贾熟村　《宝鸡文理学院学报（社会科学版）》2005 年第 5 期

黎庶昌放眼看西洋　刘学洙　《当代贵州》2006 年第 10 期

试论黎庶昌的文化外交　杨艳　李仕波　《六盘水师范高等专科学校学报》2007 年第 1 期

甲申事变前后黎庶昌的琉球策略　戴东阳　《历史研究》2007 年第 2 期

甲申事变前后黎庶昌的琉球策略　戴东阳　《近代中国、东亚与世界》（上卷）　社会科学文献出版社 2008 年 7 月

黎庶昌近代化思想初探　张云峰　《湖北经济学院学报（人文社会科学版）》2010 年第 5 期

从传统到近代：黎庶昌与中外交流　李丽芳　《世纪桥》2011 年第 1 期

走出黔北山门、睁眼看世界的黎庶昌——以《西洋杂志》为例　林建曾　《教育文化论坛》2011 年第 6 期

论黎庶昌外交思想特色　魏登云　《兰台世界》2012 年第 21 期

贵州走向世界第一人——黎庶昌　武佩　《贵阳学院学报（社会科学版）》2013 年第 4 期

近代外交家黎庶昌　厐思纯　《当代贵州》2013 年第 34 期

以文化促交流的晚清首批外交官之一黎庶昌　郝丽宁　《兰台世界》2013 年第 34 期

清末"文化外交"第一人　李文希　《北京观察》2014 年第 3 期

黎庶昌文化外交探析　陈世显　《濮阳职业技术学院学报》2014 年第 5 期

西洋形象的重构与晚清古文的新变——黎庶昌《西洋杂志》"舆地之学"的文学书写　吴微　《安庆师范学院学报（社会科学版）》2015 年第 6 期

驻日公使黎庶昌与中日琉球交涉　戚文闯　《贵州文史丛刊》2016 年第 2 期

黎庶昌《西洋杂志》的中西文化比较观　陈荣阳　《文教资料》2016 年第 8 期

论黎庶昌使日期间宴饮雅集与文化外交　李黎　《贵州民族大学学报（哲学社会科学版）》2017 年第 4 期

改革开放以来黎庶昌研究综述　戚文闯　《教育文化论坛》2017 年第 5 期

文化外交：黎庶昌的使日之饮与中日关系　戚文闯　《湖南工业大学学报（社会科学版）》2018 年第 6 期

黎庶昌访日本徐福墓诗文之分析　方毓强　《大陆桥视野》2019 年第

12 期

  论西学东渐中的黎庶昌　武佩　《新西部》2020 年第 3 期

  黎庶昌使外之文刍议　杨波　王若凡　《郑州航空工业管理学院学报（社会科学版）》2022 年第 2 期

  黎庶昌文化外交在日本得以实现的原因探析　黎洌　《遵义师范学院学报》2023 年第 1 期

黎元洪
论文

  黎元洪投海考——章太炎《大总统黎公碑》等辨误　萧致治　《江汉论坛》1990 年第 9 期

  黎元洪师生亲历甲午海战真相　裴高才　《世纪行》2015 年第 1 期

  黎元洪的北洋海军生涯　陶遵臣　彭均胜　《春秋》2023 年第 6 期

梁启超
论文

  "强敌"成为榜样——梁启超在甲午战争后对日本的反思　李喜所　《历史教学》（高校版）2007 年第 4 期

  梁启超朝鲜观的变迁及原因分析　白玉陈　《当代韩国》2009 年第 2 期

  梁启超日本观的演变与反思　崔志海　《江海学刊》2011 年第 5 期

  甲午战后梁启超的赞助人身份考察　雷炳浩　马会娟　《浙江外国语学院学报》2019 年第 2 期

  从"亡国史"系列作品看梁启超对近代朝鲜的关注　孙德彪　《北华大学学报（社会科学版）》2023 年第 3 期

林泰曾

论文

略述林泰曾、杨用霖与镇远舰　关捷　关伟　《日本研究》1999年第3期

英雄舰之中华魂——略述林泰曾、杨用霖与镇远舰　关捷　关伟　《以史为鉴　开创未来——"近百年中日关系与21世纪之展望"国际学术研讨会文集》（下）　2000年10月

《镇远舰长林泰曾在韩观察覆命书》笺注　孙建军　《大连近代史研究》2010年第7卷

北洋海军左翼总兵林泰曾与"镇远"舰的触礁事故　陈利　《兰台世界》2011年第5期

甲午海战中的林泰曾　陈萍　《福建史志》2016年第5期

被安错位置的林泰曾　孙建军　《大连近代史研究》2018年第15卷

林永升

论文

林永升怒冲敌舰　公平　《广西日报》1963年10月6日

刘步蟾

论文

刘步蟾是否违反议定阵形？（论甲午黄海大战与中国北洋海军）　郭毅生　汤池安　《文史哲》1957年第6期

也应该正确评价刘步蟾　董蔡时　《江苏师范学院学报》1978年第1期

应该正确评价刘步蟾　孙克复　关捷　《光明日报》1978年4月13日

应该为刘步蟾恢复名誉　戚其章　《破与立》1978年第5期

再论应该正确评价刘步蟾——兼答董蔡时同志　孙克复　关捷　《辽宁大学学报（哲学社会科学版）》1979年第1期

浅析刘步蟾改阵　吴如嵩　《江苏师范学院学报》1979年第4期

刘步蟾小传　戚其章　《东岳论丛》1980年第2期

杰出的爱国将领刘步蟾　戚其章　《知识与生活》1981年第1期

有关甲午中日黄海海战的两种史籍记载的考释——再论刘步蟾在海战中的表现　董蔡时　《江苏师范学院学报》1981年第2期

刘步蟾并非懦夫　何仁　《北京晚报》1981年7月23日

刘步蟾黄海战绩考　戚其章　《北京师范大学学报》1982年第1期

清代海军府将刘步蟾蒙冤考　许华　《航海》1983年第2期

刘步蟾评价问题简介　李淑兰　《自修大学（文史哲经）》1984年第2期

甲午海战中出色的指挥者刘步蟾　马骏　《军事历史》1984年第3期

反帝爱国将领刘步蟾　何双生　《文史知识》1984年第7期

祖国海疆的卫士——甲午海战中的刘步蟾　杨洪波　《中国近代爱国者百人传》　黑龙江人民出版社1985年3月

爱国海军将领——刘步蟾　肖忠生　《福建史志》1989年第4期

刘步蟾爱国主义思想浅析　朱兰英　《理论学习月刊》1989年第4期

海军名将刘步蟾　张良勋　《现代舰船》1996年第8期

从《甲午风云》《北洋水师》谈刘步蟾的历史功过　经盛鸿　《炎黄春秋》1998年第2期

刘步蟾传略　肖诗彪　黄维国　《福州文史资料选辑》2003年第22辑

刘步蟾冒功说质疑　戚其章　《探索与争鸣》2005年第1期

重评刘步蟾引起的风波　戚其章　《百年潮》2006年第3期

刘光第

论文

刘光第与中日甲午战争　曾鸿　《西南师范大学学报（人文社会科学版）》1989年第1期

从爱国走向维新：刘光第思想发展轨迹　宋兴华　《重庆师范学院学报（哲学社会科学版）》1994年第2期

甲午战争后的刘光第　易明军　《文史杂志》1994年第5期

读君子《甲午条陈》倡思想解放新风——纪念刘光第先生殉难一百周

年　蓝翔翼　《富顺文史资料选辑》1999 年第 13 辑

　　刘光第《甲午条陈》的历史影响　何元文　《富顺文史资料选辑》1999 年第 13 辑

　　试论刘光第在甲午后的思想转变　何桂清　《富顺文史资料选辑》1999 年第 13 辑

刘含芳
论文

　　刘含芳与旅顺口文物保护　刘一　《大连大学学报》2017 年第 4 期

　　秉持正义　为国尽忠——甲午战争前后的烟台地方官刘含芳　杨潜　《春秋》2020 年第 1 期

刘坤一
论文

　　刘坤一与甲午中日战争　关捷　《湘潭大学社会科学学报》1984 年第 4 期

　　刘坤一与甲午中日战争　关捷　《中日关系史论文集》（中日关系史第四次学术讨论会）　辽宁省中日关系史研究会 1984 年 9 月

　　刘坤一与晚清政治　杨明　《四川师范大学学报（社会科学版）》1989 年第 5 期

　　刘坤一与洋务运动　杨明　《文史杂志》1990 年第 3 期

　　刘坤一被罢两江总督探因　陈勇勤　《学术月刊》1992 年第 5 期

　　也谈刘坤一被罢两江总督的原因　崔运武　《学术月刊》1993 年第 2 期

　　刘坤一与甲午战争　商鸣臣　《烟台师范学院学报（哲学社会科学版）》1995 年第 2 期

　　刘坤一洋务思想及其实践　冀满红　《史学月刊》1998 年第 1 期

　　刘坤一与晚清政局述论　薛学共　《西南交通大学学报（社会科学版）》2000 年第 4 期

刘坤一与中国近代化述论　薛学共　《西南民族学院学报（哲学社会科学版）》2000 年第 10 期

也谈刘坤一、王文韶的两件电奏　贾小叶　《近代史研究》2007 年第 3 期

论刘坤一与李鸿章争夺轮船招商局　卢伯炜　《苏州大学学报（哲学社会科学版）》2007 年第 6 期

论刘坤一的洋务外交思想　陆霞　《邵阳学院学报（社会科学版）》2008 年第 2 期

甲午战争后刘坤一外交方略解析　周石峰　《兰台世界》2008 年第 20 期

两江总督刘坤一　曹福华　《文史天地》2010 年第 5 期

刘坤一与海塞防之争　刘晗　《中国城市经济》2011 年第 3 期

甲午战争中地方督抚之间及与清廷的备战交往——以刘坤一、张之洞为中心　陶祺谌　《北京社会科学》2013 年第 5 期

刘坤一在湘系集团领袖地位之确立——基于军事举措的考察　宋惠敏　《军事历史研究》2018 年第 4 期

抵拒洋务到斟酌邦交：刘坤一与洋务运动时期的中日关系　李博强　《惠州学院学报》2019 年第 4 期

刘坤一海防思想和实践　李强华　《汕头大学学报（人文社会科学版）》2020 年第 4 期

刘坤一在中日甲午战争中的"持久战"战略思想　陈代湘　杨扬　《南开学报（哲学社会科学版）》2021 年第 6 期

刘铭传

论文

试论刘铭传　陆方　《吉林师范大学学报》1979 年第 1 期

刘铭传洋务思想评议　潘君祥　《安徽师范大学学报（哲学社会科学版）》1982 年第 2 期

论刘铭传对台湾的贡献　《中南民族学院学报（哲学社会科学版）》1983 年第 1 期

论首任台湾巡抚刘铭传　姚永森　《台湾研究集刊》1984 年第 4 期

建国以来刘铭传研究综述　《安徽史学》1985 年第 6 期

谈甲午战争中的刘铭传——和姚永森同志商榷　廖宗麟　《安徽史学》1988 年第 1 期

刘铭传撤基援沪与沪尾大捷述论　戚其章　《台湾研究集刊》1992 年第 2 期

刘铭传与台湾的洋务运动　戴乐　《无锡教育学院学报》1994 年第 3 期

刘铭传的台湾防务思想及其防务建设　季云飞　《历史教学》1994 年第 12 期

甲午年刘铭传"屡召不出"原因辨析——谨以此文纪念刘铭传逝世 100 周年　翁飞　《安徽史学》1995 年第 4 期

刘铭传与台湾防务　《台湾研究》1996 年第 1 期

刘铭传研究的里程碑——海峡两岸纪念刘铭传逝世 100 周年学术研讨　史涅　《安徽史学》1996 年第 2 期

刘铭传抗法保台与法国"担保政策"的破产　戚其章　《烟台大学学报（哲学社会科学版）》1996 年第 3 期

"有大勋劳于国家者"——记首任台抚刘铭传　陈九如　《统一论坛》1997 年第 4 期

试论首任台湾巡抚刘铭传的海防建设　张燕清　《福建师范大学学报（哲学社会科学版）》1998 年第 2 期

刘铭传与台湾防务　陈婷　杨春雨　《军事历史研究》2001 年第 2 期

刘铭传与近代台湾邮电　陈九如　《史学月刊》2001 年第 4 期

清首任台湾巡抚刘铭传　杨子才　《环球军事》2001 年第 10 期

从刘铭传在台湾的办防看其国防思想　郑艳　《军事历史》2003 年第 2 期

刘铭传对沈葆桢筹划台湾海防的继承与发展　王生怀　《安庆师范学院学报（社会科学版）》2003 年第 5 期

《刘铭传文集》补遗　诸伟奇　《安徽史学》2004 年第 6 期

从大清史角度看待刘铭传保台建台的意义　戴逸　《学术界》2006 年第 1 期

刘铭传近代化思想剖析　沈寂　《安徽史学》2006 年第 1 期

试论刘铭传以商养战的爱国主义思想　林鲁文　《福建论坛（人文社

会科学版）》2006 年专辑

刘铭传的海防思想与实践——兼论台湾在中国海防中的战略地位　苏小东　《安徽史学》2007 年第 1 期

刘铭传与台湾近代化　刘海荣　《赤峰学院学报（汉文哲学社会科学版）》2007 年第 2 期

台湾首任巡抚刘铭传　孔祥军　《文史天地》2009 年第 4 期

台湾功臣刘铭传　张宏　周安庆　《文史月刊》2011 年第 9 期

刘铭传的对日防御思想与实践　马骐　《合肥学院学报（社会科学版）》2015 年第 1 期

略论刘铭传的台海防御观　李细珠　《安徽史学》2016 年第 2 期

刘铭传的爱国情怀与民族魂　关伟　靳实　《大连近代史研究》2017 年第 14 卷

刘盛休
论文

刘盛休——刘氏铭军的终结者　孙建军　《大连近代史研究》2017 年第 14 卷

刘锡鸿
论文

刘锡鸿出使英国缘由考　张宇权　《华南理工大学学报（社会科学版）》2003 年第 3 期

中国首任驻德使节刘锡鸿　贾熟村　《怀化学院学报》2007 年第 10 期

刘锡鸿对晚清炮台建设的贡献　张传磊　《科技信息》2010 年第 25 期

刘永福

著作

刘大将军平倭战纪

寰宇义民校印　1895 年

收录台倭战记、台南战记略、刘大将军史实、刘大将军战书等。

（战时国民读物　模范人物之三）黑旗将军刘永福（图 7-81）

徐君梅编　1941 年 3 月　福建省政府教育厅

介绍刘永福少年时心怀大志、率领黑旗军在越南抗法、在台湾抗日的英勇事迹。

图 7-81

（正中少年故事集）刘永福

黄萍孙著　1943 年 3 月 1 日　正中书局

讲述安南与中国的历史、地理关系及刘永福率领黑旗军抗击法军的事迹。

（史地丛刊）刘永福历史草（图 7-82）

罗林香辑校　1947 年 11 月　正中书局

由刘永福口述，黄海安记录整理，罗林香征得原稿，整理校点。比较全面介绍刘永福的家世和经历，李永福率领黑旗军在越南抗法、在台湾抗日的事迹。

图 7-82

（近代中国史料丛刊续编第二十三种）刘大将军（永福）平倭战记

佚名编　1975 年 11 月　文海出版社有限公司

记述刘永福抗倭事迹。

民族英雄刘永福（图7-83）

廖宗麟著　1997年9月　广西人民出版社

讲述了刘永福抗击外国侵略的事迹。

图7-83

论文

黑旗将军刘永福略传　罗香林　《史地社会论文摘要月刊》1935年第1卷第9期

刘永福小传　二麟　《民锋》1940年第2卷第14期

从日寇进占越南想到反法抗日的刘永福　张健甫　《前锋》1941年第1卷第2期

辉煌史册的游击英雄刘永福　锡泽　《青年前卫》1941年第1卷第56期

历史上最著名的游击队民族英雄刘永福事略　吴锡泽　《浙江青年旬刊》1941年第2卷第10期

六十年前刘永福黑旗军在越南的反帝斗争　刘汝霖　《历史教学》1951年第1卷第3期

甲午战后领导台湾人民抗日的爱国主义者——徐骧、刘永福　李光璧　《历史教学》1951年第1卷第3期

关于刘永福的评价问题　丁名楠　《大公报》1952年1月4日

给刘永福应有的历史地位　沈奕巨　《广西日报》1961年6月13日

怎样评价刘永福　《文汇报》1961年6月23日

刘永福是爱国者，不是民族英雄——与沈奕巨同志商榷　卢特　《广西日报》1961年7月5日

刘永福是一个民族英雄　肖世荣　《广西日报》1961年7月14日

运用阶级分析方法评价刘永福——兼与沈奕巨、卢特两同志榷　莫一中　《广西日报》1961年8月14日

关于刘永福评价问题　莫乃群　《广西日报》1961年8月28日

有关刘永福评价的几个问题　《广西日报》1962年1月22日

越南史学界讨论我国黑旗军将领刘永福在越南历史上的作用　李亚舒　《历史研究》1962年第4期

刘永福的反日斗争（台湾人民反帝斗争史话）　黄明洁　《福建日报》1962年9月16日

民族英雄刘永福　李荫农　《南方日报》1963年4月28日

誓守台南的刘永福（一）　蒋君章　《中外杂志》1974年10月第16卷第4期

援台抗日之刘永福　陈伯杰　《广东文献》1976年第6卷第2期

黑旗将军刘永福　王一　《民主宪政》1976年第48卷第1期

有关刘永福晚年活动的一篇文献——跋《奥省民团总长刘永福之通告》　李世瑜　《文献》1981年第1期

论刘永福的矛盾性格和身份演变　唐上意　《广东民族学院学报（哲学社会科学版）》1983年第1期

民族英雄刘永福　国安　《印支研究》1983年第1期

抗法英雄刘永福的又名及其籍贯考　唐上意　《广东民族学院学报（哲学社会科学版）》1983年第2期

刘永福的反帝思想——纪念黑旗军纸桥大捷一百周年　范宏贵　《广西民族学院学报（哲学社会科学版）》1983年第2期

刘永福的援越抗法斗争　谈琪　《广西民族学院学报（哲学社会科学版）》1983年第2期

评价刘永福应主要看其积极方面　谭春玲　袁仕仑　《印支研究》1983年第2期

试论反割台斗争中的刘永福　施宣园　吴树扬　《社会科学研究》1983年第2期

试论刘永福的归国　龙永行　《昆明师范学院学报（哲学社会科学版）》1983年第3期

论刘永福的矛盾性格和身份演变　唐上意　《广西民族学院学报》1984年第1期

抗法英雄刘永福　张建经　《军事历史》1984年第2期

刘永福的抗日保台斗争　赖慧鹏　《岭南文史》1984 年第 2 期

刘永福接受清朝招抚和撤兵回国当官刍议　彭大雍　范宏贵　《历史教学》1985 年第 12 期

小议刘永福受清朝招抚　温哲君　《惠阳师专学报（社会科学版）》1986 年第 2 期

再论刘永福——兼与丁名楠同志榷　龙永行　《云南社会科学》1986 年第 2 期

刘永福对中越友好关系的贡献　杨万秀　《印度支那》1986 年第 4 期

《清史稿》载刘永福史事舛讹举例辨　刘光胜　《社会科学辑刊》1986 年第 5 期

评清政府对刘永福黑旗军的保全政策　马洪林　傅克勤　《历史教学》1986 年第 6 期

《刘永福》读后　马洪林　《人民日报》1986 年 12 月 26 日

一本值得一读的近代人物传记——评介施宣圆、吴树扬著《刘永福》　黄振南　《学术论坛》1987 年第 3 期

刘永福上《六事禀》时间考　阎孟祥　《教学与管理》1987 年第 6 期

纪念刘永福诞辰 150 周年暨中法战争史学术讨论会综述　黄振南　《广西社会科学》1987 年增刊

关于刘永福评价的两个问题　杨万秀　《学术论坛》1988 年第 1 期

论刘长佑、岑毓英对刘永福抗法斗争的支援　邱展雄　《贵州文史丛刊》1988 年第 1 期

中法战争前夕岑毓英与刘永福关系的转变　黄振南　《广西民族研究》1988 年第 2 期

《刘永福历史草》的史料价值　廖宗麟　《历史研究》1988 年第 5 期

刘永福"推迟了帝国主义列强瓜分中国的进程"吗　余慧生　《云南民族学院学报》1989 年第 1 期

关于刘永福与清政府的关系　张学伟　《曲靖师专学报》1989 年第 2 期

不可忽视的刘永福之动摇　吉喜祥　《牡丹江师范学院学报（哲学社会科学版）》1990 年第 3 期

援越抗法名将——刘永福　屈新儒　《军事历史》1991 年第 1 期

《抗法名将刘永福》一书出版　　《历史档案》1991年第3期

刘永福研究的新突破——评《抗法名将刘永福》　宁远　《学术论坛》1991年第3期

刘永福评传　李干芬　《广西民族研究》1992年第1期

中法战争期间的刘永福与张之洞　廖宗麟　《学术论坛》1992年第1期

中法交战之前主战派与刘永福的关系　黄家信　《广西师范大学学报（哲学社会科学版）》1992年第2期

刘永福离越归国之心理透视　张茂林　《历史教学问题》1992年第4期

刘永福晚年评述　吴树扬　《学术论坛》1992年第5期

浅析刘永福的长恨诗　韦华雄　陆宏辉　《曲靖师专学报》1993年第4期

刘永福在反割台斗争中的功过　郑以灵　《福建论坛（文史哲版）》1993年第5期

试析刘永福保台抗日斗争　彭大雍　沈云　《历史教学》1994年第9期

谈刘永福的"侵越"及其"叛变"问题　徐宏　《云南教育学院学报》1995年第3期

1895年5月——广西抗法名将刘永福挥师抗日　《广西党史》1995年第3期

刘永福传略　吴国强　《广东史志》1995年第4期

刘永福与反割台斗争　张勇　《学习月刊》1996年第5期

从"护兵被枉杀案"看刘永福与同盟会的关系　廖宗麟　张壮强　《学术论坛》1996年第6期

论刘永福在北宁之役中的表现　黄振南　《广西民族研究》1997年第3期

刘永福并未任职台湾民主国　廖宗麟　《历史研究》1997年第4期

刘永福在近代反侵略斗争中的功绩和地位　廖宗麟　《学术论坛》1997年第4期

评刘永福入越抗法的几个问题　杨万秀　《大同高等专科学校学报》1998年第1期

十年来刘永福研究述评　李金库　《大同高等专科学校学报》1998年

第 3 期

  研究刘永福历史的一部力作　李庭华　《学术论坛》1998 年第 3 期

  刘永福反割台斗争军事思想与实践之探析　季云飞　《安徽大学学报》1999 年第 1 期

  再谈刘永福归国　阎孟祥　《晋阳学刊》2000 年第 5 期

  顾全大局是刘永福的崇高品格　翟高兆　《钦州师范高等专科学校学报》2001 年第 1 期

  刘永福与岑毓英在中法战争期间的恩恩怨怨　张壮强　《玉林师范学院学报》2002 年第 2 期

  试论中法战后刘永福回国的艰难道路　廖宗麟　张壮强　《玉林师范学院学报》2004 年第 1 期

  刘永福民族英雄论——重议四十年前的一个话题　黄权　《经济与社会发展》2004 年第 6 期

  论刘永福及其黑旗军生存的条件　袁岳　《广西右江民族师专学报》2005 年第 2 期

  抗日保台的民族英雄刘永福　翁宽　《文史春秋》2006 年第 9 期

  刘永福故居保护性旅游开发研究　陈炜　危红梅　张瑾　《钦州学院学报》2008 年第 2 期

  中国近代反侵略斗争的一面光辉旗帜——纪念刘永福诞生 170 周年和逝世 90 周年　周中坚　《东南亚纵横》2008 年第 10 期

  对《刘永福历史草》一则材料的重新解读　闫孟祥　《河北学刊》2009 年第 4 期

  中法战后岑毓英与刘永福二三事　邓金凤　《广西地方志》2010 年第 3 期

  刘永福率领黑旗军援越抗法的越南视角研究和评价　陈碧兰　黄曼曼　《企业家天地》（理论版）2010 年第 9 期

  论越南人眼中的刘永福和黑旗军　陈碧兰　李学群　《湘潮》（下半月）2010 年第 10 期

  冯子材、刘永福爱国精神与北部湾经济区企业管理　林加全　梁芷铭　《商场现代化》2010 年第 18 期

至深沉的爱国情怀，大无畏的献身精神——忆刘永福抗日保台史迹之感悟　颜昌廉　《钦州学院学报》2011年第1期

冯子材、刘永福爱国精神及其现代探析　林加全　《学术论坛》2011年第4期

刘永福与乙未台湾抗日保岛运动述评　曲晓范　《东北师范大学学报（哲学社会科学版）》2011年第6期

广西北部湾文化建设与刘永福和冯子材爱国精神教育　林加全　《广西社会科学》2011年第8期

试析刘永福黑旗军　陈翠婷　《群文天地》2011年第21期

冯子材、刘永福爱国精神内涵及其当代启示　梁芷铭　《学理论》2011年第25期

刘永福在抗法战争中的战略战术思想　刘庆　《军事历史研究》2012年第1期

冯子材刘永福历史地位合论　蒋金晖　《湛江师范学院学报》2012年第2期

论刘永福抗日保台的功绩和地位　吴小玲　《钦州学院学报》2012年第8期

刘永福旅居越南积极作为的价值取向与钦州精神　黄家庆　《钦州学院学报》2014年第3期

"保台抗日"大将军刘永福　刘建林　《台声》2014年第5期

略论晚清时期刘永福身份之三易过程　王倩雯　《潍坊学院学报》2015年第1期

刘永福的人生哲学及其现代价值　梁文宏　《西安文理学院学报（社会科学版）》2015年第2期

抗法战争中岑毓英与刘永福关系之我见——兼与廖宗麟先生商榷　施铁靖　韦美兵　《贺州学院学报》2016年第4期

闲说民国版《刘永福历史草》　陆其国　《寻根》2016年第4期

刘永福旧居：木雕艺术宝库——广西木制建筑欣赏之二十　熊晓庆　《广西林业》2016年第5期

刘永福与黑旗军的发迹历程　赵子穆　《文史春秋》2016年第11期

纪念民族英雄　倡议编纂《刘永福志》——兼谈人物专志是现代方志的必要补充形式　黄铮　《广西地方志》2017 年第 5 期

民族英雄带来的震撼——评粤剧《刘永福·中国梦》　王湘莲　《当代广西》2017 年第 23 期

西方视角下的刘永福研究——以亨利·麦克里维《黑旗军在越南》为例　林澜　《嘉应学院学报》2018 年第 3 期

"一带一路"背景下钦州历史文化名人精神的传承——以刘永福、冯子材为例　何芳东　《广西教育学院学报》2018 年第 3 期

刘永福爱国精神的内涵及其现实意义探析　彭志荣　《广西青年干部学院学报》2018 年第 4 期

抗法名将刘永福　邵雍　《钦州学院学报》2018 年第 6 期

刘永福接受清政府招抚收编略论　刘悦斌　《钦州学院学报》2018 年第 6 期

刘永福与日军作停战交涉及其内渡厦门问题——基于日文史料的考察　李少军　《钦州学院学报》2018 年第 6 期

论刘永福爱国主义精神的当代价值与弘扬　唐凌　《钦州学院学报》2018 年第 6 期

民国时期刘永福民族英雄形象的塑造　马克锋　《钦州学院学报》2018 年第 6 期

中法战争后两广边防善后与刘永福位置问题　吴智刚　《钦州学院学报》2018 年第 7 期

吴亚终时期刘永福史事考　唐桑　唐湘雨　龚军慧　钟文海　《钦州学院学报》2019 年第 2 期

刘永福动漫人物设计　王刚　徐聪　《上海纺织科技》2019 年第 4 期

刘永福旧居的传统建筑文化保护对当今城市建设的启示　苏栋　《遗产与保护研究》2019 年第 4 期

边界视角下刘永福的援越抗法事功　洪雨　《北部湾大学学报》2019 年第 9 期

大型原创历史粤剧 刘永福·英雄梦　林超俊　《歌海》2020 年第 3 期

边疆、民族、国家视域下刘永福的"联合战略"思想　何芳东　黄权　《广

州社会主义学院学报》2021 年第 3 期

　　法国外交部档案馆藏徐延旭致刘永福函概说　　黄振南　　覃棉　　《历史档案》2022 年第 1 期

　　坚持武装抗日的清军将领刘永福　　李跃乾　　《统一论坛》2023 年第 5 期

　　刘永福旧居　　《当代广西》2023 年第 9 期

吕文经
论文

　　"李广数奇"——晚清海军将领吕文经事迹考实　　吉辰　　《大连近代史研究》2011 年第 8 卷

罗丰禄
论文

　　甲午战争中北洋水师上层人物的心态——营务处总办罗丰禄家书解读　　孔祥吉　　《近代史研究》2000 年第 6 期

　　晚清著名外交官罗丰禄　　贾熟村　　《怀化学院学报》2008 年第 4 期

　　晚清驻英公使罗丰禄与"高升号赔偿案"　　杜志明　　《黑龙江史志》2014 年第 1 期

　　近代外交家罗丰禄的翻译成就　　秦艳霞　　《兰台世界》2014 年第 4 期

马建忠
论文

　　马建忠生平及其思想初探　　许有成　　《复旦学报（社会科学版）》1985 年第 6 期

　　马建忠与中西文化交流　　李喜所　　《中州学刊》1987 年第 4 期

　　马建忠传略　　王平　　《江苏地方志》1995 年第 2 期

　　马建忠的外交活动　　谭群玉　　《中山大学学报论丛》2000 年第 3 期

马建忠的外交思想　　石蕾　　《镇江师专学报（社会科学版）》2001年第1期

马建忠的外交思想评述　　石蕾　　《江苏教育学院学报（社会科学版）》2001年第4期

马建忠与近代中国海军建设　　薛玉琴　　《史林》2002年第1期

试论马建忠的海防思想　　王如绘　　《东岳论丛》2003年第1期

马建忠对近代西方外交理念的接受与运用　　薛玉琴　　《淮阴师范学院学报（哲学社会科学版）》2003年第5期

马建忠的海防思想（上）　　刘中民　　《海洋世界》2010年第8期

马建忠的海防思想（下）　　刘中民　　《海洋世界》2010年第9期

马建忠与1882年《朝美修好通商条约》　　孙攀河　　《近代中国》2012年第22辑

试析马建忠与1882年的朝鲜——以马建忠在朝笔谈为中心　　李晓光　　《延边大学学报（社会科学版）》2019年第4期

马建忠与近代早期朝鲜地缘政治争端　　高磊　　《外国问题研究》2020年第2期

关于马建忠及其所著《勘旅顺记》　　韩行方　　《旅顺博物馆学苑》2020年

马金叙

论文

甲午抗日将领马金叙生平述略　　宋秀元　　《历史档案》1990年第1期

马玉昆

著作

马忠武公行述
1901年

介绍了马玉昆参加平壤之役的情况。

论文

记马忠武公大同江之役　《申报》1942年7月24日
爱国将领马玉昆　冯可　《安徽史学》1984年第3期

聂士成
论文

评聂士成　郑永福　《史学月刊》1981年第4期
评聂士成和他的《东游纪程》　廖一中　《天津社会科学》1982年第1期
略论聂士成　刘民山　《历史教学》1983年第11期
略论中日甲午战争时期的聂士成　于家福　《山东大学文科论文集刊》1984年第2期
聂士成与摩天岭保卫战　董守义　《历史知识》1984年第4期
中日甲午战争中的聂士成　董守义　《中日关系史论文集》（中日关系史第四次学术讨论会）　辽宁省中日关系史研究会1984年9月
聂士成与摩天岭保卫战　马骏　《军事历史》1986年第2期
聂士成与中日甲午战争　陈英　《安徽史学》2000年第3期
一部闪烁着爱国主义光辉的著作——聂士成与《东游纪程》　陈英　《安徽史学》2001年第2期
义和团时期的聂士成　贾熟村　《菏泽学院学报》2007年第4期
聂士成的近代化治军方略　陈英　范小萍　《金陵科技学院学报（社会科学版）》2010年第3期
聂士成之死　郭少丹　孙宝根　《重庆科技学院学报（社会科学版）》2011年第20期
聂士成朝觐及出生日期考　丁希宇　刘奎　《历史档案》2014年第4期
聂士成的武毅军及其兵操体育探析　徐吉　陈俊　《体育世界（学术版）》2014年第7期
辽阳市摩天岭聂士成碑刻考　于武　于淼　《大连近代史研究》2015年第12卷

从聂士成《东游纪程》看甲午前后东北御俄防日问题　樊雪蕾　《文教资料》2015 年第 19 期

试论甲午战争中的聂士成　关捷　韦苇　《明清论丛》2017 年第 1 期

甲午战争时期聂士成功过刍议　黄阳阳　《军事史林》2019 年第 11 期

聂士成的风雪之旅　王戡　《同舟共进》2019 年第 11 期

裴荫森
论文

裴荫森与福建船政局的重振及发展　王民　《福建师范大学学报（哲学社会科学版）》1989 年第 3 期

福建船政承前启后的重要人物裴荫森　林恩燕　《船政文化研究》中国社会出版社 2003 年 9 月

裴荫森与福建船政　吴永宁　《福建论坛（社科教育版）》2005 年专辑

裴荫森和中国第一舰　王卫华　《环球军事》2007 年第 19 期

丘逢甲
论文

丘逢甲传　江山渊　《小说月报》1915 年第 6 卷第 3 号

台湾先烈丘逢甲传　罗香林　《中国新论》1935 年第 1 卷第 3 号

丘逢甲传记　笃生　《四陆军月刊》1937 年第 11 期

丘逢甲传　王宇高　《国史馆馆刊》1948 年第 1 卷第 4 号

守台拒倭的丘逢甲　俞凌　《近代中国名人故事》1948 年 5 月 1 日

丘逢甲和他的台湾诗歌　曹晋康　《羊城晚报》1958 年 11 月 15 日

丘逢甲——台湾竹枝词百首之考证　王建竹　《台湾文献》1978 年第 29 卷第 2 期

血泪的诗篇　抗敌的鼓角——读爱国诗人丘逢甲的诗　邱铸昌　《中山大学学报》1979 年第 1 期

丘逢甲先生生平　郭兆华　《逢甲学报》1979 年第 12 期

抗日护台的丘逢甲　　卢嘉兴　　《艺文志》1979 年第 161 期

清末爱国诗人丘逢甲　　魏东海　　《梅江报》1981 年 1 月 11 日

丘逢甲在台湾任职考辩　　戚其章　　《汕头大学学报》1981 年第 1 期

应该正确评价丘逢甲　　潘国琪　　《东岳论丛》1981 年第 4 期

不要忘记爱国志士丘逢甲　　沫兰　　《光明日报》1981 年 9 月 1 日

台湾诗人丘逢甲　　任光椿　　《人民日报》1981 年 11 月 12 日

丘逢甲诗作中的爱国主义精神及其艺术特色　　丘铸昌　　《华中师范学院学报（哲学社会科学版）》1982 年第 1 期

台湾籍爱国诗人丘逢甲　　丘铸昌　　《人物》1982 年第 1 期

台湾诗人丘逢甲的爱国诗　　吴世常　　《社会科学》1982 年第 1 期

爱国诗人丘逢甲　　徐坤辉　　《中国建设》1982 年第 2 期

爱国诗人丘逢甲及其咏怀台湾的史诗　　刘学照　　《上饶师专学报》1982 年第 2 期

爱国志士丘逢甲　　张九洲　　彭乃坤　　戴鹏　　《河南师范大学学报》1982 年第 2 期

丘逢甲是近代民族英雄　　丘有俊　　《上杭文化》1982 年第 2 期

台湾爱国诗人丘逢甲　　梁文　　《明清诗人丛刊》1982 年第 2 期

爱国志士丘逢甲　　李景光　　《历史知识》1982 年第 6 期

丘逢甲　　陈品珍　　王志城　　《历史教学》1982 年第 10 期

丘逢甲及其诗歌　　杨桦　　《学术研究》1983 年第 1 期

近代爱国先驱丘逢甲　　汤国云　　《梅江报》1983 年 2 月 19 日

毕生为台湾回归而奋斗的丘逢甲　　刘晓梅　　《羊城晚报》1983 年 2 月 23 日

《爱国志士丘逢甲》补遗　　张启芳　　《上杭文史资料》1983 年第 3 辑

略论丘逢甲的诗　　黄香山　　《福建论坛》1983 年第 3 期

台籍志士丘逢甲和他的《岭云海日楼诗钞》　　连燕堂　　《学习与思考》1983 年第 5 期

台湾抗日爱国志士丘逢甲　　李实　　《南方日报》1983 年 8 月 8 日

近代台湾爱国志士丘逢甲　　黄杨　　《台声》1984 年第 1 期

沧海先生精神不死　　吴庄　　《岭南文史》1984 年第 2 期

沧海先生精神不死——纪念丘逢甲先生120周年诞辰的联想　吴庄　《岭南文史》1984年第2期

近代爱国先驱丘逢甲　汤国云　《岭南文史》1984年第2期

近代爱国先驱者丘逢甲　汤国云　《岭南文史》1984年第2期

丘逢甲《台湾竹枝词》校注　罗可群　《岭南文史》1984年第2期

丘逢甲在潮汕事迹作品述略　吴颖　许崇群　《韩山师专学报（社会科学版）》1984年第2期

散论丘逢甲的诗　丘铸昌　《岭南文史》1984年第2期

关于丘逢甲在台湾抗日的评价问题　廖伟章　《中山大学学报（哲学社会科学版）》1984年第4期

海岛风光民俗画　东宁史迹哈咏诗——评丘逢甲的《台湾竹枝词》　李廷锦　《中山大学学报（哲学社会科学版）》1984年第4期

丘逢甲生平大事年表　丘铸昌　《华中师范学院学报（哲学社会科学版）》1984年第4期

丘逢甲乙未保台事迹考　戚其章　《学术研究》1984年第4期

试论丘逢甲的爱国思想——纪念丘逢甲诞生一百二十周年　张正吾　吴宏聪　《中山大学学报（哲学社会科学版）》1984年第4期

试论丘逢甲的教育思想　古岭新　《中山大学学报（哲学社会科学版）》1984年第4期

爱国志士丘逢甲　何国华　《广州研究》1984年第5期

爱国主义的强音——读丘逢甲《岭云海日楼诗钞》　吴颖　许崇群　《学术研究》1984年第5期

丘逢甲爱国思想的发展　刘圣宜　《学术研究》1984年第6期

丘逢甲从爱国主义到民主主义者的发展　陈彪　《中国近代爱国主义论文集》1984年6月

丘逢甲"挟款潜逃"辩讹　徐博东　《学术研究》1984年第6期

甲午战争时期丘逢甲在台湾的抗日斗争　关捷　《中日关系史论文集》（辽宁大学科研处编）1984年8月

台湾爱国志士丘逢甲　古凡　《老人报》1984年11月6日

甲午战后反割台斗争的爱国志士丘逢甲　黄相等　《羊城晚报》1985

年1月9日

　　学习和发扬丘逢甲的爱国主义精神　　王致远　　《南方日报》1985年1月10日

　　杰出的爱国志士丘逢甲　　王致远　　《广州日报》1985年1月17日

　　丘逢甲与黄遵宪　　张又君　　《人民政协报》1985年1月18日

　　中国近代杰出的爱国主义者丘逢甲　　戚其章　　《人民日报》1985年1月21日

　　赋诗育才皆为国，满腔热血报中华（丘逢甲思想初探）　　陈修　　《嘉应师专学报》1985年第1期

　　近代爱国志士丘逢甲　　李鸿生　　《广东社会科学》1985年第1期

　　丘逢甲爱国思想的形成和发展　　丘铸昌　　《广东社会科学》1985年第1期

　　丘逢甲学术讨论会论点简介　　史斌　　《学术研究》1985年第1期

　　丘逢甲在台湾任职考辩　　戚其章　　《汕头大学学报》1985年创刊号

　　潮汕山水长在　沧海业绩永存——纪念丘逢甲诞辰120周年　　蔡荣武　　《汕头文史》1985年第2辑

　　略论丘逢甲抗日保台　　李明　　《暨南学报（哲学社会科学版）》1985年第2期

　　论爱国志士丘逢甲　　徐位发　黄展人　　《暨南学报（哲学社会科学版）》1985年第2期

　　丘逢甲《台湾竹枝词》初探　　罗可群　　《暨南学报》1985年第2期

　　从一首诗看丘逢甲与日本人士的关系　　丘铸昌　　《华中师范学院学报（哲学社会科学版）》1985年第4期

　　胸中有誓深于海　肯使神州竟陆沉？——丘逢甲生平事迹述略　　潮梅　　《近代广东名人录》1986年第1辑

　　丘逢甲的家世及对他爱国思想形成的影响　　罗可群　　《汕头大学学报（人文社会科学版）》1986年第2期

　　《丘逢甲评传》序　　杨应彬　　《华中师范大学学报（哲学社会科学版）》1986年第5期

　　爱国诗人丘逢甲　　黄杨　丘晨波　　《广州文史资料》1986年第35辑

高举义旗抗倭守土的爱国志士丘逢甲　李欣剑　《军事历史》1987年第1期

丘逢甲教育思想初探　何流　《广西师范学院学报》1987年第1期

丘逢甲在台湾抗战评价的几个问题　钟海漠　《中山大学研究生学刊（社会科学版）》1987年第1期

试析丘逢甲诗歌的艺术特色及其诗歌理论　黄志萍　徐博东　《台湾研究集刊》1987年第1期

爱国志士丘逢甲　张启芳　《上杭文史资料》（海外专辑）1987年第2辑

台湾抗日将领爱国诗人丘逢甲　李海金　《文史杂志》1987年第2期

《丘逢甲传》序　林增平　《学术研究》1987年第3期

芳名留史册　碧血照丹青——著名抗日志士、爱国诗人、教育家丘逢甲的生平史略　汤国云　《蕉岭文史》1987年第4辑

丘逢甲先生的人格与思想——丘逢甲诗研究之一　朱学琼　《近代中国》1987年第71期

朴实无华　翔实公允——评介《丘逢甲传》　郭汉民　《近代史研究》1988年第3期

丘逢甲与许南英　赵沛霖　《广东社会科学》1988年第3期

慷慨悲凉　雄壮激越——读丘逢甲的爱国诗篇　洪静渊　《名作欣赏》1988年第6期

丘逢甲与诗界革命　张永芳　《辽宁师范大学学报》1990年第1期

抗日、反帝、民主革命的壮歌——读丘逢甲《岭云海日楼诗钞》　郭香圃　《聊城师范学院学报（哲学社会科学版）》1990年第2期

试评抗日保台斗争中的丘逢甲与唐景崧　陈竹友　《广州师范学院学报（社会科学版）》1990年第3期

丘逢甲先生对国家民族的伟大贡献　郭兆华　《广东文献》1990年第20卷第1期

近代台湾诗坛的一对"双星"——丘逢甲与许南英　王盛　《台港与海外华文文学评论和研究》1990年

凭栏洒泪念台湾——丘逢甲《镇海楼》赏析　钟贤培　《岭南文史》

1992年第2期

蕉岭诗人丘逢甲　王煜　《贵州文史丛刊》1992年第4期

新马报章所见丘逢甲诗文及有关资料目录初编　王慷鼎　《华南师范大学学报（社会科学版）》1993年第3期

浅谈近代台湾爱国志士丘逢甲诗歌的思想内容　彭乃坤　《实事求是》1994年第2期

"思强中国，必以兴起人才为先"——试论丘逢甲的教育救国思想　陈申宏　《嘉应大学学报》1994年第4期

丘逢甲地方史诗的爱国主义情怀　子初　《韩山师范学院学报》1995年第1期

纪念丘逢甲诞辰130周年学术研讨会综述　曾燕　《学术研究》1995年第2期

丘逢甲与日本　赵春晨　《学术研究》1995年第2期

丘（逢甲）黄（遵宪）交谊论略　李吉奎　《中山大学学报（社会科学版）》1995年第2期

托物言志无限情——评丘逢甲的咏物诗　李廷锦　《中山大学学报（社会科学版）》1995年第2期

游览山水情犹在，千秋笔铸爱国心——丘逢甲内渡后所写记游诗的特色　古岭新　《中山大学学报（社会科学版）》1995年第2期

遗文永在，浩气长存——读《丘逢甲文集》　罗可群　《韶关大学学报（社会科学版）》1995年第3期

关于丘逢甲评价问题的若干思考　邓晋东　《嘉应大学学报（哲学社会科学）》1995年第4期

试论丘逢甲诗作中的"台湾意识"　黄志平　《湖南教育学院学报》1995年第4期

丘逢甲其人其诗　刘宗向　《统一论坛》1995年第5期

志士仁人道义交——爱国诗人许南英与丘逢甲的友谊　李尚行　丘晨波　《台声》1995年第9期

"四百万人同一哭　去年今日割台湾"——缅怀著名抗日复台将领、诗人、教育家丘逢甲　李存章　《广东史志》1996年第1期

思乡意挚　爱国情深——丘逢甲《春愁》、《元夕无月》品读　刘光前　《写作》1996年第1期

丘逢甲乙未抗日保台若干问题之我见　李祖基　《台湾研究集刊》1996年第4期

丘逢甲与乙未抗日保台运动　戚其章　《社会科学研究》1996年第4期

试论丘逢甲抗日保台军事思想及实践　李灿东　《台湾研究》1997年第1期

寄情思于明月　寓爱国于怀乡——读丘逢甲《元夕无月》(其二)　何业光　《岭南文史》1998年第1期

战血台澎心未死　寒笳残角海东云——丘逢甲乙未内渡后思想事迹述论　李祖基　《台湾研究》1998年第2期

丘逢甲与康有为　黄志平　徐博东　丘晨波　《台湾研究集刊》1998年第4期

生命的延续　爱国之传承(上)——丘逢甲与丘念台父子　徐博东　《台声》1998年第6期

《丘逢甲研究——1984年至1996年专集》简评　裘汉康　《学术研究》1998年第7期

生命的延续　爱国之传承(下)——丘逢甲与丘念台父子　徐博东　《台声》1998年第7期

丘逢甲与康咏的交往、唱和　陈新伟　《韩山师范学院学报》1999年第3期

笔端浩气满乾坤，除却悲歌百不存——丘逢甲诗歌"英气"漫谈　杨子怡　《韩山师范学院学报》1999年第4期

客家文化传统与精神对丘逢甲思想的影响　黄永　《广东史志》1999年第4期

忧国忧民　收复台湾是丘逢甲诗作的主旋律　李坦生　《三明职业大学学报》1999年第8卷第4期

略论丘逢甲爱乡爱国精神的统一　赖雨桐　《岭南文史》2000年第2期

丘逢甲"卷饷十万"传谣考辨　汪叔子　《广东社会科学》2000年第2期

丘逢甲和王晓沧《凤皇台放歌》的对比研究　陈新伟　《韩山师范学院学报（社会科学版）》2000年第3期

爱国诗人丘逢甲　莫砺锋　《江苏政协》2000年第4期

对近代中国"爱国主义"问题的剖析——兼论丘逢甲爱国思想的定位问题　李锦全　《东莞学人文丛 李锦全集》2000年第4期

对近代中国"爱国主义"问题的剖析——兼论丘逢甲爱国思想的定位问题　李锦全　《广东社会科学》2000年第4期

略论丘逢甲诗歌的文化情结与抒情意象　陈永标　《华南师范大学学报（社会科学版）》2000年第4期

论丘逢甲的英雄主义精神　张应斌　《嘉应大学学报》2000年第4期

诗歌近代化的追寻——进化论与丘逢甲诗歌创作　谢飘云　《华南师范大学学报（社会科学版）》2000年第4期

爱国爱乡　盼望统一——品读丘逢甲的《羊城中秋》诗　祁文　《语文月刊》2000年第9期

丘逢甲离台内渡考　戚其章　《学术研究》2000年第10期

爱国诗人丘逢甲的咏怀台湾诗　孙同发　苗军生　《政工学刊》2000年第12期

爱国思乡渴盼统一——丘逢甲《元夕无月》赏析　李建文　《语文天地》2000年第23期

感人肺腑的爱国诗篇——丘逢甲《春愁》赏析　罗荣显　《语文天地》2000年第24期

论丘逢甲的三次转变　冯君　《嘉应大学学报》2001年第1期

丘逢甲诗歌"英气"漫论　杨子怡　《中国韵文学刊》2001年第1期

试论丘逢甲与康、梁、黄之关系　丘铸昌　《学术研究》2001年第2期

丘逢甲离台内渡新考　张晓辉　付祥喜　《韶关学院学报（社会科学版）》2002年第1期

论丘逢甲诗歌的悲剧美　於贤德　《华南师范大学学报（社会科学版）》2002年第2期

丘逢甲与台湾的私塾及书院　黄新宪　《教育评论》2002年第2期

略论丘逢甲诗歌的悲剧美　姜维枫　《烟台师范学院学报（哲学社会

科学版）》2002 年第 3 期

　　一把辛酸泪　满纸爱国情——读丘逢甲《春愁》　陈恩科　《初中生必读》2002 年第 6 期

　　丘逢甲情景诗初探——读《岭云海日楼诗钞》　孙艳红　《广东史志》2003 年第 1 期

　　山海意象和弦——台湾诗人丘逢甲的中原情结和海洋意识　梁文宁　《广东教育学院学报》2003 年第 1 期

　　日据前期台湾的文化民族主义——以连雅堂、洪弃生、丘逢甲等为例　朱双一　《台湾研究集刊》2003 年第 3 期

　　试论抗日保台斗争中的丘逢甲　顾燕新　《苏州教育学院学报》2003 年第 3 期

　　感时愤事留佳篇——读《丘逢甲集》中的诗　邬和镒　《图书馆论坛》2003 年第 5 期

　　关于丘逢甲与黄遵宪"争雄"的问题　张应斌　《学术研究》2003 年第 6 期

　　略论近代台湾省籍爱国志士丘逢甲及其诗作　文克成　《广东省社会主义学院学报》2004 年第 1 期

　　亦文亦武　亦政亦教——丘逢甲的多面人生及其内涵　崔运喜　《龙岩师专学报》2004 年第 2 期

　　台湾爱国诗人丘逢甲　江怀　杨茜　《民族大家庭》2004 年第 5 期

　　血泪凝春愁　深情怀台湾——重读台湾诗人丘逢甲的感怀诗《春愁》　张永芳　《课外语文》2004 年第 7 期

　　一曲血泪酿成的爱国悲歌——读丘逢甲《春愁》　王华斌　《教育文汇》2004 年第 7 期

　　台湾爱国诗人丘逢甲的正气诗　顾育豹　《下一代》2004 年第 11 期

　　丘逢甲的爱国心与念台情　李鸿生　《同舟共进》2004 年第 12 期

　　忧国怀乡　动人心魄——丘逢甲《春愁》赏析　夏国荣　《语文天地》2004 年第 15 期

　　近代爱国先驱者——丘逢甲　汤国云　《岭南文史》2004 年增刊

　　一个时代的忧愤之歌——谈近代诗人丘逢甲的忧愤体验　邓达文　《岭

南文史》2004年增刊

话说丘逢甲的咏台诗　文克成　《湖南省社会主义学院学报》2005年第1期

爱国诗人丘逢甲的山水诗论　时志明　《苏州市职业大学学报》2005年第2期

从矛盾到与时俱进的丘逢甲思想——爱国与民主思想的双重变奏　李锦全　《广州社会主义学院学报》2005年第2期

论丘逢甲诗中的"新中国"思想　刘学照　《厦门大学学报（哲学社会科学版）》2005年第2期

丘逢甲——爱国志士浩气存　杨兴锋　李钟声　曾强　《南方日报》2005年2月21日

身陷万难犹奋起　乙未烽烟警今朝——论丘逢甲抗日保台光辉实践的重大现实意义　邓晋东　《广东省社会主义学院学报》2005年第3期

丘逢甲《虫豸诗》初探　李小燕　李晓静　《洛阳师范学院学报》2005年第4期

关于逢甲公之新发现　丘秀芷　《韶关学院学报（社会科学版）》2005年第5期

丘逢甲的爱国心与念台情　李鸿生　《韶关学院学报（社会科学版）》2005年第5期

丘逢甲的传统文化意识与两岸统一思想　刘焕云　《韶关学院学报（社会科学版）》2005年第5期

丘逢甲康有为的历史重叠与分途　马洪林　《韶关学院学报（社会科学版）》2005年第5期

红是秋栖魂，境乃诗入神——读丘逢甲七绝《山村即目》　许伯卿　《名作欣赏》2006年第3期

清劲浩瀚　激情深蕴——浅析丘逢甲的海洋诗　管华　《岭南文史》2006年第3期

丘逢甲诗作中的国恨乡愁　邵雍　《世纪》2006年第3期

论丘逢甲的爱国主义思想　赖世极　赖惠玲　《广东青年干部学院学报》2006年第4期

丘逢甲的台湾意识与统一思想及其启示　欧阳奇　彭世杰　《中共郑州市委党校学报》2006 年第 5 期

丘逢甲诗歌主题的三重奏与主旋律　陶德宗　《重庆三峡学院学报》2006 年第 5 期

天下健者——析丘逢甲的诗歌创作实践　管华　《现代语文》2006 年第 5 期

晚清诗坛双子星——黄遵宪与丘逢甲　管华　《深圳大学学报（人文社会科学版）》2007 年第 3 期

试论丘逢甲爱国主义思想形成的原因　孙泽学　任远林　《五邑大学学报（社会科学版）》2008 年第 2 期

丘逢甲研究综述　赵锟　《科技信息》（科学教研）2008 年第 7 期

岭南论流派独得古雄直——论丘逢甲的"雄直"诗风　郭同恩　《延安大学学报（社会科学版）》2009 年第 2 期

论丘逢甲诗歌艺术风格　刘志军　《乐山师范学院学报》2009 年第 2 期

解析龚自珍《己亥杂诗》与丘逢甲《春愁》　闻滔　《课外语文》（初中）2009 年第 5 期

国族至上、为仁由己、自强不息——浅论丘逢甲祖孙三代对中华优秀传统文化的传承与实践　黄志平　徐博东　《台湾研究》2009 年第 6 期

论悲剧美在丘逢甲诗歌中的体现　闫俊平　《忻州师范学院学报》2009 年第 6 期

中国近代"诗人"丘逢甲　聂蒲生　《黑龙江史志》2009 年第 20 期

丘逢甲台湾书写之文学作品研究　刘焕云　《中国韵文学刊》2010 年第 1 期

丘逢甲台湾竹枝词的艺术价值探析　温朝霞　《黑龙江社会科学》2010 年第 1 期

解析龚自珍《己亥杂诗》与丘逢甲《春愁》　常捷　《课外语文》2010 年第 4 期

丘逢甲与南洋华侨　冀满红　赵金文　《东南亚研究》2010 年第 6 期

诗中有人：丘逢甲山水诗的主体参与——兼论近代山水诗中的剑气箫心　尹玲玲　《名作欣赏》2010 年第 8 期

丘逢甲父子的爱国爱台情　崔军伟　毛文君　《兰台世界》2010 年第 23 期

抗日护台的爱国诗人——丘逢甲　王永宏　《中学政史地》（初中适用）2011 年第 1 期

丘逢甲筹组台湾义军抗日期间书信考论　郭华清　朱西学　《五邑大学学报（社会科学版）》2011 年第 2 期

丘逢甲诗歌研究综述　焦福维　《甘肃高师学报》2011 年第 6 期

丘逢甲诗歌创作中的中外事故与西学关怀　张思齐　《江西社会科学》2011 年第 10 期

丘逢甲诗歌英雄意象群的创设与其人生理想、自身际遇的关照　焦福维　《宝鸡文理学院学报（社会科学版）》2012 年第 6 期

20 世纪 80 年代以来丘逢甲研究综述　曹四霞　《嘉应学院学报》2013 年第 1 期

丘逢甲三事考辩　赫兰国　《重庆师范大学学报（哲学社会科学版）》2013 年第 1 期

文武双全，保家卫国——丘逢甲　温冰　《客家文博》2014 年第 2 期

浅谈丘逢甲诗歌的艺术特色　杨倩　《鸡西大学学报》2014 年第 10 期

丘逢甲佚文佚诗摭述　郭真义　《嘉应学院学报》2015 年第 9 期

论丘逢甲悲壮诗风的成因　宫伟伟　《嘉应学院学报》2016 年第 1 期

论丘逢甲诗中的英雄意象——重温丘逢甲收复台湾、统一祖国的理想　马亚中　任聪颖　《中国文学研究》（辑刊）2016 年第 2 期

丘逢甲的创作及其客家精神的体现　曾晓林　钟俊昆　《兰台世界》2016 年第 3 期

丘逢甲诗作中的遗民情结　宫伟伟　《宜宾学院学报》2016 年第 5 期

台湾文献中新发现的丘逢甲佚诗佚文　孔令彬　《名作欣赏》2016 年第 17 期

"丘逢甲与中国近代文化学术研讨会"在韩山书院召开　《韩山师范学院学报》2017 年第 1 期

谈台湾部分文章对丘逢甲抗日的误读及厘清　张正田　翁汀辉　《龙岩学院学报》2017 年第 1 期

丘逢甲生平事迹小考　孔令彬　《重庆师范大学学报（哲学社会科学

版）》2017 年第 2 期

丘逢甲佚文辑存　孔令彬　《韩山师范学院学报》2017 年第 2 期

论丘逢甲英雄情结与其诗文创作之关系——社会心理学角度的探究　郭丽平　《韩山师范学院学报》2017 年第 4 期

丘逢甲之巴蜀观——清末台湾士民的大陆理念之一瞥　张子开　《韩山师范学院学报》2017 年第 4 期

清末民初"航海诗"的特征及其现代性——以广东文人黄遵宪、梁启超、丘逢甲为例　程露　《广东开放大学学报》2017 年第 5 期

丘逢甲、梁启超《台湾竹枝词》比较论　杨文钰　段晓华　《嘉应学院学报》2017 年第 6 期

新加坡《天南新报》所见丘逢甲佚诗文辑存　孔令彬　《学术研究》2017 年第 11 期

《岭东日报》中所见丘逢甲佚文佚诗辑存　孔令彬　《汕头大学学报（人文社会科学版）》2018 年第 1 期

宁向枝头死抱香，用藏出处尽随心——丘逢甲的诗化人生与高尚品格　刘加洪　《黄河科技大学学报》2018 年第 2 期

别让"铭传"和"逢甲"舰寒了刘铭传和丘逢甲的爱国心　穆亮龙　《台声》2018 年第 23 期

渡海之后——丘逢甲诗中的台湾印记与沧海苍生情　廖美玉　《安徽师范大学学报（人文社会科学版）》2019 年第 2 期

失而复得的丘逢甲《秋感》十六首　孔令彬　《岭南文史》2019 年第 4 期

丘逢甲的祖根意识与对台文化交流探究　江晓兰　《红河学院学报》2022 年第 1 期

丘逢甲　《粤港澳大湾区文学评论》2022 年第 2 期

容闳

论文

容闳和他的《西学东渐记》　王芸生　《读书》1979 年第 6 期

论容闳与旧中国的近代化　郭吾真　《山西大学学报（哲学社会科学版）》1980年第3期

我国第一个留美毕业生容闳述评　汤才伯　《上海师范大学学报（哲学社会科学版）》1981年第4期

论容闳的爱国道路　刘新建　《西北民族大学学报（哲学社会科学版）》1982年第4期

容闳和中国近代首批官费留学生　关威　《历史教学》1983年第3期

容闳与洋务运动　袁鸿林　《南开史学》1985年第1期

容闳对中国近代留学教育的贡献　雷克啸　《教育评论》1986年第4期

容闳的爱国思想及其留学教育实践活动　陈国贵　《西南师范大学学报（人文社会科学版）》1987年第3期

容闳论略　宋佩华　《汕头大学学报》1987年第4期

容闳政治思想述评　李晓明　《湖北师范学院学报（哲学社会科学版）》1988年第4期

容闳与中国近代化　李吉奎　《中山大学学报（社会科学版）》1991年第1期

容闳与幼童留美　李志茗　《历史教学问题》1993年第5期

评容闳对中国近代化的贡献　郝宇青　《聊城师范学院学报（哲学社会科学版）》1994年第3期

试论容闳对中国近代化的贡献　蔡勒禹　《青岛海洋大学学报（社会科学版）》1994年第3期

试评容闳派遣留学生的"教育计划"　范立军　《松辽学刊（社会科学版）》1994年第3期

容闳思想研究　袁汉臣　《上海工会管理干部学院学报》1994年第4期

容闳与中国早期留学教育　贺芳玲　《上海高教研究》1995年第5期

从《西学东渐记》看容闳的爱国思想　于语和　《东岳论丛》1995年第6期

容闳与近代中国早期的外交　汪波　《安徽大学学报》1996年第6期

容闳的留学教育推动了中国近代化进程　陈汉才　《华南师范大学学报（社会科学版）》1998年第6期

容闳与丁日昌　　赵春晨　　《广州师范学院学报（社会科学版）》1999年第3期

容闳与近代"西学东渐"　　冀满红　　周山仁　　《山西大学学报（哲学社会科学版）》1999年第4期

容闳与中国近代化　　胡波　　林有能　　《求索》1999年第4期

"边缘人"的角色尴尬——容闳在晚清中国的人生境遇　　李细珠　　《学术论坛》2000年第3期

论容闳的教育救国思想与实践　　王敬平　　《焦作教育学院学报》2001年第2期

容闳和中国第一批幼童赴美留学活动始末述实　　胡德海　　《绵羊师范高等专科学校学报》2001年第3期

高瞻远瞩　勇于开拓——走向世界的一代杰出教育家容闳　　黄英　　吴洪成　　《西南师范大学学报（人文社会科学版）》2003年第1期

落叶归根与落地生根——从容闳与留美教育谈起　　章开沅　　《徐州师范大学学报》2004年第2期

容闳：中国近代留学教育的开拓者　　李永贤　　《国家教育行政学院学报》2004年第4期

中国近代留学运动的奠基人——容闳　　谢撼澜　　《文史月刊》2004年第8期

容闳的尴尬地位与中国幼童驻美肄业局的命运　　石霓　　《天津师范大学学报（社会科学版）》2005年第6期

容闳与晚清官派早期留学生　　周棉　　《百年潮》2006年第3期

容闳的"边缘人"角色与晚清"幼童留美"夭折　　周颖　　《牡丹江教育学院学报》2007年第3期

边缘人的救国路——容闳救国思想探析　　岳亮　　《洛阳师范学院学报》2007年第4期

"边缘人"的苦恼——论容闳在"西学东渐"与"东学西渐"中的角色　　董柏林　　《国家教育行政学院学报》2007年第10期

容闳与晚清留美教育　　魏登云　　张红丽　　《遵义师范学院学报》2008年第3期

容闳现代化思想发展述论　　沈潜　　《湖北师范学院学报（哲学社会科学版）》2008 年第 6 期

关于容闳研究的两点思考　　李喜所　　《天府新论》2009 年第 1 期

试论容闳的现代化思想品格——以《西学东渐记》为中心　　沈潜　　《历史教学问题》2009 年第 4 期

容闳强国思想与实践探析　　马伟胜　　赵品华　　《长春工程学院学报（社会科学版）》2010 年第 3 期

我们为什么要追寻容闳和留美幼童的足迹　　梁赞勋　　《徐州师范大学学报（哲学社会科学版）》2011 年第 5 期

容闳与晚清中国留学教育的开启　　陈新华　　《特区实践与理论》2011 年第 6 期

最早的"香蕉人"：留学先驱容闳新论　　周炽成　　《学术研究》2011 年第 10 期

容闳与中国近代的留学教育　　沈建利　　《黑河学刊》2012 年第 6 期

容闳与晚清幼童留美教育钩沉　　石芸　　孟祥祺　　《兰台世界》2012 年第 21 期

容闳和沈葆桢留学教育思想的比较　　朱孔京　　《中国社会科学院研究生院学报》2013 年第 5 期

容闳与晚清中西文化的交流　　高文芳　　《兰台世界》2013 年第 16 期

论容闳西学东渐的价值理念及实践　　马波　　《五邑大学学报（社会科学版）》2014 年第 1 期

容闳的晚清幼童留学计划对中国近代的影响　　陈志兰　　《淮北师范大学学报（哲学社会科学版）》2014 年第 2 期

通过《西学东渐记》解读容闳的爱国思想　　张慕洋　　赵巍巍　　《兰台世界》2014 年第 2 期

"中国留学生之父"容闳与不负众望的留美幼童　　曾媛媛　　《兰台世界》2014 年第 34 期

西学东渐：容闳的"中国梦"——晚清幼童留美启示　　高丽芳　　《吕梁学院学报》2015 年第 5 期

传播学视角下容闳与近代"西学东渐"　　周斑斑　　《广西职业技术学

院学报》2015 年第 6 期

容闳——中国近代留学教育的先行者　　张瑞安　《文史月刊》2016 年第 4 期

爱国救国：晚清留学生道路之选择——以容闳和严复为例　王越　《文教资料》2016 年第 15 期

容闳与中国幼童赴美留学　张小彩　《教育家》2017 年第 1 期

甲午战后容闳的实业思想述论　刘晶晶　赵璐　《山东农业工程学院学报》2017 年第 7 期

论容闳的"教育救国"思想　王续颖　《教育现代化》2017 年第 31 期

容闳的"教育梦"——读《西学东渐记》　杨雅欣　《江西广播电视大学学报》2019 年第 3 期

容闳赴美留学与东学西传　陈才俊　《唐廷枢研究》2020 年第 1 期

容闳与晚清"制器之器"理念　赵云波　冀豪伟　《科学文化评论》2020 年第 1 期

容闳与晚清赴美幼童计划：边缘人的求存和挣扎　崔语桐　《新楚文化》2023 年第 1 期

萨镇冰

著作

萨镇冰传——一生跨越四个历史时期的近代爱国海军宿将（图7-84）

萨本仁著　1994 年 1 月　海潮出版社

包括悠悠家世、扬帆英伦、北洋成军、甲午悲歌、重振海军、十年沉浮、以德治闽、耄龄壮志等内容。

图 7-84

锐舰——海军耆宿萨镇冰传（图7-85）

萨支辉　萨本仁著　2010 年 1 月　天津人民出版社

图 7-85

记录萨镇冰一生事迹，分为励志报国、十年沉浮、为善最乐等三部分。

论文

名人录（萨镇冰） 《国闻周报》1925 年第 2 卷第 24 期

记萨镇冰先生 冰心 《自由评论》1936 年第 17 期

萨镇冰将军访问记 《弘化月刊》1938 年第 89 期

老将萨镇冰纵谈国事 上海大陆报 《星期文摘》1940 年第 3 卷第 1 期

萨镇冰二三事 施无 《航海》1981 年第 6 期

萨镇冰生平及其轶事 陈贞寿 《福建文史资料》第 5 辑 1981 年 7 月

不贪——航海家萨镇冰的性格和作风 陈贞寿 《航海》1983 年第 1 期

海军宿将萨镇冰 陈贞寿 《福建论坛》1983 年第 3 期

记萨镇冰谈严复的翻译 戴镏龄 《中国翻译》1985 年第 8 期

近代海军宿将萨镇冰传略 王植伦 《中共福建省委党校学报》1988 年第 4 期

萨镇冰事功散论 郭剑林 苏全有 《福建论坛（文史哲版）》1994 年第 1 期

萨镇冰事迹与评价 田庸 蒋玮 《辽宁大学学报（哲学社会科学版）》1994 年第 4 期

田汉访问甲午海战名将萨镇冰 蓝桂英 《新文化史料》1996 年第 2 期

萨镇冰的海军生涯 马骏杰 《海洋世界》1996 年第 7 期

严于自律、心怀民众的爱国海军宿将萨镇冰 萨支辉 《历史教学问题》1997 年第 4 期

模范军人——萨镇冰 吴琼 《当代海军》2002 年第 10 期

萨镇冰与近代中国海军建设述评 苏全有 景东升 《天中学刊》2003 年第 4 期

"船政"人萨镇冰 萨本珪 《船政文化研究》 中国社会出版社 2003 年 9 月

"船政"人萨镇冰 萨本珪 《福州文史资料选辑》2003 年第 22 辑

海军宿将萨镇冰 黄典文 《文史春秋》2007 年第 9 期

亲历甲午海战的全国政协委员萨镇冰　何立波　《档案时空》2010年第1期

历经三朝的军人楷模萨镇冰　叶珩　《大科技》（百科新说）2012年第7期

萨镇冰据日岛抗日之民族精神　关伟　《大连近代史研究》2012年第9卷

北洋悍将萨镇冰：八门炮击退日本舰队　张德强　《档案天地》2014年第11期

海军将领萨镇冰对烟台海军学校发展的影响　曾华　彭效华　《兰台世界》2014年第13期

从接受美学角度看张培基英译《记萨镇冰先生》　阳星星　《散文百家》（理论）2021年第3期

清末兴复海军政策的酝酿、出台及其演变　彭贺超　《近代史学刊》2022年第1期

爱国海军宿将萨镇冰研究述评　陈陈　《福建史志》2022年第3期

沈葆桢
著作

沈葆桢生平与思想研究（沈葆桢巡台130周年学术研讨会论文集）（图7-86）
江苏省中国现代史学会等编　2004年6月
中共党史出版社
论文集。收录研究沈葆桢生平、思想的论文54篇。

图7-86

论文

沈葆桢与福建船政　陈贞寿　《福建论坛》1981年第3期
沈葆桢与台湾海防　杨彦杰　《福建论坛》1982年第1期

沈葆桢与台湾　李非　《历史教学》1986年第12期

沈葆桢与福州船政局　吴民贵　《湘潭大学学报（社会科学版）》1990年第3期

试论沈葆桢与福州船政局　吴红兵　《镇江师专学报（社会科学版）》1994年第3期

沈葆桢与1874年日本侵台事件　林庆元　《史学月刊》1995年第1期

沈葆桢与福州船政学堂　肖忠生　《教育评论》1997年第2期

《沈葆桢评传——中国近代化的尝试》中译本序　刘广京　《近代中国》（第九辑）　上海社会科学院出版社1999年6月

沈葆桢——中国近代海军的奠基人　张良勋　柯瑞　《现代舰船》2000年第4期

沈葆桢近代海防思想探讨　苏读史　《军事历史》2000年第4期

晚清沈葆桢的留学教育思想研究　董春　周谊　《乐山师范学院学报》2002年第6期

沈葆桢的海防思想　沈昌宁　《船政文化研究》　中国社会出版社2003年9月

沈葆桢及几位船政学堂学生的墓葬　黄荣春　《船政文化研究》　中国社会出版社2003年9月

沈葆桢维护主权与对外开放思想　孙佳　《船政文化研究》　中国社会出版社2003年9月

沈葆桢主持船政所产生的深远影响　高啸云　《船政文化研究》　中国社会出版社2003年9月

沈葆桢与近代中国的战略机遇期　陈日红　《漳州师范学院学报（哲学社会科学版）》2005年第1期

沈葆桢与中国海防近代化建设　韩文琦　《军事历史研究》2006年第2期

百年来的沈葆桢研究　张立程　《兰州学刊》2006年第5期

沈葆桢接任福州船政大臣动因探析　王芙蓉　《常熟理工学院学报》2008年第3期

从筹办铁甲船看沈葆桢的近代海防经略思想　覃寿伟　《长春工业大

学学报（社会科学版）》2009 年第 5 期

沈葆桢的海防思想（上）　刘中民　《海洋世界》2009 年第 11 期

沈葆桢的海防思想（下）　刘中民　《海洋世界》2009 年第 12 期

论沈葆桢与近代中国海军的复兴　邓泳有　《科技信息》2009 年第 32 期

沈葆桢军事教育思想初探　杨雅达　李晓丹　林兴龙　《西南农业大学学报（社会科学版）》2011 年第 10 期

沈葆桢海防建设的思想与实践　祝太文　张海林　《求索》2013 年第 10 期

沈葆桢的日本认识与国防战略　徐磊　《长春市委党校学报》2016 年第 3 期

沈葆桢的船政实践及贡献　汤伏祥　《福建理论学习》2016 年第 12 期

沈葆桢海防和海军建设思考及其实践　郑剑顺　《福建史志》2017 年第 3 期

沈葆桢在台湾的海防经略思想　姚依　弓凯婷　《福建史志》2022 年第 3 期

沈葆桢督江时期的南北洋关系（1875—1879）　许安朝　《湖北师范大学学报（哲学社会科学版）》2023 年第 1 期

沈葆桢的船政科技思想与实践（1867—1875）　赵勇　朱婷婷　周盼　《江苏科技大学学报（社会科学版）》2023 年第 3 期

沈寿昌

论文

论沈寿昌民族精神的弘扬　关捷　《大连近代史研究》2010 年第 7 卷

甲午英魂沈寿昌　韩洪泉　《大连近代史研究》2023 年第 18 卷

沈瑜庆

论文

"两收海军余烬"：甲午、庚子时期沈瑜庆事迹钩沉　戴海斌　《福建师范大学学报（哲学社会科学版）》2018 年第 4 期

盛宣怀

著作

中国第一代实业家盛宣怀（图7-87）

易惠莉著　　1994年10月　　江苏文史资料编辑部

讲述盛宣怀创办洋务实业的历程。

图7-87

盛宣怀与日本——晚清中日关系之多面相（图7-88）

盛承洪主编　　易惠莉编著　　2014年10月　　上海书店出版社

收录了盛宣怀传以及日本人士的来函。

图7-88

论文

实业界人物记——盛宣怀　黄秉慧　《实业之友》1943年第1卷第4期
盛宣怀与日本　刘恩格　吴国本　《中日关系史论集》1984年第2辑
盛宣怀与袁世凯　夏东元　《历史研究》1987年第6期
论甲午战争期间的盛宣怀　张红军　《山东社会科学》1993年第6期
盛宣怀与轮船招商局　赵晓雷　《财经研究》1993年第8期
盛宣怀和洋务民用企业　池银合　《常州名人传记》1993年12月
非常之世的非常之人——纪念盛宣怀诞辰150周年　夏东元　《上海交通大学学报（社会科学版）》1995年第1期
近代实业家盛宣怀　包树森　《江苏地方志》1996年第3期
盛宣怀高等教育实践与思想综论　李均　《武当学刊》1997年第3期
盛宣怀与甲午战争　张国斌　《学海》1998年第2期
盛宣怀经办洋务略论　荣长征　孙东河　《唯实》2001年增刊
二十世纪盛宣怀研究之回顾　易惠莉　《常州工学院学报》2002年第

3 期

  盛宣怀洋务思想探析 刘佩芝 黎刚 《上饶师范学院学报（社会科学版）》2006 年第 4 期

  盛宣怀与轮船招商局的改制 卢伯炜 《首届"晚清国家与社会"国际学术讨论会论文集》2006 年 8 月

  试论盛宣怀教育救国思想产生的缘由及其实践 代华 《陇东学院学报（社会科学版）》2007 年第 4 期

  盛宣怀的实业富国思想及实践 张庆锋 《华北水利水电学院学报（社会科学版）》2007 年第 5 期

  论盛宣怀的洋务思想及其主要活动 金刚 《吉林省教育学院学报》2009 年第 11 期

  甲午战争期间盛宣怀谋改换门庭始末 简珺 《大连近代史研究》2011 年第 8 卷

  盛宣怀与中国早期航海教育 杨千菊 《2011 年苏浙闽沪航海学会学术研讨会论文集》2011 年 10 月

  盛宣怀与甲午战争中的电报通讯保障 李强 《兰台世界》2011 年第 28 期

  投靠还是扩张？——从甲午战后两湖灾赈看盛宣怀实业活动之新布局 朱浒 《近代史研究》2013 年第 1 期

  甲午战后盛宣怀、张之洞政治交易说之辨正 朱浒 《中国社会科学论坛文集——政治精英与近代中国》 中国社会科学出版社 2013 年 9 月

  陈炽致盛宣怀未刊书札释读 张登德 《鲁东大学学报（哲学社会科学版）》2015 年第 4 期

  盛宣怀执掌轮船招商局始末（1883—1885） 秦文平 《陇东学院学报》2017 年第 6 期

  盛宣怀洋务活动对中国现代化的启示 吴鸣 《大连近代史研究》2017 年第 14 卷

  洋务与赈务：盛宣怀的晚清四十年 朱浒 《近代史研究》2021 年第 6 期

  新世纪以来国内盛宣怀研究回顾与展望 陈泽 《湖北理工学院学报

（人文社会科学版）》2023 年第 2 期

宋庆
论文

甲午辽河战役为宋庆辩　孙福海　《社会科学战线》1988 年第 1 期

甲午辽河战役中的宋庆　于耀洲　《社会科学辑刊》1989 年第 5 期

宋庆及其毅军的反侵略战争史　穆雷　《辽宁师范大学学报》1993 年第 3 期

甲午战争中的宋庆　刘晓焕　《齐齐哈尔师范学院学报（哲学社会科学版）》1995 年第 5 期

甲午名将——宋庆　刘晓焕　孟凡学　《春秋》1996 年第 3 期

宋庆题"虎"字碑　《齐鲁百年名碑集》（山东省政协文史资料委员会编）　山东美术出版社 1998 年 3 月

甲午战争辽东统帅宋庆碑刻辑　袁晓春　《碑林》2014 年集刊

昭忠祠碑与甲午白发将军宋庆　李学成　丁美艳　孟月明　《兰台世界》2015 年第 27 期

甲午战争辽东统帅宋庆碑刻考略　徐小斌　《文物天地》2017 年第 2 期

略述白发提督宋庆的爱国人生　戚俊杰　《大连近代史研究》2017 年第 14 卷

孙万林
论文

甲午威海抗日将领孙万林生平述略　宋秀元　《历史档案》1990 年第 2 期

甲午战争著名爱国陆军将领孙万林　丁宏模　李元庆　汝兴立　《利辛文史》（第一辑）　政协利辛县文史资料研究委员会 1997 年

甲午年孙万林军援威始末　孙建军　《大连近代史研究》2009 年第 6 卷

孙中山
论文

甲午战争与孙中山革命思想的形成　戚其章　《社会科学战线》1994年第4期

甲午战争与孙中山——兼评孙中山的革命战略和策略　俞辛　《首都师范大学学报（社会科学版）》1996年第5期

谭嗣同
论文

谭嗣同对洋务运动的考察　崔瑞华　《山东师范大学学报（社会科学版）》1992年第4期

从保守到激进——论甲午战争后谭嗣同政治思想的转变　李玥　《传承》2009年第14期

谭钟麟
论文

甲午战后谭钟麟治粤方策的利弊　田昭煜　杜宏春　《岭南文史》2023年第2期

唐景崧
论文

唐景崧与甲午战争　邵雍　《上海师范大学学报（哲学社会科学版）》1995年第1期

评抗日保台斗争中的唐景崧　季云飞　《学术论坛》1998年第3期

王国成
论文

甲午海战爱国水手——王国成　侯献春　《文登文史资料》1993年第8辑

王国成:《甲午风云》爱国水手的真实人生　吴若雪　《湖北档案》2011年第10期

王韬
论文

王韬对中日甲午战争的看法——读苏州博物馆藏《王韬致谢家福函稿》　谢晓婷　《苏州文博论丛》2010年

王文韶
论文

遗忘与铭记：王文韶与甲午战后北洋舰队重建　贺怀锴　冯巧霞　《忻州师范学院学报》2016年第1期

甲午战败后的北洋大臣王文韶　沈思越　《上海地方志》2018年第2期

直隶总督王文韶与甲午战后督直举措述论　马丁　赵颖霞　《保定学院学报》2021年第2期

王懿荣
论文

从甲午间举办登州团练看王懿荣的爱国精神　戚俊杰　《烟台师范学院学报（哲学社会科学版）》1996年第1期

从甲午间举办登州团练看王懿荣的爱国精神　戚俊杰　《大连近代史研究》2018年第15卷

王之春
论文

王之春访日与清政府的对日国防战略　徐磊　《日语学习与研究》2021 年第 4 期

魏光焘
论文

魏光焘抗日血战牛庄　王晓天　《学习导报》2002 年第 12 期
甲午战争中的魏光焘与牛庄防御战　靳实　周晓红　程英梅　《大连近代史研究》2006 年第 3 卷
晚清重臣魏光焘　陆霞　《邵阳学院学报（社会科学版）》2013 年第 1 期

卫汝贵
论文

甲午战争中最大的一桩冤案——卫汝贵被杀案考析　戚其章　《安徽史学》1990 年第 1 期
卫汝贵被杀是一桩冤案　廖宗麟　《安徽史学》1991 年第 4 期
卫汝贵被杀是一桩冤案　相禹　《军事历史》1992 年第 2 期
卫汝贵、叶志超相关问题考　张剑　《历史教学问题》2011 年第 6 期
卫汝贵是被冤杀的吗？　张剑　《探索与争鸣》2011 年第 12 期

文廷式
论文

文廷式传略　汪叔子　《江西社会科学》1985 年第 5 期
清末维新派思想家文廷式　曾鹤鸣　《历史教学》1989 年第 8 期

铁无可铸神州错，寒不能灰烈士心——论文廷式的爱国诗词　陈良运　《江西师范大学学报》1992年第1期

文廷式抗战思想评析　张丽春　《山西大学学报（哲学社会科学版）》1999年第1期

文廷式甲午后词作探微　林玫仪　《词学》2003年第14辑

文廷式近代化思想浅探　张梅霞　江湖　《淮南师范学院学报》2006年第6期

"东洲先觉者"：文廷式的近代意识　陈寒鸣　《理论与现代化》2010年第2期

文廷式百年研究述评　高晓波　《江西广播电视大学学报》2012年第1期

"六博争天数未终"：甲午、戊戌中拍案而起的文廷式——文廷式手录《知过轩诗钞》影稿本探析之一　曾文斌　《萍乡学院学报》2016年第5期

论文廷式甲午年后的词作变化　徐登昊　《萍乡学院学报》2020年第1期

翁同龢

著作

甲午战争与翁同龢（图7-89）

常熟市人民政府　中国史学会合编　1995年11月　中国人民大学出版社

论文集。收录研究翁同龢与甲午战争的论文31篇。

图7-89

论文

翁张交谊与晚清政局　章开沅　《近代史研究》1981年第1期

翁同龢　郑云山　《历史教学》1981年第10期

翁同龢与中日甲午战争　李俊山　《中日关系史论文集》（中日关系史第四次学术讨论会）　辽宁省中日关系史研究会 1984 年 9 月

翁（同龢）、文（廷式）交谊与其政治背景　刘方　《史学月刊》1986 年第 1 期

翁同龢与甲午战争　谢俊美　《华东师范大学学报（哲学社会科学版）》1986 年第 3 期

《甲午战争九十周年纪念论文集》　齐鲁书社　1986 年 10 月

论翁同龢　李茂高　《学术月刊》1988 年第 1 期

翁同龢与甲午和战之争　戚其章　《山东社会科学》1994 年第 2 期

甲午战争与翁同龢的士大夫本色　沈渭滨　《清史研究》1994 年第 4 期

"甲午战争与翁同龢"学术研讨会召开　裴适　《近代史研究》1994 年第 4 期

甲午战争与翁同龢学术研讨会综述　正平　《清史研究》1994 年第 4 期

甲午战争中的翁同龢　张凤翔　《内蒙古大学学报（哲学社会科学版）》1994 年第 4 期

翁同龢和帝党　汤志钧　《近代史研究》1994 年第 4 期

翁同龢、李鸿章关系探源　翁飞　《安徽史学》1994 年第 4 期

翁同龢与张謇的师生情、战友谊　周月思　《南通师专学报（社会科学版）》1994 年第 4 期

也论翁同龢在甲午战争中的作用与责任　朱金甫　《清史研究》1994 年第 4 期

翁同龢与甲午战争　龚书铎　《清史研究》1994 年第 5 期

翁同龢与 1895 年反割台斗争　谢俊美　《历史教学》1994 年第 11 期

论晚清政治生活中的翁同龢　王令云　《黄淮学刊（社会科学版）》1995 年第 4 期

翁同龢与中日甲午战争　沈缙　《社会科学》1995 年第 11 期

《甲午战争与翁同龢》出版　《历史档案》1996 年第 3 期

翁同龢奏请停购外洋船械一事的前前后后　谢俊美　《历史教学》1996 年第 9 期

翁同龢"朋谋纳贿"辩诬　戚其章　《历史教学》2000 年第 7 期

翁同龢与张謇关系新探——以乙酉至甲午科考期间为例　庄安正　《学术月刊》2002 年第 4 期

《翁同龢文献》与中日甲午战争研究　戚其章　《广东社会科学》2003 年第 1 期

略论清末枢臣翁同龢　王令云　《中州大学学报》2003 年第 4 期

20 世纪翁同龢研究述评　谢俊美　《江海学刊》2003 年第 6 期

翁同龢的人际交往与晚清政局　谢俊美　《历史教学》2003 年第 8 期

翁同龢以军费掣肘北洋说辩正　戚其章　《探索与争鸣》2003 年第 11 期

翁同龢与晚清政局　谢俊美　《天津师范大学学报（社会科学版）》2004 年第 6 期

忧时爱国　维新进步——纪念晚清政治家翁同龢逝世 100 周年　谢俊美　《人民论坛》2004 年第 11 期

试论翁同龢的爱国思想及其成因　陈丽峰　《历史教学问题》2005 年第 4 期

甲午中日战争中的翁同龢与张謇　祁龙威　《近代史资料》（第八十七册）　知识产权出版社 2006 年 11 月

翁同龢、张謇与甲午战争　房永兴　《兰台世界》2006 年第 21 期

翁同龢开缺、革职原因考　谢俊美　《江海学刊》2008 年第 3 期

甲午战争中的翁同龢与徐用仪　陆玉芹　《盐城师范学院学报（人文社会科学版）》2011 年第 2 期

晚清政局中的翁同龢　何玉英　《艺术科技》2012 年第 4 期

试析翁同龢与张之洞的思想轨迹　李元鹏　《兰台世界》2012 年第 18 期

晚清帝师翁同龢的维新思想研究　孟学华　《兰台世界》2013 年第 9 期

翁同龢与洋务运动述论——以同文馆风波为中心　沈潜　《常熟理工学院学报》2015 年第 1 期

新视野·新方法·新资料——近十年来翁同龢研究述论 (2004—2014)　孙政　《常熟理工学院学报》2015 年第 1 期

翁同龢的政治改革思想分析　陈斌　《才智》2016 年第 11 期

丁日昌致翁同龢信札考释　张燕婴　《文献》2017 年第 3 期

浅谈甲午战争前后翁同龢对西学态度的变化　胡颖楠　《新课程导学》

2017 年第 8 期

翁同龢于晚清对外交涉中的法律活动与思想　华友根　《衡水学院学报》2019 年第 3 期

李鸿章翁同龢往来信札考释　李文君　《安徽史学》2020 年第 3 期

吴大澂致翁同龢信札考释　李文君　《江苏理工学院学报》2021 年第 1 期

孙毓文致翁同龢信札考释　李文君　《济宁学院学报》2021 年第 3 期

南京博物院藏吴大澂致翁同龢信札三通初探　徐森　《中国典籍与文化》2023 年第 1 期

吴长庆
论文

吴长庆　陆方　《安徽史学》1984 年第 4 期

吴长庆与朝鲜"壬午兵变"　夏冬波　《江淮文史》2005 年第 5 期

吴长庆与袁世凯　夏冬波　《江淮文史》2006 年第 3 期

吴长庆与袁世凯关系述论　张华腾　《安徽史学》2010 年第 4 期

关于淮军名将吴长庆的三个问题　夏冬波　余斌　《巢湖学院学报》2013 年第 4 期

吴大澂
论文

甲午战争中之吴大澂　顾廷龙　《史地周刊》1934 年第 15 期

甲午战争中之吴大澂　顾廷龙　《史地社会论文摘要月刊》1935 年第 1 卷第 4 期

甲午战事中之吴大澂　《度量衡同志》1936 年第 5 卷第 3 期

吴大澂评价问题简议　董万仑　《东方论丛》1979 年第 6 期

湘军出关对日作战的溃败与吴大澂　陈崇桥　《辽宁大学学报》1982 年第 3 期

论吴大澂　邹范林　《荆州师专学报》1991 年第 4 期

吴大澂评价问题浅议　张志坤　《辽宁大学学报（哲学社会科学版）》1996 年第 4 期

吴大澂评述　曹立前　《山东师范大学学报（人文社会科学版）》2004 年第 2 期

爱国爱民的一代名臣吴大澂　高艳　《黑龙江史志》2005 年第 4 期

金石功臣，篆书大家：吴大澂　雷树德　《书屋》2013 年第 4 期

甲午战场上的儒将吴大澂其人其事　张雅晶　《北京观察》2014 年第 7 期

甲午前后的长沙——以吴大澂致汪鸣銮信札为依据的考察　李文君　《长沙大学学报》2021 年第 3 期

甲午年吴大澂致汪启信札　李文君　《贵州文史丛刊》2022 年第 2 期

吴彭年
论文

乙未反割台斗争中的吴彭年　戚其章　《历史教学》1987 年第 9 期

吴汤兴
论文

反割台斗争中的吴汤兴　戚其章　《历史知识》1984 年第 4 期

伍廷芳
论文

记伍廷芳　《现代政治人物述评》（中卷）　文海出版社 1966 年 1 月

试论伍廷芳　世博　伯钧　《历史教学》1991 年第 6 期

伍廷芳晚清交涉活动述评　梁建　《遵义师范高等专科学校学报》2000 年第 4 期

试论伍廷芳的外交思想　李运昌　《山东电大学报》2003 年第 4 期

伍廷芳的国际和平法思想　方卫军　《华东政法学院学报》2004 年第 4 期

日本机密档案中的伍廷芳　孔祥吉　村田雄二郎　《清史研究》2005 年第 1 期

伍廷芳的幕僚生涯　杨海岩　《五邑大学学报（社会科学版）》2006 年第 1 期

伍廷芳与中日长崎事件　张礼恒　《东岳论丛》2006 年第 2 期

试论伍廷芳的外交思想　武乐堂　《五邑大学学报（社会科学版）》2006 年第 4 期

谢葆璋
论文

冰心之父的海军生涯——记北洋政府海军次长谢葆璋　唐宏　王红　《航海》1995 年第 6 期

海军名宿谢葆璋　王淼　《军事文摘》2016 年第 9 期

徐邦道
论文

徐邦道在旅大——《清史稿·徐邦道传》释正　孙绍华　《辽宁师范大学学报（社会科学版）》1980 年第 2 期

徐邦道　蒲国树　《历史教学》1981 年第 12 期

徐邦道奋战旅顺口　蒲国树　《历史知识》1982 年第 1 期

徐邦道　罗继祖　《史学集刊》1982 年第 2 期

《徐邦道在旅大》正误　王宇　《辽宁师范学院学报》1983 年第 6 期

《清史稿·徐邦道传》订误　王宇　《社会科学辑刊》1984 年第 1 期

甲午陆战中的抗日英雄徐邦道　马东玉等　《人物》1990 年第 4 期

徐邦道生卒年及甲午战争诸事考　于海　《大连近代史研究》2015 年

第 12 卷

徐建寅

论文

我国清末爱国科学家徐建寅　季鸿崑　王治浩　《自然科学史研究》1985 年第 3 期

纪念徐建寅遇难八十五周年学术讨论会在沪举行　朱洪斌　《历史教学》1986 年第 10 期

爱国科学家徐寿、徐建寅在洋务运动中的作用　朱洪斌　《历史教学》1988 年第 3 期

徐建寅年谱　汪广仁　《清华大学学报（哲学社会科学版）》1997 年第 3 期

徐建寅的译著与西方近代技术的引进　傅琰　汪广仁　《哈尔滨工业大学学报（社会科学版）》2002 年第 1 期

徐建寅与福州船政　徐泓　《福州文史资料选辑》2003 年第 22 辑

徐建寅奏折与甲午海战时的北洋海军　华云　《中国档案》2005 年第 5 期

徐建寅与中国近代海军的渊源　徐泓　《航海》2008 年第 4 期

徐建寅查验威海船械史实考　徐泓　《东方论坛》2010 年第 3 期

徐建寅与《兵学新书》　徐泓　包正义　顾敏立　《军事历史研究》2012 年第 1 期

徐寿、徐建寅与中国近代造船工业的兴起　徐泓　包正义　《船舶工程》2019 年第 8 期

研求救世之策，莫若兵学为先——徐建寅军事翻译述论　张美平　《中国翻译》2023 年第 4 期

许钤身
论文

中国首任驻日使节许钤身　贾熟村　《浙江学刊》1998年第6期
许钤身未能出使日本考　方英　《历史档案》2009年第1期
许钤身未能出使日本考辨——兼与方英研究员商榷　赵高峰　《濮阳职业技术学院学报》2010年第4期

徐庆璋
论文

甲午战争中的徐庆璋　宋抵等　《东北地方史研究》1985年第1期
徐庆璋在甲午战争期间与日军作战相关事迹考述——从千山龙泉寺"屏藩独峙"摩崖谈起　梁继　胡崇炜　《鞍山师范学院学报》2012年第1期

徐骧
论文

徐骧传（节录）　江山渊　《小说月报》1918年第9卷第3期
甲午战争后领导台湾人民抗日的爱国主义者——徐骧、刘永福　李光壁　《历史教学》1951年第1卷第3期
徐骧与反割台斗争　方奎　《湖北日报》1982年7月23日
爱国志士徐骧　陆茂清　《中学历史教学》1984年第1期
《徐骧传》订误　戚其章　《岭南文史》1985年第2期
捍卫国土台湾　誓不生还中原——台湾抗日英雄徐骧　雷颐　《中国近代爱国者百人传》黑龙江人民出版社1985年3月
试析台湾各阶层对马关签约的反响——兼议徐骧之历史功绩　王政尧　《清史研究》1998年第4期
《徐骧传》史料价值及作品性质考析　刘雄　《经济与社会发展》2006年第7期

乙未武装反割台义军统领吴汤兴、徐骧、邱国霖大陆祖籍考　徐博东　黄志平　《台湾研究》2015 年第 6 期

薛福成
论文

中国近代爱国主义思想家薛福成　余德仁　《河南师范大学学报（哲学社会科学版）》1984 年第 2 期

探讨薛福成《筹洋刍议》——整理薛氏文稿资料琐记　吴岭岚　《东南文化》1985 年第 1 辑

薛福成论　任亮直　《殷都学刊》1985 年第 4 期

论薛福成的外交思想　韩昱　《山东师范大学学报（社会科学版）》1987 年第 4 期

薛福成军事思想叙论　孟彭兴　《史林》1989 年增刊

晚清使才薛福成　胡代聪　《外交学院学报》1997 年第 2 期

从洋务论者到改良派代表——论薛福成的思想　李珍梅　《雁北师范学院学报》1998 年第 6 期

试论薛福成对藩属国的政策主张　刘悦斌　《近代史研究》1998 年第 6 期

薛福成和中国早期现代化　王庚唐　《苏州大学学报》1999 年第 1 期

略论薛福成的近代化思想　常云平　《重庆师范学院学报（哲学社会科学版）》1999 年第 4 期

薛福成年谱　周中明　《古籍研究》2000 年第 2 期

略论薛福成的外交思想　徐建玉　《苏州丝绸工学院学报》2000 年第 6 期

试论薛福成"以夷制夷"思想　周锦涛　李小标　《遵义师范高等专科学校学报》2001 年第 2 期

试析薛福成的军事改革思想　胡门祥　《乐山师范学院学报》2002 年第 1 期

薛福成及《出使四国日记》　范福军　《档案与建设》2002 年第 2 期

薛福成的日本观　胡门祥　《株洲师范高等专科学校学报》2002 年第 3 期

薛福成修改不平等条约的思想　胡门祥　陈安贤　《广西社会科学》2003 年第 10 期

略论薛福成充当幕僚时的外交思想　刘国华　《宜宾学院学报》2004 年第 5 期

略论薛福成充当幕僚时的外交思想　刘国华　《江南论坛》2004 年第 8 期

试论薛福成的外交思想　马彦丽　《湖北教育学院学报》2005 年第 4 期

论薛福成的国防思想　邹琪　《南京政治学院学报》2006 年第 5 期

论薛福成的外交思想与实践　胡门祥　《牡丹江师范学院学报（哲学社会科学版）》2007 年第 4 期

薛福成外交思想成因探析　胡门祥　《内江师范学院学报》2010 年第 11 期

薛福成外交思想的主要内容　侯玉　《江南论坛》2010 年第 12 期

薛福成：从洋务派到早期维新派——以《出使四国日记》为中心　戴娟　《无锡职业技术学院学报》2014 年第 2 期

论薛福成的边防思想　宋胜瑞　《保定学院学报》2014 年第 6 期

晚清《申报》刊载的薛福成史料　张天星　《历史档案》2015 年第 4 期

薛福成、黄遵宪与晚清海禁政策的废除　李思聪　《齐齐哈尔大学学报（哲学社会科学版）》2015 年第 7 期

浅析薛福成与曾纪泽的外交思想　樊爱萍　《齐齐哈尔大学学报（哲学社会科学版）》2016 年第 3 期

晚清使西日记中的中西文化观——以《薛福成日记》为例　谢丹　《江南论坛》2016 年第 5 期

薛福成论中西文明盛衰——以《出使英法义比四国日记》为中心的探讨　高波　《新史学》2019 年第 2 期

论薛福成《出使英法义比四国日记》　李朝阳　《安庆师范大学学报（社会科学版）》2023 年第 4 期

严复
论文

严复思想试探　　王汝丰　　《中国近代思想家研究论文选》（中国人民大学中国历史教研室编）　生活·读书·新知三联书店 1957 年 4 月

严复甲午战争时期写的三通手札　　曾凡　　《文物》1975 年第 11 期

比较文化研究的新成果——《严复与福泽谕吉》略评　张岱年　王宗昱　《中州学刊》1991 年第 6 期

甲午战争时期严复爱国思想的特色　苏立中　涂光久　《华中师范大学学报（哲学社会科学版）》1994 年第 5 期

严复与袁世凯　马克锋　《福建论坛（文史哲版）》1994 年第 11 期

建国以来严复思想研究综述　李承贵　《学术月刊》1995 年第 10 期

严复与北洋水师学堂的建制　徐曼　《历史教学》1996 年第 6 期

"严复与中国近代化"学术讨论会综述　林平汉　《史学月刊》1998 年第 3 期

严复在福建船政局实习期间的史实考订　俞政　《苏州大学学报》1998 年第 4 期

严复的教育生涯　皮后锋　《史学月刊》2000 年第 1 期

近代杰出的启蒙思想家、翻译家和教育家——严复　《世纪桥》2000 年第 6 期

严复家世　林国清　林荫予　《福州文史资料选辑》2003 年第 22 辑

近代中国启蒙思想先驱　李进修　《中国近代启蒙思想家——严复诞辰 150 周年纪念论文集》　方志出版社 2003 年 12 月

留英期间严复与郭嵩焘交往研究　房奕　《中国近代启蒙思想家——严复诞辰 150 周年纪念论文集》　方志出版社 2003 年 12 月

论严复的战和思想　孙佳　《中国近代启蒙思想家——严复诞辰 150 周年纪念论文集》　方志出版社 2003 年 12 月

论严复思想的价值与贡献　林启彦　《中国近代启蒙思想家——严复诞辰 150 周年纪念论文集》　方志出版社 2003 年 12 月

试论严复的海权思想　叶芳骐　《中国近代启蒙思想家——严复诞辰

150周年纪念论文集》　方志出版社2003年12月

　　严复与晚清海军教育　刘晓琴　《中国近代启蒙思想家——严复诞辰150周年纪念论文集》　方志出版社2003年12月

　　严复对战与和的理性思考　孙佳　郑剑顺　《福建省社会主义学院学报》2004年第1期

　　严复留英期间的几个问题　俞政　《安徽史学》2004年第1期

　　"总教习"还是"洋文正教习"——严复任职北洋水师学堂期间若干史实考证　马自毅　《历史研究》2004年第2期

　　严复海权思想初探　王荣国　《厦门大学学报（哲学社会科学版）》2004年第3期

　　新史料、新见解与严复的本来面貌——《严复大传》平议　李承贵　《博览群书》2004年第8期

　　近十年来严复思想研究综述　张雪萍　《新疆社科论坛》2005年第1期

　　严复任职北洋水师学堂期间若干史实再考证——兼与马自毅先生商榷　史春林　《福建论坛（人文社会科学版）》2005年第3期

　　严复在津活动考　徐曼　《许昌学院学报》2006年第6期

　　严复、伊藤博文"同学"说考订　马自毅　《史学月刊》2006年第7期

　　严复与晚清幕府　王天根　《史学月刊》2006年第8期

　　中日近代人才观比较——严复与伊藤博文的个案分析　杨锦云　《鄂州大学学报》2007年第4期

　　近代"西学"思想传播第一人——严复　张丽萍　《东南传播》2007年第8期

　　严复任职天津水师学堂史实再证　姜鸣　《历史研究》2008年第3期

　　甲午战争前后严复的日本观　陈友良　《福建师范大学福清分校学报》2008年第4期

　　严复与袁世凯关系探微　辛红光　《史学月刊》2008年第5期

　　历史传说与官本位意识：严复、伊藤博文同学说的形成与启示　皮后锋　《江海学刊》2008年第6期

　　"严复书札"伪作与严复伊藤博文"同学"说的再传播　孙应祥　皮后锋　《广东社会科学》2008年第6期

严复与伊藤博文"同学"说探源　皮后锋　《史学月刊》2008 年第 11 期

严复与天津水师学堂　皮后锋　《福建论坛（人文社会科学版）》2009 年第 1 期

严复与李鸿章关系释论——以"怀才不遇说"为中心的讨论　陈友良　《福建师范大学学报（哲学社会科学版）》2009 年第 5 期

严复和福泽谕吉的西学观之比较　张华　《延边大学学报（社会科学版）》2010 年第 2 期

严复与福州船政文化　肖来付　《福州党校学报》2010 年第 4 期

严复的海军理论素养与实践能力　皮后锋　《福建论坛（人文社会科学版）》2010 年第 9 期

从严复与李鸿章的关系论清浊流之争的教训　林怡　《福州大学学报（哲学社会科学版）》2011 年第 2 期

严复初莅天津水师学堂的职称　皮后锋　《福建论坛（人文社会科学版）》2011 年第 9 期

留学英伦与严复对中国近代史学的影响　赵少峰　刘衍钢　《沈阳师范大学学报（社会科学版）》2012 年第 5 期

严复的军事教育实践与思想　张洪　张艳萍　吴晓宇　《军事历史》2013 年第 3 期

严复与北洋水师学堂　吴晓宇　《军事历史》2013 年第 3 期

近代启蒙思想家严复的海权思想——一个有关马汉海权思想引介与运用的考察　冯志阳　侯杰　《国家航海》2013 年第 4 辑

严复与近代航海军事教育　杨千菊　《航海教育研究》2013 年第 4 期

重塑"不变之道"：甲午战后严复四篇时评研究　胡其柱　《政治思想史》2015 年第 1 期

严复的"海军强国"梦及时代意义　吴晓宇　张洪　李清川　《军事历史》2015 年第 2 期

严复国民性改造思想产生的历史背景考察　韩建萍　《保定学院学报》2015 年第 2 期

严复在中国海军史上的地位及其海防理念　林怡　《中共福建省委党

校学报》2015 年第 2 期

严复对腐败现象揭示与反思的当代意义　孙汉生　《福州大学学报（哲学社会科学版）》2015 年第 3 期

陶铸国民：严复与中国启蒙运动——纪念严复诞辰 160 周年　高力克　《历史教学》（上半月刊）2015 年第 10 期

中国之道的转折点——严复对甲午海战的观察与反思　冯志阳　《国家航海》2015 年第 11 辑

严复对甲午战争的认识研究　米斌斌　曹卫东　张宇豪　杨敏捷　《军事交通学院学报》2015 年第 12 期

严复的海权观及海军建设思考　郑剑顺　《福建史志》2016 年第 4 期

从严复与伊藤博文仕途之差异比较近代中日选官制度　胡娇　《佳木斯职业学院学报》2018 年第 12 期

天津水师学堂及严复在其任职期间的史实简论　李朦　《福建史志》2019 年第 5 期

严复与孙中山海权思想比较　尹佳秋　《湖北职业技术学院学报》2020 年第 3 期

严复对甲午战争的若干看法　戚庆雨　《文山学院学报》2020 年第 5 期

严复：基于近代新文化的海权与海军思想　方堃　《福州大学学报（哲学社会科学版）》2021 年第 5 期

闫世开

论文

甲午战争时期辽南抗日烈士闫世开考略　孙克复　《方志天地》1992 年第 1 期

杨用霖

论文

广受赞扬的北洋海军爱国将领杨用霖　戚俊杰　《大连近代史研究》

2019 年第 16 卷

姚锡光

论文

    试评姚锡光《东方兵事纪略》　廖宗麟　《文献》1986 年第 4 期

    姚锡光与镇江江防快炮台　戴志恭　《中国历史博物馆馆刊》1995 年第 2 期

    海权论的传入和晚清海权思想　周益锋　《唐都学刊》2005 年第 4 期

    姚锡光与《东方兵事纪略》　舒习龙　《历史档案》2006 年第 3 期

    姚锡光与晚清边疆治理　舒习龙　《成都理工大学学报（社会科学版）》2006 年第 3 期

    姚锡光述论　舒习龙　《史林》2006 年第 5 期

    姚锡光与清末军事建设　舒习龙　《兰台世界》2006 年第 22 期

    姚锡光生平及其成就初探　舒习龙　《长江论坛》2007 年第 1 期

    姚锡光在甲午战争前后的军事思想及活动　马骏杰　《军事历史研究》2007 年第 1 期

    晚清江苏人与日本文化的交流和融合　舒习龙　《淮北煤炭师范学院学报（哲学社会科学版）》2008 年第 4 期

    姚锡光：壮志难酬，忧国筹边　孙宏年　《世界知识》2010 年第 10 期

    海洋意识：从海防到海权的进步　庄秋水　《珠江水运》2014 年第 21 期

    《东方兵事纪略》考补　舒习龙　《北京教育学院学报》2015 年第 1 期

    晚清长江中下游炮台考略　宋胜瑞　杨松　《合肥学院学报（社会科学版）》2015 年第 4 期

    姚锡光对清末海权的深度诠释　赵书刚　《郑州大学学报（哲学社会科学版）》2018 年第 5 期

    北大图书馆藏姚锡光《筹陆军刍议》及其史料价值　彭贺超　《文献》2020 年第 6 期

叶庆颐
论文

清季赴日民间文人叶庆颐考　王宝平　《浙江外国语学院学报》2013年第1期

《策鳌杂摭》：首部晚清民间文人日本研究专著　王宝平　《浙江外国语学院学报》2014年第4期

叶志超
论文

叶志超和平壤之役　廖宗麟　《历史知识》1984年第5期
评叶志超甲午平壤溃围　曾明　《近代史研究》1989年第1期
实事求是地评价平壤之役中的叶志超　廖宗麟　《安徽史学》1989年第3期
"三十六计莫如走"的清军统帅叶志超　哈恩忠　《北京档案》2014年第8期

叶祖珪
论文

近代海军爱国将领叶祖珪事略　叶芳骐　《福建文史资料》1984年第8辑 海军史料专辑
近代爱国将领叶祖珪　叶芳骐　《福州师专学报》1985年第2期
严复、叶祖珪、萨镇冰三老的交谊　叶芳骐　《福州文史资料选辑》（纪念马尾船政一百三十周年专辑）1996年第15辑
叶祖珪年谱　叶芳骐　《福州师专学报》1997年第1期
壮怀悲歌——船政伟人叶祖珪墓前感怀　叶芳骐　叶荫人　《东南传播》2006年第6期
《沿江沿海各省炮台图说》与叶祖珪的海防思想　贾浩　《中国国家

博物馆馆刊》2016年第8期

清末海军名将叶祖珪墓志铭考略　林江　《福建文博》2023年第4期

依克唐阿
论文

依克唐阿与甲午战争　孙克复　《黑河学刊》1984年第2期

论依克唐阿　戚其章《东方论丛》1992年第1期

甲午战将依克唐阿　王金山　刘炳桥　田崇法　《济宁师专学报》1994年第3期

依克唐阿在辽南地区与日军作战考——从千山无量观万岁峰摩崖更易谈起　梁继　《鞍山师范学院学报》2011年第3期

盛京将军依克唐阿与《尧山将军碑》《大清将军依碑》　井肖冰　《满语研究》2014年第1期

诚勇戍边然正气　精忠报国垂青史——清代名将依克唐阿考　张宁　《黑龙江史志》2014年第9期

清代戍边"虎将军"　毕玮琳　王法权　田婕　《吉林日报》2018年3月10日

面对历史的时间——评吕仁杰的《盛京将军依克唐阿》　高维生　《文学教育》2018年第7期上

盛京将军依克唐阿　吕仁杰　《文学教育》2018年第7期上

千山甲午战争碑刻考　王立伟　《大连近代史研究》2018年第15卷

奕劻
论文

奕劻与甲午战争　周增光　《满族研究》2011年第4期

奕䜣
论文

论奕䜣　夏东元　《华东师范大学学报》1982年第5期

奕䜣与中国近代外交　宝成关　《近代史研究》1989年第3期

评《恭亲王奕䜣大传》　高虹　《社会科学辑刊》1990年第1期

奕䜣与总理衙门的建立述评　刘耿生　《历史档案》1990年第3期

奕䜣——中国近代屈辱外交的始作俑者　方堃　《世界知识》2001年第18期

奕䜣在甲午战争期间外交活动的考察　关捷　《满族研究》2009年第1期

奕䜣条约观念论析　崔应忠　曾科　《文史博览》（理论）2009年第5期

浅论奕䜣的自强思想　王艳芝　《湖州师范学院学报》2009年第6期

奕䜣在甲午战争期间的外交活动　关捷　闵园　《大连近代史研究》2009年第6卷

论奕䜣对条约的认识　赵宏林　《内江师范学院学报》2010年第3期

恭亲王奕䜣研究综述　袁丙澍　葛晓萍　《河北广播电视大学学报》2014年第2期

试析奕䜣的外交思想与策略　张春燕　《吉林广播电视大学学报》2014年第7期

奕譞
论文

醇亲王奕譞巡阅北洋海防　李国强　《紫禁城》1987年第4期

奕譞与洋务　杨益茂　《中国人民大学学报》1990年第2期

奕譞巡阅海防经过　溥任　《紫禁城》1990年第4期

论醇亲王奕譞　潘向明　《清史研究》2006年第2期

奕譞与晚清政局　宋永林　李伟强　《西部学刊》2017年第2期

奕谟与甲申政潮　宋永林　《河南科技大学学报（社会科学版）》2017年第3期

醇亲王奕谟研究综述　胡乐凯　宋永林　《史志学刊》2017年第4期

永山
论文

永山——青年爱国将领　孙克复　《文化知识》1982年第4辑

近代的爱国将领——永山、寿山　孙克复　《黑河学刊》1983年第1期

寿山与永山　定天　《奋斗》1984年第4期

寿山、永山志略　邦厚　来兴　《黑河学刊（地方历史版）》1987年增刊

袁保龄
论文

袁保龄与旅顺工程局　孙桂翠　《大连近代史研究》2012年第9卷

《阁学公集》与袁保龄研究综述　路懿菡　《大连城市历史文化研究》2018年第2辑

谈袁保龄对旅大地区海防的贡献　武艳飞　《辽宁师专学报（社会科学版）》2018年第5期

袁保龄致周馥信函考　孙海鹏　《中国文化》2019年第2期

袁保龄与旅顺海防建设　吕煜　一丁　《大连城市历史文化研究》2019年第3辑

贞松病鹤筑忠魂——赞旅顺建港筑坞功臣袁保龄　周祥令　《大连近代史研究》2019年第16卷

旅顺地名探赜六则——以《阁学公集》为中心　刘一　《大连城市历史文化研究》2022年第6辑

雪鸿吟社诗钟始　工文兼善袁保龄——袁保龄与《雪鸿吟社诗钟》　杨鑫　《对联》2023年第23期

袁世凯
论文

袁世凯与甲午之役　草人　《逸经》1936 年第 5 期

张一麟与袁世凯　《现代政治人物述评》（中卷）　文海出版社 1966 年 1 月

试论袁世凯军事思想　毛振发　《军事历史研究》1987 年第 4 期

袁世凯与日本　梁义群　《历史教学》1991 年第 7 期

论袁世凯与甲午中日战争　赫坚　朱兴义　《长春师范学院学报》1995 年第 1 期

袁世凯甲午战争前夕行为及其后果探析　高强　《商丘师范学院学报》2003 年第 4 期

试论黄遵宪、曾纪泽、袁世凯在 19 世纪 80 年代对朝鲜外交的策略　梁英华　《韩国学论文集》2003 年第 10 辑

袁世凯起家朝鲜揭秘　李洁　《中州今古》2004 年第 5 期

1882—1884 年袁世凯对朝交涉中的得失与影响　李德征　李劲军　《韩国学论文集》2004 年第 12 辑

甲午战后是谁密保了袁世凯　孔祥吉　《历史教学》2005 年第 5 期

袁世凯《上朝鲜国王书》等史料考订三则　权赫秀　《韩国学论文集》2005 年第 13 辑

袁世凯甲午条陈与练兵权的获得　张华腾　《周口师范学院学报》2006 年第 6 期

袁世凯对日外交述论　管书合　《史学集刊》2007 年第 1 期

袁世凯在朝鲜的外交活动述评　杨涛　《新乡师范高等专科学校学报》2007 年第 4 期

论袁世凯在"壬午兵变"与"甲申政变"期间的作为　马诗书　邵文翠　《黑龙江史志》2008 年第 12 期

甲午战争前袁世凯对朝鲜干涉及中朝宗藩体制的瓦解　罗强　《湖北第二师范学院学报》2009 年第 5 期

三进朝鲜：袁世凯的"发迹之路"　君言　李侨　《档案春秋》2011

年第 12 期

袁世凯与日本的理性交往（1882—1912）　王爱云　《兰台世界》2011 年第 20 期

近五年来袁世凯研究述评　郭常英　王燕　《中州学刊》2013 年第 9 期

早年袁世凯述论　白云涛　《中国国家博物馆馆刊》2013 年第 12 期

论田原天南的《袁世凯》　袁祺　《现代传记研究》2016 年第 2 期

朝俄联盟与袁世凯的废王之计　尤淑君　《社会科学战线》2016 年第 7 期

历史的选择——袁世凯就任"驻扎朝鲜总理交涉通商事宜"的原因探析　张礼恒　《东岳论丛》2017 年第 5 期

袁世凯与清末北洋海防　徐建平　《军事历史研究》2018 年第 4 期

袁世凯对在朝华商的保护与管理　张礼恒　《广东社会科学》2019 年第 3 期

试论日本对袁世凯的认识——从袁世凯驻军朝鲜到日俄战争时期　刘联锋　《西部学刊》2019 年第 16 期

袁世凯的朝鲜之缘及其与金允植的文化交游　李波　赵季　《东疆学刊》2020 年第 1 期

袁世凯驻朝与晚清对朝外交体制变化的背景及特点分析　喻显龙　《当代韩国》2022 年第 2 期

第二次朝俄密约事件与袁世凯的对朝交涉　王奕斐　《当代韩国》2023 年第 4 期

曾纪泽

论文

曾纪泽对朝鲜问题的主张记闻　吴相湘　《禹贡》1937 年第 7 卷第 5 期

略论曾纪泽　曾永玲　《松辽学刊（社会科学版）》1984 年第 3 期

论曾纪泽　吴忠民　《史学月刊》1984 年第 6 期

曾纪泽思想评议　陶飞亚　刘天路　《东岳论丛》1986 年第 4 期

曾纪泽《中国先睡后醒论》评介　刘泱泱　《史学月刊》1991 年第 6 期

曾纪泽使俄谈判与李鸿章使日谈判之比较研究　季云飞　《安徽史学》1992 年第 3 期

略论曾纪泽、李鸿章关系　董蔡时　《苏州大学学报》1993 年第 1 期

评曾纪泽的外交活动　刘华　《内蒙古师范大学学报（哲学社会科学版）》1993 年第 1 期

曾纪泽学西方及其洋务运动　唐兆梅　《历史教学》1995 年第 12 期

试论曾纪泽的主战与主和　张守权　《周口师专学报（社会科学版）》1996 年第 13 卷第 2 期

论曾纪泽的主要外交思想及其外交实践　李宜霞　《社会科学家》1998 年第 5 期

曾纪泽与《中国先睡后醒论》　郑正伟　《天水师专学报》2000 年第 1 期

从《出使英法俄国日记》看曾纪泽的西学思想　刘华　《内蒙古师范大学学报（哲学社会科学版）》2000 年第 3 期

曾纪泽——有爱国热忱的外交才干的晚清使节　胡代聪　《外交学院学报》2001 年第 1 期

曾纪泽的时局观与爱国精神　危兆盖　于贯生　《学习与探索》2001 年第 4 期

论曾纪泽的外交思想及实践　杨鹏程　谭扬芳　《西南交通大学学报（社会科学版）》2002 年第 3 期

试评曾纪泽的近代外交思想　蒋跃波　《安徽史学》2003 年第 3 期

中国近代优秀外交家曾纪泽　谭一青　《百年潮》2003 年第 9 期

清季外交家曾纪泽西学强国思想考析　郑正伟　《天水师范学院学报》2005 年第 1 期

清朝外交家曾纪泽　田德邦　《文史天地》2005 年第 8 期

有为者亦若是——读曾纪泽《使西日记》　陈心想　《书屋》2006 年第 3 期

曾纪泽的外交原则与策略　蒋跃波　《淮北煤炭师范学院学报（哲学社会科学版）》2006 年第 4 期

曾纪泽：弱国外交的杰出代表　袁南生　《湘潮》2006年第4期

曾纪泽与赫德的争斗　贾熟村　《吉首大学学报（社会科学版）》2008年第1期

曾纪泽有关朝鲜问题的外交活动与政策主张　权赫秀　《哈尔滨工业大学学报（社会科学版）》2011年第3期

试论曾纪泽的爱国思想——以《出使英法俄国日记》为例　黄苏宜　《文史博览》（理论）2015年第1期

论晚清官员曾纪泽的外交素养　张潇逸　《西安文理学院学报（社会科学版）》2016年第6期

近二十年曾纪泽研究综述　韩燕　《赤峰学院学报（汉文哲学社会科学版）》2018年第7期

曾纪泽《中国先睡后醒论》的误译与误读　龚缨晏　王盼　《宁波大学学报（人文科学版）》2019年第1期

浅析曾纪泽外交思想　张南侠　《湖南人文科技学院学报》2019年第4期

曾纪泽与晚清外交——读曾纪泽《出使英法俄国日记》　赖某深　《书屋》2019年第8期

在宗藩体系与国家公法之间——曾纪泽控御藩国属地的思想及实践　伊纪民　《甘肃广播电视大学学报》2021年第5期

读曾纪泽《出使英法俄国日记》（上）　赖某深　《世界文化》2022年第5期

读曾纪泽《出使英法俄国日记》（下）　赖某深　《世界文化》2022年第6期

论曾纪泽对西学的学习与接受——以《出使英法俄国日记》为研究对象　郭俐兵　《名家名作》2022年第12期

对话外洋：晚清外交官曾纪泽的欧洲舆论运用　胡箫白　张金牛　《新闻与传播研究》2023年第4期

曾兰生
论文

首位中国留美大学生曾兰生述评　冯国平　宾睦新　沈荣国　《江苏师范大学学报（哲学社会科学版）》2018 年第 2 期

晚清北洋翻译官曾兰生研究（1875—1895）　刘晓琴　《船政》2023 年第 2 辑

张百熙
论文

甲午年极力主战之张百熙　问愿　《黑白半月刊》1934 年第 1 卷第 12 期

章高元
论文

章高元应基本肯定　鲁海　《东岳论丛》1981 年第 6 期

章高元抗敌爱国应该肯定　沫兰　《光明日报》1982 年 1 月 12 日

清军爱国将领章高元　齐健　《文史杂志》1988 年第 5 期

《章高元禀》的发现与甲午盖平之战研究　戚其章　《社会科学辑刊》1988 年第 6 期

章高元与甲午盖平之战　戚其章　《安徽史学》1989 年第 2 期

章高元与中日甲午战争——兼论章高元在胶州湾事件中的表现　马庚存　《安徽史学》2004 年第 2 期

论爱国将领章高元　戚海莹　《中国近代史及史料研究》　社会科学文献出版社 2010 年 12 月

张謇

论文

论张謇的矛盾性格　章开沅　《历史研究》1963年第3期

张謇与朝鲜流亡爱国诗人金沧江　羽离子　《文史杂志》1988年第2期

张謇与中国近代教育　谭玉苗　《历史教学》1990年第8期

张謇与袁世凯　沈建昌　《中学历史教学参考》1994年第11期

张謇《代某公条陈朝鲜事宜疏》考析　戚其章　《近代史研究》1996年第1期

张謇与近代中国军事改革　季云飞　《军事历史研究》1996年第1期

张謇与中日甲午战争　谢俊美　《贵州社会科学》1996年第4期

略论张謇的外交活动　王光银　《杭州师范学院学报》1999年第1期

张謇光绪甲午殿试"夺魁"之内幕　吴仁安　《大同职业技术学院学报》2000年第2期

张謇与中韩文化交流　章开沅　《华中师范大学学报（人文社会科学版）》2000年第6期

甲午战后士大夫弃官从商现象探析——张謇个案研究　李绮　《扬州教育学院学报》2001年第2期

张謇与淮系——兼析张謇早期的思想转变　翁飞　《安徽史学》2001年第3期

张謇与晚清清流派　经莉莉　《滁州学院学报》2005年第4期

张謇与吴长庆　夏冬波　《江淮文史》2007年第1期

朝鲜"壬午兵变"中的张謇及其历史作用述论　孙鹏智　《沧桑》2009年第2期

论张謇的军事思想及其特点　都樾　《南通纺织职业技术学院学报》2011年第2期

高中状元与告别仕途：甲午年张謇的人生火花　庄安正　《唯实》2014年第12期

张謇总办通海团练参与甲午战争　徐乃为　《历史教学问题》2015年第3期

甲午战争前后张謇对日本的认识及其主体态度　　王敦琴　　《南通大学学报（社会科学版）》2015 年第 4 期

张謇在朝期间与朝鲜文人的交往　　陆霞　　《文教资料》2015 年第 27 期

张謇的《东游日记》与对日印象　　鲁晶石　　《安徽文学（下半月）》2018 年第 8 期

试论甲午战争时期张謇的对日作战主张　　沈晓飞　　《江苏工程职业技术学院学报》2020 年第 2 期

张謇海权思想和实践：内容、特点及启示　　李强华　　《鲁东大学学报（哲学社会科学版）》2020 年第 4 期

论张謇的日本观　　张厚军　　张源旺　　《近代史学刊》2021 年第 2 期

张謇的海洋观的演变与内涵研究　　林彬　　《航海教育研究》2021 年第 3 期

张謇对日本的认知及相关的社交关系　　刘佳　　《江苏工程职业技术学院学报》2022 年第 2 期

聚散分合之间：张謇与袁世凯关系考辨　　朱晓博　　《黑河学院学报》2023 年第 3 期

张謇"以战定和"思想略论　　黄少聪　　《江苏工程职业技术学院学报》2023 年第 3 期

张佩纶

论文

重评张佩纶　　赵慧峰　　《烟台大学学报（哲学社会科学版）》1996 年第 4 期

张佩纶会办福建海防并非慈禧"瓦解清流"的阴谋　　廖宗麟　　《历史教学》2002 年第 1 期

总理衙门大臣张佩纶　　段慧群　　《文史月刊》2014 年第 6 期

张佩纶致李鸿章密札隐语笺释　　张晓川　　《近代史研究》2019 年第 1 期

张士珩

论文

张士珩"盗卖军火"案议　马东玉　《辽宁大学学报（哲学社会科学版）》1994年第3期

张荫桓

论文

张荫桓事迹　何炳棣　《清华学报》1941年第13卷第1期

论张、邵东渡日本广岛拒使　戚其章　《齐鲁学刊》1989年第5期

张荫桓其人其事　王贵忱　《学术研究》1993年第6期

张荫桓与戊戌英德借款和胶州湾、旅大租借　苏晨　《学术研究》1994年第6期

张荫桓述评　魏长洪　李晓琴　《新疆大学学报（社会科学版）》1998年第1期

张荫桓与中日《通商行船条约》　范耀登　《汕头大学学报》1999年第3期

张荫桓甲午日记稿本及其价值　任青　马忠文　《广东社会科学》2004年第1期

张荫桓、邵友濂赴日求和被拒析　王秀俊　《吉林省教育学院学报》2006年第5期

张荫桓与近代国旗形式改革　王莲英　《兰台世界》2010年第13期

张荫桓与甲午中日战争谈判探微　王莲英　《北京科技大学学报（社会科学版）》2011年第2期

晚清驻外公使张荫桓的涉外交谊活动——以《张荫桓日记》所载为中心　王莲英　《兰台世界》2011年第11期

张荫桓与《中日通商行船条约》谈判　王莲英　《兰台世界》2012年第12期

张荫桓与英德续借款　马忠文　《近代史研究》2015年第3期

张之洞
著作

("强国之梦"系列丛书)中体西用之梦——张之洞传(六、甲午主战) (图7-90)

谢放著　1995年7月　四川人民出版社

分析了甲午战争前后的形势,张之洞对持久战和制海权的认识、加强长江防务的措施,以及他"胁和"外交、反对签约、阻止割台、不忘危局国耻所做的努力。

图7-90

论文

张之洞与洋务运动　胡滨　《文史哲》1963年第5期

论张之洞的洋务观　丁凤麟　《学术月刊》1982年第10期

甲午战争期间张之洞主战言行评析　冯天瑜　《江汉论坛》1984年第5期

略论甲午战争中的张之洞　关捷　徐迎前　《中日关系史论文集》(辽宁大学科研处编)　1984年8月

张之洞与反割台运动　戚其章　《历史教学》1984年第10期

张之洞与洋务运动——兼论洋务运动终结的时间　茅家琦　《学术月刊》1984年第11期

论中日甲午战争的张之洞　关捷　徐迎前　《中日关系史论集》(下)(《齐齐哈尔师范学院学报》编辑部　东北地区中日关系史研究会编)　《齐齐哈尔师范学院学报(社会科学版)》1985年增刊

再论张之洞与洋务活动　严仲义　《社会科学战线》1986年第1期

张之洞的爱国思想和行为　康树欣　《河北大学学报(哲学社会科学版)》1987年第3期

张之洞洋务思想浅探　马帆　《山东大学学报（哲学社会科学版）》1989 年第 1 期

论张之洞的军队建设思想　欧阳跃峰　《人文杂志》1989 年第 4 期

张之洞军事思想研究　皮明勇　《近代史研究》1992 年第 2 期

张之洞军事思想论略　何晓明　《军事历史》1992 年第 5 期

论左宗棠、张之洞师夷观的一致性　李玲波　《楚雄师专学报》1993 年第 2 期

甲午中日战争中的张之洞　卢世菊　《中南民族学院学报（哲学社会科学版）》1994 年第 4 期

张之洞洋务思想论析　欧阳跃峰　《安徽史学》1994 年第 4 期

张之洞与中日甲午战争　田锡富　《江汉论坛》1994 年第 12 期

试论左宗棠、张之洞师夷观的一致性　孙春芝　《镇江师专学报（社会科学版）》1995 年第 3 期

再从张之洞看洋务教育的终结　李剑萍　《江西教育科研》1996 年第 4 期

全面评价张之洞的"中体西用"文化观　戚其章　《人文杂志》1998 年第 3 期

张之洞师日观的形成及其效日主张　罗晓东　《贵州文史丛刊》1998 年第 4 期

张之洞在甲午战争中的海军作战方略　苏小东　《贵州社会科学》1998 年第 5 期

张之洞的海防思想　史滇生　《军事历史研究》1999 年第 1 期

张之洞与台湾　冀满红　《台湾研究》1999 年第 2 期

论张之洞的洋务思想　宋富安　《培训与研究（湖北教育学院学报）》1999 年第 4 期

论张之洞的军事思想与军事实践　施渡桥　《军事历史研究》2000 年第 3 期

张之洞的海防思想与海防教育　黎仁凯　《保定师专学报》2000 年第 3 期

甲午战后张之洞与维新运动　刘铁强　《山西高等学校社会科学学报》

2000 年第 10 期

张之洞与晚清军事教育近代化　李细珠　《安徽史学》2001 年第 4 期

甲午战争时期张之洞的保台活动　黎仁凯　王姗萍　《历史教学》2002 年第 4 期

张之洞历史定位之我见　黎仁凯　《历史教学》2003 年第 9 期

张之洞与中日甲午战争　徐碧薇　《延安大学学报（社会科学版）》2004 年第 1 期

张之洞与中日甲午战争　徐碧薇　《福建师范大学学报（哲学社会科学版）》2004 年第 2 期

张之洞的爱国思想与民族气节述论　李尾咕　施建兴　《南平师专学报》2005 年第 3 期

张之洞聘任洋员探析　王姗萍　黎仁凯　《安徽史学》2005 年第 4 期

李鸿章、张之洞洋务事业比较研究　王建辉　《大连民族学院学报》2007 年第 2 期

张之洞的军事改革思想与实践　张立群　《军事历史》2008 年第 5 期

张之洞与清末海军重建　朱文瑜　《科学文化评论》2010 年第 6 期

略论张之洞与日本　张丽丽　《学理论》2010 年第 27 期

张之洞"援外保台"思路演变及其与"台湾民主国"关系考论　陈忠纯　《台湾研究集刊》2011 年第 3 期

爱国革新家张之洞与清末洋务运动　王永新　《兰台世界》2012 年第 36 期

张之洞与中国近代化　湛长胜　《赤峰学院学报（汉文哲学社会科学版）》2013 年第 2 期

甲午战争后张之洞高等教育思想探析　曹春蓉　《教育教学论坛》2013 年第 37 期

张之洞力荐冯子材甲午抗倭　蒋金晖　《求索》2014 年第 7 期

洋务运动后期张之洞经济思想及实践　范晓丽　李超　《兰台世界》2014 年第 35 期

甲午战后张之洞联日主张及动机探析　黄泽平　《呼伦贝尔学院学报》2015 年第 3 期

甲午战争后张之洞聘用日本军人考　　陶祺谌　　《历史档案》2015 年第 3 期

张之洞科教富民强国主张考证　　李更发　　《档案管理》2015 年第 3 期

甲午战争与张之洞的日本认识　　祝婷婷　　《东北师范大学学报（哲学社会科学版）》2016 年第 1 期

张之洞与中国现代军事工业　　李更发　　《档案》2016 年第 10 期

甲午战争至清末新政时期张之洞"中体西用"思想的变迁　　杨闫慧杰　　《山西青年》2017 年第 9 期

论 1894—1897 年张之洞的外交观　　孙昉　　刘平　　《东方论坛》2018 年第 3 期

战时筹款的困顿：张之洞与炽大洋行借款　　陈明亮　　《安徽师范大学学报（人文社会科学版）》2019 年第 5 期

"秋风宝剑孤臣泪"——从张之洞、李鸿章角度论开办矿业的必要性　　杜国栋　　《新课程》（下）2019 年第 9 期

对李鸿章、张之洞洋务思想的对比　　杨松柏　　《新课程》2020 年第 33 期

甲午战争中张之洞的外债备战策略与实践——兼评张之洞早期外债思想　　罗桂生　　《荆楚学刊》2021 年第 5 期

甲午战时张之洞与粤军调防江南研究　　陈明亮　　《中国国家博物馆馆刊》2023 年第 11 期

郑观应
论文

郑观应的"盛世危言"　　向峻　　《读书月报》1957 年第 11 期

郑观应其人及其思想　　王永康　　《新史学通讯》1958 年第 1 期

论郑观应　　汪熙　　《历史研究》1982 年第 1 期

试析郑观应的兵战思想——读《盛世危言》　　张华腾　　《殷都学刊》1984 年第 3 期

郑观应的国防思想及其现实价值　　傅立群　　《军事历史研究》1989 年第 1 期

论郑观应的军事思想　夏东元　《学术月刊》1990年第2期

甲午战后的《盛世危言》热与郑观应的爱国思想　起璐　《唐都学刊》1995年第2期

甲午战后郑观应之日本观　曹成建　《贵州师范大学学报（社会科学版）》1995年第4期

略论郑观应海疆边塞诗　黄刚　《台州师专学报》1996年第4期

论郑观应的聘用洋员思想　向中银　《福建论坛（文史哲版）》1999年第1期

郑观应国防思想略论　李彦宏　李柏云　《安徽教育学院学报（哲学社会科学版）》1999年第3期

试论郑观应的海防思想　李文娟　陈群雄　《华南理工大学学报（社会科学版）》2000年第1期

郑观应外交思想述论　汪菁华　《安徽史学》2001年第3期

郑观应：戊戌变法前承前启后的杰出思想家　汤照连　《岭南文史》2002年第3期

郑观应国防思想初探　谭锐　《五邑大学学报（社会科学版）》2004年第3期

郑观应边防思想述论　童远忠　《军事历史》2004年第4期

郑观应边防思想述论　王英　李培志　《滨州学院学报》2005年第1期

郑观应与近代民族国家观念　伍国　《岭南文史》2005年第4期

与时代同步的郑观应军事论述　施渡桥　《军事历史研究》2006年第3期

浅论郑观应的外交思想　焦会琦　雷桂贤　《牡丹江大学学报》2007年第2期

郑观应的海防思想（上）　刘中民　《海洋世界》2010年第6期

郑观应的海防思想（下）　刘中民　《海洋世界》2010年第7期

郑观应与盛宣怀关系研究　邵建　《广东社会科学》2014年第2期

郑观应的海权思想　商永林　曹景文　《洛阳师范学院学报》2020年第4期

周馥
论文

周馥与洋务运动　吴宏爱　《河北大学学报（哲学社会科学版）》1996年第4期

甲午战争前后的周馥　周榘良　《安徽史学》1997年第3期

周馥与北洋海军　汪志国　《衡阳师范学院学报》2010年第2期

左宝贵
著作

（中华魂百篇故事7）平壤城头垂英名——抗击日军的左宝贵（图7-91）

朱旭红编著　1994年9月　吉林人民出版社

内容有宝剑锋从磨砺出、国难当头匹夫有责、虎胆英雄誓死对敌、血染平壤城。

图7-91

民族英雄左宝贵（图7-92）

廉成灿　魏殿钰　李常松主编　1994年10月　陕西人民出版社

文集。辑录研究左宝贵的各类文章多篇。

图7-92

（中华魂百篇故事）平壤城头垂英名——抗击日军的左宝贵（图7-93）

朱旭红编著　2007年7月　吉林人民出版社

内容有宝剑锋从磨砺出、国难当头匹夫有责、虎胆英雄誓死对敌、血染平壤城。

图7-93

蒙山文化研究（左宝贵研究专辑）2013年第1期（图7-94）

蒙山文化研究会编

文集。辑录研究左宝贵的各类文章17篇。

（齐河县地方志丛书）左宝贵志（图7-95）

齐河县地方史志办公室编　2013年8月　中华书局

内容主要包括概述、大事记、附录、索引，以及家世、生平、祭文碑文题词、国史志书档案辑存、奏折书信、悼念诗文、纪念雕像，以及活动、逸事、传说故事、遗迹遗物、研究文选、后世撷英等，共计10章。

图7-94

图7-95

论文

左宝贵　《古今名将全史》1921年10月10日

左宝贵与刘镇标　《老上海卅年见闻录》上册1928年4月1日

左宝贵死难记　罗惇曧　《中学国文特种读本》（第一册）　国立编译馆1933年9月

左宝贵死难记　振镛　《县乡自治》1934年4月号

左宝贵殉国记　何善植　《晓声》1935年第3卷第5期

左宝贵墓志铭拓本并跋　陶元珍　《经世》1939年第47、48期合刊

十大忠烈传略之十——左宝贵　《抗建》1940年第2卷第23、24期合刊

战死平壤的左宝贵　朱其炎编　《忠的故事》1941年4月

左宝贵　《历代贤豪传记》1941年9月1日

读左宝贵死难记　余素梅　《执信学生》1949年第7期

左宝贵是个什么人？一八九四年中日战争时他在朝鲜平壤抗日的英勇事迹如何？　吴文灿　《新史学通讯》1955年第5期

甲午战争中的左宝贵　于飞　《北京晚报》1960年10月19日

左宝贵生平调查　廉成灿　《北京日报》1962年2月22日

论民族英雄左宝贵　答振益　《中南民族学院学报（哲学社会科学版）》1982年第3期

回族爱国将领左宝贵　杨东梁　《文史知识》1982年第10期

左宝贵与甲午平壤之战　孙克复　《史学月刊》1983年第1期

平壤战役中的左宝贵　伯钧　世博　《中学历史》1983年第2期

碧血洒平壤——记赴朝抗日将领左宝贵　李常松　《文物天地》1984年第2期

甲午战争中的齐鲁双英——左宝贵和宋庆　戈扬　《知识与生活》1984年第5期

甲午中日战争中的左宝贵　杨玉奎　《中日关系史论文集》（中日关系史第四次学术讨论会）　辽宁省中日关系史研究会1984年9月

甲午战争中的爱国将领左宝贵　张建经　《军事历史》1985年第1期

近代抗日名将左宝贵　李常松　《中国穆斯林》1985年第1期

民族英雄左宝贵　敬知本　《社会科学辑刊》1985年第6期

左宝贵与平壤战役　《近代华东风云录》（南昌陆军学校党史政工教研室）1985年

新发现的《左宝贵书信集》　李常松　杨国爱　《临沂师专学报》1987年第2期

左宝贵与辽南回族军民　田丁利　《辽宁师范学院学报（社会科学版）》1988年第5期

翠翎鹤顶城头堕——左宝贵血染平壤记　戚其章　《联合周报》1990年1月13日

回族爱国将领左宝贵　左步青　《故宫博物院院刊》1991年第2期

民族英雄左宝贵生平事迹考　王景义　《绥化师专学报》1992年第3期

左宝贵　赵扶民　马文清　《回族研究》1994年第2期

甲午志士不朽　捍疆卫国光荣——纪念左宝贵将军殉国一百周年　左芷苹　《百科知识》1994年第12期

左宝贵年表事略　张玉顺　《临沂师专学报》1995年第1期

甲午英烈左宝贵　王桂云　《齐河文史资料》1997年第5辑

关于左宝贵评价的几个问题　海莹　《历史教学》1997年第9期

论左宝贵的治军之道与民族气节　海莹　《山东社会科学》1998年第3期

左宝贵衣冠冢碑　《齐鲁百年名碑集》（山东省政协文史资料委员会编）山东美术出版社1998年3月

回族爱国将领左宝贵　李常松　《山东近现代回族》1998年4月

清代"左宝贵碑"及其相关问题　宛家悦　《北方文物》1998年第4期

左宝贵纪功碑的发现与碑文著录　刘晓东　《北方文物》1998年第4期

左宝贵事迹述略　袁纣卫　王汉均　《临沂师专学报》1998年第5期

绥化左宝贵碑中"锁珉"一词质疑　王竞　《北方文物》1999年第3期

新发现的左宝贵留给家乡的几件文物　张现民　张成功　《历史教学》2000年第10期

从新发现的史料看民族英雄左宝贵　张现民　《文史杂志》2002年第4期

左宝贵将军的一帧遗照　张现民　《文史杂志》2003年第5期

左宝贵与洋务运动　张亭亭　《北方文物》2004年第4期

左宝贵与洋务运动　郭敏　《山东档案》2007年第5期

左宝贵及其衣冠冢　孙静　《科技信息》2011年第36期

沈阳发现的两通左宝贵纪事碑考　孙继艳　《辽宁省博物馆馆刊》2014年

关于左宝贵的评价问题　杨德春　《日本侵华史研究》2015年第1期

关于左宝贵的评价问题　杨德春　《广东技术师范学院学报》2015年第3期

左宝贵力守平壤对甲午中日战局内外的影响　马天　刘曦　穆赤·云登嘉措　姜德鑫　《回族研究》2017年第2期

浩气长存　精神永在——纪念民族英雄左宝贵诞辰180周年　戚俊杰　《春秋》2017年第4期

浅谈左宝贵对晚清民族关系的重要贡献　孔令艳　《辽宁师专学报（社会科学版）》2021年第5期

民族英雄左宝贵在营口督修炮台期间的事迹考述　李玉颖　孟庆鑫　《辽宁师专学报（社会科学版）》2022年第6期

左宗棠

论文

左宗棠述评　崔继恩　《史学月刊》1957 年第 7 期

左宗棠办洋务论　徐泰来　《益阳师专学报》1981 年第 4 期

从创办福州船政局看左宗棠的自强思想　欧阳跃峰　《安徽师范大学学报（哲学社会科学版）》1982 年第 2 期

左宗棠爱国思想的形成　杨东梁　《史学月刊》1982 年第 3 期

论左宗棠的洋务思想　邓亦兵　《东岳论丛》1982 年第 5 期

左宗棠的爱国主义思想初探　牛济　《山东师范大学学报（哲学社会科学版）》1982 年第 5 期

左宗棠与福州船政局　陈君聪　《贵州社会科学》1983 年第 3 期

左宗棠办洋务的出发点是"富国强民"　杨东梁　《湖南师范学院学报（哲学社会科学版）》1984 年第 1 期

左宗棠为什么办福州船政局　柯托谟　《福建论坛（文史哲版）》1984 年第 4 期

左宗棠研究的回顾　杨东梁　《湖南师范学院学报（哲学社会科学版）》1984 年第 5 期

也谈左宗棠创立福州船政局的目的及其成效　黄志中　《福建论坛（文史哲版）》1985 年第 1 期

左宗棠在两江的海防建设　杜经国　张克非　《史学集刊》1985 年第 2 期

论左宗棠的洋务思想的进步作用　王少普　《湖南师范大学学报（哲学社会科学版）》1985 年第 3 期

评左宗棠的塞防之论与实践　张立真　《辽宁大学学报（哲学社会科学版）》1985 年第 3 期

试析左宗棠的海防思想与实践　杨东梁　《福建论坛（文史哲版）》1985 年第 3 期

左宗棠的洋务派思想值得肯定　徐梁伯　《湖南师范大学学报（哲学社会科学版）》1985 年第 3 期

试论左宗棠的军事思想　　邹廷霞　　《湘潭大学学报（社会科学版）》1985年第4期

论左宗棠的洋务思想　　王少普　　《史林》1986年第1期

论左宗棠与洋务运动　　林庆元　　《社会科学战线》1986年第1期

略论左宗棠的洋务运动　　欧阳跃峰　　《安徽师范大学学报（哲学社会科学版）》1986年第2期

洋务运动中的左宗棠、李鸿章之比较　　易宁　　《成都大学学报（社会科学版）》1986年第2期

左宗棠和马尾船政学堂　　高奇　　《教育与职业》1986年第2期

左宗棠研究述评　　刘泱泱　　《求索》1986年第2期

论左宗棠的建军思想　　谢健　　《军事历史研究》1987年第4期

试论左宗棠抵御外侮的爱国思想　　施渡桥　　《军事历史》1989年第3期

左宗棠反侵略思想述论　　孙占元　　《山东师范大学学报（社会科学版）》1990年第1期

试论左宗棠的军事思想　　施渡桥　　《军事历史研究》1991年第2期

左宗棠李鸿章异同述论　　石岗　　《安徽史学》1991年第3期

论左宗棠、张之洞师夷观的一致性　　李玲波　　《楚雄师专学报》1993年第2期

略论左宗棠、李鸿章关系　　董蔡时　　《苏州大学学报》1994年第2期

左宗棠军事思想述评　　于巧珍　　刘华明　　《信阳师范学院学报（哲学社会科学版）》1994年第3期

试论左宗棠的军事后勤思想　　杨庆华　　《军事历史》1994年第4期

左宗棠与李鸿章之比较　　姚胜武　　《吴中学刊》1995年第1期

考镜源流传评得当——读《左宗棠评传》　　杨金荣　　《东岳论丛》1996年第5期

浅评左宗棠的洋务思想　　王秀杰　　何绍波　　唐薇　　《晋中师专学报》1997年第2期

关于左宗棠的评价问题　　胡滨　　《文史哲》1997年第3期

突出思想特色　把握评价尺度——读《左宗棠评传》　　李吉奎　　《山东社会科学》1997年第3期

论左宗棠治国用兵的辩证法思想　彭大成　《湖南师范大学社会科学学报》1997年第5期

略论左宗棠的聘用洋员思想　向中银　《湖湘论坛》1998年第2期

左宗棠办洋务的实践和基本思想　贾义杰　《锦州师范学院学报（哲学社会科学版）》1999年第4期

左、李塞防与海防之争新论　陶用舒　易永卿　《安徽史学》2004年第4期

近十年左宗棠研究初探　陈发扬　《牡丹江师范学院学报（哲学社会科学版）》2007年第2期

左宗棠对清末海防建设的不朽贡献——评左宗棠创建福州马尾船政局　萧致治　《湖南城市学院学报》2008年第3期

左宗棠的海防思想（上）　刘中民　《海洋世界》2009年第9期

左宗棠的海防思想（下）　刘中民　《海洋世界》2009年第10期

左宗棠与郭嵩焘兄弟的恩怨　贾熟村　《湘南学院学报》2013年第6期

浅议左宗棠海防思想　张璐漫　《湖北广播电视大学学报》2014年第9期

左宗棠与郭嵩焘：立功与立言　王强山　《书屋》2015年第3期

左宗棠与洋务运动——中国近代史上的救国革新尝试　王一帆　《黑龙江史志》2021年第3期

左宗棠的海防塞防并重思想起源及实践探讨　苏明霞　《中学历史教学参考》2021年第22期

左宗棠、郭嵩焘为什么失和　刘少波　《文史天地》2022年第5期

左宗棠海防思想及其启示　薛莉　李兴国　《延安职业技术学院学报》2023年第5期

左宗棠与沈葆桢关系探究——以福州船政局为中心　赵皓明　闫思妤　《今古文创》2023年第5期

其他
论文

记杨守敬报复甲午之役　觉迷　《梅讯》1929 年第 44 期

甲午风云与廖仲恺的觉醒　尚明轩　《江汉大学学报》1996 年第 2 期

郑孝胥的甲午战争观　徐伟民　《安庆师范学院社会科学学报》1997 年第 2 期

论易顺鼎　李达轩　《华中理工大学学报》1997 年第 4 期

北洋水师的女人们　《国学》2009 年第 4 期

甲午战争前后陈炽的日本认识　张登德　《苏州科技大学学报（社会科学版）》2017 年第 1 期

李大钊的甲午观　高中华　《唐山学院学报》2017 年第 2 期

二、日本

1. 总论

著作

日本历史人物传（近现代篇）（图 7-96）

伊文成　汤重南　贾玉芹主编　1987 年 1 月　黑龙江人民出版社

为日本历史参考书，精选 100 名在日本近代史中的重要人物，其中包括甲午战争时期的日本政治家、思想家。

图 7-96

2. 具体人物

川岛浪速

论文

川岛浪速在台的失意岁月　陈文添　《档案春秋》2012 年第 2 期

德富苏峰
论文

德富苏峰之中国认识　叶纮麟　石之瑜　《社会科学》2009 年第 2 期

驳德富苏峰的近代中国观　米彦军　《山西大学学报（哲学社会科学版）》2010 年第 1 期

日本人笔下的近代中国——以德富苏峰的两部中国游记为视角　赵苗　《首都师范大学学报（社会科学版）》2011 年第 1 期

从《七十八日游记》看德富苏峰的中国认识　连永平　薛秋昌　《社会科学论坛》2011 年第 8 期

德富苏峰中国观解析——以《七十八日游记》为中心　马兴芹　《山东农业工程学院学报》2014 年第 3 期

论德富苏峰以甲午战争为契机的思想转折　马兴芹　《山东农业工程学院学报》2014 年第 4 期

战争与媒体——以日本右翼记者德富苏峰的思想历程为对象　赖雅琼　《人文论丛》2017 年第 1 期

日本右翼记者德富苏峰的中国认识——以《中国漫游记》为对象　赖雅琼　《人文论丛》2019 年第 1 期

近代日本知识分子视野下的甲午战争——以新闻记者德富苏峰为对象　赖雅琼　《西部学刊》2020 年第 12 期

东乡平八郎
论文

东乡平八郎之死　泰然　《新生》1934 年第 22 期

东乡平八郎逝世　芸生　《国闻周报》1934 年第 11 卷第 22 期

甲午两凶顽——桦山资纪东乡平八郎　徐亨通　《水兵》1994 年第 1 期

日本海军的急先锋——东乡平八郎　许华　《当代海军》2000 年第 1 期

狂热的军国主义分子——东乡平八郎　胡师鹏　《贵阳文史》2007 年

第 5 期

福泽谕吉

论文

福泽谕吉与中国现代化　卞崇道　《延边大学学报（社会科学版）》1983 年专刊

浅析福泽谕吉的《脱亚论》　邹晓翔　《日本问题》1987 年第 5 期

浅析福泽谕吉的《脱亚论》　邹晓翔　《现代日本经济》1987 年第 5 期

试析福泽谕吉的中国观——兼论其民族平等主张的片面性　贺新城　《日本问题》1988 年第 2 期

论福泽谕吉的两种扩张战略　贺新城　《现代日本经济》1989 年第 2 期

福泽谕吉、丸山真男与中国的现代化　区建英　吴钧　《国外社会科学》1990 年第 5 期

福泽谕吉与近代日本人的中国观——思想史和国际关系的接点　高增杰　《日本学刊》1993 年第 1 期

福泽谕吉的中国观　臧世俊　《日本学刊》1995 年第 1 期

福泽谕吉与甲午战争　赵福超　白陀碧　《贵州文史丛刊》1996 年第 6 期

福泽谕吉与日本近代民族新精神　张东苏　《华东师范大学学报（哲学社会科学版）》1996 年第 6 期

福泽谕吉的中国观　屈亚娟　《解放军外国语学院学报》2003 年第 3 期

殖民历史的文化投影——也谈福泽谕吉的《文明论概略》　陈凤川　《暨南学报（哲学社会科学版）》2005 年第 5 期

福泽谕吉和丸山真男的亚洲观　周勤勤　《中国社会科学院研究生院学报》2005 年第 6 期

作为军国主义侵华理论家的福泽谕吉　王向远　《解放军外国语学院学报》2006 年第 3 期

福泽谕吉中国政策观的骤变——东洋盟主与脱亚入欧　周颂伦　《东北师范大学学报》2006 年第 5 期

福泽谕吉的亚洲霸权论解读　郭丽　《日本学论坛》2007 年第 3 期

福泽谕吉的对外扩张思想　　朱理峰　　《通化师范学院学报》2007年第7期

福泽谕吉的亚洲霸权论解读　　郭丽　　《日本研究论集》2007年

福泽谕吉与甲午战争　　吴丽华　　《历史教学》（高校版）2008年第2期

福泽谕吉再评价　　向卿　　《南昌航空大学学报（社会科学版）》2008年第2期

"脱亚论"与"兴亚论"——福泽谕吉与冈仓天心亚细亚主义思想的比较　　许佳　吴玲　　《日本学论坛》2008年第2期

福泽谕吉的中国批判与日本民族主义　　王明兵　　《古代文明》2008年第4期

福泽谕吉思想的日本主义特征　　周颂伦　　《古代文明》2008年第4期

福泽谕吉对日本近代外交思想的影响　　杨桂洪　　《河南教育学院学报（哲学社会科学版）》2008年第6期

浅析福泽谕吉《脱亚论》的形成　　赵春子　　《东疆学刊》2009年第3期

福泽谕吉的中国观　　王迹　　《乐山师范学院学报》2010年第2期

侵华思想的倡导者与践行者——试分析福泽谕吉的侵华观　　邢丽雅　韩鹏　　《齐齐哈尔大学学报（哲学社会科学版）》2010年第6期

试论朝鲜壬午兵变前夕福泽谕吉的朝鲜观　　董顺擘　　《安徽文学》（下半月）2011年第9期

从"脱亚论"看福泽谕吉的亚洲观　　魏娟　　《才智》2011年第35期

福泽谕吉的海外游历与其中国观的形成　　孙攀河　　《日语教育与日本学研究——大学日语教育研究国际研讨会论文集》　华东理工大学出版社2012年4月

福泽谕吉与中日长崎事件　　董顺擘　　《南昌航空大学学报（社会科学版）》2012年第4期

浅析福泽谕吉的启蒙思想对晚清中国的影响　　王伟　　《商业文化》（上半月）2012年第5期

论福泽谕吉对清代中朝宗藩关系的否定　　董顺擘　　《延边大学学报（社会科学版）》2013年第1期

福泽谕吉"脱亚入欧"的思想轨迹　　邢雪艳　　《日本问题研究》2013

年第 4 期

　　福泽谕吉——对朝鲜、台湾的谋略比较　　许介麟　《东北亚学刊》2014 年第 1 期

　　论朝鲜甲申政变时期福泽谕吉的朝鲜观　　董顺擘　《韩国研究论丛》2014 年第 1 期

　　论福泽谕吉对巨文岛事件的认识　　董顺擘　《北华大学学报（社会科学版）》2014 年第 2 期

　　近代日本侵略亚洲国家思想探源——以福泽谕吉及其"脱亚入欧"思想为中心　　肖朗　《浙江大学学报（人文社会科学版）》2014 年第 3 期

　　试析福泽谕吉的国权扩张论和武力侵华策　　于海君　《中国石油大学学报（社会科学版）》2014 年第 3 期

　　论福泽谕吉对旅顺大屠杀事件的评论　　董顺擘　《社科纵横》2014 年第 7 期

　　福泽谕吉与甲午战争　　道后　《北京观察》2014 年第 8 期

　　福泽谕吉与朝鲜甲申政变　　王明星　《朝鲜·韩国历史研究》2014 年第 15 辑

　　福泽谕吉与甲午战争　　文天植　《赤子》（上中旬）2014 年第 21 期

　　试论甲午战争后日本蔑华观的形成——以福泽谕吉的"脱亚论"为中心　　杜颖　《日本侵华史研究》2015 年第 1 期

　　试析甲午战争前福泽谕吉的朝鲜政略论　　董顺擘　《北华大学学报（社会科学版）》2015 年第 1 期

　　论福泽谕吉对朝鲜壬午兵变的认识　　董顺擘　《社科纵横》2015 年第 5 期

　　左手理论右手舆论的侵华教父（上）——日本军国主义野心家福泽谕吉　　周力　《共产党员》2015 年第 7 期

　　左手理论右手舆论的侵华教父（下）——日本军国主义野心家福泽谕吉　　周力　《共产党员》2015 年第 9 期

　　论朝鲜甲申政变时期福泽谕吉的中国观　　董顺擘　《社科纵横》2015 年第 12 期

　　论福泽谕吉对金玉均被害事件的认识　　董顺擘　《北华大学学报（社

会科学版）》2016 年第 2 期

试论福泽谕吉对朝鲜防谷令事件的评论　董顺擘　《社科纵横》2016 年第 3 期

甲午战争后日本知识界人士的台湾论述——以福泽谕吉为例　董顺擘　《统一论坛》2016 年第 5 期

论甲午战争后福泽谕吉的朝鲜观　董顺擘　《社科纵横》2016 年第 8 期

论福泽谕吉思想论与战争观　冷绣锦　《大连近代史研究》2016 年第 13 卷

福泽谕吉的亚洲观　冯佼敏　《考试周刊》2016 年第 93 期

福泽谕吉文明观与日本战争责任问题　李聪　《日本侵华史研究》2017 年第 4 期

甲午战争时期福泽谕吉的"朝鲜改革论"　董顺擘　《社科纵横》2017 年第 4 期

福泽谕吉的亚洲观——《文明论概略》　王钦　《文化纵横》2017 年第 5 期

试析甲午战争后福泽谕吉的中国认识　董顺擘　《社科纵横》2017 年第 7 期

汉字废止论与福泽谕吉的亚洲观　吕模　李爽蓉　《汉字文化》2018 年第 7 期

福泽谕吉在甲午战后的亲中思想　董丽仙　《文化产业》2021 年第 8 期

日本建设海洋国家的思想溯源——以福泽谕吉和吉田茂为中心　王国华　《北华大学学报（社会科学版）》2022 年第 1 期

高岛吞象
论文

高岛吞象与甲午中日战争　郭铁椿　《大连近代史研究》2013 年第 10 卷

高岛吞象《高岛易断》与明治政治　吴伟明　《域外汉籍研究集刊》2014 年第 2 期

桦山资纪
论文

桦山资纪与水野遵　戴国辉　《近代中国》(台湾)2002 年第 4 期

荒尾精
论文

论荒尾精　戚其章　《贵州社会科学》1986 年第 12 期

近代中日关系史上的一个神秘人物——荒尾精　金桂昌　《日本研究》1989 年第 3 期

荒尾精的在华情报活动　周德喜　《日本研究论集》2005 年

明治时期日本的对华认识和政策的一个倾向——以亚洲主义者荒尾精的言行为中心　徐静波　《复旦学报(社会科学版)》2012 年第 1 期

荒尾精与汉口乐善堂——晚清日本在长江流域的情报活动与经济渗透　李博强　《武汉科技大学学报(社会科学版)》2014 年第 1 期

明治中期日本对中国的探察和认知——以《禹域通纂》和《清国通商综览》为例　徐静波　《日本侵华史研究》2016 年第 3 期

荒尾精与近代日本民间对华谍报网的布局　朱继光　《文史天地》2021 年第 1 期

陆奥宗光
论文

从陆奥宗光说到广田弘毅——日本外交人物论　周子亚　《日本评论》1934 年第 5 卷第 1 期

《蹇蹇录》的版本与校订　米庆余　《南开史学》1992 年第 2 期

陆奥宗光与"陆奥外交"　戚其章　《历史教学问题》2006 年第 5 期

"鬼使"与"神差"的命运博弈——从郭嵩焘和陆奥宗光看近代中日外交　王龙　《国学》2010 年第 1 期

从《謇謇录》看日本侵华的诡秘逻辑　孙立祥　《华中师范大学学报（人文社会科学版）》2018年第1期

内村鉴三
论文

从"义战"论到非战论——内村鉴三战争观之变迁　徐雄彬　《日语学习与研究》2018年第1期

内藤湖南
论文

内藤湖南中国观的变与不变　胡天舒　《中南大学学报（社会科学版）》2013年第3期

论甲午战争中内藤湖南的文化使命　杨永亮　《社会科学战线》2015年第8期

内藤湖南的中国观——以甲午中日战争前后为例　袁文菲　《外语教育》2015年年刊

山县有朋
论文

日本侵华元凶山县有朋　李兆铭　《中日关系史论集》（第6辑）《社会科学战线》1989年增刊

山县有朋的华族教育思想　聂长顺　《贵州师范大学学报（社会科学版）》1999年第4期

山县有朋与"大陆政策"　《中日关系史研究》2000年第4期

山县有朋与日本对中国的侵略　孙耀珠　《日本研究论集》（2002）（南开大学日本研究中心编）　天津人民出版社2002年5月

山县有朋对吉田松阴思想和政策的继承　孙耀珠　《南开学报（哲学

社会科学版）》2003 年第 3 期

山县有朋与日本政党政治　　孙耀珠　　《华南师范大学学报（社会科学版）》2003 年第 5 期

德国对日本近代地方自治的影响——以格奈斯特、莫塞和山县有朋的地方自治观为中心　　郭冬梅　《日本学论坛》2007 年第 4 期

山县有朋与军国日本　　石建琼　娄贵书　《贵州师范大学学报（社会科学版）》2015 年第 2 期

山县有朋与日本军国主义政治体制　　杨旭彪　娄贵书　《西南民族大学学报（人文社科版）》2017 年第 8 期

山县有朋与"布国威于海外"的皇军　　李其胜　娄贵书　《贵州师范大学学报（社会科学版）》2019 年第 5 期

近代日本"国民皆兵"体制的原点——山县有朋的征兵制改革　　韩亮　《日本研究》2020 年第 1 期

"利益线"与"主权线"：浅述山县有朋对外论　　夏信心　《西部学刊》2020 年第 18 期

近代日本"国民皆兵"体制的原点——山县有朋的征兵制改革　　韩亮　《日本学刊》2021 年增刊

胜海舟

论文

胜海舟的中国认识——兼与松浦玲先生商榷　　刘岳兵　《南开学报（哲学社会科学版）》2012 年第 1 期

略论胜海舟与晚清中国人的交往　　吉辰　《大连近代史研究》2012 年第 9 卷

日本胜海舟的海防思想探析　　吴小丽　《吉林省教育学院学报》2021 年第 10 期

樋口一叶

论文

日本女作家樋口一叶与甲午战争　林岚　《日本研究》1999 年第 4 期

樋口一叶与甲午战争——《行云》的文化解读　张晋文　《外国文学评论》2014 年第 4 期

樋口一叶与甲午中日战争研究综述　张凡　孙立春　《文学教育》（下）2020 年第 5 期

西乡隆盛

论文

日本史学界关于西乡隆盛的争论　童斌　《历史研究》1977 年第 3 期

伊藤博文

论文

伊藤博文之日本民族前途观　白山　《国论》1936 年 3 月号

伊藤博文　朱基俊　陆嘉亮编　《中华文库初中第一集　世界政治家列传　下册》　中华书局 1947 年 12 月

侵略中国吞并朝鲜的罪魁伊藤博文　金培锟　《中日关系史研究》1983 年第 2 辑

伊藤博文来华与戊戌政变发生　邢秀兰　《安徽史学》1998 年第 1 期

试论伊藤博文在近代中日关系格局形成中的作用　林敏　《日本研究》2000 年第 3 期

伊藤博文政体思想剖析　杨爱芹　《河北师范大学学报（哲学社会科学版）》2001 年第 1 期

伊藤博文　贺静彬　《日语知识》2002 年第 9 期

安重根刺杀伊藤博文的历史镜头　于佰春　《文史春秋》2004 年第 8 期

伊藤博文与大隈重信宪政思想之比较　袁野　李桂红　杜辉　《辽宁

行政学院学报》2007 年第 9 期

伊藤博文访华与戊戌政变　郭霞　《晋阳学刊》2008 年第 2 期

试析黑田清隆和伊藤博文的政党观——以其"超然主义"演说为中心　陈伟　《日本学论坛》2008 年第 3 期

伊藤博文与日英同盟　张艳茹　《日本问题研究》2009 年第 3 期

日本战争元凶——伊藤博文哈尔滨丧命记　王恩收　《文史月刊》2009 年第 8 期

伊藤博文的中国之行　唐博　《地图》2010 年第 5 期

小说《英雄泪》中异国形象分析——以安重根和伊藤博文为例　李利芳　《南昌高专学报》2010 年第 6 期

伊藤公的打算——日本宪政史通信之六　郑飞　《新产经》2012 年第 6 期

伊藤博文宪政思想的形成与明治宪法体制的建立　陈伟　《史林》2013 年第 2 期

安倍晋三与伊藤博文对华政策比较研究　刘江永　《史学集刊》2014 年第 1 期

论伊藤博文的宪政思想及实践　朱华进　《大连海事大学学报（社会科学版）》2014 年第 5 期

伊藤博文政党观的演变及政党实践的变迁　陈伟　《史林》2014 年第 5 期

朝鲜义士安重根在哈尔滨击杀日酋伊藤博文　葛美荣　《档案时空》2014 年第 11 期

制度建设视野下的伊藤博文民法立法观　邹皓丹　《华东政法大学学报》2016 年第 5 期

伊藤博文的清朝宪政认识　陈伟　《日本问题研究》2017 年第 4 期

伊藤博文的政党政治观及其实践　朱华进　《日本问题研究》2017 年第 4 期

伊藤博文是什么样的政治家？　刘岳兵　《读书》2021 年第 1 期

明治法政人物的清末立宪观察——以伊藤博文为核心　崔学森　《内蒙古师范大学学报（哲学社会科学版）》2021 年第 4 期

从《帝国宪法义解》看伊藤博文的宪政思想——以其国体观和政体观为中心　陈伟　《东北亚学刊》2022 年第 3 期

曾根俊虎
论文

曾根俊虎究竟是怎样一个人　戚其章　《学术月刊》2008 年第 1 期

日本海军少尉笔下的清末浙江省石门、桐乡两县纪行　颜剑明　《历史教学问题》2011 年第 2 期

对曾根俊虎西湖之行的考察——以《别录江苏浙江两省纪行》和《清国漫游志》为中心　刘强　《鲁东大学学报（哲学社会科学版）》2013 年第 5 期

曾根俊虎的兴亚主义及其对华侵略活动　李博强　《武汉科技大学学报（社会科学版）》2014 年第 2 期

宗方小太郎
论文

中日近代关系史中值得注意的人物——宗方小太郎　吴绳海　冯正宝　《史学月刊》1985 年第 2 期

关于上海历史研究所所藏宗方小太郎资料　大里浩秋　薛明　《近代中国》（第 18 辑）　上海社会科学院出版社 2008 年 7 月

辛亥革命与上海的日本人——以宗方小太郎为中心的研究　大里浩秋　薛明　《近代中国》（第 21 辑）　上海社会科学院出版社 2011 年 12 月

论析《汉报》（1896—1900）馆主宗方小太郎的"中国经营论"　阳美燕　《国际新闻界》2012 年第 9 期

宗方小太郎与近代中国——上海社科院历史所藏宗方文书阅读札记　戴海斌　《中山大学学报（社会科学版）》2013 年第 4 期

宗方小太郎的新闻工作与情报活动　俞凡　李凤艳　《新闻春秋》2021 年第 6 期

三、朝鲜

安重根

论文

牺牲在旅顺监狱中的三位韩国烈士　曹文奇　《大连近代史研究》2010年第7卷

中国人士所见安重根义举的视角和反应　宋成有　《大连近代史研究》2010年第7卷

安重根"东洋和平论"与福泽谕吉"东洋正略论"评述　宋成有　《大连近代史研究》2011年第8卷

中国作家笔下的朝鲜抗日志士安重根——读阿成的短篇小说《安重根击毙伊藤博文》　洪永春　李永求　《通化师范学院学报》2012年第11期

安重根刺杀伊藤博文——中文报纸的报道　廉松心　《世界知识》2019年第1期

国内报纸对安重根刺杀伊藤博文事件的报道(1909—1910)　廉松心　《北华大学学报(社会科学版)》2019年第1期

安重根刺杀伊藤博文与朝鲜报刊对历史记忆的构建——以《皇城新闻》《大东共报》为中心　刘威　蔡子文　《东疆学刊》2021年第3期

崔济愚

论文

洪秀全与崔济愚的神学思想比较研究　郑汉均　《当代韩国》2000年第1期

韩国儒学与崔济愚对传统儒学思想的改造　罗久　《郑州轻工业学院学报(社会科学版)》2011年第3期

金玉均
论文

中国驻日使团与金玉均——兼论金玉均被刺与甲午战争爆发之关系　戴东阳　《近代史研究》2009 年第 4 期

中国驻日使团与金玉均——兼论金玉均被刺与中日甲午战争爆发之关系　戴东阳　《中国社会科学院近代史研究所青年学术论坛》（2008 年卷）社会科学文献出版社 2009 年 12 月

金允植
论文

金允植、鱼允中与"壬午兵变"的善后处理　张礼恒　《近代史研究》2016 年第 5 期

朝鲜使臣金允植与李鸿章——以《天津谈草》为中心　孙卫国　《东疆学刊》2018 年第 2 期

李昰应
论文

清光绪八年平定朝鲜李昰应之乱与黎庶昌的文化外交　李华年　蔡汝鼎　《贵州民族学院学报（社会科学版）》1993 年第 2 期

大院君三次摄政再探讨　王玉洁　《韩国研究论丛》2001 年第 8 辑

高宗、闵妃和大院君的往事——从韩剧《明成皇后》说起　张琏瑰　《世界知识》2004 年第 16 期

朝鲜大院君被囚事件考析　何瑜　田颖　《清史研究》2006 年第 2 期

试论大院君时期朝鲜的对外政策——以"丙寅洋扰""辛未洋扰"及朝鲜的对应为中心　李永春　《当代韩国》2010 年第 3 期

朝鲜大院君被囚保定与中朝宗藩关系的变化　张静　《河北广播电视大学学报》2016 年第 2 期

清政府一次失败的外交攻势——论释放大院君李昰应回国的原因与影响　张礼恒　《史学月刊》2018 年第 5 期

壬午兵变后清政府对朝鲜策略的转变——以软禁大院君为例　谢晓东　《三角洲》2023 年第 14 期

全琫准

论文

全琫准　陈显泗　《历史教学》1981 年第 7 期

全琫准思想探讨　王健　《朝鲜近代史研究》　延边大学出版社 1992 年 12 月

四、其他国家

1. 总论

著作

（淮系集团与近代中国）淮系人物列传——文职·北洋海军·洋员（图 7-97）

马昌华主编　1995 年 12 月　黄山书社

淮系文职、北洋海军及洋员的人物传记。

图 7-97

（勿忘甲午）洋员与北洋海防建设（图 7-98）

王家俭著　2004 年 9 月　天津古籍出版社

论述了洋员在推动北洋海防建设中的作用，以及带来的负面影响。

图 7-98

论文

近代军事洋教习的聘用　张浩　《军事历史》1993 年第 6 期

论北洋海军洋员　马军　《上海社会科学院学术季刊》1995 年第 3 期

试论晚清聘用洋员的指导思想　向中银　《安徽史学》1997 年第 1 期

晚清时期外聘洋员生活待遇初探　向中银　《近代史研究》1998 年第 5 期

试论李鸿章身边的洋顾问　方英　黄长贵　《安徽史学》2000 年第 4 期

洋员与北洋海军的创建和发展　戚海莹　《学术研究》2010 年第 8 期

关于参加甲午海战德籍洋员的几个问题——与王家俭先生商榷　孙建军　《大连近代史研究》2011 年第 8 卷

甲午海战中北洋海军洋员评介　陈胜　邹纪胜　杨晓虎　《兰台世界》2014 年第 19 期

事迹与文献：甲午黄海海战北洋水师中的洋员　马军　《军事历史研究》2015 年第 4 期

效命于龙旗之下——大东沟海战中的北洋海军洋员小传　顾伟欣　《军事文摘》2016 年第 1 期

北洋舰队参战洋员视角下的黄海海战　张艺腾　《宁夏大学学报（人文社会科学版）》2016 年第 38 卷第 5 期

2. 具体人物

戴乐尔（泰莱）

论文

英人泰莱《甲午中日海战见闻记》质疑——兼与董蔡时同志商榷　戚其章　《近代史研究》1982 年第 4 期

德璀琳
论文

德璀琳与赫德的矛盾关系　张畅　《历史档案》2010年第3期

津海关税务司德璀琳与近代天津城市发展　张畅　刘悦　《城市史研究》2011年第27辑

清末洋幕员的权力分配和斗争——以德璀琳和汉纳根为例　麦劲生　《近代中国：文化与外交》（上卷）　社会科学文献出版社2012年11月

汉纳根
著作

大清洋帅汉纳根（图7-99）

小钟著　2009年6月　凤凰出版社

以生动的笔触讲述了汉纳根在晚清的传奇经历。

图7-99

李鸿章的军事顾问——汉纳根传（图7-100）

刘晋秋　刘悦著　2011年1月　文汇出版社

记叙了汉纳根自1879年来华担任李鸿章军事顾问之后的人生历程。

图7-100

李鸿章的洋顾问——德璀琳与汉纳根（图7-101）

张畅　刘悦著　2023年1月　社会科学文献出版社

介绍了晚清重臣、洋务派领袖李鸿章的两位洋顾问德璀琳与汉纳根翁婿两人在华一生的活动。

图7-101

论文

试析华尔、汉纳根与晚清陆军近代化　胡启扬　《新学术》2008 年第 2 期

晚清在华的德国军事教官概况　白莎　《北大史学》2008 年第 13 期

中国新军策划人汉纳根　高林有　《政府法制》2010 年第 5 期

赫德与汉纳根　贾熟村　《东方论坛》2014 年第 3 期

汉纳根：大清国海防功臣　商昌宝　《中国三峡》2016 年第 11 期

汉纳根：海河边被遗忘的另一洋大人　商昌宝　《文史天地》2016 年第 11 期

"清军胁持高升号"说质疑——以新发现的汉纳根证言中译本为中心　王琦　韩剑尘　《苏州科技大学学报（社会科学版）》2018 年第 2 期

《汉纳根证词》孙瑞琴译本的失误及其影响　王琦　《大连近代史研究》2020 年第 17 卷

赫德

著作

赫德与近代中西关系（图 7-102）

汪敬虞著　1987 年 9 月　人民出版社

论述了赫德对中国海关的控制，以及以此影响近代的中西关系。特别强调了赫德对北洋海军创建的干预。

图 7-102

赫德与晚清中英外交（第六章　赫德与中日甲午战争时期的中日交涉；第七章　赫德与甲午战后中国对日赔款的筹借）（图 7-103）

张志勇著　2012 年 10 月　上海书店出版社

利用《赫德日记》手稿与中英档案文件，系统梳理了赫德的在华活动经历以及其参与的晚清重要外交事件。

图 7-103

论文

赫德是什么人？他参与中国政治的情况怎样？　马天增　《新史学通讯》1954 年第 5 期

赫德与中国近代外交之关系　程文华　《国立政治大学学报》1975 年第 31 期

关于赫德致金登干的书信　黄光域　《历史研究》1979 年第 12 期

海关总税务司赫德与洋务运动　章鸣九　《上海社会科学院学术季刊》1989 年第 3 期

甲午中日战争中的赫德　张玉福　《沈阳师范学院学报（社会科学版）》1992 年第 1 期

试论赫德对晚清外交的影响　何尚文　《福建师范大学福清分校学报》1992 年第 3 期

论赫德、海关近代化与洋务运动的关系　连心豪　詹庆华　《中国社会经济史研究》1993 年第 1 期

赫德与海关、洋务运动　董方奎　《江汉大学学报》1995 年第 5 期

赫德与近代中国不平等条约　康之国　《河南教育学院学报（哲学社会科学版）》1996 年第 3 期

略论赫德对晚清海防的影响　郭剑林　《集美大学学报（哲学社会科学版）》1999 年第 1 期

赫德与近代中国赔款　康之国　《河南教育学院学报（哲学社会科学版）》1999 年第 3 期

甲午战争期间赫德与英国远东政策　王宇博　《江苏社会科学》2000 年第 5 期

关于赫德评价问题　文松　《历史教学》2005 年第 1 期

赫德与丁汝昌　贾熟村　《东方论坛》2007 年第 4 期

赫德与琅威理　贾熟村　《东方论坛》2008 年第 1 期

赫德与德璀琳　贾熟村　《东方论坛》2008 年第 4 期

赫德与日意格　贾熟村　《东方论坛》2009 年第 3 期

赫德与戈登　贾熟村　《东方论坛》2010 年第 1 期

赫德与郭嵩焘　贾熟村　《湖南城市学院学报》2010年第1期

赫德与翁同龢　贾熟村　《东方论坛》2010年第5期

20世纪80年代以来国内赫德研究综述　姚翠翠　《许昌学院学报》2011年第1期

赫德、金登干与晚清舰船的购买　刘振华　《军事历史研究》2011年第4期

赫德与中国　贾熟村　《东方论坛》2011年第4期

赫德与晚清海关　周瑶　《牡丹江教育学院学报》2011年第6期

赫德与中国海关　贾熟村　《东方论坛》2011年第6期

赫德与葛雷森的恩怨　贾熟村　《东方论坛》2012年第4期

赫德与李凤苞　贾熟村　《东方论坛》2013年第3期

赫德与晚清中外约章研究综述　杨秀云　《西南大学学报（社会科学版）》2013年第4期

赫德、金登干购舰问题再探讨　刘振华　《军事历史研究》2014年第1期

赫德与陈季同　贾熟村　《东方论坛》2014年第1期

三十年来国内关于中国近代海关总税务司赫德研究成果综述　赵雨田　《海关与经贸研究》2014年第2期

赫德与李鸿章的恩怨　贾熟村　《东方论坛》2015年第1期

赫德与北洋海军：购买军舰　张振鹍　《第三届近代中国与世界国际学术研讨会论文集》（第一卷）（上）　社会科学文献出版社2015年5月

赫德与中日甲午战争　张志勇　《安徽史学》2016年第2期

赫德——龙旗下的沉思者　肖伊绯　《寻根》2016年第5期

赫德和晚清蚊子船订造中的佣金惯例　张诗丰　《海关与经贸研究》2017年第3期

赫德与晚清中外关系　贾熟村　《东方论坛》2018年第2期

赫德与大清洋海关——从海关总税务司署通令看大清洋海关的建立与扩张　李岩　《北京档案》2019年第6期

论赫德《局外旁观论》的政治变革思想　张丽娟　范晓峰　《齐齐哈尔大学学报（哲学社会科学版）》2020年第5期

赫德与列强瓜分中国狂潮时的中外交涉　张志勇　《北京教育学院学报》2020 年第 6 期

压迫与抗争：海关总税务司赫德继任者问题新探　张志勇　《安徽史学》2020 年第 6 期

赫德与晚清中朝关系　张志勇　《国际汉学》2022 年第 4 期

琅威理

论文

北洋海军洋顾问琅威理　姜鸣　《航海》1992 年第 6 期

琅威理事件与中国近代海军　张践　《文史杂志》1995 年第 1 期

琅威理与中国近代海军　《军事历史》1995 年第 3 期

琅威理与北洋海军　戚其章　《近代史研究》1998 年第 6 期

"不怕丁军门，就怕琅副将"——北洋水师的洋教头琅威理　王勇则　《环球军事》2006 年第 5 期

琅威理——龙旗舰队的洋"提督"　唐博　《地图》2010 年第 6 期

李泰国

论文

李泰国汉名小考　杨浩　《历史教学》1986 年第 7 期

李泰国与外籍税务司制度的产生　黄国盛　杨奋泽　《内蒙古大学学报（哲学社会科学版）》1990 年第 1 期

李泰国与天津条约　蒋耘　《历史档案》2006 年第 1 期

李泰国与第二次鸦片战争　张志勇　《北方论丛》2015 年第 4 期

李泰国，晚清海关的始作俑者　杨智友　《档案春秋》2018 年第 3 期

马吉芬
论文

洋员马吉芬与"镇远"号　马晨　《当代海军》2007 年第 6 期
马吉芬——从美国来参战　《国学》2009 年第 4 期
菲罗·马吉芬与中国海军　理查德·H. 布拉德福　吉辰　《大连近代史研究》2010 年第 7 卷

田贝
论文

美国驻华公使田贝与甲午中日议和　冯高峰　师嘉林　《四川师范大学学报（社会科学版）》2018 年第 3 期

第八部分
文艺作品

一、文学作品

著作

无耻奴

苏同著　1907年　开明书店

描写平壤之败和左宝贵战死。

瀛洲泪（图8-1）

马为珑著　1910年2月　普及书局

游日本诗集，有涉及甲午战败和《马关条约》签订的诗作。

孽海花

曾朴著　1917年　有正书局

以苏州状元金雯青和名妓傅彩云的经历为线索，展现了同治初年至甲午战争30年间中国社会政治文化生活的历史变迁。

孽海花本事（图8-2）

绣虎生编著　1931年11月　上海大通图书社

讲述了晚清时期的逸事，其中有海军衙门之设立、丁汝昌自杀、甲午战争中之几员名将、议和声里之李鸿章等内容。

（戏曲丛书歌剧辑第一种）平壤孤忠（图8-3）

朱双云著　1940年3月　中国戏曲编刊社

讲述了甲午战争中中日平壤之战的故事。

图8-1

图8-2

图8-3

（民众通俗说本之二）中日关系史（下册）

（图 8-4）

林肇荞编著　1943 年 2 月　改进出版社

讲述了甲午战争陆海战事，以及马关议和、割让台湾的故事。

图 8-4

中日战争文学集

钱杏村编　1948 年　北新书局

收录有关甲午战争的诗歌、小说、散文等 140 余篇。

中东大战演义

洪兴全著　1958 年 5 月　世界书局

描写了中日甲午战争的过程，包括日本炮击高升号、叶志超失守牙山、左宝贵战绩、旅顺和威海失守、李鸿章与伊藤博文和议，以及刘永福在台湾抗日事迹、失败还乡等。

甲午中日战争文学集（图 8-5）

阿英编　1958 年 7 月　中华书局

本书初稿成于 1937 年，经过补充整理后出版。收录的文学作品种类包括诗词、小说、战纪、散文等。

图 8-5

孽海花

曾朴著　1959 年 11 月　中华书局

以苏州状元金雯青和名妓傅彩云的经历为线索，展现了同治初年至甲午战争 30 年间中国社会政治文化生活的历史变迁。

甲午海战（八场话剧）（图8-6）

中国人民解放军海军政治部文工团话剧团改编　朱祖贻　李恍执笔　1961年12月　中国戏剧出版社

以黄海海战为中心，展示广大人民和北洋海军爱国官兵抵抗侵略的精神，塑造了邓世昌等英雄形象。

图8-6

甲午海战（八场历史剧）（图8-7）

朱祖贻　李恍执笔　1963年12月　中国戏剧出版社

以黄海海战为中心，展示广大人民和北洋海军爱国官兵抵抗侵略的精神，塑造了邓世昌等英雄形象。

图8-7

辱国春秋

毕公天著　1966年10月　文海出版社

讲述了中日《马关条约》的签订过程。

（百年英烈传之二）英法联军与甲午战争（图8-8）

方遒著　1974年3月　朝阳出版社（香港）

章回体小说。

图8-8

孽海花

曾朴著　1979年3月　上海古籍出版社

以苏州状元金雯青和名妓傅彩云的经历为线索，展现了同治初年至甲午战争30年间中国社会政治文化生活的历史变迁。

慈禧太后演义（图8-9）

蔡东藩著　1980年1月　浙江人民出版社

讲述慈禧一生的小说。

慈禧太后演义（图8-10）

蔡东藩著　1980年4月　浙江人民出版社

讲述慈禧一生的小说。

台湾乙未战纪（图8-11）

陈伟芳著　1981年6月　广西人民出版社

讲述台湾人民反割台斗争的故事。

台湾乙未战纪（图8-12）

陈伟芳著　1984年4月　广西人民出版社

讲述台湾人民反割台斗争的故事。

光绪末日传奇（图8-13）

赫历著　1985年10月　北方文艺出版社

演绎了光绪皇帝最后的人生历程。

李鸿章（图8-14）

叶林生　刘新建著　1988年12月　黄山书社

讲述李鸿章一生的故事。

北洋水师（图8-15）

张鸣著　1991年4月　海洋出版社

讲述了北洋海军的故事。

（青少年军事大观）北洋水师（图8-16）

张鸣著　1991年4月　海洋出版社

图8-9

图8-10

图8-11

图8-12

图8-13

讲述了北洋海军的故事。

（《十大古典白话长篇小说》丛书）孽海花

曾朴著　1991年10月　上海古籍出版社

以苏州状元金雯青和名妓傅彩云的经历为线索，展现了同治初年至甲午战争30年间中国社会政治文化生活的历史变迁。

丁日昌外传（图8-17）

高强著　1993年1月　海天出版社

讲述丁日昌一生活动的小说。

（中国历史传奇系列⑩）甲午战争（图8-18）

毕珍著　1993年12月　不二出版有限公司

演绎了甲午战争的过程。

甲午战争诗歌选注（图8-19）

李生辉　刘镇伟选注　1994年1月　大连出版社

对150余首甲午战争的诗歌进行注释。

（中华魂百篇故事5）白骨沉沙恨未消——以身殉国的丁汝昌（图8-20）

苑宏光编著　1994年8月　吉林人民出版社

讲述了丁汝昌呕心沥血建海军，搏斗在黄海大东沟、刘公岛上的不朽事迹。

回族抗倭名将左宝贵（图8-21）

丁文方著　1995年7月　山东文艺出版社

一部讲述左宝贵故事的长篇历史小说。

图8-14

图8-15

图8-16

图8-17

图8-18

图 8-19

图 8-20

图 8-21

图 8-22

图 8-23

大清帝国海军梦（图 8-22）

高鲁炎著　1995 年 8 月　西南师范大学出版社

讲述了晚清时期北洋海军从创建到覆没的故事。

虎头蛇尾——中日甲午战争实录（图 8-23）

袁定基著　1995 年 8 月　四川人民出版社

再现了甲午战争的过程和细节。

甲午战争全景纪实（图 8-24）

郝瑞庭著　1996 年 1 月　世界知识出版社

讲述了甲午战争的故事。

甲午雄魂（图 8-25）

苗培时著　1996 年 9 月　团结出版社

章回体小说。

孽海花（图 8-26）

曾朴著　1998 年 4 月　大众文艺出版社

以苏州状元金雯青和名妓傅彩云的经历为线索，展现了同治初年至甲午战争 30 年间中国社会政治文化生活的历史变迁。

（勿忘国耻纪实丛书）掠夺的开端——日本侵略中国的甲午战争（图 8-27）

王俊彦　王意书著　1998 年 7 月　花山文艺出版社

以文学笔触讲述甲午战争的故事。

（国防教育知识文库·国耻国难卷）军费花

园——甲午战争实录（图8-28）

　　李延笙　姬国卿　崔向华编著　1999年1月　军事谊文出版社

　　讲述了甲午战争的故事。

英雄邓世昌（图8-29）

　　鸿鸣著　2000年9月　山东大学出版社

　　讲述邓世昌故事的文学作品。

回族抗倭名将左宝贵（图8-30）

　　丁文方著　2001年2月　山东文艺出版社

　　一部讲述左宝贵故事的长篇历史小说。

（威海作家长篇小说文库）英雄邓世昌（图8-31）

　　鸿鸣著　2003年12月　山东文艺出版社

　　讲述邓世昌故事的文学作品。

（中国近代史话之八）甲午战争（图8-32）

　　李剑桥　吴景山　竭宝峰主编　2007年6月　辽海出版社

　　讲述了甲午战争的过程。

（中华魂百年故事）白骨沉沙恨未消——以身殉国的丁汝昌（图8-33）

　　苑宏光编著　2007年7月　吉林人民出版社

　　讲述了丁汝昌呕心沥血建海军，搏斗在黄海大东沟、刘公岛上的不朽事迹。

大清重臣李鸿章（图8-34）

图8-24

图8-25

图8-26

图8-27

图8-28

525

图 8-29

图 8-30

图 8-31

图 8-32

图 8-33

裴章传著　2008 年 11 月　安徽文艺出版社

讲述了李鸿章作为晚清重臣的故事。

甲午年的狼烟（图 8-35）

红将编著　2009 年 4 月　海洋出版社

以人物记述方式讲述甲午战争的各场战斗。

揭开甲午海战的黑匣子（图 8-36）

邓加荣著　2010 年 1 月　文汇出版社

通过塑造北洋海军一个下级军官形象及其经历，再现了甲午海战的过程。

（国防教育知识文库·国耻国难卷）军费花园——甲午战争实录（图 8-37）

宜文　文若鹏主编　2010 年 5 月　军事谊文出版社

讲述了甲午战争的故事。

刺杀李鸿章（图 8-38）

劲行著　2010 年 10 月　新星出版社

一部讲述李鸿章故事的小说。

（《勿忘国耻》之四）甲午悲歌——北洋水师的覆灭（图 8-39）

郑彭年著　2011 年 5 月　中国社会科学出版社

讲述了北洋海军在甲午战争中覆没的历史过程。

李鸿章——甲午之殇（图 8-40）

陈斌著　2011年7月　陕西师范大学出版社

以中日甲午战争为背景，围绕主人公李鸿章，再现了战争前后清王朝的社会情况。

晚清之痛——从甲午到辛丑（上、下）（图8-41）

魏文华著　2011年8月　新华出版社

关于从甲午战争到八国联军侵华战争的一部小说。

（长篇历史电视小说）平民英雄左宝贵（图8-42）

薛喜荣　廉成灿著　2012年7月　中国电影出版社

讲述左宝贵的故事。

说倭传（图8-43）

洪兴全撰　2012年9月　中国国际广播出版社

讲述甲午战争始末的章回小说。

说倭传——清人笔下的甲午战争始末（图8-44）

洪兴全撰　2013年5月　中国国际广播出版社

讲述甲午战争始末的章回小说。

甲午海战（图8-45）

丛书编委会主编　2013年6月　外文出版社

以纪实手法，从北洋海军创建说起，叙述了甲午海战的过程。

图8-34

图8-35

图8-36

图8-37

图8-38

图 8-39

图 8-40

图 8-41

图 8-42

图 8-43

甲午英雄谱（图 8-46）

冯树武著　2013 年 11 月　中国经济出版社

以中日甲午战争为背景，塑造了一批历史人物。

甲午战争（长篇历史小说）（图 8-47）

刘民著　2014 年 1 月　华夏出版社

讲述了甲午战争的故事。

甲午（图 8-48）

胡松夏著　2014 年 6 月　中国文史出版社

关于甲午战争的一本诗作。

龙旗飘飘——甲午谍影（图 8-49）

天喜　盛海著　2014 年 8 月　东方出版社

描写甲午战争时期日本间谍活动的小说。

甲午战争 120 周年诗词选（图 8-50）

威海诗词楹联学会编著　2014 年 10 月　中华书局

收录 1894—2014 年与甲午战争相关的诗词近 1200 首、楹联 120 多副。

左宝贵传奇（图 8-51）

赵扶民著　2015 年 1 月　白山出版社

讲述左宝贵的传奇故事。

孽海花

曾朴著　2015 年 4 月　知识出版社

以苏州状元金雯青和名妓傅彩云的经历为线

索，展现了同治初年至甲午战争 30 年间中国社会政治文化生活的历史变迁。

李鸿章——甲午之殇

陈斌著　2015 年 5 月　陕西师范大学出版社

以中日甲午战争为背景，围绕主人公李鸿章，再现了战争前后清王朝的社会情况。

卫国英雄邓世昌（青少版）（图 8-52）

陈明福著　2017 年 1 月　辽宁人民出版社

讲述了邓世昌的故事，包括从小立志投军报国、西行接舰开启心智、从严治军钦赏勇号、黄海壮节感天动地等，并附有邓世昌年谱简编。

（世界客家名人传记文库）走出山水之间——丁日昌传（图 8-53）

任丽青著　2021 年 2 月　文汇出版社

讲述丁日昌一生事迹的小说。

诗词、小说、散文

甲午即事八首　爱智　《娱闲录》1915 年第 24 期

甲午议和时之联语《清朝野史大观》（卷四）（小横香室主人编）　中华书局　1916 年 5 月

甲午诗史　黄芝冈　《救国杂志》1932 年第 2、3 期合刊

水调歌头·甲午　梁启超　《民族文选》（第一辑）（江苏省立镇江中学国文学科编）　上海民智书局 1933 年 2 月（图 8-54）

图 8-44

图 8-45

图 8-46

图 8-47

图 8-48

图 8-49

图 8-50

图 8-51

图 8-52

图 8-53

题清甲午阵殁参将李君世鸿传志 《民彝》1937 年合订本

甲午战争的故事 杨峰 《历史小故事丛书选辑——鸦片战争到辛亥革命部分（一）》 山东人民出版社 1984 年 3 月

卖国贼李鸿章 张守勤 王吉祥 《历史小故事丛书选辑——鸦片战争到辛亥革命部分（一）》山东人民出版社 1984 年 3 月

中日甲午战争百年感赋 白启寰 《统一论坛》1994 年第 4 期

满江红 威海市刘公岛吊甲午海战古战场 周塬 《统一论坛》1994 年第 6 期

甲午战争感言并诗联 李新 《南京社会科学》1995 年第 2 期

"甲午"舰炮（诗） 郑普 《政工学刊》1995 年第 3 期

看甲午海战剧有感 谢觉哉 《抗战诗文》（陈汉平编注） 团结出版社 1995 年 7 月

六州歌头——甲午战争百周年国耻祭 邱平一 《蒲江文史资料选辑》1995 年第 9 辑

一幅珍贵的木版年画——年画《炮打日本国》评介 张建国 朱学山 《民俗研究》1998 年第 3 期

干支甲午：来自 1894 年的记录 长笛手 《时代文学》（上半月）2014 年第 6 期

甲午海战一百二十年随想 袁延民 《时代文学》（上半月）2014 年第 6 期

甲午祭（外一首） 柳笛 《时代文学》（上半月）2014 年第 6 期

满江红（中日甲午战争 120 周年有感） 朱

佳木 《黑龙江史志》2014 年第 6 期

满江红·登刘公岛——祭甲午海战 120 周年 李长鹰 《时代文学》（上半月）2014 年第 6 期

铭记一座岛 杨明秀 《时代文学》（上半月）2014 年第 6 期

凝固的甲午 唐江波 《时代文学》（上半月）2014 年第 6 期

图 8-54

想起那个甲午年 宁昭收 《时代文学》（上半月）2014 年第 6 期

写在甲午战争 120 周年 高廷金 《时代文学》（上半月）2014 年第 6 期

忆·甲午战争 李增 《时代文学》（上半月）2014 年第 6 期

走向深蓝——甲午 120 年沉思 李志华 《时代文学》（上半月）2014 年第 6 期

江城子·甲午战争 120 周年怀感 余保成 《公关世界》2014 年第 7 期

满江红·甲午殇思 贵州省诗词楹联学会 《当代贵州》2014 年第 24 期

水调歌头·甲午风云 王道秋 《当代贵州》2018 年第 8 期

二、戏剧、影视评论等

论文

甲午战争与今中国文学 鹰隼 《文献》1938 年卷之一

《甲午海战》与历史剧 李健吾 《文学评论》1960 年第 6 期

评《甲午海战》兼论历史剧 张炯 《文学评论》1960 年第 6 期

畅论《甲午海战》 田汉 吴晗 齐燕铭 吕振羽 黎澍 张光年 吴雪 袁水拍 马少波 李健吾 《戏剧报》1960 年第 19、20 期合刊

话剧《甲午海战》的编写经过 朱祖贻 李恍 《戏剧报》1960 年第 21 期

欢迎这样鼓舞斗志的戏 江水平 《戏剧报》1960 年第 22 期

邓世昌的宝剑　丁方　《上海戏剧》1961 年第 1 期

《甲午海战》的战斗性和思想性　于丁　《上海戏剧》1961 年第 1 期

怒发冲冠，壮怀激烈！——论《甲午海战》舞台艺术的气势　刘厚生　《上海戏剧》1961 年第 1 期

喜看《甲午海战》　夏东元　《上海戏剧》1961 年第 1 期

学习《甲午海战》的创作　萧凌　《上海戏剧》1961 年第 1 期

由美国炮弹想到的　梁怡　《上海戏剧》1961 年第 1 期

谈沪剧《甲午海战》的改编　方任　《上海戏剧》1961 年第 4 期

从《北大荒人》《甲午海战》谈戏剧矛盾冲突的处理　黄柯　《戏剧报》1961 年第 5 期

通过矛盾和斗争塑像——《甲午风云》观后记　马铁丁　《电影艺术》1963 年第 4 期

朝鲜作家朴泰元创作历史小说《甲午农民战争》　晓　《世界文学》1981 年第 1 期

甲午战争的重现——《中东大战演义》　蔡国梁　《河北大学学报（哲学社会科学版）》1988 年第 2 期

《海葬》　在不堪回首中沉思——兼论一种悲观的文化史观　黄国柱　《文艺评论》1989 年第 4 期

从《甲午风云》到《三国梦》——陪著名剧作家叶楠洛阳"寻梦"　刘二钧　《电影评介》1991 年第 2 期

《北洋水师》编剧及导演阐述　冯小宁　《中国电视》1992 年第 6 期

激动人心和令人深思的《北洋水师》　邱远猷　《当代电视》1992 年第 7 期

写在《北洋水师》播出之后　冯小宁　《当代电视》1992 年第 7 期

风云甲午正气篇——甲午战争诗歌综论　李生辉　《辽宁师范大学学报》1994 年第 2 期

论甲午战争诗歌的艺术成就　李生辉　《丹东师专学报》1994 年第 2 期

论甲午诗的思想特色　孙燕京　《北京师范大学学报（社会科学版）》1994 年第 5 期

椎心泣血的时代悲歌——略论清末四大词人甲午前后的感时之作　任亮

直 《河南大学学报（社会科学版）》1994 年第 5 期

从《甲午风云》到《夕阳》——近访李默然　陈奇　《福建艺术》1995 年第 2 期

一曲悲壮的爱国主义颂歌——谈烟台市京剧团演出的《甲午恨》　薛若邻　《中国戏剧》1995 年第 2 期

清甲午战后有佚名长篇章回小说《东海传奇》　彭海　《明清小说研究》1995 年第 3 期

一部开创先路的诗选注本——评《甲午战争诗歌选注》　鲁岱　《东岳论丛》1995 年第 3 期

总要多想想今天的观众——排演近代史京剧《甲午恨》的点滴体会　何冠奇　《中国京剧》1995 年第 3 期

甲午百年祭——近代中日甲午战争文学略论　裴效维　《文学遗产》1995 年第 5 期

甲午战争诗歌探析　刘镇伟　郑淑秋　王英波　《东北师范大学学报》1995 年第 5 期

甲午海战纪念馆主体雕塑的创意与艺术处理　李友生　《雕塑》1997 年第 1 期

甲午海战纪念馆形象观的刍议　宋建华　《南方建筑》1997 年第 3 期

以史注诗　以诗存史——评李生辉、刘镇伟的《甲午战争诗歌选注》　雷会生　《丹东师专学报》1998 年第 4 期

日本汉诗中的甲午战争　夏晓虹　《读书》1999 年第 11 期

评《马关条约》割台后台湾诗坛四杰的诗歌创作　陶德宗　《黑龙江社会科学》2006 年第 1 期

"普天忠愤"铸诗魂：论甲午战争爱国诗潮　魏中林　宁夏江　《学术论坛》2006 年第 1 期

遗落的官简——读《说倭传》　陈书良　《书屋》2006 年第 2 期

《海殇》：晚清海军历史长篇的跨越　陈辽　《江苏社会科学》2008 年第 2 期

英雄梦——追忆《甲午风云》　陈悦　《现代舰船》2008 年第 4 期

甲午战争与黄人爱国诗歌创作的艺术新变　李峰　王晋玲　《苏州大学

学报》2009 年第 1 期

翻译小说中的近代精神——以甲午战争至小说界革命间翻译小说为例　　孟丽　《泰安教育学院学报岱宗学刊》2010 年第 1 期

论电影《甲午风云》中音乐语言的运用　　郝宝珠　《电影文学》2010 年第 13 期

悲壮历史的深度反思——读钱刚报告文学《海葬》　石小寒　《文艺争鸣》2010 年第 19 期

《一八九四·甲午大海战》　冯小宁　张东　陆绍阳　云飞扬　李芳瑶　《当代电影》2012 年第 7 期

三个既然，三个为何——观《甲午大海战》感想　王云龙　《剑南文学》（经典教苑）2012 年第 12 期

《一八九四·甲午大海战》——遥远的绝响　张方方　高君扬　《世界知识》2012 年第 17 期

思想内涵与艺术魅力的反差——电影《1894 甲午大海战》的探讨　黄玉兰　《四川戏剧》2013 年第 1 期

军人应当从《甲午大海战》中看到什么　彭国兴　王京地　《西安政治学院学报》2013 年第 3 期

《说倭传》史料来源及作者考辨　许军　《文献》2013 年第 4 期

当代语境下的历史重构——影视作品对甲午战争的不同叙述　詹庆生　《解放军艺术学院学报》2014 年第 3 期

《甲午回眸》观后有作　芦苇　《贵州文史丛刊》2014 年第 3 期

解放军艺术学院学报编辑部召开"甲午战争与强军文化"专家座谈会　刘国利　《解放军艺术学院学报》2014 年第 3 期

甲午战争与近代诗风之创变　左鹏军　《文学遗产》2014 年第 4 期

甲午之诗与诗中甲午　关爱和　《文学遗产》2014 年第 4 期

纪念甲午战争 120 周年暨长诗《甲午》在中国甲午战争纪念馆举行首发式　泊语　《时代文学》（上半月）2014 年第 6 期

六集大型纪录片《北洋海军兴亡史》　张炜　赵丹涯　陈悦　苏小东　老黑　《中国电视（纪录）》2014 年第 7 期

北洋海军兴亡史　《中国电视（纪录）》　2014 年第 8 期

重返甲午海战的历史现场——专访《北洋海军兴亡史》总制片人、总编导陈红　时梦月　《中国电视（纪录）》2014年第8期

甲午启示——看纪录片《甲午！甲午！》有感　仲秋　《北京观察》2014年第8期

一部反思历史的警世之作——评六集大型纪录片《北洋海军兴亡史》　常仕本　《中国电视（纪录）》2014年第8期

影像叙事的风格化优势——浅析《北洋海军兴亡史》的视听表达　段潇潇　《中国电视（纪录）》2014年第8期

光影甲午　以史为鉴——析大型纪录片《北洋海军兴亡史》　俞虹　《中国电视（纪录）》2014年第10期

以小见大说甲午——《甲午谜案》创作体会　谢申照　《中国电视（纪录）》2014年第10期

甲午年的影像记忆——纪录片《回望甲午》引发的思考　周凯兵　《军事记者》2014年第12期

纪录片《甲午祭》年终亮相央视"探索发现"　褚振江　罗金沐　《解放军报》2014年12月30日

跨界的魅力——评《甲午新诗书雅集》　肖利平　《中外企业文化》2015年第1期

沪剧《邓世昌》的情与思　刘恩平　《中国演员》2015年第2期

中国近现代史的"艺术叙事"：基于展览"甲午·甲午——百年强国梦"的个案考察　王冰　陈文哲　《美术观察》2015年第3期

《甲午史鉴》是这样叙述历史的　纪欣　《台声》2015年第4期

从《说倭传》看中国抗战文学的甲午源流　吴辰　房福贤　《海南师范大学学报（社会科学版）》（二十世纪中国文学论坛）2015年第8期

历史正剧的交响音画——评电视剧《铁甲舰上的男人们》　杨洪涛　《中国电视》2015年第8期

赏漫画，学历史——甲午中日战争　吴志荣　《中学政史地》（初中适用）2015年第9期

小人物视角下的大历史风云——评电视连续剧《铁甲舰上的男人们》　王立芳　文卫华　《中国电视》2015年第9期

祭奠历史　展望明天——《大海见证——甲午战争120周年海上祭奠仪式侧记》赏析　遇际坤　《新闻研究导刊》2015年第24期

站在历史与现实的结点上——大型历史画《甲午·1894》创作谈　王力克　《当代油画》2016年第1期

《邓世昌》艺术研讨会举行　《上海戏剧》2016年第3期

听海浪千叠，淘不尽英雄泪——沪剧《邓世昌》反思甲午海殇　万素　《福建艺术》2016年第3期

撼人心魄的"反思图"——我看沪剧《邓世昌》　康式昭　《艺术评论》2016年第6期

情怀与情结：沪剧《邓世昌》的当代镜像　刘祯　《中国文艺评论》2016年第6期

艺术地传播历史与思想——从《甲午》看历史题材纪录片的品格　周梦蝶　《当代电视》2016年第7期

清末民国画报上的战争叙事与国家神话——以中日军事冲突的图像表征为例　徐沛　周丹　《新闻与传播研究》2016年第10期

以史为鉴　觉醒于废墟——观话剧《甲午祭》有感　张芳　《戏友》2017年第1期

甲午战争与梁启超的戏曲创作　徐燕琳　《关东学刊》2017年第2期

透过电影《甲午海战》看真实历史下的中日战争　张燕　《芒种》2017年第12期

《一八九四·甲午大海战》的历史书写　樊双　《电影文学》2017年第18期

况周颐词在甲午战争后的新变　赵丹超　《名作欣赏》2017年第20期

试论甲午战事对王鹏运词风的影响　杨艳如　《名作欣赏》2017年第20期

论近代历史小说中的大连叙事——以《孽海花》《中东大战演义》为主　侯运华　《天中学刊》2018年第2期

节烈芳魂：甲午战争金州"曲氏井"题咏诗话　天彬　《文化学刊》2018年第3期

评王力克《甲午·1894》　曹意强　《齐鲁艺苑》2018年第4期

林纾的海军情结——从《不如归》说起　夏晓虹　《中山大学学报（社会科学版）》2018 年第 5 期

中日甲午战争主题性历史画创作的题材与主题研究　刘同顺　《艺术科技》2018 年第 6 期

观丁汝昌《书法立轴》有感　赵榆　刘虎　《收藏家》2018 年第 11 期

新会诗人谭国恩的日本之行与《海东新咏》　陈奕可　《五邑大学学报（社会科学版）》2019 年第 1 期

中国近代小说的反侵略战争叙事　陈颖　《北京师范大学学报（社会科学版）》2019 年第 1 期

"蕞尔小邦"与"西北大邦"——早期海外华文文学中的日俄记述　袁勇麟　《福建师范大学学报（哲学社会科学版）》2019 年第 1 期

视觉媒介与中国近代图像新闻中的时空观念——基于对《点石斋画报》中日甲午战争图片报道的分析　梁君健　《新闻与传播研究》2019 年第 3 期

历史题材专题片《甲午推想》在创作中的创新　崔笑田　《科技传播》2019 年第 5 期

中西战争类型电影审美比较——以《狂怒》和《甲午大海战》为例　李娜　《青年文学家》2019 年第 9 期

泉镜花"甲午战争题材小说"中的国民身份建构　赵海霞　孙立春　《东方学术》2023 年第 2 期

第九部分
甲午战争史教育

论文

《中日战争》教学实录与讲评 凤光宇 夏健 《历史教学问题》1992年第2期

中国历史课本中的甲午中日战争 龚奇柱 《历史教学》1994年第8期

运用甲午战争耻辱史 深化爱国主义教育的两点启示 马立志 《中国民兵》1994年第12期

《甲午战争与抗日战争》课堂讨论的组织与准备 马冠武 《广西高教研究》1996年第2期

"甲午中日战争"教学思路 孟瑜 《天津师范大学学报(基础教育版)》2000年第2期

《甲午中日战争和民族危机的加深》一课的多媒体教学 郭晶莹 《历史教学》2000年第8期

多媒体辅助历史教学"五导"——《甲午中日战争》一课教学有感 罗洪钦 《中国电化教育》2004年第12期

《甲午中日战争》教学设计 王本书 孟滋刚 《黑龙江教育》(中学版)2004年增刊第5期

从人教版教材对黄海海战的叙述看中学历史人文教育的缺失 闻陈捷 《新课程研究》(基础教育)2007年第10期

甲午中日战争教学中怎样渗透德育教育 韩淑华 《中国教育技术装备》2009年第32期

"甲午中日战争和八国联军侵华"一课的教学思路 仲尧明 《历史教学》(上半月刊)2011年第11期

将当地杰出人物和优秀文化作为教学资源——以近代文学课程注重黄遵宪、丘逢甲的教学为例 汤克勤 《嘉应学院学报》2013年第10期

中国甲午战争博物馆陈列馆结构鉴定报告 王广庆 曲在礼 《中小企业管理与科技》(下旬刊)2013年第12期

让历史细节彰显教育本真——以《中日甲午战争》教学为例 陈家运

《教育科学论坛》2014年第9期

历史教学应重视学生史料辨析能力的培养——以北洋舰队"主炮晾衣"说为例　高志旺　《中学历史教学参考》2015年第1期

历史研究课的教学实践与反思——以《一段不能忘却的历史——纪念甲午中日战争120周年》一课为例　张健　《中学教学参考》2015年第4期

史学阅读与教学立意（中）——以"甲午战争"为例　何成刚　汤红琴　沈为慧　《中学历史教学参考》2015年第5期

立足学情有效设置核心问题——以初中历史教学"左宗棠收复新疆和甲午中日战争"为例"基于学科核心问题的疑思导学研究"历史学科课例研究　何雪梅　《新课程教学》（电子版）2015年第10期

请留住那些"未曾预约的精彩"——从一段"甲午中日战争"的课堂讨论说起　邱芳　《中学历史教学参考》2015年第10期

寻找历史教学中的"爱国心之源泉"——以"甲午中日战争"教学为例　潘银华　《陕西教育（教学版）》2015年第10期

从近代化视角设计甲午战争教学的长处与价值　曹祺　姚锦祥　《中学历史教学参考》2015年第11期

基于学科素养的"史料"教学意义重构——以人教版必修1"甲午中日战争"一课为例　贲新文　《中学历史教学参考》2015年第15期

布卢姆情感目标在历史教学中的运用——以《甲午战争》为例　林坤　《中学教学参考》2015年第16期

"甲午中日战争与八国联军侵华"教学设计与实施　符刚　《中学历史教学参考》2015年第22期

我的"黄海海战与反割台斗争"教学设计　林琦　《中学历史教学参考》2015年第23期

追怀历史　展望未来——人教版历史八年级上册《甲午海战中国战败的原因和启迪》赏析　张海玲　《江西教育》2016年第2期

关于历史课堂落实学生探究的几点思考——从"甲午战争后民族危机的加深"的教学设计说起　朱华　《中学历史教学参考》2016年第4期

影视资源在初中历史教学中的应用——以"甲午中日战争"为例分析

郁树梅　《中学历史教学参考》2016 年第 6 期

高中历史翻转课堂后的"信息"重组——以"甲午中日战争"教学为例　朱劲敏　《中学历史教学》2016 年第 8 期

浅谈史料教学的"细节·思维·视角"——以"甲午中日战争"教学为例　齐燕春　《中学历史教学》2016 年第 8 期

甲午中日战争教学设计思考——以历史反思为视角　侯新闻　《中学历史教学》2016 年第 9 期

感受原味历史　追寻本真课堂　提升史学素养——以"甲午中日战争和八国联军侵华"为例　杭志明　《中学历史教学》2016 年第 10 期

"边程联系法"在初中历史教学中的运用——以八年级"甲午中日战争"一课为例　李娟　《中学历史教学参考》2016 年第 18 期

基于 WebQuest 的高中历史教学探索——以"甲午中日战争"为例　李淑义　《基础教育论坛》2016 年第 18 期

创见源于厚积　薄发才见功力——听徐永琴老师"甲午中日战争和八国联军侵华"一课有感　林雪松　《中学历史教学参考》2016 年第 19 期

以"人"为中心的教学设计与实施——以"甲午中日战争和八国联军侵华"为例　徐永琴　《中学历史教学参考》2016 年第 19 期

新课程下高中历史课堂思想性的实现——以岳麓版"甲午中日战争"一课为例　索海峰　《中学教学参考》2017 年第 1 期

韩国中学历史教科书与中日甲午战争叙述　孙科志　《历史教学问题》2017 年第 4 期

横向开发史料，深入理解史实——以"甲午战后列强经济侵略的影响"为例　刘建兵　《中学历史教学》2017 年第 4 期

专业阅读推动课堂教学：视角　灵感　素材——以"甲午中日战争和八国联军侵华"一课为例　郑婷婷　《中学历史教学》2017 年第 4 期

视界与成败："甲午中日战争和八国联军侵华"教学设计与实施　刘继伟　《中学历史教学参考》2017 年第 5 期

核心素养背景下的历史"三段式"教学尝试——以"甲午中日战争"一课为例　刘小生　《福建基础教育研究》2017 年第 7 期

利用历史音像资源，提高历史课堂效率——以"热点复习：中日甲午

战争"课堂教学为例　齐金鹏　《学苑教育》2017年第7期

专题教学如何突出主题立意——以岳麓版必修1"甲午战争"为例　李元亨　《中学历史教学参考》2017年第7期

历史教学要着力培养学生理解力——以"甲午中日战争"为中心　徐赐成　《历史教学》（上半月刊）2017年第8期

史料如野马，史观如缰绳——由"甲午战争"一课说起　叶子龙　《中学历史教学》2017年第9期

《甲午中日战争》　唐承兰　《启迪与智慧（教育）》2017年第10期

人教版高中"甲午中日战争"教学设计思考　孙振兴　《中学历史教学》2017年第11期

从心态史视角谈"甲午中日战争"教学　龙胜春　《中学历史教学参考》2017年第13期

高中学生看洋务运动——从甲午战争结局回看中日"洋务"运动的差异　韦子扬　《科学中国人》2017年第14期

教学立意的确定与实施——以"甲午战争"教学设计为例　楼秀丽　《中学历史教学参考》2018年第2期

"从中日甲午战争到八国联军侵华"教学设计与实施　牛名娟　《中学历史教学参考》2018年第9期

基于史料例谈视角设计——以人教版"甲午中日战争"一课为例　蒋存贤　《中学历史教学》2018年第10期

从"柳花如梦"到"风清景明"——"甲午中日战争"一课教学叙事　高仕祥　《青少年日记（教育教学研究）》2018年第11期

核心素养的落实路径——以高三复习课"近代中国的觉醒与探索——甲午战争后的中国（1895—1919）"教学设计与实施为例　张莹　《中学历史教学参考》2018年第14期

宝剑锋从磨砺出——"甲午中日战争"一课教学小记　纪德奇　《中学历史教学参考》2018年第23期

基于自主学习的历史学科素养培育探究——以"甲午中日战争与瓜分中国狂潮"教学为例　常红卫　《广西教育》2018年第30期

多媒体辅助历史教学——以"甲午中日战争"为例　胡生璐　《高考》

2018年第36期

影视资源在历史教学中的应用研究　吴慧娟　《成才之路》2018年第36期

时空观念培养的历史教学策略运用——以初中"甲午中日战争"为例　陈昔安　《中学历史教学》2019年第2期

《甲午中日战争》教学实录与评析　卓艳婷　周梅　《广西教育》2019年第4期

海权视角下甲午战争的教学设计——以"甲午中日战争与瓜分中国狂潮"一课为例　陈辉　葛赛　《历史教学》（上半月刊）2019年第6期

以问题探究为引领　以情怀立人为价值——以"甲午战争与民族觉醒"复习课为例　黄劲涛　《中学历史教学参考》2019年第6期

浅探图片阅读在历史教学中的应用——以"甲午中日战争与瓜分中国狂潮"一课为例　须丽丹　《中学课程辅导（教师通讯）》2019年第9期

在课堂教学中培养学生历史学科核心素养浅探——以"从中日甲午战争到八国联军侵华战争"一课为例　陈金定　《中学教学参考》2019年第13期

以"寻新"寻主旨　以"重建"建结构——以华东师范大学版"甲午战争与《马关条约》"的教学设计为例　皮德涛　《中学历史教学参考》2019年第15期

专业阅读与深度思考：理解历史课程的重要路径——以"甲午中日战争"一课的教学研究为例　胡军哲　《中学教学参考》2019年第28期

家国情怀视域下高中历史课堂的创新实践——以"甲午中日战争和八国联军侵华"为例　祁茂俊　《课程教育研究》2019年第48期

素养·课魂·取舍——以新教材《寻求国家出路的探索和列强侵略的加剧》试教为例　曹磊　《中学历史教学》2020年第2期

场景·论点·视野——以"甲午中日战争"为例谈高中生历史解释能力的培养　史爽　《中学历史教学》2020年第3期

试谈以感知、感悟和感言来开展家国情怀教育——以"甲午中日战争"为例　张应进　《中学历史教学》2020年第3期

公民素养视域下高中历史教学的实践探索与反思——以"中日甲午战

争"一课为例　杨重诚　田黄燕　《历史教学问题》2020年第4期

历史解释与历史深度学习——以"甲午中日战争"一课为例　纪巍　《吉林省教育学院学报》2020年第4期

认知发展阶段理论在初中历史教学中的应用——以"甲午中日战争与瓜分中国狂潮"一课为例　闫科　《西部学刊》2020年第4期

追求有灵魂有价值有温度的历史课堂——"百年心痛——甲午中日战争回眸"教学设计　邱桂兰　《新教育》2020年第4期

立足时空观念深度理解知识结构的关键——以"甲午战后民族工业的发展"为例　刘建兵　《教学考试》2020年第8期

立足坐标　找准方向——以"惊蛰！甲午战争之痛与变"一课为例兼谈立德树人　卫然　《中学历史教学参考》2020年第11期

凝练教学立意　提升海权意识——基于"甲午中日战争"的教学思考　章光伟　吴佳盈　《中学历史教学参考》2020年第21期

基于学科核心素养的课魂确立——以"甲午战争"为例　马燕　《中学历史教学参考》2021年第4期

觉醒的国殇——"甲午中日战争"教学设计　胡湘　《中学历史教学参考》2021年第4期

"国家出路的探索与列强侵略的加剧"教学设计　张树江　迟习军　刘新宇　《历史教学》（上半月刊）2021年第5期

基于家国情怀素养的历史课堂教学策略——以"甲午中日战争与瓜分中国狂潮"一课为例　谢旭永　《山东教育》2021年第6期

新课改目标视野下的初高中历史课程教学衔接探讨——以"甲午中日战争"一课为例　廖丹萍　《广西教育》2021年第6期

唯物史观与历史解释在近代史教学中的新运用——以"国家出路的探索与列强侵略的加剧"为例　邵张彬　《中学历史教学》2021年第7期

把历史过程还给历史课堂——以"挽救民族危亡的斗争"为例　丁文斌　《中学历史教学》2021年第10期

甲午中日战争至辛亥革命历史时期重难点突破　刘艳菊　《中学政史地（高中文综）》2021年第11期

利用大事年表培养学生的历史通感能力——以"中日甲午战争和19世

纪的中国"复习课为例　龙菊芳　《中学历史教学参考》2021 年第 11 期

一个人·一段史·一堂课——"国家出路的探索与列强侵略的加剧"教学设计　楼辉　吴国良　《中学历史教学参考》2021 年第 14 期

"甲午中日战争和八国联军侵华"教学设计与实施　吴婷　《中学历史教学参考》2021 年第 20 期

指向家国情怀培养的教学初探——以"甲午中日战争与列强瓜分中国狂潮"的教学为例　吴晓明　《中学政史地（教学指导）》2022 年第 2 期

初中历史教学中情感渗透教育的策略——以"甲午中日战争与列强瓜分中国狂潮"的教学为例　隋炳丽　《中学政史地（教学指导）》2022 年第 3 期

高中历史教学模式构建的策略研究　孙美玲　《新课程研究》2022 年第 3 期

浅谈高中历史教学中课堂导入策略的应用　鲁怀兰　《中学政史地（教学指导）》2022 年第 3 期

地方育人资源融入高校思想政治教育课程体系研究——基于讲好"威海故事"视角　孙亚红　《太原城市职业技术学院学报》2022 年第 10 期

从"同光中兴"反思中国近代化的路径选择——对甲午战争背景的教学设计　苏海　《智力》2022 年第 24 期

初中历史教学中学生家国情怀素养的培养　王自标　广东省教师继续教育学会教师发展论坛学术研讨会论文集（十九）　2023 年 3 月

浅谈初中历史教学——以"中日甲午战争"一课为例　关明琪　广东省教师继续教育学会教师发展论坛学术研讨会论文集（十四）　2023 年 3 月

文化遗产旅游角度下中国甲午战争博物馆研究相关思考　车淑霞　《收藏》2023 年第 4 期

新课标视域下中学历史教学史料衔接摭议　李响　《河南教育（教师教育）》2023 年第 4 期

智慧航海博物馆管理工作创新路径　车淑霞　《收藏》2023 年第 6 期

初中历史"课程思政"的功能价值和教学实践　李若兰　广东省教师继续教育学会《教育与创新融合》研讨会论文集（一）　2023 年 7 月

信息化 2.0 背景下初中历史教学与信息技术的深度融合　蒋恭境　《亚太教育》2023 年第 7 期

情境共创交互式体验陈展在遗址博物馆中的应用——以刘公岛甲午战争纪念地公所后炮台展馆为例　孟杰　《百花》2023 年第 8 期

浅谈中国近代史教学中家国情怀的培养——以中国近代抗争史为例　邓淑霞　《中学教学参考》2023 年第 10 期

初中历史教学中项目式学习法的实践策略　张东旭　《新课程》2023 年第 11 期

初中历史教育中开展有效合作学习的研究　金田　《中学历史教学参考》2023 年第 11 期

抉择与反思："甲午中日战争与列强瓜分中国狂潮"教学设计　王敏　《中学历史教学参考》2023 年第 11 期

认知发展阶段理论视域下的初中历史教学　赵学军　《中学历史教学参考》2023 年第 14 期

附录　马骏杰绘甲午战争肖像画

慈禧太后

总理海军事务衙门大臣、醇亲王奕譞

直隶总督兼北洋大臣李鸿章

两江总督兼南洋大臣刘坤一

清政府驻英国公使曾纪泽

清政府驻日本公使李经方

四川提督宋庆

太原镇总兵聂士成

高州镇总兵左宝贵

549

中日甲午战争论著图录（1894—2023）

北洋海军提督丁汝昌 　　丁汝昌 　　北洋海军"镇远"舰管带林泰曾

北洋海军"定远"舰管带刘步蟾 　　北洋海军"致远"舰管带邓世昌 　　邓世昌

北洋海军"经远"舰管带林永升 　　北洋海军"超勇"舰管带黄建勋 　　北洋海军"扬威"舰管带林履中

附录　马骏杰绘甲午战争肖像画

"广甲"舰管带吴敬荣 　　"广丙"舰管带程璧光 　　北洋海军"经远"舰帮带大副陈策

北洋海军"平远"舰三副林韵珂 　　日本首相伊藤博文 　　日本参谋次长川上操六

日本海军大臣西乡从道 　　日本海军军令部部长桦山资纪 　　日军第一军司令官山县有朋

551

日军第二军司令官大山岩	 日军第三师团师团长桂太郎	 日军第五师团师团长野津道贯
 日本联合舰队司令长官伊东佑亨	 日本联合舰队第一游击队司令官坪井航三	 日本联合舰队"浪速"舰舰长东乡平八郎
 日本联合舰队"赤城"舰舰长坂元八郎太	 日本联合舰队第三鱼雷艇队第六号鱼雷艇艇长铃木贯太郎	 日本间谍宗方小太郎

附录　马骏杰绘甲午战争肖像画

英国驻华公使欧格讷

福建船政局正监督、法国人日意格

"高升"号船长、英国人高惠悌

炮台教练、德国人瑞乃尔

北洋海军总教习、德国人汉纳根

北洋海军总教习、英国人马格禄

北洋海军"镇远"舰帮办管带、美国人马吉芬

北洋海军"定远"舰帮办总管轮、英国人尼格路士

北洋海军"致远"舰管轮、英国人余锡尔

553

后　记

　　中日甲午战争虽然已经过去了130年，然而这场改变了中日两国乃至世界命运的决战，其影响至今仍在。在这场战争之后，中国人民和中华民族一面从苦难中站立起来，开始了对民族复兴之路的艰苦卓绝的探寻，一面从悲愤中冷静下来，对战争的方方面面给予了深刻的反思与回望。《中日甲午战争论著图录（1894—2023）》为人们了解这一过程和结果提供了较为翔实的线索。

　　本书收录了1894—2023年研究甲午战争的著作和论文，是对130年来甲午战争研究成果的一次系统而全面的梳理。为了撰写本书，我们查阅了大量文献和数据，阅读了浩如烟海的书刊资料，参阅了10余种目录、索引，经过近两年的努力，终于修成正果。在此，我们对本书中收录的论著的作者表示崇高敬意，对来自各方的帮助表示衷心感谢！

　　由于130年来有关甲午战争的著作、论文等数量庞大，我们的辑录能力有限，故遗漏在所难免，恳请读者批评指正！

　　《甲午》是中国甲午战争博物院编的以刊发甲午研究文章为主的学术辑刊，所收文章以中日甲午战争、北洋海军研究为核心，涉及中国古代和近现代海军史、海防史、舰船史，以及文化遗产、水下考古等领域，欢迎投稿。具体投稿须知详见中国甲午战争博物院微信公众号的《甲午》征稿启事，咨询电话：0631-5238617。

编者
2024年7月